MARCO POLO

Reisen mit Insider Tipps

TÜRKEI

W0034972

ANKARA · İzmir · **TÜRKEI** · Antalya · ARMEN. · IRAN · SYRIEN · IRAK · ZYPERN · Mittelmeer · LIBANON · ISRAEL · JORD.

MARCO POLO Autoren
Dilek Zaptçioğlu und Jürgen Gottschlich

Unsere Autoren leben und arbeiten seit 12 Jahren in der Türkei. Während Zaptçioğlu (Studium der Geschichte und Politik in İstanbul und Göttingen) in İstanbul geboren wurde, ist Gottschlich (Studium der Philosophie und Publizistik in Berlin) ein echter Einwanderer. Beide arbeiten als Schriftsteller und Journalisten, die Zeitungen und Sender in Deutschland mit Nachrichten aus der Türkei versorgen.

www.marcopolo.de/tuerkei

Die besten Insider-Tipps → S. 4

INSIDER TIPP

Best of ... → S. 6

Westküste → S. 32

Südküste → S. 50

SYMBOLE

INSIDER TIPP   Insider-Tipp

★   Highlight

●●●●   Best of ...

☼   Schöne Aussicht

(*)   kostenpflichtige Telefonnummer

PREISKATEGORIEN HOTELS

€€€   über 80 Euro

€€   30 – 80 Euro

€   unter 30 Euro

Die Preise gelten für ein Doppelzimmer für zwei Personen mit Frühstück

PREISKATEGORIEN RESTAURANTS

€€€   über 30 Euro

€€   15 – 30 Euro

€   unter 15 Euro

Die Preise gelten für ein Essen mit Vor-, Haupt- und Nachspeise inklusive Getränke

Titelthemen: Surreale Kulisse S. 66 | Troja: auf Schliemanns Spuren S. 41

INHALT

Zentralanatolien → S. 62

Südostanatolien → S. 72

Schwarzmeerküste → S. 80

Reiseatlas → S. 118

GUT ZU WISSEN
Geschichtstabelle → S. 12
Spezialitäten → S. 26
Platz an der Sonne → S. 38
Bücher & Filme → S. 44
Was kostet wie viel? → S. 109
Währungsrechner → S. 111
Wetter → S. 112

KARTEN IM BAND
(120 A1) Seitenzahlen und Koordinaten verweisen auf den Reiseatlas
(0) Ort/Adresse liegt außerhalb des Kartenausschnitts
(U A1) Koordinaten für die Karte von İstanbul im hinteren Umschlag

Es sind auch die Objekte mit Koordinaten versehen, die nicht im Reiseatlas stehen

UMSCHLAG HINTEN: FALTKARTE ZUM HERAUSNEHMEN →

FALTKARTE 🗺
(🗺 A–B 2–3) verweist auf die herausnehmbare Faltkarte
(🗺 a–b 2–3) verweist auf die Zusatzkarte auf der Faltkarte

Die besten MARCO POLO Insider-Tipps

Von allen Insider-Tipps finden Sie hier die 15 besten

INSIDER TIPP Grätenloser Genuss
Die beste Nachspeise im Anschluss an Fisch: *sıcak helva* in einem der Restaurants von Gümüşlük auf der Bodrum-Halbinsel direkt am Meer (Foto re.) → S. 36

INSIDER TIPP Natur pur
Westlich von Marmaris liegen die langgestreckten Halbinseln Reşadiye und Bozburun: unberührte Landschaften abseits vom Massentourismus → S. 61

INSIDER TIPP Frische Fische
Vor der herrlichen Kulisse der rauschenden Manavgat-Wasserfälle auf halber Strecke zwischen Antalya und Alanya schmecken die frischen Forellen besonders gut → S. 53

INSIDER TIPP Dorf mit Unterwasserstadt
Vor dem kleinen, verwunschenen Küstenort Kaleköy können Sie zu den Ruinen einer im Mittelmeer versunkenen Stadt hinabtauchen → S. 59

INSIDER TIPP Pfeifendunst
Die schönen, handgemachten Wasserpfeifen, die traditionell auf dem Kemeraltı-Basar in İzmir verkauft werden, sind ein höchst dekoratives Souvenir – auch wenn Sie sie gar nicht wirklich benutzen wollen → S. 46

INSIDER TIPP Tonschale selbst gemacht
Wer sich einmal an der (gar nicht so einfachen) Herstellung einer Tonschale versuchen möchte, kann im Terrakotta-Dorf Avanos in Kappadokien selbst Hand anlegen – selbstverständlich unter fachkundiger Anleitung → S. 66

INSIDER TIPP Reiten bei Sonnenaufgang
Die *Rainbow Ranch* in Göreme macht's möglich – zumindest für Reiter: Auf dem Pferderücken in der surrealen Landschaft der Tuffsteinkegel Kappadokiens glaubt man sich auf einen anderen Stern versetzt → S. 67

INSIDER TIPP **Kebap mit Soße**
„Herr Alexander" hat in Bursa die Kebap-Variante mit Joghurtsoße erfunden. Im *Kebapçı İskender* können Sie es authentisch genießen → S. 38

INSIDER TIPP **Menschen in Bienenwaben**
Bis heute sind die bienenstockartigen Lehmhäuser in Harran die intelligenteste Antwort auf das heiße Klima → S. 76

INSIDER TIPP **Ein stattliches Herrenhaus**
Im stilsicher eingerichteten *Touring Safranbolu Hotel* in Safranbolu können Sie im Schatten des riesigen Walnussbaumes frühstücken → S. 83

INSIDER TIPP **Wilde Wasser**
Für Raftingfans ist diese abenteuerliche Flusstour ein absolutes Muss. Der wilde Çoruh gehört zu den besten Raftingflüssen der Türkei (Foto li.) → S. 96

INSIDER TIPP **Ski und Baden gut**
Dieses Kontrastprogramm hat es wirklich in sich: morgens im Schnee Ski fahren und abends im lauen Mittelmeer baden – bei Antalya ist das möglich → S. 97

INSIDER TIPP **Klassik in Ephesos**
Wer würde sich nicht gern in einer wundervoll restaurierten antiken Stadt von dem zauberhaften Klang einer Arie hinreißen lassen? → S. 103

INSIDER TIPP **Adlerhorst mit Ruinen**
Hoch oben auf einem Berg bei Antalya sind vor atemberaubender Kulisse die Reste der antiken Termessos zu besichtigen, die Alexander der Große „Adlernest" nannte → S. 57

INSIDER TIPP **Weihnachten bei Petrus**
Die feierliche Weihnachtsmesse in der Petrus-Grotte in Antakya, wo Petrus die erste Christengemeinde gegründet haben soll, ist ein großes religiöses Erlebnis → S. 103

BEST OF ...

SPAREN

● *Wo die bunten Schmetterlinge wohnen*

Unweit von Fethiye liegt direkt am Meer das *Schmetterlingstal.* Unzählige Schmetterlinge haben sich hier angesiedelt, das Tal mit dem schönen Strand ist eine Augenweide. Fahren Sie bequem mit dem Boot, oder unternehmen Sie eine kleine Wanderung dorthin → S. 58

● *Zu Besuch beim Staatsgründer*

Im Herzen Ankaras steht das berühmteste Mausoleum des Landes: *Anıt Kabir,* die Grabstätte des Republikgründers Mustafa Kemal Atatürk. Das neoklassische Denkmal ist der „Wallfahrtsort" der Türkischen Republik; der Eintritt ist frei → S. 64

● *Die älteste Stadt der Welt*

Als britische Archäologen im letzten Jahrhundert auf Çatalhöyük stießen, legten sie nach und nach ein städtisches Siedlungsareal frei, dass bereits vor mindestens 7000 Jahren entstanden war – ein wunderbares Freilichtmuseum für einen einzigen Euro! → S. 71

● *Die große Blaue*

Moscheen gehören zu den Sehenswürdigkeiten, die grundsätzlich keinen Eintritt kosten. Eine der schönsten der Türkei ist die *Blaue Moschee* in İstanbul. Auf einer Sichtachse mit der Hagia Sophia repräsentiert sie die Blüte des Osmanischen Reiches (Foto) → S. 42

● *Das verwunschene Schloss*

Ganz im Osten des Landes, auf einem Hügel, von dem aus man auf den Berg Ararat und die Grenze zum Iran blickt, steht ein verwunschener Palast, den sich Fürst Ishak Pascha bauen ließ. Ein magischer Ort, für den Sie nur einen symbolischen Obolus entrichten müssen → S. 79

● *Abrahamsgrotte*

Freien Zugang haben Sie zur *Abrahamsgrotte* in Şanlıurfa. Sie ist eine Wallfahrtsstätte der Angehörigen der drei „Buchreligionen". Hier soll der Stammvater der Juden, Christen und Muslime geboren worden sein → S. 76

●●●● Diese Punkte zeichnen in den folgenden Kapiteln die Best-of-Hinweise aus

● **Traditionell Shoppen**

Das Stadtviertel mit den überdachten Marktstraßen, der Basar, ist eine orientalische Erfindung. Der Besuch eines Basars ist ein Erlebnis für sich. Sie finden fast in jeder größeren Stadt Anatoliens ein Marktviertel, aber der 1461 erbaute Basar von İstanbul gilt als der größte der Welt → **S. 42**

● **Promenieren**

Die Türkei hat mehrere Tausend Kilometer Küste und eine kaum zu zählende Zahl von Städten am Meer. Alle haben ihre Promenade *(piyasa caddesi),* auf der die Menschen am Abend spazierengehen und dabei Sonnenblumenkerne kauen – eine der schönsten ist die Promenade in İzmir (Foto) → **S. 45**

● **Picknick**

Es reicht ein kleiner Rasenplatz, um einen Grill aufzubauen und einer der beliebtesten Freizeitbeschäftigungen des Landes nachzugehen, dem Picknick. Es gibt sogar Restaurants, die einen Grill anbieten, auf dem Sie das ausgewählte Fleisch selbst grillen können – so auch im Strandlokal *Maymi* in Marmaris → **S. 60**

● **Der Fisch muß schwimmen**

Fisch zu essen ist in der Türkei nicht nur Nahrungsaufnahme. Wichtiger als das Essen sind die Gespräche mit Freunden zu einer Flasche Rakı. Im landesweit bekannten Fischlokal *Rafet* an der Hafenpromenade von Fethiye lernen Sie die Regeln des Rakı-Abends kennen → **S. 57**

● **Kalter Rauch**

Zeitweilig fast in Vergessenheit geraten, erlebt sie zurzeit in der Türkei eine Renaissance: Die Wasserpfeife *(nargile).* Es gibt Tabak verschiedenster Geschmacksrichtungen, der als kalter Rauch genussvoll im Mund abgeschmeckt wird. Im Innenhof des *Cevahir Konukevi* in Şanlıurfa können Sie in historischer Umgebung dem Laster frönen → **S. 76**

● **Zeitreise**

Es gibt in der Türkei nachgewiesene 131 antike Städte und unzählige, die auf ihre Entdeckung und Ausgrabung warten. Die altgriechische Stadt *Ephesos* bei İzmir ist größtenteils ausgegraben und teilweise rekonstruiert – ein Höhepunkt jeder Türkei-Reise! → **S. 48**

TYPISCH

BEST OF ...

SCHÖN, AUCH WENN ES REGNET
Aktivitäten, die Laune machen

Medusenhaupt
Wenn es regnet, gibt es in İstanbul überraschende Entdeckungen unter der Erde zu machen. *Yerebatan* ist eine byzantinische Zisterne, in der man sich vor einem Medusenhaupt gruseln kann → **S. 43**

Griechische Highlights
Es gibt in der Türkei viele archäologische Museen, aber das von Antalya bietet angesichts der vielen griechischen Ausgrabungsstätten in der Umgebung besondere Highlights → **S. 54**

Unterwassershow
Es ist das einzige Unterwassermuseum der Türkei und bietet eine überaus unterhaltsame Show: Das *Museum* im Kellergeschoss der Kreuzritterburg von Bodrum zeigt Funde aus dem Meer (Foto) → **S. 34**

Alter Orient
Der *alte Basar von Şanlıurfa* ist komplett überdacht und darüber hinaus der orientalischste Ort der Türkei. Kein Regenschauer kann einem den Bummel durch die Gassen von Teppichhändlern und Kupferkesselschmieden vermiesen → **S. 76**

Fluchtpunkt Karawanserei
Wie schon vor 500 Jahren können Sie in Diyarbakır auch heute noch bei schlechtem Wetter in eine *Karawanserei* flüchten. Das restaurierte Gebäude bietet ein Restaurant und eine Bar, ab und zu tragen auch Musiker die Folklore aus der Region vor → **S. 74**

Burgberg
Die Stadtväter von Ankara haben sich viel Mühe gegeben, die alte Burg zu restaurieren. Herausgekommen sind ansehnliche Gebäude, in denen heute Kultur und Gastronomie untergebracht sind. Ein lohnender Abstecher bei schlechtem Wetter → **S. 64**

REGEN

● Wie neu geboren

Der traditionelle Ort zum Entspannen ist der Hamam, das türkische Bad. Nach stundenlangem Schwitzen, Waschen und einer Massage verlässt man den Hamam wie neugeboren. Schön sind die osmanischen Bäder in İstanbul, z.B. das hinter der Süleymaniye Moschee (Foto) → S. 44

● Badeurlaub weitab vom Meer

Ganz der Entspannung gewidmet sind die berühmten Thermalbäder von Bursa im Süden İstanbuls (Foto). Schon im Altertum gerühmt, gibt es heute in Bursa zahlreiche Hotels, die einen Thermalbadaufenthalt anbieten, z. B. das Hotel *Çelik Palas* → S. 38

● Im Baumwollschloss

Spektakulär sind die *Sinterterrassen von Pamukkale.* Unter freiem Himmel in einer der weißen Kalksteinterrassen sich von warmem Wasser umspülen zu lassen ist so nur im türkischen „Baumwollschloss" möglich → S. 49

● Einsamkeit in den Wolken

Schon fast in den Wolken liegt das Ayder-Plateau hoch über dem Schwarzen Meer. In einem Naturparadies genießt man hier die Einsamkeit unter dem Himmel im *Berghof Liligum* → S. 86

● Schlammpackung

Um sich einmal hemmungslos im Schlamm zu wälzen, bieten sich die *heißen Quellen am Köyceğiz-See* an, die mit dem Boot von Dalyan aus zu erreichen sind. Der Schlamm gilt als Heilmittel, weswegen Ihnen schon auf dem Weg dorthin schwarz verkrustete, aber strahlende Menschen entgegenkommen → S. 61

● Weltabgewandt

Wer Entspannung in der Natur und Ruhe sucht, sollte sich nach der Saison, im Herbst, in der *Kale-Pension* in Kekova einmieten. Das Dörfchen ist nur über Wasser zu erreichen und liegt malerisch inmitten einer Insellandschaft bei Kaş. Ein weltabgewandtes Plätzchen! → S. 59

ENTSPANNT

AUFTAKT

ENTDECKEN SIE DIE TÜRKEI!

Tulpen stammen nicht aus Holland, sondern aus der Türkei. Der Garten Eden soll in Südostanatolien gelegen haben. Eine der ältesten bekannten menschlichen Siedlungen liegt im zentralanatolischen Çatalhöyük, sie datiert aus dem 7. Jahrtausend v. Chr. und ist damit so alt wie Jericho. Und es waren die frühzeitlichen Bewohner Anatoliens, die sich vermutlich als Erste vor fast 4000 Jahren der Schrift bedienten. Hätten Sie's gewusst?

Kommen Sie in die Türkei und lassen Sie sich überraschen! In kaum einem anderen europäischen Urlaubsland können Besucher eine solche Fülle von Kontrasten erleben: landschaftlich, gesellschaftlich, historisch, politisch. Geografisch liegt die Türkei zwischen Orient und Okzident – der Bosporus bildet die Grenze. Eine Reise entlang der West-Ost-Achse führt von den Getreidefeldern Thrakiens auf der europäischen Seite über die romantischen Buchten der Ägäisküste vorbei an den schneebedeckten Bergmassiven der anatolischen Hochlagen durch fruchtbare Täler bis zu den vulkanischen Alpen Kurdistans an der östlichen Grenze. Von Nord nach Süd geht es von den wald-

Bild: Mittelmeerküste bei Kemer

Das Kloster des Derwisch-Ordens in Konya ist heute als Mevlana-Museum für Publikum geöffnet

reichen Berghängen des pontischen Taurus am Schwarzen Meer über die gewaltige anatolische Steppe und die Mondlandschaft Kappadokiens zur Gebirgsscheide des Taurus, bevor man die Strände der südlichen Mittelmeerküste erreicht. Anatolien wurde jahrtausendelang von den zwischen Ost und West hin- und herziehenden Völkern, Heerscharen und Religionen geprägt – auf ihrem Weg durch die Türkei werden Sie oft die gleichen Routen benutzen wie die Kreuzritter oder die Karawanen auf der Seidenstraße. Hethiter, Griechen, Römer, Byzantiner, Seldschuken, Mongolen, Kreuzritter und Osmanen hinterließen in Anatolien ihre bis heute sichtbaren Spuren.

Die Türkei hat jedem etwas zu bieten: dem Strandurlauber 1500 km Ägäis- und Mittelmeerküste mit einsamen Buchten und dem saubersten Wasser Südeuropas. Naturfreunde finden eine vielgestaltige Flora und Fauna vor. An einigen Mittelmeerstränden brüten die letzten Exemplare der Meeresschildkröte Caretta caretta. Auch

Um 7000 v. Chr.
Erste Siedler in Kleinasien

Ab 700 v. Chr.
Kolonisation der Westküste durch Griechen

133 v. Chr.
Beginn der römischen Herrschaft in Kleinasien

395 n. Chr.
Das Imperium zerfällt in Ost- und Weströmisches Reich

1453
Eroberung Konstantinopels durch Mehmet I., Umbenennung in Istanbul

1453–1683
Größte Ausdehnung des Osmanischen Reiches und kulturelle Blüte

Sportfreunden steht eine große Auswahl offen. Für Wanderer gibt es Mittel- und Hochgebirge, für Wintersportler eine wachsende Zahl von Skigebieten und für Taucher schillernde Reviere vor der Mittelmeerküste. Den Geschichtsinteressierten öffnet sich in der Türkei ein

Antike und frühes Christentum

riesiges Freilichtmuseum. Nicht einmal in Griechenland selbst können mehr Zeugnisse der griechischen Antike bewundert werden als in Kleinasien. Hinzu kommen die Kirchen, Paläste und Burgen der byzantinischen Kaiser (4.–15. Jh.) und die prachtvollen Gebäude aus islamisch-osmanischer Zeit (16.–19. Jh.), etwa die großartigen Moscheen des Hofarchitekten Sinan in İstanbul und Edirne oder die Medresen, die Religionsschulen, von Konya. Außer Israel gibt es kein Land, das so viele Reiseziele für christliche Pilger und theologische Interessierte bietet wie die Türkei. In Antakya (Antiochia) an der syrischen Grenze sollen sich die Anhänger Jesu den Namen „Christen" gegeben und Paulus seine Mission begonnen haben. Maria und der Apostel Johannes sollen in Ephesos gestorben sein. In den Tuffsteinhöhlen Kappadokiens hielten sich die frühen Christengemeinden vor der Verfolgung durch die Römer versteckt.

70 Mio. Türken sind heute stolz darauf, Selbstversorger zu sein. Was Sie auf den Wochenmärkten sehen, stammt fast alles vom eigenen Feld. Trotzdem gehören die Bauern zu den Ärmsten der Gesellschaft. Drei Viertel von ihnen besitzen kein eigenes Land und müssen für Großgrundbesitzer schuften. Die industrielle Produktion hat in den vergangenen Jahren einen großen Sprung gemacht. Ob Elektronik, Haushalts-

1683–1923 Niedergang des Osmanischen Reiches

1876 Erste Verfassung

1914–1918 Erster Weltkrieg; Teilnahme der Osmanen an deutscher Seite

1919 Unabhängigkeitskrieg unter Mustafa Kemal Pascha gegen die beschlossene Aufteilung der Türkei

1922–1938 Kemalistische Kulturrevolution

29. Oktober 1923 Gründung der Türkischen Republik

technik, Computer, Autos (Lizenzen aus Japan und Deutschland) oder Herrenmode – das Siegel „Made in Turkey" wird nicht mehr belächelt. Im Gegenteil, in den letzten Jahren war die Türkei mit rund 7 Prozent jährlichen Wachstums die mit Abstand dynamischste Volkswirtschaft Europas. Das schlägt sich jedoch nicht in einer gerechten Einkommensverteilung und sinkenden Arbeitslosenzahlen nieder: Die Kluft zwischen Arm und reich ist in der Türkei größer als im EU-Durchschnitt.

Stadt im Aufwind: Boomtown İstanbul

Vor allem der Großraum İstanbul ist ein Boomcenter, das in Europa seinesgleichen sucht. Die 15-Mio.-Stadt wächst weiterhin jährlich um rund 100 000 Einwohner, fast im Monatstakt wird ein neuer Wolkenkratzer errichtet. İstanbul soll zu einem Bankenzentrum werden, dessen Einzugsbereich vom Balkan bis zum Persischen Golf reicht. Der Ausbau İstanbuls wird aber auch dazu beitragen, dass das Wohlstandsgefälle zwischen dem reichen Westen der Türkei und dem armen Osten des Landes weiter zementiert wird. Bis auf einzelne „anatolische Leuchttürme" wie Gaziantap, Kayseri, Mersin und Konya gelingt es vor allem nicht, den kurdisch besiedelten Südosten der Türkei wirklich zu entwickeln. Der Dauerkonflikt mit der kurdischen Minderheit ist nicht gelöst, sodass der bewaffnete Kampf immer wieder aufflackert und nicht zuletzt Investoren abschreckt, selbst wenn der Staat große Steuernachlässe anbietet.

Während sich in den Metropolen im Westen das Durchschnittseinkommen der oberen Schichten bald auf mitteleuropäischem Niveau eingependelt haben wird, grassiert im Osten, aber auch an den Rändern der Großstädte landesweit die Armut. Diese führt dazu, dass viele Menschen an alten, teils archaischen Wertvorstellungen festhalten. Dazu gehören ein strenges Patriachat, ein Verständnis von Ehre, das auch vor Ehrenmord nicht haltmacht, und ein Denken, das an Clanstrukturen orientiert ist. Dieses Gesellschaftsverständis steht im Kontrast zu dem der urbanen Mittelklasse, die sich den Menschen in Berlin oder Paris näher fühlt als den Dorfbewohnern Ostanatoliens. Seit Ende der 1990er-Jahre hat die junge Generation in den Metropolen ihre eigene Dynamik entwickelt; sie sorgt dafür, dass ihr Land den Anschluss an Europa behält. In İstanbul können sie so leben wie in Berlin, Frankfurt oder Rom, in den Pubs trifft sich eine kosmopolitische, gebildete Mittelschicht. Diese war lange die Trägerin für Reformen, die der Türkei den Weg zu den Beitrittsverhandlungen mit der EU geebnet haben.

1952 Nato-Beitritt

1960/1971/1980 Militärputsche

1974 Türkische Invasion in Nordzypern

2002 Die moderat islamistische AKP kommt allein an die Macht

2005 Beginn Beitrittsverhandlungen mit der EU; Ziel ist eine Vollmitgliedschaft

2009 Die Weltwirtschaftskrise übersteht die Türkei relativ unbeschadet

Diese Orientierung steht aber jetzt in Frage. Zu dem wirtschaftlichen Gefälle und den daraus resultierenden unterschiedlichen Wertvorstellungen kommt noch ein ideologischer Konflikt, der das Land spaltet. Bis Ende der 1990er-Jahre wurde die Türkei dominiert vom Geist des Kemalismus, einer Doktrin, die auf den Gründervater Kemal Atatürk zurückgeht und vorsieht, das Land durch eine radikale Modernisierung vorbei

Zeugnis vergangener Kulturen: seldschukische Brücke bei Aspendos

am Islam dem Westen anzunähern. Dazu gehört die Trennung von Staat und Religion. Seit 2002 Jahren wird das Land aber von einer konservativ-islamischen Regierung geführt, die viele Gewissheiten des Kemalismus in Frage stellt und in vielen Bereichen versucht, wieder an die Tradition des Osmanischen Reiches anzuknüpfen. Das damit verbundene Wiedererstarken des Islam hat zu einem Kulturkampf geführt, der sich in fast allen Lebensbereichen bemerkbar macht, nicht nur im Streit um das Kopftuch oder um das Verbot von Alkohol, sondern im Erstarken traditioneller Vostellungen insgesamt. Zwar hält die Regierung offiziell an ihrer EU-Orientierung fest, doch Europa ist längst nicht mehr das Maß aller Dinge. Die Türkei sucht sich ihre Partner auch wieder im Osten und im arabischen Raum, und mit wachsendem wirtschaftlichem Erfolg schwindet die Bereitschaft, sich von Brüssel Vorschriften machen zu lassen. Die Türkei ist dabei, in einem teils sehr konfliktbeladenen Prozess eine Synthese zwischen Ost und West zu entwickeln, die ihrer geografischen Lage entspricht.

An der Nahtstelle: ein Land im Umbruch

Machen Sie sich deshalb darauf gefasst, dass Ihnen auf den Reisen durch die Türkei unterwegs so manches lang gehegte Vorurteil abhanden kommt. Lassen Sie sich einfach überraschen. Entdecken Sie die Türkei!

IM TREND

East meets West

Mode Seine türkische Heimat ist in Atil Kutoğlus Mode immer präsent, und seine Designs sind mittlerweile weltweit erfolgreich *(Bostan Sok. 9/2, İstanbul, Foto)*. Der Balanceakt zwischen Orient und Okzident gelingt auch Erol Albayrak. Der Modeschöpfer ist bekannt für seine farbenfrohen Entwürfe *(Prof. Dr. Orhan Ersek Sok. Güçer Apt. 45/1, İstanbul)*. Iana Makridis wartet noch auf ihren großen Durchbruch. Der kann für die Modemacherin jedoch nur noch eine Frage der Zeit sein *(www.ianamakridis.com)*.

Auf der Straße

Kulinarisch Probieren Sie doch mal am Wegesrand. Die Streetfood-Tour mit Banu Ozden vom *Kulinarischen Institut* in İstanbul führt von Stand zu Stand. Auf dem Speiseplan stehen gegrillter Fisch, Köfte oder Mantı *(www.istanbulculinary.com)*. In den Seitenstraßen von Beyoğlu warten versteckte Minilokale und Märkte. Annie Pertan zeigt wo *(www.turkishflavours.com, Foto)*. Ob eine Weinreise durch Kappadokien oder ein Essen bei Einheimischen – *Spoontrip* organisiert die kulinarischen Erlebnisse *(www.spoontrip.com)*.

Stilsicher

Designhotels Nicht die intimen Boutiquehotels sind der letzte Schrei, sondern die weitläufigen Designherbergen rund um Antalya. Das *Hillside Su* kleidet sich in futuristisches Weiß, nur die Fassade kommt farbenfroh daher *(Dumlupınar Bulvarı, Konyaaltı Koruluğu Yanı)*. Bunt ist auch das Äußere des *Adam & Eve*. In Erinnerung wird Ihnen ganz sicher der riesige Pool bleiben, von dem Sie direkt aufs Meer blicken *(Iskele Mevkii, Foto)*. Auch in İstanbul wird Design hochgehalten. Das *Lush Hip Hotel* hat 35 individuelle Zimmer *(Sıraselviler Cad. 12)*.

Ihre Gedichte haben immer wieder die Metropole zum Thema

Wie es im Buche steht

Tünel Die Autoren der Türkei haben in den vergangenen Jahren einen europaweiten Siegeszug gefeiert – und damit auch die breite Bevölkerung begeistert. Zu einem Café gehört mittlerweile die Leseecke dazu, Zeitungen aus der ganzen Welt sind im Angebot, und am Nachbartisch wird angeregt über die Literaturszene diskutiert. Zentrum dieses Trends ist İstanbuls Viertel Tünel. Hier treffen sich die Intellektuellen im *Ada*, wo man seine Nase nicht nur allein in ein Buch vertiefen kann, sondern auch wunderbar Leute gucken kann *(İstiklal Cad. 445, www.adakitapcafe. com, Foto)*. Ob sich hier auch Yeşim Ağaoğlu schon inspirieren ließ? Ihre Gedichte haben immer wieder die Metropole zum Thema *(yesimpoetry.blogspot.com)*. Passend zum Trend ist ein Besuch des *Divan Literaturmuseums (Galip Dede Cad. 15)*.

Tiertrekking

Hoch zu Ross Die richtige Begleitung für eine Wanderung durch die türkischen Landstriche hat vier Beine. Tierwanderungen sind nicht nur für Pferdeliebhaber ein Erlebnis. Mit einem Lastpferd am Zügel durchqueren Sie Teile des weiten Taurusgebirges mit seinen zerklüfteten Felsen, schneebedeckten Gipfeln und grünen Wäldern *(Informationen über www.time outdoor.de, Foto)*. Auf dem Pferderücken geht es mit *Kirkit* in sieben Tagen durch Anatolien. Es werden aber auch Halbtagestouren in Kappadokien angeboten *(Amiral Tafdil Sok. 12, İstanbul, www.kirkit.com)*. Mit Esel statt Pferd wandern Sie innerhalb von fünf Tagen durch das Latmos-Gebirge oder um den Bafa-See *(Informationen über www.seb-tours.de)*.

STICHWORTE

A TATÜRK

Verehrt wird Staatsgründer Mustafa Kemal Atatürk, weil er das Land vor der Aufteilung bewahrt und ihm mit Gründung der Republik eine neue Perspektive gegeben hat. Nach dem Willen der Sieger des Ersten Weltkriegs, in dem der Sultan auf der Seite der Deutschen gestanden hatte, sollten Italien, Frankreich, Großbritannien, Griechenland und Armenien die Türkei unter sich aufteilen. Den Türken sollte nur ein kleiner Teil des anatolischen Kernlandes bleiben. Eine Gruppe junger türkischer Offiziere unter Führung von Mustafa Kemal organisierte von der Schwarzmeerküste aus den Widerstand gegen das Sultanat und die Aufteilung ihres Landes. Was wie ein Guerillakrieg begann, wuchs zu einer nationalen Widerstandsbewegung. Das Ziel: die Gründung eines Staates „Türkei". Nachdem die staatliche Souveränität wiedergewonnen und am 29. Oktober 1923 feierlich die Türkische Republik gegründet worden war, begann Mustafa Kemal als Präsident (er erhielt 1934 den Ehrennamen Atatürk, „Ahne") mit dem zweiten Teil seiner ehrgeizigen Revolution: der radikalen Umgestaltung des Landes im Innern. 1922 wurde das Sultanat, 1924 das Amt des Kalifen abgeschafft. Damit war gleichzeitig die Dynastie der Osmanen beendet, die bis dahin beide Ämter innehatte. Dann löste Atatürk die islamischen Orden auf, verbot Koranschulen und das Tragen eines Schleiers in öffentlichen Gebäuden und verschaffte den Frauen juristische

Bild: Schafhirte in Ostanatolien

Die türkische Gesellschaft verändert sich mit großer Geschwindigkeit: Grundsätzliches und Hintergründiges zum Verständnis

Gleichberechtigung. 1930 erhielten sie das allgemeine Wahlrecht – früher als in manchen westeuropäischen Ländern. Atatürk führte das Schweizer Zivilrecht ein, das Strafrecht ließ er aus Italien importieren. Eine besonders einschneidende Zäsur bedeutete die Ablösung der arabischen Schrift durch das lateinische Alphabet. Atatürk starb 1938 im İstanbuler Dolmabahçe-Palast im Alter von 57 Jahren an Leberzirrhose. Sein beeindruckendes Mausoleum befindet sich in Ankara (Anıt Kabir).

CHRISTEN

Christen sind heute in der Türkei nur noch eine kleine Minderheit. Das war zu Anfang des 20. Jhs. noch anders, als mehrere Millionen Christen im damaligen Osmanischen Reich lebten. Doch durch die Vertreibung der Armenier während des Ersten Weltkriegs und den großen Bevölkerungsaustausch zwischen Griechenland und der Türkei nach dem Ende des türkischen Befreiungskriegs 1923 ist die Zahl erheblich zurückgegangen. Fast alle griechischen und armenischen Christen leben heute in İstanbul. Dazu kommt eine immer kleiner werdende Gruppe syrisch-orthodoxer Christen in den kurdischen Gebieten entlang der syrischen Grenze. Im Gegensatz dazu wächst die Zahl der Protestanten und Katholiken, die sich in den Großstädten wie İstanbul und İzmir oder am Mittelmeer niederlassen.

Wenn von der schwierigen Situation der Christen in der Türkei die Rede ist, geht es in der Regel um die Rechte der alteingesessenen Griechen und Armenier. Deren Status ist im Friedensvertrag von Lausanne geregelt, in dem Minderheitenrechte wie eigene Schulen und die Einrichtung anderer kultureller Institutionen festgeschrieben sind. Konflikte gab und gibt es immer wieder um Liegenschaften der Kirchenstiftungen, die teilweise willkürlich beschlagnahmt wurden, und um die autonome Ausbildung von Klerikern. Das wichtigste Priesterseminar der orthodoxen Griechen ist seit mehr als dreißig Jahren geschlossen, auch deshalb, weil die Gemeinde ihre Einrichtung nicht dem türkischen Bildungsministerium unterstellen will. Im Zuge des EU-Beitrittsprozesses wird die türkische Regierung nun dazu gedrängt, den Kirchen einen besseren Rechtsstatus einzuräumen und größere Organisationsfreiheit zu gewähren. Manche Verbesserungen sind seit 2005 zu beobachten. So durften die Gemeinden 2010 erstmals in so symbolischen Orten wie dem Sumela-Kloster in Trabzon oder der Akhdamar-Kirche auf dem Van-See Messen feiern.

ERDBEBEN

Die Türkei ist ein Erdbebengebiet. Vor allem der Norden gehört zu den am stärksten erdbebengefährdeten Regionen der Welt. Der „Nordanatolische Graben" zieht sich vom Osten bei Erzurum bis zum Golf von Saros an der griechischen Grenze

hin. Zu der größten Katastrophe seit 100 Jahren kam es im August und November 1999 in der Westtürkei. Damals starben mehr als 18 000 Menschen. Die schweren Beben machten die Gefahr besonders für die Millionenmetropole İstanbul deutlich, denn ihre Epizentren lagen weniger als 100 km von der Stadt entfernt. Im Oktober 2011 forderte ein schweres Beben vor allem in den Städten Van und Erciş am Van-See viele Hundert Opfer.

FAMILIENSCHUTZ

Oft werden Sie die Schilder sehen: „Aile Çay Bahçesi" („Familienteegarten") oder „Aile Salonu" („Familiensalon") steht am Eingang und weist darauf hin, dass die Bereiche der männlichen Junggesellen von denen der Familien und Paare schön getrennt sind. Was in großstädtischen Cafés und Restaurants schon längst der Vergangenheit angehört, ist in einfacheren Esslokalen und auf dem Land die Regel. Schützen soll das Verfahren die Frauen vor lästigen Männerblicken – was doch oft vorkommt, vor allem, wenn Mann einige Gläser zu viel getrunken hat.

FLORA & FAUNA

Die Tier- und Pflanzenwelt ist so vielfältig und kontrastreich wie die Regionen des Landes. Alle Spezies, die in Mitteleuropa und auf dem Balkan vorkommen, finden sich auch in der Türkei. In abgelegenen Gegenden leben noch vereinzelt Wölfe, Schakale und Bären. In der Südtürkei stolpert man fast über Landschildkröten und diverse Eidechsenarten. Der letzte türkische Leopard soll 1979 erlegt worden sein. Beeindruckend ist auch die Artenfülle der Vogelwelt, die in den Seengebieten zu beobachten ist. Kormorane, Pelikane, Reiher und Störche, speziell Weißstörche, sind allerdings nur Sommergäste. Im Herbst ziehen sie in schönen Formationen weiter gen Süden.

FRAUEN

In der Türkei sind Frauen gesetzlich gleichgestellt. Das Frauenwahlrecht gibt es seit 1930 (siehe Stichwort „Atatürk"), und an den Schulen gilt schon seit 1925 die Koedukation. Die Teilnahme von Frauen am öffentlichen Leben gehört in der Türkei deshalb zur gesellschaftlichen Normalität: An den Hochschulen beträgt der Frauenanteil fast 50 Prozent.

FUSSBALL

Fussball ist der türkische Volkssport schlechthin. Das fängt als Kind auf der Straße an und reicht bis zur lebenslangen Begeisterung für einen der großen Profiklubs. Bis vor wenigen Jahren waren die drei großen İstanbuler Clubs *Fenerbahçe, Galatasaray* und *Beşiktaş* noch das dominierende Dreigestirn der Liga, das regelmäßig die Meisterschaft unter

Marktfrauen auf dem Gemüsemarkt von Manavgat bei Side

Dennoch kämpfen türkische Frauenrechtlerinnen für mehr Rechte, z. B. für Frauenquoten im Parlament. Dem stehen konservative islamische Parteien und Organisationen, die in den letzten Jahren zunehmend an Einfluss gewonnen haben, ablehnend gegenüber. Die Zahl der sogenannten „Ehrenmorde" ist vor allem im kurdischen Milieu stark angestiegen. Die schnelle soziale Veränderung erreicht noch nicht die konservative ländliche Umgebung; Frauen werden auf dem Land oft noch von ihren Männern unterdrückt.

sich ausmachte. Mittlerweile sind einige anatolische Clubs wie *Trabzonspor* oder *Bursaspor* zu ernsthaften Gegnern geworden, die die Dominanz der großen Drei angeknackst haben. Der türkische Fußball ist damit noch ein bißchen abwechslungsreicher geworden und die Begeisterung breiter gestreut. Einziger Wermutstropfen für die Fans ist, dass die Nationalmannschaft bei den großen internationalen Turnieren noch immer schwächelt. Auch die Frauen sind übrigens nicht nur als Fans aktiv: Die türkische Frauenfußball-Liga begann 2005

Minarett in Kalkan

mit sieben Mannschaften, 2010 waren es schon 1500 Kickerinnen in 72 Clubs.

HAMAM

Plätscherndes, warmes Wasser in Marmorbecken, heißer Dampf unter hohen Gewölben: Das türkische Bad ist ein Muss für Touristen. Frauen- und Männerabteilungen sind im Hamam normalerweise voneinander getrennt, in touristischen Bädern kann aber gemischt gebadet werden. In jeder Stadt finden Sie ein Hamam, das Sie aufsuchen können.

ISLAM

Offiziell sind 99 Prozent der türkischen Bevölkerung Muslime, der überwiegende Teil gehört der sunnitischen Richtung

an. Das heilige Buch, der Koran, enthält in Versform die Offenbarungen des Propheten Mohammed. Nur im arabischen Original gilt er als Koran. Für die Schüler der privaten Koranschulen gilt es als besondere Anstrengung, den Text auswendig zu lernen. An staatlichen Schulen wird nur allgemeiner Religionsunterricht erteilt; Christen und Juden haben ihre eigenen Schulen. Etwa ein Viertel der Muslime gehören der Glaubensrichtung der Aleviten an. Sie sind Anhänger Alis, eines Schwiegersohns Mohammeds.

Die beiden höchsten islamischen Feste sind *Kurban* (Opferfest) und *Ramazan bayramı* (Zuckerfest). Am Opferfest schächtet jeder, der es sich leisten kann, einen jungen Hammel oder ein Kalb in Erinnerung an das Opfer Abrahams. Schächten bedeutet nach jüdischem und moslemischem Ritus Töten ohne Betäubung, denn nur dann kann das Blut aus dem Tierkörper herausfließen. Das Fleisch ist dann „koscher" (jüdisch) bzw. „helal" (traditionalistisch-islamisch). Zwei Drittel des Fleisches soll an Bedürftige verteilt werden. Im Fastenmonat Ramadan hält sich die Mehrheit der Muslime an das Gebot, zwischen Sonnenaufgang und Sonnenuntergang weder zu essen, zu trinken noch zu rauchen. In der Provinz wird es dann schwer, mittags ein geöffnetes Lokal zu finden

KURDEN

Die Kurden (heute ca. 8 Prozent der türkischen Bevölkerung) lebten einst in den südöstlichen Provinzen, doch viele sind in den vergangenen Jahrzehnten auf der Suche nach Arbeit in die westlichen Großstädte gezogen. Allein in İstanbul gibt es heute mindestens 3 Mio. Menschen kurdischer Abstammung. Die Kurden werden nicht – wie die Armenier oder die Griechen – als offizielle Minderheit anerkannt. Sie waren lange dem

Assimilierungsdruck ausgesetzt. Heute geht der Staat mit ihnen als kulturelle Minderheit gelassener um. Wer zu weit geht und kurdische Autonomie fordert, muss jedoch eine Anklage wegen Separatismus fürchten und mit einer Haftstrafe rechnen.

MUSIK

Ob Shakira, Tarkan, türkische „Kunstmusik" oder Sufi-Klänge: Musik wird Sie in der Türkei auf Schritt und Tritt begleiten. Auch wenn überwiegend Popmusik gespielt wird, bietet die türkische Musik eine große regionale und tonale Vielfalt. Die „Kunstmusik" *(Türk Sanat Müziği)* mit byzantinischen und arabischen Einflüssen klingt getragen und erfordert von den Sängerinnen und Sängern große Stimmdisziplin. Die einfache Volksmusik Anatoliens und des Schwarzmeerraums klingt dagegen quirlig und kommt ohne Orchester aus. Ein paar Fideln, Trommeln und eine *saz* (Saiteninstrument) genügen. Sie können in guten Musikgeschäften (z. B. der D&R-Kette) relativ preiswert CDs und Kassetten erwerben. Guten türkischen Pop finden Sie unetr dem Label *Doublemoon*, guten Ethnosound unter *Kalan Müzik*.

OSMANISCHES REICH

Vom Reichsgründer Osman (Regierungszeit 1288–1324) leitet sich der Name der bis 1922 herrschenden Dynastie ab. 37 Sultane regierten das Reich, manche waren nur wenige Monate an der Macht, bevor sie Opfer einer Intrige oder eines Brudermordes wurden. Nach der Eroberung Konstantinopels durch Mehmet I. (von den Türken nur *Fatih*, der Eroberer, genannt) herrschten die Sultane jahrhundertelang vom Balkan bis Algerien. Im 19. Jh. begann der unaufhaltsame Niedergang, der im Ersten Weltkrieg und in der Gründung der mo-

dernen Republik endete: Nachdem die junge Republik erst alle Erinnerungen an das alte Reich zu tilgen versuchte, erlebt das Osmanische heute ein zuweilen etwas kitschiges Revival in Kultur und Kunst. Die osmanischen Elemente werden in die heutige türkische Kultur eingewoben und gelten nicht mehr als verwerflich.

POLITISCHES SYSTEM

Die Türkei ist laut Verfassung ein parlamentarischer Rechtsstaat westlichen Zuschnitts – der einzige in der muslimischen Welt. Die Abgeordneten der Großen Türkischen Nationalversammlung in Ankara und die Bürgermeister kreisfreier Gemeinden und Städte werden alle vier Jahre in geheimer Wahl von den Wahlberechtigten über 18 Jahre gewählt. Mehrere „Reformpakete", die die Meinungsfreiheit ausweiteten und die Macht der Armee in der Politik einschränkten, wurden seit 2001 beschlossen.

SPRACHE

Das in der Türkei gesprochene Türkisch gehört zu den zentralasiatischen oghusischen Sprachen der Ural-Altai-Gruppe. Während der osmanischen Periode kamen zahlreiche persische und arabische Bestandteile hinzu, in den 1920er-Jahren französische Ausdrücke, etwa *şoför* (Chauffeur) oder *asansör* (Fahrstuhl). Die Verständigung unter den verschiedenen „Turkvölkern" ist schwer, aber nicht unmöglich. Allein mit den Azeris (Aserbaidschan-Türken), die einen hochtürkischen Dialekt sprechen, können sich die Türken ohne größere Probleme unterhalten. Als Besucher kommt man in den touristischen Gegenden des Landes und in den Großstädten meist mit Englisch oder Deutsch recht gut weiter. Überall trifft man auf „aus Almanya zurückgekehrte" Türken.

ESSEN & TRINKEN

Die kulinarische Vielfalt der türkischen Küche kann es mit jedem anderen mediterranen Land aufnehmen: Sie ist auch für Mitteleuropäer gut verträglich und selten übermäßig gewürzt. Der Ursprung vieler türkischer Gerichte lässt sich in die Nomadenzeit der frühen Turkvölker zurückverfolgen, etwa die diversen Arten von in Lehmöfen gebackenen Brotsorten, die Joghurtspeisen oder Lammgerichte.

Diese Traditionen verschmolzen später mit den Kochkünsten der kleinasiatischen Küstenkulturen, besonders mit deren Varianten der Fischzubereitung. In osmanischer Zeit kamen Einflüsse aus Europa und Nordafrika dazu. Selbst aus römischer Zeit wurden einige Rezepte nachgewiesen. Kennzeichnend für die türkische Küche ist die sehr aufwendige, zeitraubende Vorbereitung selbst einfach erscheinender Gerichte. Wer jemals einer türkischen Hausfrau bei der Zubereitung von gefüllten Kohl- oder Weinblättern (*dolma*, „das Gefüllte") zugesehen hat, wird verstehen, dass sich die Türken abends für das Hauptmahl im privaten Familienkreis oder in einem Gasthaus (*lokanta*) viel Zeit nehmen. Das Frühstück ist dagegen weniger reichhaltig: Zu Weißbrot gibt es Schafskäse, Oliven und Marmelade. Mittags isst man meist eine Suppe und dann ein leichtes Gemüsegericht.

In den Touristenhochburgen der Mittelmeerküste wurde die traditionelle Küche in der Vergangenheit häufig zu Gunsten internationaler Schnitzel-Einheitskost zu-

Bild: Hackfleischbällchen (köfte) und eingelegtes Gemüse

Mehr als nur Döner und Kebap – ein türkisches Abendessen ist ein Erlebnis für Augen und Gaumen. Die wichtigste Zutat: viel Zeit

rückgedrängt. Die reichhaltigen Büfetts der Feriendörfer lassen jedoch nichts zu wünschen übrig, und auch Vegetarier kommen auf ihre Kosten; Salate und Gemüsegerichte sind ein fester Bestandteil türkischer Menüs. Viele Restaurants haben sich auf vegetarische Kundschaft extra eingerichtet.

Für manche sind die kalten Vorspeisen *(mezeler)* bereits der Höhepunkt der türkischen Küche. Auf den Vorspeisentischen finden Sie Gemüse aller Art, meist in Olivenöl eingelegt, Krabben, Muscheln, Tintenfischringe, *humus* (pürierte Kichererbsen), Saisonsalate und Blätterteigpasteten. In Tavernen darf zu *mezeler* der *rakı* (ein hochprozentiges Traubendestillat mit Anisaroma) nicht fehlen. *Rakı* passt vorzüglich zu cremigem Schafskäse und Honigmelone.

Die Türken erwarten von einem Gericht, dass es nach der Hauptzutat schmeckt und nicht von Soßen oder Gewürzen überdeckt wird. Lamm und Rind werden darum meist gegrillt oder am Spieß *(şiş)* gebraten, sparsam gewürzt und fast

SPEZIALITÄTEN

▶ **acı** – rote Pastete aus sehr scharfen Peperoni

▶ **ahtapot salatası** – Tintenfischringe in Öl mit grünen Oliven

▶ **arnavut ciğeri** – gebratene, kalte Leberstückchen mit Zwiebeln

▶ **baklava** – hauchdünn ausgerollter, schichtweise mit Pistazien oder Walnüssen gefüllter Teig – meist sehr süß (Foto re.)

▶ **balık ızgara** – gegrillter Fisch in verschiedenen Varianten

▶ **biber dolması** – mit Hackfleisch und Reis gefüllte Paprikaschoten (Foto li.)

▶ **bugulama** – Fisch im Sud, mit Zwiebeln und evtl. Kartoffeln gekocht

▶ **çiğ köfte** – scharf gewürzte, rohe Hackfleischbällchen: das einzige Gericht, das türkische Männer selbst zubereiten

▶ **helva** – „türkischer Honig", beliebte Nachspeise, vor allem nach Fisch

▶ **iç pilav** – Reisgericht mit Rosinen, Leber und Erbsen

▶ **işkembe corbası** – Kuttelsuppe, die bevorzugt nach einem langen Zechabend gegen Morgen gegessen wird

▶ **iskender kebap** – Dönerscheiben auf Fladenbrot mit Joghurt, übergossen mit Butter

▶ **karnı yarık** – mit Zwiebeln und Hackfleisch gefüllte Auberginen, die warm gegessen werden

▶ **kaymaklı cevizli muz** – Dessert aus Bananenscheiben mit Walnüssen und hausgemachter Sahne

▶ **köfte** – ein Nationalgericht aus kleinen, entweder gegrillten oder in der Pfanne gebratenen länglichen Hackfleischbällchen

▶ **kuzu pirzola** – zarte Lammkoteletts, die gegrillt *(izgara)* oder gebraten *(tava)* werden

▶ **kuzu tandır** – Lammkeule aus dem Steinofen

▶ **mantı** – eine Art Ravioli, die mit Knoblauchjoghurt und frischen Minzblättern serviert werden

▶ **muhallebi** – Milchpudding aus Stärke, Reismehl und Reis

▶ **patlıcan salatası** – Salat aus Schafskäse und auf Holzkohle gegrillten Auberginen

▶ **roca salatası** – Ruccola-Salat

▶ **sigara böreği** – Blätterteigröllchen, klassisch gefüllt mit Schafskäse und Petersilie

▶ **şiş kebab** – zarte Lammfleischstücke, gegrillt mit Tomaten, Zwiebeln und Paprika immer ohne Soße serviert. Dazu gibt es Salat und Reis, *bulgur* (grob geschroteter Weizen) oder Kartoffeln. Außer der „Fastfood"-Variante mit den dünn geschnittenen Döner-Scheiben im Brot *(pide)* gibt es Dutzende andere Zubereitungsmöglichkeiten für Fleisch. Aus Ostanatolien stammen die Variationen *patlıcan kebabı* (mit Hackfleisch gefüllte Auberginen am Spieß) oder *saç kebabı* (geschnetzeltes Lamm mit Champignons und Tomaten, in der Pfanne gebraten). Geflügel gibt es häufig aus dem Ofen. An den Küsten dominieren naturgemäß Fisch und Meeresfrüchte die Speisekarte. Empfehlenswert sind *fenerbalığı* (Seeteufel), *levrek* (Seebarsch), *lüfer* (Blaubarsch), *kalkanbalığı* (Steinbutt) und *palamut* (Thunfisch). An der Mittelmeerküste bekommt man auch frischen Hummer *(istakoz)*. Für die berühmte Schwarzmeersardine *(hamsi)* kennen die Bewohner der Nordküste angeblich mehr als 40 Arten der Zubereitung.

Auch der Nachtisch birgt Überraschungen: Verschiedene Sorten von Blätterteiggebäck, mit Zuckersirup übergossene Pasteten und Schokopuddings gehören dazu. Er wird bereichert durch saftiges Obst: Honig- und Wassermelonen, Weintrauben, Pfirsiche, selten auch schwarze Maulbeeren *(karadut)*. An den Schluss gehört zwingend ein Tässchen türkischen Mokkas *(türk kahvesi)*. Man bestellt ihn *sade* (ungezuckert), *orta* (mittelsüß) oder *şekerli* (gesüßt).

Das türkische Nationalgetränk ist Tee *(çay)*. Er wird in kleinen, tulpenförmigen Gläsern serviert und nach Belieben gesüßt. Wer nicht mindestens fünf Gläser Tee am Tag trinkt, ist in der Türkei noch nicht angekommen. Mittlerweile wird auch gern löslicher Kaffee getrunken, und internationale Kaffeehausketten erfreuen sich großer Beliebtheit. Tafelwasser heißt *su*, mit Kohlensäure *soda*. Aus Wasser und Joghurt wird *ayran* gemixt, ein sehr erfrischendes Getränk. Ausländische Weine gibt es nur in exklusiven Lokalen. Dafür sind die einheimischen Marken *Doluca* oder *Kavaklıdere* solide Tischweine. Beim Bier empfiehlt sich die Marke *Efes*. Nicht überall wird Alkohol ausgeschenkt, das gilt vor allem für muslimisch geprägte zentral- und ostanatolische Städte.

Preiswert und lecker: Döner Kebap

Man unterscheidet zwischen Restaurants *(restoran, lokanta)* oder einfachen Esslokalen *(meyhane)*. *Birahane* sind Bierhäuser, um die eine Frau besser einen Bogen macht. Typisch für ein gutes Restaurant ist, dass eine Heerschar Kellner bereitsteht. In *ocakbaşı* genannten Lokalen gibt es Gegrilltes *(ızgara)* von einem großen Grill *(mangal)* in der Mitte des Raumes. Hier wird das Urlaubsbudget nicht so arg strapaziert. In *pastahane* (Konditoreien) gibt es oft auch Kuchen und Torten.

Wenn das Essen geschmeckt und die Bedienung gestimmt hat, hinterlässt man auf dem Tisch üblicherweise zehn Prozent Trinkgeld.

EINKAUFEN

Einkaufen in der Türkei erfordert Zeit und Aufmerksamkeit. Das Feilschen um eine Melone oder einen Sonnenhut im Einzelhandel ist jedoch ebenso unüblich wie in Deutschland – hier gelten Festpreise. Dagegen sind Basarhändler und Inhaber typisch türkischer Andenkenläden meist bereit zu handeln. Ein grober Verstoß gegen die guten Sitten ist es, um eine Ware zu feilschen, an der man kein echtes Interesse hat. Weitere Tipps: Der Käufer sollte niemals als Erster einen Preis nennen und sein Angebot sollte die Forderung des Händlers nicht um mehr als 30–40 Prozent unterschreiten. Bisweilen wird der Besitzer Sie zu einem Glas Tee einladen. Haben Sie ruhig Mut zu verhandeln. Und: Seien Sie hart in der Sache, aber stets freundlich im Umgang mit dem Verhandlungspartner. In moderneren Läden in Großstädten gilt allerdings der Preis wie ausgezeichnet.

ANTIQUITÄTEN

Zu den beliebtesten Mitbringseln aus der Türkei gehören neben Kupfer- und Messingwaren, Wasserpfeifen, Silber- und Goldschmuck, Keramikarbeiten auch Antiquitäten. Darunter versteht man Stücke, die mehr als 100 Jahre alt sind.

Grundsätzlich ist die Ausfuhr von Antiquitäten nur mit amtlichen Begleitpapieren möglich. Manchen Touristen erschien das in der Vergangenheit zu kompliziert – schließlich muss man in der Türkei vielerorts nicht einmal graben, um alte Steine und Münzen zu finden. Spätestens seit dem Fall eines deutschen Urlaubers, der wegen eines unscheinbaren Steins sechs Wochen in Antalya einsaß und der nur freikam, weil er eine Kaution von 6000 Euro zahlte, dürfte den meisten aber die Lust auf Trümmerdiebstahl vergangen sein. Nicht selten erweist sich auch die erworbene angebliche Antiquität bei genauerem Betrachten als Fälschung. Gefakte Altertümer finden sich oft bei den „antiken" Münzen, die einem im Umfeld der archäologischen Stätten angeboten werden.

GOLD & SILBER

Bei Goldschmuck gilt wie überall anders auch: je aufwendiger die Verarbeitung, desto teurer wird das gute Stück. Es lohnt sich auf jeden Fall, abseits der touristischen Pfade nach nicht so stark besuchten Juwelieren zu suchen. Der tagesaktuelle Goldpreis muss ausgehängt sein. Und verlangen Sie unbedingt ein

Teppich, Leder, Antiquitäten: Wer in den türkischen Basaren um den Preis feilschen will, muss Geduld und Humor mitbringen

Echtheitszertifikat! Die Goldpreise sind zwar auch in der Türkei seit der Finanzkrise 2009/10 angestiegen, sind aber im Vergleich zu Europa immer noch deutlich niedriger. Beim ebenfalls sehr günstigen Silber achten Sie auf den Stempel im Innern oder auf der Rückseite des Schmuckstücks.

LEDER & BAUMWOLLE

Produkte aus Leder und Baumwolle gehören zu den klassischen Souvenirs. Nicht überall jedoch bekommen Sie erstklassige Ware. Das Leder sollte nicht fleckig und gut durchgefärbt sein. Dicke ist nicht Steife: Die Hose oder Jacke muss sich nach einer Weile an Ihren Körper schmiegen können wie eine zweite Haut. Das Leder-Qualitätszeichen schützt vor mangelhafter Ware. Baumwollstoffe bekommen Sie auf fast allen Märkten zu günstigen Preisen. Oft sind die Stoffe naturgefärbt und mit schönen Stickereien verziert.

TEPPICHE

An zahllosen Webstühlen auf dem Land entstehen sie bis heute: die handgeknüpften türkischen Teppiche. Die besten Exemplare kommen aus Bergama, Konya, Kayseri und Uşak. Beim Kauf eines Teppichs sollten Sie auf folgende Qualitätsmerkmale achten: je mehr Knoten, desto wertvoller. Als Beweis guter Arbeit sollte das Teppichmuster auf dem Rücken ebenso gleichmäßig erscheinen. Naturseide ist kostbarer als Kunstseide, Baumwolle wertvoller als Chemiefasern. Mit einem Geruchstest können Sie überprüfen, ob Kunstfasern beigemischt wurden: ein paar Fasern herausziehen und mit dem Feuerzeug verbrennen. Der Schwierigkeitsgrad eines Teppichs zeigt sich unter anderem daran, ob das Muster einen häufigen Farbwechsel aufweist. Bitte bedenken Sie bei der Beurteilung des Preises auch, dass man für einen Quadratmeter hochwertigen Teppich rund 100 Knüpftage rechnet!

DIE PERFEKTE ROUTE

DIE KÖNIGIN DER STÄDTE

Jede Rundfahrt durch die Türkei beginnt und endet in der 3000 alten Metropole zweier Weltreiche, in **1** *İstanbul* → S. 41, ehemals Konstantinopel, ehemals Byzanz. Die lebendige und weiter boomende Millionen-Metropole am Bosporus ist eine Welt für sich und allein schon eine Reise wert. Von İstanbul aus geht es zunächst nach **2** *Bursa* → S. 36. Das grüne Bursa am Fuße des 2500 m hohen Uludağ ist die Geburtsstadt des osmanischen Reiches. Hier errichteten die Sultane ihre erste Hauptstadt, von Bursa aus startete die Eroberung des Balkans und Konstantinopels.

BADEORT UND SINTERTERRASSEN

Vorbei an **3** *İzmir* → S. 45, einem der wichtigsten Häfen des Landes, erreichen Sie **4** *Bodrum* → S. 32. Wenn Türken vom Ausstieg aus den Mühen des Alltags und von einem glücklichen Leben im Süden am Meer träumen, denken die meisten an die „weiße Stadt am Meer". Bodrum ist das Aussteigerparadies schlechthin, auch wenn die Stadt – zumindest im Sommer – zu einer hektischen Tourismusmetropole wird. Nordöstlich von Bodrum liegen unweit der Provinzstadt Denizli die strahlend weißen Sinterterrassen von **5** *Pamukkale* → S. 49. Der Anblick ist berauschend, und das Bad im Wasser der heißen Quellen tut Körper und Seele gut.

ZU DERWISCHEN UND TUFFSTEINKEGELN

Weiter nach Osten, mitten in der Türkei, liegt **6** *Konya* → S. 68, das spirituelle Zentrum des Landes. Der Sufi-Orden von Mevlana hatte hier seinen Hauptsitz, und das Grabmal des tanzenden Derwischs ist immer noch der Mittelpunkt der Stadt (Foto li.). **7** *Kappadokien* → S. 66, die Tuffsteinlandschaft bei Nevşehir, die nächste Station auf dem Weg von West nach Ost, erscheint wie eine Landschaft nicht von dieser Welt. Die von Wind und Wetter geformten Kegel aus weichem Tuffstein bergen geheimnisvolle Höhlen, die vor knapp 2000 Jahren frühen Christen als Zuflucht vor römischer Verfolgung dienten.

GEHEIMNISVOLLES ARABIEN

In **8** *Şanlıurfa (Urfa)* → S. 75, der Stadt ganz im Südosten an der Grenze zu Syrien, sind die arabischen Ursprünge bis heute lebendig. Urfa ist

Erleben Sie auf dieser Rundreise die vielfältigen Facetten der Türkei zwischen Bergen und Meer, von İstanbul bis Anatolien

alt, so alt, dass Abraham hier gelebt haben soll. Der Basar von Urfa ist bis heute das älteste und geheimnisvollste Einkaufsparadies des Landes. **9** *Diyarbakır* → S. 73, die heimliche Hauptstadt der Kurden in der Türkei, ist der östlichste Punkt auf der Route. Vieles hier erzählt von den Auseinandersetzungen der letzten Jahrzehnte, aber auch vom Aufbruchsgeist seiner Bewohner. Diyarbakır ist auf dem Weg, eine moderne Metropole zu werden.

DIE STADT ATATÜRKS

Von der heimlichen Hauptstadt des Ostens führt die Tour in einem großen Sprung zurück nach Westen, zur offiziellen Hauptstadt des Landes. **10** *Ankara* → S. 63 ist die Stadt Atatürks, die Stadt der Republik und das Zentrum der modernen Türkei. Vom Parlament über den Präsidentenpalast bis zum Mausoleum von Kemal Atatürk (Foto li. u.) befinden sich hier die Zentren und die Symbole der Macht.

PERLEN DES SCHWARZEN MEERES

Vom Fremdenverkehr noch weitgehend unentdeckt liegen nordwestlich von Ankara die „Perlen des Schwarzen Meeres": **11** *Safranbolu* → S. 82 im Hinterland und **12** *Amasra* → S. 83 an der Küste. Ganz anders als im touristischen Süden erlebt man hier die schönsten klassischen Häuser der Türkei und mit Amasra den schönsten Badeort der türkischen Schwarzmeerküste. Von hier geht es über Zonguldak zurück zum Ausgangspunkt İstanbul.

ca. 3000 km; empfohlene Reisezeit: 14 Tage. Detaillierter Routenverlauf auf dem hinteren Umschlag, im Reiseatlas sowie in der Faltkarte

WESTKÜSTE

Die West- oder Ägäisküste der Türkei ist eine bezaubernde Welt zwischen antiken Ruinen und schönen Badestränden. Von İstanbul bis Bodrum erstreckt sich eine 700 km lange, buchtenreiche Küste. Im Hinterland breitet sich Hügelland aus, dank des milden Mittelmeerklimas gedeihen Oliven, Wein und Tabak.

Dieser 5000 Jahre alte Siedlungs- und Kulturraum wartet mit großartigen Resten aus der Antike auf; Troja, Ephesos und Pergamon sind nur einige von zahlreichen Ausgrabungs- bzw. Besichtigungsstätten. Eindrucksvolle Naturerscheinungen wie die Kalksinterterrassen von Pamukkale wechseln sich mit Yachthäfen, modernen Ferienanlagen und kleinen Fischerdörfern ab. Der Massentourismus ist an der türkischen Westküste noch nicht überallhin vorgedrungen. Ausführliche Informationen zur türkischen Ägäisküste finden Sie im Marco Polo Band „Türkische Westküste".

BODRUM

(128 C4) (*M B6–7*) **Was die Krim für die Russen, ist Bodrum (130 000 Ew.) für die Türken: ein traditionsreiches Synonym für die schönsten Wochen im Jahr.** Es waren aus İstanbul emigrierte Schriftsteller, die der Stadt, dem antiken Halikarnassos, mit ihrer Burg und den weiß getünchten Häusern durch ihre Werke zu legendärem Ruf verhalfen. Die Bucht, die erleuchtete Burg und die malerische Hafenkulisse üben seit jeher eine magische

Von İstanbul über Kuşadası nach Bodrum: Badefreuden und die bedeutendsten Fundstätten des Altertums

Anziehungskraft aus. 377 v. Chr. verlegte der persische Statthalter Mausolos seine Residenz nach Halikarnassos. Er baute die Siedlung zu einer großen Stadt aus und befestigte sie mit einer 6 km langen Mauer, von der heute noch einige Reste zu sehen sind. Sein Grabmal, das *Mausoleion*, gehörte zu den antiken Sieben Weltwundern. Von dem einst 50 m hohen Monument blieben nur die Fundamente (vor Ort ausgeschildert).

Im Sommer platzt Bodrum aus allen Nähten. Das „St. Tropez der Türkei" ist

vor allem bei Briten beliebt. Wer seine Ruhe haben möchte, darf erst gar nicht hierher kommen, oder er muss sich in einer der ruhigeren Buchten auf der vorgelagerten Halbinsel einquartieren. Für seine Gäste bietet der Ort ein etwas kühleres Badewasser, gute Windverhältnisse zum Segeln und Surfen, wunderschöne Sonnenuntergänge beim Abendessen am Meer und heiße Nächte zum Durchtanzen. Ein kleiner, aber ganz akzeptabler Kieselstrand ist in den letzten Jahren im Ort selbst, hinter der Burg, angelegt worden. Anfang September findet das *Bodrum Festivali* statt, ein Kunst- und Kulturprogramm mit türkischen Staraufgebot, und im Oktober ist Bodrums Hafen Veranstaltungsort einer *gulet*-Regatta.

gehört zu den Promis, die Bodrum vor 30 Jahren zu einem Refugium der Boheme machten. Sein Haus wurde als Museum türkischer Gegenwartskultur konserviert. *Di–So 10–17 Uhr | Zeki Müren Cad. 11*

Auf zur „Blauen Reise" auf dem Mittelmeer: Skipper im traditionellen Holzsegelboot

SEHENSWERTES

BODRUM SUALTI ARKEOLOJI MÜZESI (UNTERWASSERMUSEUM)

In der wunderschönen mittelalterlichen Kreuzfahrerburg mit der spektakulären Aussicht befindet sich das erste und einzige ● *Unterwassermuseum* der Türkei. Die Glaskollektion ist die viertgrößte der Welt. Hier gibt es antike Wrackteile, Amphoren und Schmuck aus Gold und Elfenbein zu sehen. *Di–So 9–19 und 13–19 Uhr | Eintritt 5 Euro | www.bodrum-museum.com*

ZEKI-MÜREN-MUSEUM

Hier lebte bis in die 1980er-Jahre der berühmte Sänger und Schauspieler Zeki Müren (1931–96). Obwohl er sich nie öffentlich outete, war dem homosexuellen Sänger nach dem Militärputsch von 1980 der Bildschirm eine Zeitlang versperrt. Er

ESSEN & TRINKEN

BODRUM FENERI

In der Marina am Ende der Uferstraße am kleinen Leuchtturm haben Fatih Ariman und Sami Caner haben ein feines Lokal geschaffen. Nachmittags ist der Pool geöffnet. Dann geht man zu Jazzklängen mit einem Aperitif zum Abendessen über. Die schöne Bucht mit der angestrahlten Burg dient als Kulisse. Reservieren! *Tgl. 9–2 Uhr | Neyzen Tevfik Cad. Milta Marina Fener İşletmeleri | Tel. 0252 313 06 68 | €€€*

CHINESE INN

Hell, freundlich, preiswert. Mittags Büfett mit Riesenauswahl für ca 6 Euro. Peking-Ente und andere Gerichte gibt's mittags wie abends à la carte. *Im Einkaufszentrum Oasis oberhalb der Stadt (Dolmusbusse vom Zentrum) | Oasis Kül-*

tür Alışveriş ve Eğlence Merkezi | Kare Avlu | Kıbrıs Şehitleri Cad. | Mo–Sa 10–22 Uhr | www.chineseinnrestaurant.com | €– €€

INSIDER TIPP ▸ TRANÇA

Hinter der Burg, auf der Kneipenmeile *Cumhuriyet,* kann man auf dem Kiesel-strand am Meer speisen. Neben den Fischgerichten serviert das Lokal auch os-manische Küche. Chef Emre Ulug ist preis-gekrönt – seine Spezialität: Zander im Sud mit Mandeln. Vegetarisches und Mittags-tisch mit Pizza & Pasta. *Tgl. 11.30–2 Uhr | Cumhuriyet Cad. 36 | Tel. 0252 316 66 10 | www.trancarestaurant.com | €€*

FREIZEIT & SPORT

„BLAUE REISE" ★

„Blaue Reise" werden die Urlaubstörns auf den motorbetriebenen Holzschiffen *(gulets)* genannt. Sie können einen Tag, aber auch mehrere Wochen dauern. Preis: zwischen 250 und 600 Euro pro Person/Woche. *Barbaros Yachting | Ney-zen Tevfik Cad., Saray Sok. 4 | Tel. 0252 316 39 19 | GSM 0533 600 15 00 | www.barbarosyachting.com (mit Preiskatalog)*

TAUCHEN

Die Küste vor Bodrum mit ihren vorge-lagerten Inseln gilt als hervorragendes Tauchrevier. Eine gute Adresse: *Crystal Tours Diving Center | im Einkaufszen-trum Oasis | Kıbrıs Şehitleri Cad. | Tel. 0252 317 16 17 | Kontaktperson: Pertev Kandilci | www.crystaltours.com*

AM ABEND

In Bodrum geht man aus: Die größte Openair-Disko ist *Halikarnas* mit Platz für 5000 Gäste. *(15 Euro | Cumhuriyet Cad. 178 | www.halikarnas.com.tr).* Dane-ben *(Nr. 175)* liegt das *Café Mavi,* Bodrums älteste Musikkneipe. Die INSIDER TIPP Bodrumer Jazztage finden vom 15.–31. Mai u. a. in *Hadigari* statt *(Dr. Alim Bey Cad. 37 | www.hadigari.com.tr).* Die *Küba Bar* an der Marina *(Neyzen Tevfik Cad. 62 | www.kubabar.com)* blickt auf die angestrahlte Burg und hat Klasse.

★ **„Blaue Reise"**
Romantische Mittelmeertour im *gulet,* dem traditionellen Holzsegel-boot → S. 35

★ **Assos**
Pittoreskes Ägäisdorf mit antiker Vergangenheit → S. 40

★ **Bozcaada und Gökçeada**
Beliebte Inseln mit griechischem Flair → S. 41

★ **Troja**
Hier entdeckte Heinrich Schliemann einst die Reste der Stadt Homers → S. 41

★ **Hagia Sophia**
Seit 1934 ist die prächtige Moschee in İstanbul schon ein Museum → S. 42

★ **Topkapı-Palast**
Von hier wurde das Osmanische Reich regiert → S. 43

★ **Ephesos**
Ruinen einer der schönsten antiken Städte → S. 48

★ **Pamukkale**
Warme Quellen speisen die Natur-bassins der berühmten Terrassen-stufen → S. 49

MARCO POLO HIGHLIGHTS

ÜBERNACHTEN

BAÇ PANSIYON

Eine der ältesten Herbergen Bodrums liegt in der Innenstadt und ist trotzdem ruhig. Mit kleinem Strand und herrlichem Blick auf die Burg eine preiswerte und gute Wahl. *10 Zi. | Cumhuriyet Cad. 14 | Tel. 0252 3 16 16 02 | €*

HOTEL GULET

Der unscheinbare Kastenbau liegt 1 km vom Stadtzentrum entfernt beim *Müren-Museum* hinter der Burg und hat drei Vorteile: den tollen Blick von den ☼ vorderen Zimmern auf Stadt und Meer, den Strand vor der Tür (ca. 50 m) und die fairen Preise. Terrasse zum Meer. *24 Zi. | Cumhuriyet Cad. 177 | Tel. 0252 316 66 36 | www.bodrumguletotel.com | €€*

THE MARMARA BODRUM

Die Luxusanlage hat den schönsten Swimmingpool Bodrums mit Blick auf die Stadt. Vom Spa bis zu Tennis gibt's alles. *100 Zi. | Suluhasan Cad. Yokuşbaşı Mah. | Tel. 0252 3 13 81 30 | www.the marmarahotels.com | €€€*

AUSKUNFT

Barış Meydanı (direkt vor dem Kastell) | Tel. 0252 3 16 10 91 | www.bodrumpa ges.com | www.bodrum-info.org

ZIEL IN DER UMGEBUNG

GÜMÜŞLÜK (128 B4) (𝑀 B6–7)

Der kleine Ort auf der Spitze der Bodrum-Halbinsel ist beliebt bei Seglern und Surfern. Die Restaurants am Meer bieten besten Fisch. Versuchen Sie einmal die **INSIDER TIPP** Nachspeise sıcak helva! Eine nette Pension am Strand ist *Sisyphos*. *(21 Zi. | Tel. 0252 3 94 30 16 | €) | Dolmuş ab Busbahnhof Bodrum (Otogar) | 20 km*

BURSA

(121 E4) (𝑀 D3) **Die viertgrößte Stadt (2 Mio. Ew.) der Türkei lag einst an den Karawanenrouten zwischen Europa und Asien. Neben Handel und Industrie prägen der Thermal- und Wintertourismus heute das Gesicht des „Grünen Bursa". Die Thermen sind landesweit die besten.**
Nach ihrer Eroberung durch die Osmanen (1326) wurde Bursa zur ersten Hauptstadt des expandierenden Reichs. Den Sultanen verdankt das antike Prusa (benannt nach König Prusias I. von Bythinien, 200 v. Chr.) den Namen Yeşil Bursa („Grünes Bursa"). Viele der berühmten osmanischen Bauten sind mit den blaugrünen İznik-Fayencen verkleidet. Aber auch sonst hat sich die Stadt am Fuß des 2543 m hohen Uludağ dank zahlreicher Gärten und Parks das Attribut grün verdient. Seit römischen Zeiten wird die Heilkraft der heißen Quellen von Bursa gerühmt. Die Thermalbäder befinden sich fast alle im Stadtviertel Çekirge.
Die westanatolische Provinzstadt ist nach der Republikgründung zu einer bedeutenden Industriestadt gewachsen. Bursa ist berühmt für seine Seidenverarbeitung. Die weltweit bekannteste Erfindung aus Bursa ist der Kebap am drehenden Spieß (Döner, wörtlich: drehend). Die Universität hat das Gesicht der Stadt in den letzten Jahren stark verändert.

SEHENSWERTES

KOZA HANI (KOKON-BASAR)

Die zweigeschossige, bezaubernde Anlage dient schon seit mehr als 500 Jahren als Handelszentrum für Seide. Im Juni und Juli bringen die Bauern Säcke mit weißen Seidenraupenkokons zum Spinnen dorthin. Fertige Seidenstoffe werden heute in den Basarläden verkauft. Die

Gärten davor sind ein beliebter Treffpunkt der Einheimischen auf einen Kaffee. *Neben dem Ulu-Camii-Park*

ULU CAMII (GROSSE MOSCHEE)

Im Unterschied zu späteren Moscheen besitzt die „Große Moschee" (1400) kei-

benannt nach den grünen Fayencen, die die zwei Kuppeln und Teile der Innenräume bedecken, hat einen T-förmigen Grundriss. Die *Yeşil Türbe*, das 25 m hohe Mausoleum Mehmets I., liegt auf dem Hügel gegenüber. Der größte von neun Sarkophagen gehört dem Sultan, die

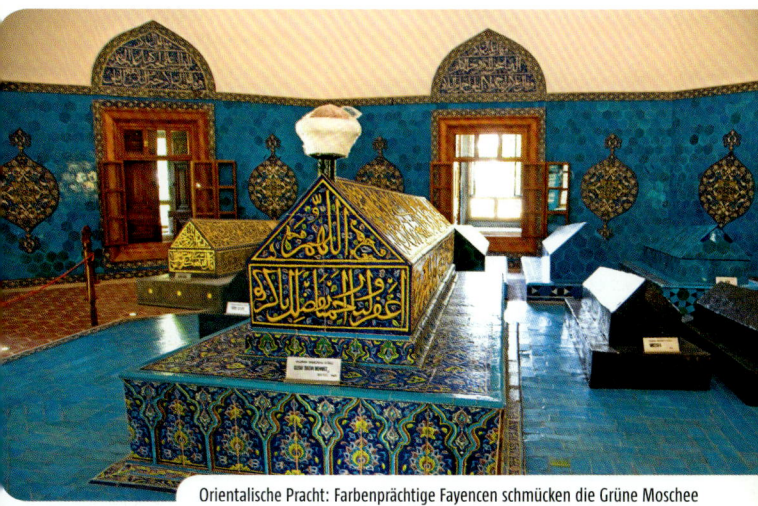

Orientalische Pracht: Farbenprächtige Fayencen schmücken die Grüne Moschee

ne Hauptkuppel, sondern 20 gleich große. Beachtenswert ist die Gebetsnische mit acht Stalaktitenreihen, eine osmanische Steinmetzarbeit des 16. Jhs. Die Ulu Camii in Bursa ist die türkische Moschee mit der größten überdachten Gebetsfläche. Die Blaue Moschee oder die Süleymaniye in İstanbul weisen nur mit Innenhof eine größere Fläche auf. *Atatürk Cad.*

YEŞİL KÜLLİYE (GRÜNER KOMPLEX)

Das Areal im Osten der Stadt ist der wichtigste osmanische Friedhofskomplex der Türkei. Er besteht aus einer Moschee, einer Medrese (religiöse Hochschule) und der Grabstätte Mehmets I., des Bauherrn dieser prachtvollen Anlage aus dem 15. Jh. Die *Grüne Moschee* (Yeşil Camii), so

übrigen sind Familienmitgliedern und hohen Angestellten vorbehalten. Tatsächlich sind die Gräber leer, die Toten wurden in der Erde bestattet. In der ehemaligen *Religionsschule* (Yeşil Medrese) zeigt das *Museum für türkisch-islamische Kunst* u. a. Waffen, Kleider, Keramiken, Münzen. *Di–So 8–12, 13–17 Uhr | Eintritt frei*

ESSEN & TRINKEN

LALEZAR

Mittagslokal mit guter türkischer Küche. Das Kebab mit Auberginen, die gefüllten Paprika und andere, auch rein vegetarische Gemüsegerichte sind besonders empfehlenswert und billig. *Heykel Meydanı, Ünlü Cad. 14 | Tel. 0224 221 84 24 | €*

KEBAPÇI İSKENDER

Kebap-Freunde aufgepasst: Hier wurde der **INSIDER TIPP** İskender Kebap mit Joghurt als Soße erfunden, benannt angeblich nach seinem Erfinder, İskender Efendi („Herr Alexander"). *Ünlü Cad. 7 | Heykel | Tel. 0224 2 21 46 15 | €€*

THERMALBAD

Das schwefel- und eisenhaltige Wasser soll gegen Rheuma und Gallensteine helfen. Das älteste Bad ist das *Eski Kaplıca* (Altes Bad) mit 45 Gard heißem Quellwasser. Es stammt aus dem 14. Jh., hat einen Frauenbereich und liegt im Bäderviertel *Çekirge | Armutlu Meydanı | Kervansaray Hotel | Eintritt 10, mit Massage ca. 20 Euro | Tel. 0224 2 33 93 00*

ÜBERNACHTEN

ÇELIK PALAS ●

Die Hotelanlage wurde 1935 von Atatürk in Auftrag gegeben und 2009 modernisiert. Man kommt vor allem wegen der Thermalbereiche: Das schön restaurierte **INSIDER TIPP** türkische Bad aus Marmor mit Lichtkuppel und 47 Grad heißem Pool ist ein Erlebnis! Fitnessgeräte, Massagen, Biosauna, Aromatherapie *(Spa tgl. 7–22 Uhr, vorher anrufen)*. In der Off-Saison ist ein Kuraufenthalt hier sehr empfehlenswert. *156 Zi. | Çekirge Cad. 79 | Tel. 0224 2 33 38 00 | www.celikpalasotel.com | €€*

THERMALHOTEL GÖNLÜFERAH

Geschmackvolles Mittelklassehotel, gelegen im Thermalviertel Çekirge, mit schönem Hamam und Live-Lounge, in der es Musik von Latin bis Türkisch gibt. *70 Zi. | 1. Murat Cad. 22 | Tel. 0224 2 33 92 10 | www. gonluferah.com | €€*

AUSKUNFT

Orhangazi Parkı | Tel. 0224 2 20 18 48

ZIELE IN DER UMGEBUNG

CUMALIKIZIK (121 E4) (*D3*)

Der Ort liegt nur einen Fußmarsch von der Großstadt entfernt und blieb doch lange unbeachtet. *Cumalıkızık* (10 km vor Bursa) steht immer noch so, wie es die ersten osmanischen Stammesfürsten im 14. Jh. erbauten. Das Dorf bietet eine Zeitreise in vergangene Jahrhunderte, es ist so alt wie das Osmanische Reich: 700 Jahre. Alte, windschiefe Fachwerk-

PLATZ AN DER SONNE

Es begann 1925: Der Schriftsteller Cevat Şakir Kabaağaçlı wurde von İstanbul nach Bodrum in die Verbannung geschickt. Er empfand das jedoch nicht als Strafe, sondern erlebte die produktivste Phase seines Lebens. Wenn Freunde zu Besuch kamen, lud er sie zu Bootsfahrten entlang der Küste ein. So entdeckten die türkischen Intellektuellen das humanistische Erbe der Griechen in Anatolien – die *Blaue Reise* begann. Heute gehört die *mavi yolculuk* zu den beliebtesten Urlaubsformen an der Südküste. Die behäbig wirkenden Holzschiffe haben noch die volle Takelage, fahren aber meist mit Motor. An Bord sorgt ein Koch für die Verpflegung, der Kapitän hält an, wo es den Passagieren beliebt. Wichtige Ablegehäfen sind Antalya, Marmaris, Bodrum und Fethiye.

Skispaß auf Bursas Hausberg: das türkische Wintersportgebiet Uludağ

häuser, die seit ein paar Jahren renoviert werden, prägen die Siedlung, die Menschen leben nach alter Sitte. Eine Trekkingroute führt zum Berg *Uludağ*. Nach 8 km auf der Schnellstraße nach Ankara den Hinweisschildern folgen. Minibusse ab Busbahnhof Eski Garaj. Zum Übernachten gibt es zwei saubere Pensionen: *Hatçe'nin Yeri (5 Zi. | Tel. 0224 3 72 93 51 | €)* und *Mavi Boncuk (9 Zi. | Tel. 0224 3 73 09 55 | €)*. Auskunft erteilt der Dorfvorsteher *(Tel. 0224 3 72 40 39)*.

ULUDAĞ *(121 E4) (m D3)*

Der altgriechische Historiograph Herodot nannte den 2543 m hohen Berg den „Olymp" Westanatoliens. Nachdem das Römische Reich christlich wurde, begannen Mönche hier Klöster zu bauen. Als Orhan (1281–1362), Sohn des Osman Bey und zweiter Herrscher des damaligen kleinen Fürstentums, Bursa einnahm, verließen die Mönche die über zwei Dutzend Klöster nach und nach. In manche zogen türkische Derwische ein. Jahrhunderte später brachte der Modernisierungsschub durch die Gründung der Republik die ersten türkischen Skifahrer hierher. 1933 bekam Uludağ („erhabener Berg") eine asphaltierte Straße und das erste Skihotel. ☀ Mit der Seilbahn *(Teleferik, ausgeschildert | tgl. 8–22 Uhr | Rückticket ca. 5 Euro))* oben angekommen, reicht der Blick bei klarem Wetter bis İstanbul. Außerhalb der Skisaison eignet sich das Bergmassiv zu Wanderungen durch das waldreiche Gebiet, das zum Nationalpark erklärt wurde. Komfortabel übernachten können Sie im Hotel *Monte Baia (186 Zi. | Oteller Bölgesi 2. | Tel. 0224 2 85 23 83 | www.baiahotels.com | €€€)*.

ÇANAKKALE

(120 B4) (m B3) **Wo Marmara- und Ägäisches Meer zusammenfließen, liegt Çanakkale (475 000 Ew.).**

Die Meerenge der Dardanellen besitzt seit der Antike eine bedeutende strategische Rolle. Zwei große Schlachten haben hier stattgefunden: die von Homer in der Ilias erwähnten Trojanischen Kriege und die Schlacht an den Dardanellen im Ersten Weltkrieg (1915). Dort erwarb sich Oberstleutnant Mustafa Kemal auch seinen legendären Ruhm. Çanakkale ist heute Ausgangspunkt für Ziele wie Troja, die beiden türkischen Ägäisinseln *Gökçeada* und *Bozcaada*, *Assos* oder den *Golf von Saros*, der mit seinem Fischreichtum bei Anglern besonders beliebt ist. Hier verläuft auch die Wein- und Olivengrenze des Mittelmeers: Von der Gallipoli-Halbinsel bis nach Bodrum werden Weintrauben und Oliven geerntet. Täglich verbinden Fähren Çanakkale mit Eceabat und Kilitbahir auf der europäischen Seite.

ESSEN & TRINKEN

INSIDER TIPP ▶ YALOVA

Traditionsreiches Hafenrestaurant mit Terrasse und Seeblick; serviert werden köstliche Vorspeisen und Fischspezialitäten. *Merkez | Yalı Cad. Gümrük Sok. 7 | Tel. 0286 2 17 10 70 | www.yalovarestaurant.com | €€€*

ÜBERNACHTEN

IDA KALE RESORT
Zwischen Stadtzentrum und Troja gelegenes, ruhiges und komfortables Hotel mit Pool am Meer und eigenem Sandstrand. *84 Zi. | Güzelyalı | Tel. 0286 2 32 83 32 | www.kaleresort.com | €€*

AUSKUNFT

İskele Meydanı 67 | Tel. 0286 2 17 11 87

ZIELE IN DER UMGEBUNG

ASSOS ★ (120 A5) *(⊠ A–B4)*
Die Bucht von Assos (Behramkale, 1600 Ew., 50 km von Çanakkale) war lange Zeit ein Geheimtipp unter İstanbulern. In den Sommermonaten kann es heute zwar ziemlich voll werden, das Dorf ist aber immer noch die Perle am Golf von Edremit. In der Antike war Assos ein berühmtes Handelszentrum. Auch Aristoteles hat dort drei Jahre gelehrt. Der dorische *Athene-Tempel* hoch über der Stadt stammt aus dem 6. Jh. v. Chr. *(Eintritt ca. 2 Euro)*. Einige alte Lagerhallen wurden zu schönen Hotels umgebaut. Direkt am Hafen liegt das Nazlıhan Hotel *(29 Zi. | İskele Mevkii | Ayvacık | Tel. 0286 7 21 73 85 | www.assosedengroup.com | €€)*.

LOW BUDGET

▶ Bodrum: Zimmer mit Blick auf Meer und Burg für nur 20 (EZ) bzw. 32 Euro (DZ) – Frühstück inbegriffen! *Merhaba Otel | 12 Zi. | Kumbahce Mahallesi | Akasya Sok. 11 | Tel. 0252 3 16 39 78 | www.merhabaotel.com*

▶ In der *Büke Pension* in Alaçatı gibt es das leckere Surfer-Börek mit Tee – eine preiswerte und köstliche Mahlzeit. *Liman Mevkii | Alaçatı | Cesme bei İzmir | Tel. 0232 7 16 78 71*

▶ Ein Doppelzimmer für nur 28 Euro bietet das *Hotel Panorama* in Kuşadası. Bei zehn Nächten gibt's zwei gratis, plus einen Besuch im türkischen Bad. *32 Zi. | Haci Feyzullah Mah. | Kibris Cad. 14 | Kuşadası | Tel. 0256 6 14 66 19 | www.hotelpanorama.com*

▶ Kalamares, Dessert und Kaffee für 12 Euro gibt es nur bei *Adem Baba* am Bosporus in İstanbul – immer brechend voll! *Tgl. | Satış Meydani Sok. 2–5 | Arnavutköy | Tel. 0212 2 63 29 33 | www.adembaba.com*

BOZCAADA UND GÖKÇEADA ⭐
(120 A4) (📖 A3)

Bekannt ist die windumtoste Insel *Bozcaada* (früher: Tenedos, 40 km²) für ihren Wein und den frischen Fisch. Viele İstanbuler haben hier Häuser gekauft und restauriert. In einem schön restaurierten Gebäude ist das Hotel *Kaikias* untergebracht *(18 Zi. | Kale Arkası | Tel. 0286 6 97 02 50 | www.kaikias.com | €€)*. Während sich Bozcaada immer mehr zu einer schicken Boutique-Insel mit kleinen, feinen Stränden und regem Nachtleben entwickelt, schlummert die große Insel *Gökçeada* (Imros, 289,5 km²) vor sich hin und bietet Einsiedlernaturen noch ein Paradies z. T. ohne Strom. Die Insel eignet sich auch für Radtouren und Wanderungen. In einem altgriechischen Dorf liegt die Pension *Barba Yorgo*, ein guter Ausgangspunkt für Aktivurlaub *(8 Zi., 6 Ap. | Tepeköy | Tel. 0286 8 87 35 92 | €)*. Autofähren nach Bozcaada ab Geyikli *(50 km von Çanakkale mit dem Bus vom Busbahnhof/Garaj): Fahrtzeit 30 Min. | nach Gökçeada von Çanakkale 1,5 Std. | www.bozcaada.info*

TROJA ⭐ *(120 A4) (📖 A–B3)*

Das durch Homers Epos „Ilias" berühmt gewordene Troja (türk. Truva, 20 km von Çanakkale) liegt an der Mündung der Dardanellen in die Ägäis. 3000 v. Chr. erstmals besiedelt, wurde Troja bis 500 n. Chr. neunmal zerstört und wieder aufgebaut. Heute ist nur die sechste Schicht zu besichtigen. Wer allerdings aufregende Spuren des Trojanischen Krieges zu sehen erwartet – oder gar Teile des Schatzes des Priamos –, der wird enttäuscht sein. Die von Heinrich Schliemann 1870 begonnenen Ausgrabungen wurden von dem 2005 verstorbenen Tübinger Archäologen Manfred Korfmann fortgesetzt, der in der Region als „Osman Hodscha" geliebt und verehrt wurde. *Tgl.*

Versteckspielen wie die Griechen – im Modell des Trojanischen Pferdes

9–18 Uhr Exkursionen von Çanakkale mit Troy-Anzac Seyahat Acentası | Eintritt 6,50 Euro | Saat Kulesi Yanı | Tel. 0286 2 17 14 47 | www.troyanzac.com

İSTANBUL

🔲 KARTE IM HINTEREN UMSCHLAG
(121 D–E2) (📖 D2) Die auf zwei Kontinente gebaute 12-Mio.-Einwohner-Stadt ist das Herz der Türkei, ihre wirtschaftliche und kulturelle Kapitale.

CITY WOHIN ZUERST?
Sultanahmet-Platz (U D4)

(◫ d4): Östlich liegen der Topkapı-Palast und die Hagia Sophia, im Westen sind die sechs Minarette der Blauen Moschee zu erkennen. Hier befinden Sie sich auf der „Historischen Halbinsel". Das Goldene Horn trennt Sie vom Bosporus: Links der europäische Teil mit Pera, rechts Üsküdar am asiatischen Ufer. Nach Sultanahmet kommen Sie zu Fuß über die Galata-Brücke oder mit der Straßenbahn, die zwischen Aksaray und Kabataş pendelt.

Als Konstantinopel war sie vom 4. Jh. bis 1453 Hauptstadt des byzantinischen Imperiums, darauf folgte die Herrschaft der Osmanen, die ihr den Namen İstanbul gaben. Bis heute ist sie die Verbindung zwischen Orient und Okzident. Eine Reise in die Metropole sollte sorgfältig geplant werden: Seit İstanbul 2010 zur Kulturhauptstadt Europas gekürt wurde und sich im Zuge der Globalisierung an der Schnittstelle zwischen Ost und West, Nord und Süd eine Sonderstellung erworben hat, sind die Hotels meist schon Monate im Voraus ausgebucht. Ausführliche Informationen zu İstanbul finden Sie im Marco Polo Band „İstanbul".

SEHENSWERTES

AYASOFYA (HAGIA SOPHIA) ★
(U D4) *(◫ d4)*

Die größte Basilika des byzantinischen Reichs wurde 537 n. Chr. eingeweiht. Mehmed der Eroberer ließ sie in eine Moschee umwandeln, heute ist sie ein Museum. Die Besichtigung kann im Erdgeschoss beginnen und auf den Galerien enden, von wo man noch einmal einen grandiosen Blick auf den Innenraum hat. *Di–So 9–16.30, Galerie 9–10.30, 13–15 Uhr | Eintritt ca. 10 Euro (Sultanahmet)*

KAPALI ÇARŞI (GROSSER BASAR) ●
(U C–D4) *(◫ c–d4)*

Ein Bummel durch den größten gedeckten Basar oder das erste „Einkaufszentrum" der Welt (erbaut 1461) gehört zum Pflichtprogramm jedes İstanbul-Besuchs: 30 ha groß, 61 Straßen, 4400 Läden. Zu kaufen gibt es vor allem Teppiche, Leder, Juwelen und Souvenirs. *Mo–Sa 8.30–19 Uhr | www.capalicarsi.org.tr*

SULTANAHMET CAMII
(BLAUE MOSCHEE) ● (U D5) *(◫ d5)*

Die bekannteste Moschee der Stadt erhielt ihren Namen von den prachtvollen blauen Fayencen, die die Wände und die Minarette schmücken. Der Bau wurde 1616 vollendet. Mit ihren sechs Minaretten ist sie eine der größten Moscheen des Islam. Man sollte sich mit der Besichtigung Zeit lassen und nicht vor den Beten-

den herumlaufen, denn das Gotteshaus ist immer noch „in Betrieb".

TOPKAPI SARAYI (TOPKAPI-PALAST) ★

(U D–E4) (*d–e4*)

Sitz der osmanischen Herrscher für über 400 Jahre und Wahrzeichen der Stadt. Die Anlage wuchs hinter den weitläufigen Mauern schrittweise zu dem verwirrenden Komplex aus Toren, Höfen und Pavillons im Grünen. Zu den ausgestellten Kostbarkeiten des Topkapı gehören Schmuck und Keramik, eine Waffensammlung, osmanische Miniaturen, Kalligrafien und Reliquien des Propheten Mohammed. *Mai–Okt. Mi–Mo 9–19, Nov.–April tgl. 9–17, Harem 9.30–15.30 Uhr | Eintritt 10, Harem 7,50 Euro | www.topkapisarayi.gov.tr*

YEREBATAN SARAYI (VERSUNKENER PALAST) ● (U D4) (*d4*)

Die palastähnliche byzantinische Zisterne wird von 336 meist mit korinthischen Kapitellen geschmückten Säulen getragen. Zwei von ihnen stehen auf Medu-senhäuptern. Die Zisterne wurde 532 von Kaiser Justinian erbaut, um den Wassernotstand zu beheben. Heute finden hier u.a. Konzerte statt. *Tgl. 9–18.30 Uhr | Eintritt 5 Euro | www.yerebatan.com*

ESSEN & TRINKEN

INSIDER TIPP ▶ **BONCUK** (U D2) (*d2*)

In einer turbulenten Restaurantgasse gelegen. Köstliche Fischgerichte. *Nevizade Sok. 19 | Beyoğlu | Tel. 0212 2 43 12 19 | www.boncukrestoran.com | €€*

HACI BABA (U D2) (*d2*)

Türkische Küche in netter Umgebung. *İstiklal Cad. 49 | Beyoğlu | Tel. 0212 2 44 18 86 | www.hacibabarest.com | €€*

PESCATORE (0) (*0*)

Ausgezeichnetes Fischlokal am Bosporus. Hier bekommen Sie alle Varianten von köstlichen Meeresfrüchten. *Kirecburnu Kefeliköy Caddesi 29 A | Sariyer | Tel. 0212 2 23 18 19 | www.yenipescatore.com | €€€*

Großer Basar: Über 4000 Läden werben hier um Kundschaft

WELLNESS

SÜLEYMANIYE HAMAMI ●
(U C4) (🗺 c4)

Das 1550 vom Hofarchitekten Mimar Sinan erbaute Bad gehört zu den schönsten des Landes. Ehemals als Teil des Komplexes um die Süleymaniye-Moschee geplant, dient das Bad mit der schönen Kuppel heute nur noch als touristische Einrichtung, wo auch gemischt gebadet werden kann. Der Besuch mit Waschen, Peeling und Massage dauert ca. 90 Min. (ca. 20 Euro). *Tgl. 10–24 Uhr | Mimar Sinan Cad. 20 | Süleymaniye-Fatih | www. suleymaniyehamami.com*

ÜBERNACHTEN

PERA PALAS (U D2) (🗺 d2)

Das 2010 neu eröffnete Belle-Époque-Haus ist *die* historische Herberge İstanbuls. Einst für die Reisenden des Orient-Express erbaut, gehört das Hotel mit der legendären Bar zu den besten Adressen der Stadt. *150 Zi. | Meşrutiyet Cad. 52 | Tepebaşı (Beyoğlu) | Tel. 0212 377 40 00 | €€€*

SINBAD YOUTH HOSTEL
(U D5) (🗺 d5)

Billige, saubere Herberge mit 92 Betten in der Altstadt. Frühstück und WLan inklusive. *Küçükayasofya Mah. | Reşit Sok. 3–5 | Sultanahmet | Tel. 0212 518 23 05 | www.sindbadhostel.com | €*

TAXIM HILL (U E2) (🗺 e2)

Komfortables Cityhotel am Taksim-Platz mit Bar/Restaurant auf der 9. Etage. *50 Zi. | Sıraselviler Cad. 9 | Taksim | Tel. 0212 3 34 85 00 | www.taximhill.com | €€*

ZIELE IN DER UMGEBUNG

KANLICA 🌿 (121 E2) (🗺 D2)

Der Ort auf der asiatischen Bosporusseite mit Blick aufs Wasser ist für Joghurt und Mokka berühmt. Kanlıca und das benachbarte Çengelköy konnten ihren dörflichen Charakter weitgehend bewahren

BÜCHER & FILME

▶ **İstanbul** – Literaturnobelpreisträger Orhan Pamuk erzählt voller Melancholie von seiner Geburtsstadt. In das autobiografische Essay sind neben Passagen aus den Büchern von Türkei-Reisenden auch Anekdoten aus den 1950er- und 60er-Jahren eingewoben.

▶ **Kleine Geschichte der Türkei** – Prof. Klaus Kreiser und Christoph K. Neumann machen Sie mit der Vergangenheit des Landes bekannt.

▶ **Atatürk** – Die Biografie von Prof. Klaus Kreiser gibt mit Selbstzeugnissen und Bilddokumenten erstklassig Auskunft über den Staatsgründer und damit Einblick in die türkische Seele.

▶ **Im Juli | Gegen die Wand | Crossing the Bridge** – Der preisgekrönte deutsch-türkische Regisseur Fatih Akin rückt in seinen Filmen (2000–2005) İstanbul und seine Bewohner liebevoll ins Licht.

▶ **Uzak** – Das Land wurde vielfach zur Filmkulisse, am schönsten kommt seine Melancholie aber in den Filmen türkischer Regisseure zum Ausdruck, z.B. in diesem von Nuri Bilge Ceylan (2002).

Bootsanleger in Kanlıca auf der asiatischen Bosporusseite

– nur an den Sommerwochenenden wird es recht voll. Von Eminönü legen regelmäßig Fähren nach Kanlıca (Boğaz) ab.

PRINZENINSELN (121 E3) (*D2*)

Im Türkischen schlicht *Adalar* (Die Inseln) genannt, sind die ehemals als Verbannungsort der byzantinischen Prinzen genutzten Inseln der klassische Fluchtpunkt für stadtmüde İstanbuler. In einer guten Stunde ist man auf einer der neun Inseln, von denen fünf bewohnt sind: *Büyükada, Heybeliada, Kınalıada, Burgazada* und *Sedef.* Fähren, Motorboote und schnellere Katamarane zu den verkehrsberuhigten Inseln gibt es von den Stationen Kabataş (europäische Seite) und Kadiköy bzw. Bostancı (asiatische Seite). *Tickets 1–3,50 Euro | aktueller Fahrplan: www.ido.com.tr*

İZMİR

(128 B2) (*B5*) Die drittgrößte Stadt der Türkei (ca. 4 Mio. Ew.) ist einer der wichtigsten Hafen- und Handelsplätze und Sitz des Südosteuropa-Hauptquar-
tiers der Nato – eine Stadt mit mediterranem Flair.

Der Golf von İzmir zählt zu den schönsten Buchten der Ägäis. Einst „Perle der Ägäis" genannt, ist İzmir eine westlich geprägte Metropole, das industrielle und kaufmännische Herz der gesamten Küstenregion. Als Wahrzeichen der Stadt gelten der *Saat Kulesi* (Uhrturm) auf dem *Konak-Platz* und das Atatürk-Denkmal auf dem *Cumhuriyet-Platz*. Auf der kilometerlangen ● Uferpromenade *Kordon Boyu* essen und anschließend spazieren zu gehen, gehört zu jedem İzmir-Besuch. Hier gibt es eine Fülle von guten Cafés, Kneipen und Restaurants. Achtung: Viele Straßen in İzmir haben Nummern statt Namen.

SEHENSWERTES

ARKEOLOJI MÜZESI (ARCHÄOLOGISCHES MUSEUM)

Sehr beachtenswerte Sammlung von wertvollen Fundstücken aus der Griechen- und Römerzeit. Besonders interessant ist die Statuensammlung im Erdge-

CITY **WOHIN ZUERST?**
Konak-Platz: Ausgangspunkt für jede Besichtigung ist der Uhrenturm auf dem Konak-Platz. Dahinter liegt der alte Ortskern mit dem historischen Basarviertel Kemeraltı. Am Meer erstreckt sich der auch „Kordon" genannte Atatürk Bulvarı gen Norden. Hier sind viele Cafés und Restaurants. Über Alsancak und Bayraklı kommt man nach Karsiyaka, dem Zentrum der Stadt im nördlichen Bereich. Nach Konak verkehren Sammeltaxen und städtische Busse.

schoss. *Di–So 9–12, 13–17 Uhr | Eintritt ca. 4 Euro | Bahribaba Park (Konak) | www. kultur.gov.tr*

BASAR
Der Kemeraltı-Basar steht der Atmosphäre auf den İstanbuler Basaren in nichts nach. Die Werkstätten liegen hinter den Verkaufsständen. Berühmt sind die **INSIDER TIPP** handgemachten Wasserpfeifen. Im Basarviertel liegen die drei ältesten Moscheen der Stadt, die *Hisar Camii* aus dem 16. Jh. sowie die *Kemeraltı* und *Şadırvan* aus dem 17. Jh.

KADIFEKALE ☼
Die „Samtburg" auf dem Pagos-Berg bietet eine schöne Aussicht auf die Stadt und die Bucht. Erbaut von Alexander dem Großen erhielt die Siedlung später diverse Ergänzungen aus römischer und byzantinischer Zeit.

ESSEN & TRINKEN

DENIZ RESTAURANT ☼
Das beste Fischrestaurant der Stadt, am Kordon; der tolle Blick aufs Meer ist inklusive. Im Sommer sitzt man im schönen Garten. *Atatürk Cad. 188 B | Alsancak | Tel. 0232 4 22 06 01 | www. denizrestaurant.com.tr | €€€*

INSIDER TIPP **MANISA KÖFTECISI**
Berühmte „Bulettenschmiede" seit 1870. Probieren Sie die mit türkischem Gouda zubereiteten *kaşarlı köfte. Kıbrıs Şehitleri Cad. 93/A | Tel. 0232 4 64 49 48 | €*

AM ABEND

BARYUM
Die Kneipe am Meer bietet auf zwei Etagen ein gutes Restaurant (EG / €€) und eine klassische Bar (OG) mit gelegentlicher Livemusik und Tanzmöglichkeiten zu später Stunde. *Kordon | Atatürk Cad. 230 A | Tel. 0232 4 63 49 02*

KYBELE
Die beliebte Kneipe spricht mit ihrer Live-Rockmusik am Wochenende nicht nur junges Publikum an. Oldies und türkische Goldies der Popgeschichte sind genauso oft auf dem Plattenteller. Laut ist es schon, aber auch urig. *Alsancak | 1453 Sok. 28 | Tel. 0232 4 63 68 71*

ÜBERNACHTEN

İZMIR HILTON ☼
Hilton-Komfort mit herrlichem Blick über die Bucht. Die *Windows on the Bay Bar (So geschl.)* und das gleichnamige Restaurant *(tgl.)* auf dem Dach haben einen atemberaubenden Blick. Fitnessbereich mit Hallenbad. *380 Zi., 9 Suiten/Ap. | Gaziosmanpaşa Blv. 7 | Alsancak | Tel. 0232 4 97 60 60 | www.hilton.com.tr | €€€*

KORDON OTEL
Das Hotel im Stadtteil Pasaport an der Promenade ist eins der gut und modern ausgestatteten, soliden Mittelklasseho-

tels in İzmir. Die Zimmer nach vorne haben einen schönen Meerblick. *54 Zi., 6 Suiten | 1377 Sok. 9 | Alsancak | Tel. 0232 484 81 81 | www.kordonotel.com.tr | €€*

AUSKUNFT

Gazi Osmanpaşa Blv. 1/1 D (im Hotel Büyük Efes) | Tel. 0232 484 2148 | www.izmir.gen.tr

ÇEŞME (128 A2) (*∅ A5*)

Durch eine Autobahn mit İzmir verbunden ist der Badeort (65 000 Ew.) an der Spitze der gleichnamigen Halbinsel mit vielen Hotels, Restaurants, Freizeitmöglichkeiten und Stränden *das* Urlaubsziel der İzmirer. Übernachten können Sie im modernen *Pırıl-Hotel* mit Thermalbad. *(139 Zi. | İnönü Mah. | Çevre Karayolu | Tel. 0232 712 75 74 | www.pirilhotel.com |*

Entspannte Atmosphäre auf dem Kemeraltı-Bazar von İzmir

ZIELE IN DER UMGEBUNG

Zu den angebotenen Tagestouren ab İzmir gehören Fahrten zu den antiken Stätten Ephesos, Pergamon oder Kuşadası. Nach Selçuk (Ephesos und Marienhaus) gibt es ab Hauptbahnhof İzmir *(Gar)* einen Zug (90 Min.). Ab Busbahnhof *(Otogar)* fahren Busse zu diesen Zielen, die Ortsnamen sind auf den Schildern ausgeschrieben. Autoverleih in Selçuk: *Scala Rent-a-Car | ab 19 Euro/Tag | Şirinyer-Buca | 384 Sokak 38 | Tel. 0232 452 03 01*

€€). In schöner Lage bei den Ruinen der Burg bietet das *Kale Restoran* mit Gartenlokal türkische Küche *(Tel. 0232 712 63 01 | €€).* Auskunft: *İskele Meydanı 8 (am Hafen) | Tel. 0232 712 66 53*
Einladende Strände gibt es im nahegelegenen Ort *Ilıca*, der auch für seine Thermalquellen bekannt ist. Erholung bietet das *Biothermal & Thalasso Center* im *Altınyunus-Hotel (474 Zi., 57 Ap. | Kalemburnu Mevkii | Boyalık | Tel. 0232 723 12 50 | www.altinyunus.com.tr | €€).* Immer beliebter wurde zuletzt der Ort

Klassisches Altertum:
Ruinen von Ephesos

INSIDER TIPP Alaçatı mit seiner bezaubernden Altstadt *(www.alacatiguide.org)*. Klein, aber fein das *Oda Hotel* neben dem Restaurant *Picante* im Ortszentrum *(9 Zi. | Kemalpaşa Cad. 67 | Tel. 0232 7 16 72 14 | Handy 0 53 22 24 93 76 | www.odaalacati.com | €€)*. Busse zur Çeşme-Halbinsel ab İzmir von der Station am Fahrettin Altay Meydanı | Juni–Sept. alle 30 Min. | Auskunft: İskele Meydanı 8 | Tel. 0232 712 66 53 | www.cesme.gov.tr

EFES (EPHESOS) ★ ●
(128 B–C3) (*ₘ B6*)

Der Besuch der Ruinen *(Hauptsaison tgl. 8.30–19, Nebensaison 10–16.30 Uhr |* Eintritt ca. 9 Euro | www.epesos.at) der altgriechischen Stadt Ephesos (70 km von İzmir) gehört zu den Höhepunkten einer Türkei-Reise. Im Altertum lag das einstige Finanz- und Handelszentrum mit einer Viertelmillion Einwohner noch am Meer. Durch Versandungen liegt es heute 10 km landeinwärts – nahe dem Städtchen Selçuk. Die Ruinen des monumentalen *Artemis-Tempels* aus dem 3. Jh. v. Chr. zählen zu den Sieben Weltwundern der Antike. Prachtvoll sind auch *Theater, Gymnasion (Sportstätte), Bäder, Agora* und die rekonstruierte *Celsus-Bibliothek*. Apostel Paulus und der Evangelist Johannes sollen sich in Ephesos mehrere Jahre aufgehalten haben. Neu zu besichtigen sind die *Patrizierhäuser* aus dem 1. Jh. n. Chr. *(Eintritt 7,50 Euro)*. Sehenswert in *Selçuk* (18 000 Ew.): die Reste der *Johannes-Basilika*, einer der größten byzantinischen Kirchen, und das *Archäologische Museum (tgl. 8.30–17.30 Uhr, hier befindet sich auch das Informationsbüro)*, zu dessen Attraktionen die Artemis-Statuen gehören *(Eintritt je 5 Euro)*. Ein neues 5-Sterne-Hotel direkt am Strand von Selçuk-Pamucak ist das *Richmond Ephesos (255 Zi. | Pamucak Mevkii | Tel. 0232 8 93 10 60 | www.richmondhotels.com.tr | €€€)*. Auskunft: *Atatürk Mah. | Agora Çarşısı 35 | Tel. 0232 8 92 63 28*

Das *Marienhaus*, vermutlicher Sterbeort Marias, dessen Grundmauern aus dem 1. Jh. n. Chr. stammen sollen, liegt 7 km südwestlich von Selçuk und ist eine Wallfahrtsstätte für Muslime und Christen.

KUŞADASI (128 B–C3) (*ₘ B6*)

Neben Bodrum und Marmaris ist Kuşadası (50 000 Ew., 80 km von İzmir) eine der Touristenhochburgen der Ägäis. Trotz vieler Betonburgen hat Kuşadası eine Menge zu bieten: Sport- und Freizeitmöglichkeiten, Hotels aller Größe und Güte, einen modernen Yachthafen, gute Lokale und ein vielseitiges Nachtleben. Nicht zu vergessen die antiken Sehenswürdigkeiten der Umgebung: Ephesos, Milet oder Pamukkale. Im Hafen liegen meist mehrere Kreuzfahrtschiffe, und dementsprechend verwöhnt sind die Basarhändler der Stadt, während sich die Hoteliers über jeden Gast freuen. *Kazım Usta (Balıkçı Limanı | Tel. 0256 6 14 12 26 | €€)* ist *das* Fischrestaurant von Kuşadası und steht direkt am Hafen. Ein Riesenkasten, aber komfortabel und ideal gelegen ist das *Koru-Mar-Hotel am Meer (272 Zi. | Gazi Begendi Mevkii | PK 18 | Tel. 0256 6 18 15 30 | www.korumar.com.tr | €€€)*.

MILET UND DIDIM (DIDYMA)
(128 B–C4) (*m B6*)

Gut 100 km von İzmir entfernt liegen zwei weitere berühmte antike Stätten: Milet war einst die größte aller ionischen Städte, eine blühende Handelsstadt mit 80 000 Ew. Sie lag früher auf einer Halbinsel, jetzt 10 km landeinwärts. Aus den Ruinen sticht das Theater hervor, der Rest ist im Pergamonmuseum in Berlin. Didyma, 18 km von Milet, ist die größte antike Tempelanlage der Türkei. Das Orakel des Apollotempels von Didyma war so berühmt wie das in Delphi. Viele Statuen sind heute im Besitz des British Museum in London *(Eintritt jeweils 2 Euro)*.

PAMUKKALE ⭐ ● (129 E3) (*m D6*)

Das „Baumwollschloss" bei der Stadt Denizli (235 km von İzmir) ist ein faszinierendes Naturschauspiel: schneeweiß leuchtende, terrassenartige Kalksteinbassins, geformt durch die Ablagerungen des Thermalwassers. Die heilende Wirkung des 35 Grad warmen, kalziumbikarbonathaltigen Wassers haben schon die Römer, die hier im 2. Jh. n. Chr. die Stadt *Hierapolis* bauen ließen, zu nutzen

verstanden. Lohnend ist auch die Besichtigung des *Theaters von Hierapolis* sowie die nördlich gelegene *Nekropole*, die zu den größten in der Türkei zählt *(Eintritt zusammen ca. 10 Euro)*.

Übernachten kann man im zentral gelegenen Thermalhotel *Koray (53 Zi. | Tel. 0258 2 72 22 22 | www.korayhotel.com | €€)*. Thermalquellen zum Baden bieten aber auch Hotels weiter außerhalb, z. B. *Spa Hotel Colossae Thermal (230 Zi. | Karahayit-Pamukkale | Tel. 0258 2 71 41 56 | www.colossaehotel.com | €€€)*.

PERGAMON (128 B1) (*m B4*)

Die Ruinen der antiken Stadt Pergamon liegen auf einem Berg, der über der türkischen Stadt *Bergama* (60 000 Ew., 100 km von İzmir) aufragt. Hier war das Zentrum des mächtigen Pergamenischen Reiches (263–133 v. Chr.), wo Handel und Künste blühten. Berühmt war die 200 000 Schriftrollen umfassende Bibliothek der Stadt. Das Pergament (hauchdünne, ungegerbte Tierhaut) wurde hier erfunden. Der imposante Relieffries des Altars befindet sich heute im Berliner Pergamonmuseum *(www.pergamonmuseum.de)*. Vergeblich haben sowohl die türkische Regierung als auch die Bewohner von Bergama in der Vergangenheit versucht, dieses Prunkstück, das Ende des 19. Jhs. von Carl Humann fortgeschafft wurde, zurückzubekommen. Dieser Streit ist noch nicht zu Ende.

Aber auch ohne Altar gibt es viel zu bewundern: z. B. die *Akropolis (Eintritt ca. 10 Euro)* und das an ihrem Hang steil abfallende riesige ☀ *Theater Asklepion (7,50 Euro)*. Auf den 80 Sitzreihen des Auditoriums fanden bis zu 15 000 Menschen Platz. Im *Archäologischen Museum* sind Statuen und eine große Münzsammlung *(Di–So 9–12, 13–17.30 Uhr | Eintritt ca. 3 Euro | Cumhuriyet Cad. 6 | Tel. 0232 6 31 28 83)* zu sehen.

SÜDKÜSTE

Das Zentrum der 800 km langen türkischen Riviera ist Antalya: 2010 besuchten über 10 Mio. Touristen die Großstadt und ihre Umgebung. Lange Badestrände vor der erhabenen Kulisse der Taurusberge prägen hier das Bild.

Der Landstrich ist gesegnet mit einer unübersehbaren Zahl von Fundstätten des Altertums und mit Küstenorten, die auch im großen Ferienansturm nichts von ihrer Faszination verlieren. Die Badesaison dauert von März/April bis Anfang Dezember. Der erlesenste Abschnitt der türkischen Mittelmeerküste liegt zwischen Marmaris und Antalya: das antike Lykien, das um 1400 v. Chr. seine größte Ausdehnung hatte, und das man heute auf dem „Lykischen Wanderweg" erkunden kann (z. B. mit *Deep Nature Tours*

in İstanbul, *Tel. 0212 2 43 68 85 | www. deepnature.com)*. Klippen, Halbinseln, Strände und fischreiche Lagunen wechseln sich an der Küste ab. Die Pinienwälder reichen oft bis ans Wasser, die versteckten, kleinen Buchten sind von Land aus manchmal nur auf einer Schotterpiste zu erreichen. Ausführliche Informationen finden Sie im Marco Polo Band „Türkische Südküste".

ALANYA

(130 B–C5) *(ᗰ F7)* In Alanya (120 000 Ew.) haben sich ca. 18 000 Deutsche niedergelassen, weshalb die Stadt von den Türken *Küçük Almanya* („Klein-Deutschland") genannt wird.

Bild: Strand von Ölüdeniz

Das Angebot der „Türkischen Riviera" für Sonnenanbeter und Kulturinteressierte ist kaum zu übertreffen

Die Seldschukenfestung mit ihren kilometerlangen Mauern und 146 Türmen ist das Wahrzeichen der Stadt. Wer Abwechslung von den Stränden sucht, kann in die idyllische Bergwelt unterhalb des 2647 m hohen Ak Dağı ausweichen.

SEHENSWERTES

ALANYA KALESI (FESTUNG) ☼

Von der westlichen Seite der hoch aus dem Meer ragenden Zitadelle hat man einen wunderbaren Rundblick *(tgl. 8–19 Uhr | Eintritt ca. 5 Euro)*. Imposant ist der *Rote Turm* (Kızıl Kule), ein achteckiger, 35 m hoher Wehrbau aus dem Jahr 1224, der eine zentrale Funktion in der Stadtbefestigung einnahm *(tgl. 9–19 Uhr | Eintritt ca. 1,50 Euro)*. Sehenswert ist auch die südlich gelegene seldschukische *Werft* (Tersane) aus dem Jahr 1227.

INSIDER TIPP ▸ DAMLATAŞ MAĞARASI (TROPFSTEINHÖHLE)

Wegen des hohen Anteils an Kohlensäure und natürlicher Radioaktivität soll sich ein Besuch dieser Höhle besonders für Asthmakranke lohnen. Einige Stalaktiten sind 15 m lang. *Tgl. 10–17 Uhr | Eintritt 1,50 Euro | Am Nordwestfuß des Burghügels*

alle Meerblick und kostenloses WLAN. Rabatte für Frühbucher und alleinreisende Frauen. *64 Zi. | Atatürk Cad. Belen Sok. 3 | Tel. 0242 513 31 55 | Handy 0 53 37 32 65 39 | www.ikizotel.com | €€*

Kleopatra-Strand von Alanya vor imposanter Felskulisse

ESSEN & TRINKEN

RED TOWER BREWERY
Brauerei, Restaurant, Kneipe und Musikhalle in einem. Das Erdgeschoss dient als Kneipe, in der selbstgebraute Biere des Hauses Konjunktur haben. Im 1. Stock gibt's ein Restaurant mit internationaler, im 2. mit türkischer Küche, im 5. Stock schließlich die ☀ *Sky Lounge Bar* mit Gitarreneinlage *(ab 19.30 Uhr)*. Das Ganze liegt zentral am Hafen. *İskele Cad. 80 | Tel. 0242 513 66 64 | www. redtowerbrewery.com | €€*

ÜBERNACHTEN

INSIDER TIPP IKIZ OTEL
Das günstige Dreisterne-Hotel ist ein Kasten wie jeder andere, liegt aber direkt am Kleopatra-Strand. Die Zimmer haben

AUSKUNFT

Neben der Damlataş-Höhle | Damlataş Cad. 1 | Tel. 0242 513 12 40 | www. info-alanya.net | www.lykien.com

ZIELE IN DER UMGEBUNG

ANAMUR (130–131 C–D6) (*A G8*)
Die südlichste Spitze der Türkei (80 000 Ew., 130 km von Alanya) war schon in der Antike ein wichtiger Hafen: Die Griechen errichteten hier das alte *Anemourion,* dessen Ruinenstätte man heute 8 km westlich von Anamur besichtigen kann *(Di–So 9–19 Uhr | Eintritt ca. 1,50 Euro).* Die östlich von Anamur direkt am Meer gelegene Festung, *Mamure Kalesi (Di– So 9–12, 13–17.30 Uhr | Eintritt ca. 1,50 Euro),* wurde im 13. Jh. von Kreuzrittern erbaut. Beim Stadtteil *İskele* gibt es ei-

nen Strand, Campingplätze und kleine Pensionen. Eine komfortable Bleibe ist das *Vivanco Hotel (66 Zi. | Kalebidi Meyydanı Bozyazı | Tel. 0324 8 51 42 00 | www.vivancohotel-anamur.com | €€)*.

INSIDER TIPP **GEDEVET**
🌿 (130 C5) (*ŵ G7*)

Hoch auf dem Gedevet-Berg (1010 m) liegt das gleichnamige Dorf (20 km von Alanya), das eine tolle Aussicht auf das Meer bietet. Eine hübsche Pension, auch als Ausgangspunkt für Wandertouren, ist das „Adlernest" *Kartal Yuvası Apart Otel (12 Ap. | Tel. 0242 5 13 71 83 | €)*.

MANAVGAT ŞELALESI (MANAVGAT-WASSERFÄLLE) (130 B5) (*ŵ F7*)

Die Wasserfälle sind ein beliebtes Ausflugsziel, dem man sich von Manavgat aus auch auf dem Wasser nähern kann (Bootsanleger an der Flussbrücke). Trotz des Trubels hat der Platz seinen Charme: In den schattigen Restaurants am tosenden Wasser schmecken **INSIDER TIPP** frische Forellen. *Bus- und Dolmuşverbindungen von Side (10 km) und Alanya (50 km)*

ANTALYA

(130 A5) (*ŵ E7*) **Die Urlauberhochburg Antalya (1 Mio., im Großraum fast 2 Mio. Ew.) legt sich um den innersten Winkel des gleichnamigen Golfs, dahinter ragen die schneebedeckten Gipfel des Taurusgebirges auf, im Westen brechen die lykischen Berge steil ins Meer ab.**

Obwohl jährlich Millionen von Touristen auf Antalyas Flughafen landen, verteilen sich die allermeisten Gäste in die großen All-Inclusive-Anlagen entlang der Küste zu beiden Seiten der Stadt, sodass Antalya selbst kaum überlaufen und eher von Einheimischen geprägt ist. Die Händler und Gastronomen freuen sich über die internationalen Gäste, es herrscht in der Stadt eine angenehme, lockere Atmosphäre. Der reizvolle Charakter der verwinkelten Altstadt (Kaleiçi) rund um die Hafenbucht ist erhalten geblieben. In den hübschen traditionell osmanischen Holz- und Erkerhäusern sind heute häufig Pensionen oder Boutique-Hotels untergebracht.

⭐ **Kaleiçi**
Die Altstadt von Antalya ist so schön, dass man sich hier am liebsten direkt einquartieren möchte → S. 54

⭐ **Aspendos**
Das antike Theater ist eines der am besten erhaltenen Theater des Altertums → S. 56

⭐ **Ölüdeniz**
Die berühmteste Bucht der Türkei, azurblau mit weißem Sandstrand → S. 57

⭐ **Patara**
Der feine Sandstrand ist 18 km lang und einen halben Kilometer breit → S. 58

⭐ **Olympos**
Einer der schönsten Strände der Türkei, und gleich dahinter liegen die des antiken Olympos → S. 59

⭐ **Dalyan**
Entzückendes Dorf zwischen Felsgräbern, Strand und schilfbewachsenem Binnensee → S. 61

MARCO POLO HIGHLIGHTS

Antalyas Altstadt schmiegt sich rund um das natürliche Hafenbecken

SEHENSWERTES

ARKEOLOJI MÜZESI (ARCHÄOLOGISCHES MUSEUM) ●

Reich an griechischen und römischen Werken, beherbergt das Museum auch **INSIDER TIPP** **prähistorische Funde** aus den Höhlen des Taurus. *Di–So 9–12.30, 13.30–17 Uhr | Eintritt 7,50 Euro | Cumhuriyet Cad., Ecke Konyaaltı*

CITY WOHIN ZUERST?

Saat Kulesi: Das Zentrum ist der Platz am Uhrenturm oberhalb des „Geriffelten Minaretts". Von hier aus läuft man auf der Uzun Çarşı Sokak in die historische Altstadt Kaleiçi mit ihren vielen Hotels, Kneipen und Cafés hinunter oder in den nahen Basar. Am Uhrenturm fahren die Busse und Sammeltaxen zu den Stadtstränden ab. Auch der schöne Atatürk-Park am Meer ist nicht weit.

KALEIÇI ★

Die Altstadt mit ihrem labyrinthischen Gassengewirr gleicht einem Freilichtmuseum. Besonders sehenswert sind das imposante *Hadrianstor* (160 n. Chr., *Cumhuriyet Cad.*) und das Wahrzeichen Antalyas, das *Geriffelte Minarett (Yivli Minare | Atatürk Cad.)* aus dem Jahr 1220 unterhalb des Uhrenturms aus dem 19. Jh. Vom Platz des Uhrenturms *(Saat Kulesi)* betreten Sie auf der Uzun Çarşı Sokak die Altstadt. Unten am Hafen reiht sich ein Lokal ans andere. Das İstanbuler Industriellenpaar Suna und İnan Kiraç hat sich hier mit einem *Ethnographischen Museum* verewigt. Das typisch türkische Haus wurde dafür aufwendig restauriert. Der zweite Bau im Garten ist eine ehemalige orthodoxe Kirche, die als Ausstellungsraum für die Privatsammlung des Paares dient. Dem Museum ist ein Institut für die Forschung der mediterranen Zivilisationen angeschlossen *(Do–Di 9–12, 13–18 Uhr | Eintritt frei | Kaleiçi Barbaros Mah. Kocatepe Sok. 25 | www.kaleicimuzesi.com).*

ESSEN & TRINKEN

HISAR ☘

Das Restaurant mit internationaler Küche und einer phantastischen Aussicht liegt direkt über dem Hafen. *Kaleiçi | Cumhuriyet Cad. | Tel. 0242 2 41 52 81 | €€€*

TEEGÄRTEN ☘

Tophane und *Mermerli (Cumhuriyet Cad., an der alten Stadtmauer)* haben einen schönen Blick auf den Hafen und bieten preiswerte Imbisse an.

FREIZEIT & SPORT

„BLAUE REISE"

Die Bootstouren führen bis nach Fethiye im Westen. Dabei besucht man u. a. Kaş und Kekova, einst bedeutende lykische Städte. Vor allem um Kekova kann man beim Tauchen oder Schnorcheln Siedlungsspuren unter Wasser entdecken. *Deniz Yat | Fener Mah. 1996 Sok. B 7/1 | Tel. 0242 3 23 55 56 | www.denizyat.com.tr*

RAFTING

Wildwasserabfahrten unterschiedlicher Schwierigkeitsgrade auf dem Köprüçay-Fluss bietet z. B. *Med Raft | Yeşilbahçe Mah. Portakal Çiçeği Bulvarı, Hüseyin Kuzu Apt. 14/3 | Tel. 0242 3 12 57 70, 3 12 10 62 | www.medraft.com*

AM ABEND

CLUB 29

Die Riesenfreiluftdisko auf dem Areal des gleichnamigen Restaurants am Hafen ist ein Schickeriatreff – entsprechendes Outfit ist angesagt; Blick und Atmosphäre lohnen aber! *Eintritt 15 Euro | Liman | Kaleiçi*

MR WHITE'S BAR

Antalyas größte Bar. Jeden Abend gibt es hier Livemusik. *İskele Cad. 31–33*

ÜBERNACHTEN

THE MARMARA ANTALYA

Neues, schickes Hotel am Meer mit großem Sport- und Fitnessangebot. Abends Disko und Animation. *238 Zi. | Eski Lara Caddesi | Şirinyalı Mah. 136 | Tel. 0242 2 49 36 00 | www.talya.com.tr | €€€*

TÜTAV TÜRK EVI

Meisterlich restauriertes Altstadthaus mit Pool im Patio. Das Hotel wurde von der staatlichen „Stiftung für die Bekanntmachung der Türkischen Kulturgüter" gegründet und besteht aus einer zusammenhängenden Häuserzeile in der Altstadt und ist klassisch-türkisch eingerichtet. *20 Zi. | Mermerli Sok. 2 | Kaleiçi | Tel. 0242 2 48 65 91 | www.tutav.org.tr | €€€*

AUSKUNFT

Cumhuriyet Cad. Özel İdare Altı 2 | Tel. 0242 2 41 17 47 | www.antalya.de | www.antalya.bel.tr

LOW BUDG€T

▶ Im *Plaj Oteli* bei Cirali kann man zu zweit ab 30 Euro übernachten, einen großen Garten mit Hängematten gibt es auch. *10 Zi. | Cirali Plaj Mevkii 2 | Kemer | Tel. 0242 8 25 71 14 | www.plajotel.com*

▶ Gegen 8 Uhr in Kaş am Kai sein, am Boot ein Ticket kaufen und um 10 Uhr in See stechen! Für 5 Euro geht's vom Anleger aus auf eine Tour nach Kekova, ein Mittagessen mit gegrilltem Huhn, Salat und Obst inklusive. Diverse Anbieter, z. B. *Likya | Kas Liman*.

ZIELE IN DER UMGEBUNG

ASPENDOS ⭐ (130 A5) *(ロ F7)*

Das Theater von Aspendos (50 km östlich von Antalya) zählt zu den am besten erhaltenen der Antike und umfasst 30 000 Sitze. Im Juni findet vor dieser Kulisse ein Ballett- und Opernfestival statt *(Eintritt 7,50 Euro)*. Sehenswert sind auch die ohne Kanu kommt, kann in dem klaren, kühlen Wasser baden. 🍃 10 km weiter oben liegen die Reste des antiken Theaters von *Selge (Eintritt ca. 2 Euro)* auf einem atemberaubenden Höhenzug. Die Bewohner des Plateaus nutzen heute noch Teile der terrassenförmigen Anlagen für ihre Landwirtschaft. *www.mugla-turizm.gov.tr*

Kein antikes Theater in der Türkei ist so gut erhalten wie das von Aspendos

Reste eines römischen *Aquädukts*, die Sie nach ein paar Schritten von einer kleinen Anhöhe in der Nähe des Theaters aus sehen können.

INSIDER TIPP ▶ KÖPRÜLÜ KANYON MILLI PARK (KÖPRÜLÜ-CAÑON-NATIONALPARK) (130 A–B4) *(ロ F6–7)*

Diese Naturlandschaft (50 km von Antalya) ist eine wunderbare Abwechslung zum Strandleben. Über den oberen Teil der Schlucht führt eine schmale Steinbrücke *(köprü)* aus römischer Zeit. Unten, am sprudelnden Köprüçay-Fluss, haben sich Restaurants angesiedelt. Wer

PERGE (130 A4) *(ロ F7)*

Eine der größten antiken griechischen Städte Anatoliens ist heute ein beeindruckendes Openairmuseum. Das Stadion, einst Schauplatz von Gladiatorenkämpfen, ist das am besten erhaltene der Türkei. Die Ruinen liegen weit verstreut; sie sind klassifiziert und warten auf ihre Wiederaufstellung, wofür Geldgeber gesucht werden. In Perge finden Sie keinen Schatten, deshalb sind Schirm oder Hut angesagt. *Tgl. 8–18 Uhr | Eintritt 7 Euro | Richtung Alanya bis Aksu, von dort 3 km (ausgeschildert) | Sammelbusse vom Busbahnhof (Garaj) Antalya | www.side-info.de*

TERMESSOS ⚘

(130 A4) (*D E7*)

In einer Höhe von 1000 m zwischen steilen Kalkfelsen liegt die antike Stadt Termessos, von Alexander dem Großen „Adlernest" genannt. Zu den sehenswerten Ruinen gehören ein Theater, die Agora und eine Nekropole *(Eintritt 4 Euro).* *Dolmuş und Touren von Antalya aus (30 km)*

FETHIYE

(129 E5) (*D D7*) **Dieser größte Ort der lykischen Küste (72 000 Ew.) liegt an einem malerischen Meeresgolf. Durch ein Erdbeben 1957 wurden große Teile der Altstadt zerstört.**

Neben den großen touristischen Zentren Bodrum, Marmaris und Antalya blieb Fethiye lange eher unberührt. Eine mit einem Türken verheiratete Engländerin führte in den 1970ern am Strand von Ölüdeniz den ersten Campingplatz und lockte viele Rucksacktouristen hierher. Einst mit dem Label „Isolated Paradise" ausgeschildert, gehört Ölüdeniz heute zu den meistbesuchten Stränden des Landes. Die eher konservativen Anwohner haben sich längst an den Anblick der freizügigen Gäste aus dem Ausland gewöhnt und verdienen ihren Lebensunterhalt mit ihnen – und mit riesigen Gewächshäusern im Hinterland. Mit seinem regen Nachtleben erinnert Fethiye heute gar an Bodrum. Die Stadt hat eine große Marina und ist Ausgangspunkt für Jeep- oder Bustouren zu den näheren Buchten wie Ekincik oder zu den Tälern im Taurusgebirge.

SEHENSWERTES

KAYA MEZARLARI (FELSGRÄBER)

Lohnend ist die Besichtigung der lykischen Gräber, die in eine Steilwand am Stadtrand geschlagen sind. Sie gelten als die am besten erhaltenen ihrer Art. ⚘ Eine Treppe an der Kaya-Allee (in der Nähe der Busstation) führt zum schönsten und größten Felsgrab hinauf, zum *Grab des Amyntas (Eintritt ca. 3 Euro).* Lykier begruben ihre Toten lieber hoch über statt unten in der Erde – so waren sie den Göttern am nächsten.

ESSEN & TRINKEN

RAFET ●

Schon seit den 1950er-Jahren eine bewährte Adresse an der Hafenpromenade. Fischspezialitäten und türkische Küche. Hier kann man nichts falsch machen. *Kordon Boyu | Tel. 0252 6 14 11 06 | €€*

ÜBERNACHTEN

HILLSIDE BEACH CLUB

Eine Superanlage in eigener Bucht: Angepasste Architektur, große Zimmer, herrlich sauberes Wasser. *330 Zi. | Kalemya Koyu | Tel. 0252 6 14 83 60 | www.hillsidebeachclub.com.tr | €€€*

AUSKUNFT

Gegenüber dem Schiffsanleger | Tel. 0252 6 14 15 27 | www.fethiye.net

ZIELE IN DER UMGEBUNG

ÖLÜDENIZ ★ (129 E5) (*D D7*)

Die azurblaue Lagune mit weiß leuchtendem Sandstrand, eingefasst von einem grünen Baumgürtel, ist 12 km vom Zentrum entfernt und weltberühmt. Das fast stehende Wasser ist zwar trüb, aber sauber. Der Grund ist teilweise sehr schlammig und sumpfig, weshalb man kleine Kinder hier nicht unbeaufsichtigt baden lassen sollte. Die Stelle, wo das Ölüdeniz ins offenen Meer übergeht, gewinnt durch die umliegenden Wälder eine herrlich blau-grüne Farbe. Die umgebende Küstenregion ist teilweise stark bebaut. Das älteste und schönste Hotel im Ort und das einzige direkt an der Lagune ist das *Hotel Meri (94 Zi. | Tel. 0252 6 17 00 01 | www.hotelmeri.com | €€)*.

Von Ölüdeniz fahren Dolmuş-Boote ins ● **INSIDER TIPP** Schmetterlingstal *(Kelebek Vadisi)*. Diese Bucht verdankt ihren Namen einer großen Schmetterlingskolonie, die die Hänge bevölkert. Es gibt hier nur einen einzigen Übernachtungsbetrieb *(Tel. 0555 632 02 36, Büro in Fethiye: 0252 613 14 55 | www.kelebeklervadisi.org | €)*. In den kleinen Holzbungalows und den Zelten am Meer kann man (Halbpension) billig übernachten. Der Strom wird über einen Generator nur dreimal am Tag geliefert. Nachts sieht man so viele Sterne wie nie.

PATARA ⭐ (129 E6) *(ℳ D7–8)*

Auf der Küstenstraße nach Kaş sieht es auf einmal aus, als ob die Wüste auf das Meer trifft: Dort dehnt sich der Strand Patara (80 km südöstlich von Fethiye) auf 18 km Länge aus: der schönste Strand der Türkei! Hinter den Dünen liegen die Ruinen des lykischen Hafens Patara: ein Theater, ein Stadttor und eine Schiffswerft *(Eintritt 2,50 Euro)*. Am Strand herrscht Bauverbot. Trotzdem können Sie in dem kleinen Hotel *Dardanos (14 Zi. | Tel. 0242 843 51 51 | www.patara dardanoshotel.com | €)* übernachten.

SAKLIKENT (129 E5) *(ℳ D7)*

Ein begehbarer Cañon, der tief ins Gebirge schneidet und dem ein klarer Fluss entspringt. Das eindrucksvolle Naturschauspiel begeistert besonders die Jüngsten! *Eintritt ca. 2 Euro | 40 km südöstlich von Fethiye*

XANTHOS (KINIK) (129 E5) *(ℳ D7)*

Die Ruinenstätte beim Dorf Kınık (50 km südwestlich von Fethiye) war einst die wichtigste Stadt Lykiens. Einzigartig sind die Pfeilergräber wie das *Harpyien-Monument* (um 480 v. Chr.): Die Urnen befinden sich oben auf einem frei ste-

Alles im Lot auf dem Boot: Kanutour in der Bucht von Patara

henden Sockel. Harpyien sind Vogeldämonen, die die Toten in den Himmel trugen. Des Weiteren zu sehen: eine gut erhaltene Stadtmauer, ein Theater, Reste der Akropolis. Im British Museum in London befindet sich das Original des berühmten Nereidengrabmals, eines Tempels (*Eintritt 2 Euro*).

KAŞ

(129 E6) (*D8*) **Kaş (10 000 Ew.) hat keine Sandstrände und ist deshalb ein beschauliches Mittelmeerstädtchen geblieben.**

Die griechischen Altstadthäuser mit den überdachten Holzbalkonen haben Charme. Von den Hafenterrassen aus kann man ins Wasser springen und abends im Lichterzauber des Hafens vorzüglich Fisch essen. In der Türkei selbst ist der Ort bei Alternativtouristen beliebt. Sehenswert sind der *Hyposorion-Sarkophag* vom Ende des 4. Jhs. v. Chr. und die Reste des hellenistischen *Theaters* im Westen der Stadt. Wegen der vielen Wracks in der Umgebung ist Kaş auch ein beliebtes Tauchrevier.

ESSEN & TRINKEN

BI LOKMA

In „Mamas Kitchen" kochen Mutter und Tochter Banu gute türkische Hausmannskost. Das Frühstück, der Blätterteig Börek und das Auberginenpüree als Beilage sind sehr empfehlenswert. Schöner Blick über den Hafen bei Sonnenuntergang. *Hükümet Cad. 2 | Tel. 0242 8 36 39 42 | €*

MERCAN

Mit Blick auf den Hafen. Spezialität ist `INSIDER TIPP` Schwertfisch, der vor den Augen der Gäste gegrillt wird. *Yat Limanı | Tel. 0242 8 36 12 09 | €€€*

ÜBERNACHTEN

AQUARIUS

Herrlicher Blick aufs Meer, großer Pool und eine Holzplattform, von der aus man ins saubere Meer hüpfen kann. *36 Zi. | Ccedilukurbağ Yarımadası | Tel. 0242 8 36 18 96 | www.aquariusotel.com | €€*

AUSKUNFT

Cumhuriyet Meyydanı 5 | Tel. 0242 8 36 12 38 | www.kas-tuerkei.de

ZIELE IN DER UMGEBUNG

KEKOVA (129 F6) (*D–E8*)

Von Kaş aus fahren Boote (Dauer etwa 2,5 Std.) hinaus zum Fischerdorf *Kaleköy/Simena*. In der vorgelagerten Bucht befindet sich eine `INSIDER TIPP` „versunkene Stadt": Säulen, Treppen und Mauerzüge werden im klaren Wasser sichtbar. Ein Museum für Taucher!

Vor einigen Jahren war *Kaleköy* (das antike Simena), überragt von einer mittelalterlichen Burg, noch nahezu unentdeckt vom Fremdenverkehr. Heute kommen im Sommer tagsüber viele Ausflugsboote hierher, weshalb der Ort eher im Frühling oder im Herbst besucht werden sollte. Hier haben Sie absolute Ruhe, dafür fließt nicht immer Strom und warmes Wasser. Die Pensionen am Meer haben schöne Stege, auf denen man abends sitzen, essen und plaudern kann. Die ● *Kale Pansiyon* von Salih Can ist zu empfehlen *(11 Zi. | Tel. 0252 8 74 21 11 | www.kalepansiyon.com | €)*.

OLYMPOS ★ (130 A5) (*E7*)

Verwunschene Ruinenstätte (110 km östlich von Kaş) mit einem wunderschönen Strand. Ungefähr eine Stunde Fußmarsch entfernt liegt die aus der griechischen Mythologie bekannte Stätte

Chimaira, wo durch Gas gespeiste ständige Erdfeuer brennen. In der Antike vermutete man hier den Aufenthaltsort des Feuer speienden Drachens Chimäre. Kieselstrand. *Eintritt 2 Euro | Richtung Antalya 3 km vor Ulupınar Richtung Çıralı | ein Schild weist auf Olympos hin*

MARMARIS

(129 D5) *(ΜΠ C7)* **Wenn der Sommer kommt, dann verwandelt sich die Hafenstadt (30 000 Ew.) in einen trubeligen Urlaubsort, in dem es von allem ein wenig zu viel gibt: Hotels, Ferienanlagen, Lokale, Sport- und Freizeitmöglichkeiten – und Nachtleben.**

Weite Teile der Stadt sind leider ziemlich verbaut. Nur die Marina zeigt sich von einer malerischen Seite. Der alte ● Yachthafen *(Eski Liman)* neben der neuen Marina liegt angelehnt an die hohen Ausläufer des Taurusgebirges und bietet schöne Cafés und Kneipen, in denen man tagsüber preiswert essen und stundenlang verweilen kann. Obwohl Marmaris so überlaufen ist, hat es seinen Charme bewahrt. Zudem bietet es sich als Startpunkt für Erkundungen der Gebirgswelt, der Buchten und Halbinseln wie Bozburun und Reşadiye an. Im grünen Hinterland kann man noch den ungewöhnlichen Duft von Amberbäumen genießen. Marmaris ist – neben Bodrum und Fethiye – ein Zentrum für *gulet*-Charter (die „blaue Reise").

ESSEN & TRINKEN

BEGONYA

Ein wunderbar ruhiger Platz in der Innenstadt. Die Speisekarte ist eine Symbiose aus türkischer und europäischer Küche. *Hacı Mustafa Sok. 101 | Tel. 0252 412 40 95 | €€€*

MAYMI ●

Mustafa (MA), Yilmaz (Y), Meltem (M) und Isa (I) heißen die jungen und eifrigen Wirte dieses Strandlokals. Hier gibt es neben einem tollen ☘ Blick aufs Meer auch Gratisliegen, eine gute Küche und Grills zum Selbergrillen. Das Fleisch dafür kaufen Sie im Lokal. *Uzunyalı Cad. 128 | Tel. 0252 413 13 43 | €€*

FREIZEIT & SPORT

„BLAUE REISE"

Legendär ist Aryas wunderschöne Holzjacht „Nostalgia": (18,50 m lang, 4 Kabinen, pro Person ab 300 Euro/Woche mit Besatzung), mit der ein- oder zweiwöchige Touren zu den griechischen Inseln unternommen werden (Termine s. Website). *Arya Tours | Yat Limanı | Barbaros Cad. 45 | Tel. 0252 413 43 58 | www.aryatours.de*

TREKKING/MOUNTAINBIKING

Spezialisten für Touren unterschiedlicher Schwierigkeitsgrade auf dem Zweirad sind *Active Tours (Kenan Evren Blv. | Paşabey Hotel | Tel. 0252 413 97 86 | www.activetours.com.tr).*

ÜBERNACHTEN

ADRIENNE'S HOUSE

Die komfortable kleine Pension liegt am Rand des Dorfes Turunç und hat sogar einen Pool. *5 Zi. | Gülhak Mah. | 41 | Turunç (20 km vom Zentrum) | Tel. 0252 476 79 51 | €€*

DIVAN MARES HOTEL

Die große Anlage mit vielen Grünflächen bietet vom Pool bis zu Tennisplätzen alles, was zu einem perfekten Urlaub gehört. *252 Zi., 9 Suiten, 159 Ap. | Pamucak Mevkii | Tel. 0252 455 22 00 | www.mares.com.tr | €€€*

AUSKUNFT

İskele Meyydanı 12 | Tel. 0252 4 12 10 35 | www.marmaris-online.com

ZIELE IN DER UMGEBUNG

DALYAN ⭐ (129 D5) (𝄞 C7)

Der entzückende 3000-Seelen-Ort (80 km östlich von Marmaris) liegt im Delta des und dem gleichnamigen kleinen Ort (ca. 50 km). Vom Hafen kann man mit einem Boot einen Ausflug zu den ● **INSIDER TIPP** ▸ **heißen Quellen** mitten in der Wildnis auf der unbewohnten Seite machen.

DATÇA UND BOZBURUN

Westlich von Marmaris (Minibusverkehr) erstrecken sich die Halbinseln **INSIDER TIPP** ▸ **Reşadiye und Bozburun.**

Ausflugsboote fahren durch das Schilfgebiet des Dalyan-Flusses bei Kaunos

Dalyan-Flusses. Die schilfbestandene Mündung und der vorgelagerte wunderbare Badestrand (İztuzu) stehen unter Naturschutz: Das Areal ist eines der letzten Brutgebiete der Mittelmeerschildkröte *Caretta caretta*. Das Bild von Dalyan ist von kleinen Hotels geprägt. Das *Happy Caretta Hotel* liegt direkt am Fluss *(Maraş Mah. | Ada Sok. | Tel. 0252 2 84 21 09 | €€)*. *Gerdas Café* gehört einer in Dalyan lebenden Deutschen, die in ihrem Garten u. a. köstliche Waffeln backt *(Karakol Sok. 4 | Tel. 0252 2 84 36 64 | €€)*.

Von Dalyan kommt man mit dem Minibus zum benachbarten *Köyceğiz-See*

Auf Reşadiye liegt der Fischerort *Datça* (128 C5) (𝄞 B7) (80 km von Marmaris, 15 000 Ew.) mit einer schön restaurierten Altstadt. Spektakulär ist die Strecke Marmaris–Bozburun: alpines Panorama, tiefblaue Buchten. Immer wieder kommt man an einen Fluss, trifft auf Wasserfälle und entdeckt alte Platanen. Endpunkt ist *Bozburun* (128–129 C–D5) (𝄞 C7), 50 km ab Marmaris. Das Hotel *Aphrodite* am Wasser ist nur per Boot zu erreichen *(20 Zi. | Tel. 0252 4 56 22 68 | €)*. Übernachten und gut essen können Sie auch im Hotel *Möwe (im Zentrum | Tel. 0252 4 56 26 61 | www.moewe-tr.com | €)*.

ZENTRALANATOLIEN

Die karge zentralanatolische Hochebene steht in herbem Kontrast zu den
Bergwäldern der Schwarzmeerregion
und den heiteren Küstengebieten im
Süden. Ihre unendliche Weite und die
Vielfalt ihrer Erdfarben und Formen erscheinen Besuchern wie ein Abbild der
Steppen Asiens, von wo die türkischen
Stämme vor 1000 Jahren nach Westen
aufbrachen. Sie trafen bei ihrer Ankunft
auf die Überreste der bedeutendsten
und ältesten Zivilisationen.

Viele Städte Inneranatoliens haben historisch als Stationen auf der Seidenstraße
oder anderen Handelswegen gen Osten
gedient, immer wieder trifft man auf
prachtvolle Karawansereien *(Han)*. Die
Moscheen und Religionsschulen *(Medresen)*, denen man unterwegs begegnet

(zum Beispiel in Konya) gehören zu den
vollkommensten Zeugnissen islamischer
Architektur überhaupt. Der schönste und
zugleich bizarrste Landstrich Anatoliens
ist Kappadokien, wo zuckerhutähnliche
Gebilde aus Tuffspitz aus der Erde ste-
chen. Dahinter verbergen sich Räume,
Gräber und Hunderte kleiner Kirchen,
teilweise ausgestattet mit farbenprächtigen Fresken. In Kappadokien und in
den Großstädten Mittelanatoliens findet
man eine gute touristische Infrastruktur
vor, in entlegeneren Gegenden ist man
weitgehend auf sich allein gestellt. Durch
die restriktive Alkohollizenzvergabe gibt
es in Zentralanatolien, aber auch östlich
von Ankara immer weniger Lokale, die
Alkohol ausschenken. In Hotelrestau-
rants wird aber Alkohol meist angeboten.

Bild: Tuffsteinlandschaft bei Göreme

Die Hauptstadt und weites Land: In den Steppen Zentralanatoliens finden sich Spuren einer jahrtausendealten Besiedlung

ANKARA

(122–123 C–D4) (*M G4*) **Als Republikgründer Mustafa Kemal Atatürk entschied, die Hauptstadt des neuen Staates solle Ankara sein, handelte es sich dabei noch um eine mittelanatolische Kleinstadt – bekannt höchstens als das antike Ankyra und als Herkunftsort der Angora-Schurwolle.**

Inzwischen ist Ankara zu einer Metropole mit 4 Mio. Ew. gewachsen. Abgesehen

CITY WOHIN ZUERST?

Ulus-Platz: Vom zentralen Platz führt eine Straße durch die Altstadt auf den Burghügel *(Kale)*. Wieder unten ist nach dem Besuch des Archäologischen Museums und des Atatürk-Mausolums (beides am besten mit Taxi) der Çankaya-Hügel das Ziel: Hier gibt's Cafés, Kneipen, Parks, Einkaufszentren. Nach Ulus kommen sie mit Bus oder Taxi.

von den Ministerien und Verwaltungen lassen sich alle Attribute einer modernen Kapitale finden: teure Geschäfte und Wohnviertel, ein abwechslungsreiches Nacht- und Kulturleben und angesehe-

untergebrachte Komplex umfasst den Zeitraum von den ersten Zivilisationen (um 7000 v. Chr.) bis zum klassischen Altertum, mit Schwerpunkt auf der Hethiterzeit (2000–1200 v. Chr.). Die

Würdige Grabstätte für den Gründer der Republik: Atatürk-Mausoleum

ne Forschungsinstitute. Drei Viertel der Ankaraner sind im Dienstleistungssektor beschäftigt. So hat Ankara, gerade im Vergleich mit der lebendigen Metropole İstanbul, den Ruf, eine langweilige Beamtenstadt zu sein. Durch die Botschaften und andere internationale Institute kommt aber Flair in die Stadt, was sich vor allem in den Bezirken Gaziosmanpasa und Çankaya bemerkbar macht.

SEHENSWERTES

ANADOLU MEDENIYETLERI MÜZESI (MUSEUM FÜR ANATOLISCHE ZIVILISATIONEN) ⭐

Das sogenannte Hethitermuseum gehört zu den Antikenmuseen von Weltrang. Der in einem ehemaligen gedeckten Basar

Fundstücke – alle aus dem Boden der heutigen Türkei – sind übersichtlich und ansprechend präsentiert. *Mai–Sept. Di–So 8.30–17.30, Okt.–April 8.30–17 Uhr | Eintritt ca. 7,50 Euro | Gözcü Sok. 2 | Atpazarı | www.anadolumedeniyetlerimuzesi.gov.tr*

ANIT KABIR (ATATÜRK-MAUSOLEUM) ●

Die Grabstätte Atatürks ist das Wahrzeichen Ankaras. Zu der riesigen Anlage, die als Park genutzt wird, gehört ein Museum, in dem persönliche Gegenstände des Republikgründers ausgestellt sind. *Tgl. 9–17 Uhr | Eintritt frei | Tandoğan*

KALE (BURG) ● ☀

Wie ein Adlernest thront die Burg über der Stadt. Wann sie erbaut wurde, ist nicht genau festzustellen aber man „tippt" auf das 7. Jh. Die Mauern stammen aus byzantinischer Zeit; Osmanen und Seldschuken bauten die Festung mehrmals um. Die verwinkelten Gassen mit den osmanischen Holzhäusern im Innern der Zitadelle bildeten einst den Ortskern von Angora. In dem Bezirk mit den Karawanserails stammen die meisten Bauten aus dem 16./17. Jh. In der Blütezeit des Osmanischen Reiches mehrte sich die Zahl der Karawanen auf der alten Seidenstraße, die auch durch Ankara verlief. Im Süden der Burg befindet sich ein als Pferdemarkt *(At Pazari)* bekannter Platz, der einst als Hauptmarktplatz diente. Die Entdeckung der Seewege nach Asien und später die industrielle Revolution in Europa führten zum Untergang Angoras. Heute, fast 90 Jahre nach der Gründung der Republik, erinnert man sich liebevoll an das Osmanische Reich und Angoras gute, alte Zeiten. Die Restaurierung der Altstadt steht in einem nostalgischen Licht. *Ulus*

ESSEN & TRINKEN

MEŞHUR İSKENDER KEBAPÇISI

Der berühmte İskender-Kebap wird auf Brot mit Joghurt und Tomatensoße serviert. *Paris Cad. 20 | Kavaklıdere | Tel. 0312 4 18 93 00 | €*

VILLA

Hier genießen Sie italienische Küche in gediegener Atmosphäre. Der Wein kommt aus eigener Abfüllung. *Boğaz Sok. 13 | Kavaklıdere | Tel. 0312 4 27 08 38 | €€€*

EINKAUFEN

Das Einkaufszentrum *Karum* neben dem Sheraton-Hotel in Çankaya, die *Atatürk-Allee* sowie *Gaziosmanpaşa* sind voller schicker Läden.

ÜBERNACHTEN

HOTEL KEYKAN

Funktionales, ordentliches Mittelklassehotel, zentral in der Nähe des Kızılay-Platzes gelegen; Restauarant, American Bar. *50 Zi. | Fevzi Çakmak Cad., Birinci Sok. 12 | Kızılay | Tel. 0312 2 31 80 70 | www.hotelkeykan.com.tr | €€*

MEGA RESIDENCE HOTEL

Vornehmes Haus in Kavaklıdere, mit geräumigen Zimmern, Gartencafé und Restaurant *Schnitzel. 30 Zi. | Tahran Cad. 5 | Tel. 0312 4 68 54 00 | www.megaresidence.com | €€€*

AUSKUNFT

Gazi Mustafa Kemal Paşa Bul. 121 | Tandoğan | Tel. 0312 2 31 55 72 | www.goethe.de/ankara (Goethe-Institut)

MARCO POLO HIGHLIGHTS

★ **Museum für Anatolische Zivilisationen**
Diese Sammlung in Ankara gehört zu den großen Museen der Welt → S. 64

★ **Kappadokien**
Kappadokien mit seinen Denkmälern aus Tuffstein ist ein einziges Naturwunder → S. 66

★ **Hattuscha**
Die Hauptstadt des Hethiter-Reichs ist eine der spektakulärsten Grabungsstätten der Türkei → S. 66

★ **Konya**
In dieser Stadt wurde der Mevlana Orden der tanzenden Derwische gegründet → S. 68

ZIELE IN DER UMGEBUNG

HATTUSCHA ⭐ (123 F4) (𝕞 J4)

Zwei Autostunden von Ankara entfernt wurden vor rund hundert Jahren die Ruinen von Hattuscha entdeckt. Das gleichnamige Hethiterreich (ca. 1650–1200 v. Chr.), eines der bedeutendsten Großreiche seiner Zeit, hatte hier in der Nähe des Dorfes Boğazkale sein Machtzentrum. Zu bewundern sind Tempelfundamente, unterirdische Festungsgänge sowie das Löwen- und das Königstor, eingelassen in gewaltige Mauern. In Gebäuden, die als Archive gedient hatten, fand man Keilschrift-Tontafeln. Sie werden im örtlichen Museum ausgestellt. *(Di–So 8–12, 13.30–17 Uhr | Eintritt ca. 2,50 Euro)*.

2 km nordöstlich von Boğazkale liegt das Felsheiligtum *Yazılıkaya* (wörtlich „beschriebener Fels") aus dem 13. Jh. v. Chr. An den Wänden sind **INSIDER TIPP** Hunderte von Göttergestalten in den Fels geschlagen.

Die Buslinie *Çorum Lider* verbindet Ankara mit Hattuscha *(Tel. 0312 2 24 13 14)*. Ein empfehlenswertes Motel ist *Mavi Ocak* in Sungurlu *(40 Zi. | Samsun Yolu 5. km | Tel. 0364 3 13 00 33 | www.maviocak. com.tr | €)*.

SOĞUKSU MILLI PARKI (SOĞUKSU-NATIONALPARK) (122 C3) (𝕞 G3)

Der 10,5 km² große Nationalpark bei dem Ort Kızılcahamam (etwa 80 km von Ankara entfernt, auf der Strecke nach İstanbul) ist an den Wochenenden ein beliebtes Ausflugsziel der Hauptstädter und von Pfadfindergruppen. Das Gebiet erinnert mit seinem Mischwald eher an ein europäisches Mittelgebirge (maximale Höhe 1800 m) als an Anatolien. Zahlreiche Wildtiere wie Füchse, Wölfe, Wildschweine und Greifvögel sind hier heimisch. *Busse ab Ankara Busbahnhof (Ulus) | Eintritt 3 Euro*

KAPPA-DOKIEN

(113 E–F 2–3) (𝕞 J–K 5–6) ⭐ **Im Dreieck zwischen Nevşehir, Kayseri und Niğde sind Erdkegel zu sehen, aufgestellt wie für eine Partie Riesenbowling.** Kappadokien ist die wundersamste Landschaft Anatoliens. Regen, Wind und Flussläufe haben im Laufe von 60 Mio. Jahren bizarre Gebilde aus Tuff, einer kittartigen Vulkanasche, hinterlassen. Hinter den aschegrauen Fassaden verbergen sich u. a. 360 kleine Kirchen, die den Urchristen als Verstecke dienten. Diese Höhlen und in Stein gemeißelten Kapellen sind z. T. zu besichtigen. Kappadokien hat sich in den letzten Jahren auch zu einem schicken Ort entwickelt: In sogenannten *Cave Hotels* ist das Übernachten in luxuriösen Höhlenzimmern möglich. Das und Ballonfahrten über das Tal sowie Reittouren machen den Kappadokien-Urlaub zu einem Erlebnis. Auskunft: *Park İçi (im Park) | Ürgüp | Tel. 0384 3 41 40 59 | www. cappadociaonline.com*

ZIELE IN KAPPADOKIEN

INSIDER TIPP AVANOS (131 F2) (𝕞 J5)

Der Ort ist berühmt für seine Terrakottakrüge und -vasen. In den Töpfereien gegenüber dem Basar 54 an der Straße nach Göreme können interessierte Besucher selbst den roten Ton formen.

GÖREME (131 F2) (𝕞 J5)

Im Göreme-Tal liegen viele Felskirchen, meist nur über halsbrecherische Stiegen oder enge Gänge erreichbar. Im Innern sind sie mit farbenfrohen Fresken geschmückt, Bilderzyklen aus dem Leben Jesu. Die älteste der Höhlenkirchen datiert aus dem 5. Jh. *Göreme Açık Hava*

Müzesi (Freiluftmuseum Göreme) | tgl. 8.30–17.30 Uhr | Eintritt ca. 7,50 Euro, Karanlık Kilise (Höhlenkirche 4 Euro).
Eine der schönsten Pensionen, halb Fels, halb Steinhaus, ist das *Melek Cave Hotel (20 Zi. | Tel. 0384 2 71 24 63 | www.melekcavehotel.com / €).* Beste Qualität bietet das *Ataman (20 Zi. | Uzundere Cad. | Tel. 0384 2 71 23 10 | www.atamanhotel.com / €€€).* In der **INSIDER TIPP** ▶ **Rainbow Ranch** *(Tel. 0384 2 71 24 13 | www.rainbowhorsecenter.com)* stehen Pferde für einen Ausritt bereit (2 Std. mit Begleiter ca. 40 Euro). Ein besonderes Erlebnis in Kappadokien ist eine Ballonfahrt bei Sonnenaufgang *(inkl. Sektfrühstück 100–120 Euro | im Melek Cave Hotel anfragen).*

IHLARA VADISI (PERISTREMA-TAL) ☼
(131 E3) *(⎕ J6)*

Verlassen Sie Kappadokien nicht, ohne wenigstens einen halben Tag in dieser Schlucht südöstlich von Aksaray verbracht zu haben: **INSIDER TIPP** ▶ **Peristrema,** „das um und um gewundene Tal". 100 m tief und 10 km lang, in der Mitte ein baumbestandener Fluss – in seiner Monumentalität drängt sich ein Vergleich mit dem Grand Cañon auf. An den Steilhängen sind die Eingänge zu zahlreichen Kapellen erkennbar. Es gibt drei Taleingänge, einen zentralen ausgeschilderten, einen südlichen im Dorfzentrum von *Ihlara* und einen nördlichen beim Ort Belisirma. *Zutritt 7–20 Uhr | Eintritt ca. 5 Euro | www.goereme.org*

KAYMAKLI UND DERINKUYU
(131 F2) *(⎕ J5)*

Bei Kaymaklı und Derinkuyu wurden bis zu acht Stockwerke tiefe unterirdische Siedlungen freigelegt. In dem ausgeklügelten Fluchtsystem mit Toiletten, Waffenlagern, Wasserdepots und Kirchen,

Heißluftballons ermöglichen den Blick aus der Vogelperspektive auf Kappadokiens Tuffsteinkegel

das zum Teil bereits in der Hethiterzeit angelegt wurde, konnten die Bewohner der oberhalb liegenden Städte bei Gefahr lange überleben. *Tgl. 8.30–17.30 Uhr | Eintritt je 5 Euro*

MUSTAFAPAŞA (131 F2) *(M J5)*

6 km südlich von Ürgüp, auf der Straße nach Soğanlı, liegt der kleine Ort (einst griechisch Sinasos). Mustafapaşa (2500 Ew.) hat einiges an Sehenswürdigkeiten zu bieten: Mit seinen Kirchen und mächtigen Steinhäusern war Sinasos früher ein Sommerort wohlhabender Griechen. Eine Karawanserei aus dem 14. Jh. erinnert daran, dass Kappadokien an der Seidenstraße lag. Und hier gibt es auch den seltenen `INSIDER TIPP` Kappadokienwein zu kaufen. Ein Tipp: *Weinkelterei Kappadokya im Stadtteil Davutlu | Tel. 0384 3 53 50 03.* Der Club *Natura Cappadocia* bietet in einem alten Stadthaus Unterkunft *(6 Zi. | Sümer Sok. | Tel. 0384 3 53 50 30 | Handy 0535 3 47 11 57 (Aysel Koch) | www.clubnatura.com | €€).*

SULTANSAZLIĞI MILLI PARKI (SULTANSAZLIĞI-NATURPARK)
(132 A2–3) *(M J–K 5–6)*

Das 170 km² große Marschland mit den drei Seen Yay, Çöl und Söbe in der Mitte erstreckt sich 60 km östlich von Ürgüp. Ein Paradies für fast 300 Vogelarten: Pelikane, Komorane, Wasserhühner und Reiher brüten in den Schilfgürteln. *Minibus vom Busbahnhof Ürgüp*

UÇHISAR ⚘ (131 F2) *(M J5)*

Dieser Ort liegt vor den Toren von Nevşehir malerisch auf einem gewaltigen quadratischen Felsen, gekrönt von einer spitzen, mittelalterlichen Tuffburg. Ein Franzose vermietet hier zehn restaurierte Steinhäuser als *Les Maisons de Cappadoce (Semiramis A. Ş. | Belediye Meydanı 24 | Tel. 0384 2 19 28 13 | www.cappadoce.*

com | €€€). Gut essen können Sie im *Bindallı Restaurant (neben Kaya Hotel | Ürgüp Cad. | Tel. 0384 2 19 26 90 | €€).*

ÜRGÜP (131 F2) *(M J5)*

Das Städtchen (10 000 Ew.) ist ein idealer Ausgangspunkt für Kappadokien-Erkundungen. Es bietet gute Verkehrsanbindungen und verfügt über zahlreiche Übernachtungsmöglichkeiten. Auf dem größten Hügel von Ürgüp, *Temenni Tepesi* („Hügel der guten Wünsche"), liegt das Grab des Seldschukenkönigs *Kılıç Aslan,* dessen auch die christliche Gemeinde von Kappadokien früher ehrend gedachte. Als die Seldschuken vor 900 Jahren diesen Teil des byzantinischen Reiches erobert hatten, durften die Christen weitgehend ungestört in ihren Höhlen wohnen bleiben. Originelle Felsenzimmer mit Aussicht am Stadtrand vermietet das *Alfina (32 Zi. | İstiklal Cad. | Ürgüp Girisi 25 | Tel. 0384 3 41 48 22 | www.hotelalfina.com | €€).* Auf einem Hügel außerhalb von Ürgüp lockt das Restaurant *Hanedan* mit gutem Essen und einer schönen Terrasse *(Nevşehir Yolu | Tel. 0384 3 41 42 66 | €€).*

KONYA

(130 C3) *(M G6)* ⭐ **Konya (mit Umland 2 Mio. Ew.) ist in vielerlei Hinsicht eine sehens- und bemerkenswerte Stadt.**

Sie ist das Zentrum des anatolischen Islam, die Religion prägt die Stadt bis heute. Hier wurde der weltberühmte Mevlana-Orden gegründet, besser bekannt als die „tanzenden Derwische", ein mystischer Orden, der Toleranz und Friedfertigkeit predigt. Eine der großen Attraktionen der Stadt ist das alljährlich am 12. Dezember stattfindende Derwisch-Festival am Todestag des Mystikers Mevlana Celaleddin Rumi. Die in Trance

In der Moschee des Mevlana-Ordens findet alljährlich das Derwisch-Festival statt

durchgeführten Drehungen der Männer hinterlassen tiefen Eindruck.

Konya überrascht als grüne Oase inmitten einer kargen Ebene, geprägt von Grünflächen, gespeist von zahlreichen Brunnen und kleinen Flüssen. Der besonderen Lage wegen machten die Seldschuken Konya (römisch: Iconium) zur Hauptstadt ihres Reiches. Aus dieser Zeit sind zahlreiche Bauten gut erhalten.

In den letzten Jahren ist in der Türkei auch durch die neue, islamische Orientierung der Regierung die Religion im öffentlichen Leben stärker fühlbar geworden. Das zeigt sich vor allem in Mittel- und Ostanatolien: In Konya finden Sie außerhalb Ihres Hotels kaum ein Restaurant mit Alkoholausschank mehr. Dafür ist der neue Reichtum fühlbar. Die sogenannten „Anatolischen Tiger", d.h. fromme Geschäftsleute aus Konya, Kayseri und Umgebung, investieren in ihre Region. Schicke Einkaufszentren, ein sauberes und relativ wohlhabendes Stadtbild und eine funktionierende Infrastruktur geben der Stadt ein modernes Gesicht. Auf der Konya-Ebene blühen im Frühjahr Millionen von Tulpen, die zwar mit den hochsubventionierten holländischen nicht konkurrieren und deshalb nicht nach Europa exportiert werden können, dafür aber die Parks und Grünflächen İstanbuls und Ankaras verschönern.

CITY **WOHIN ZUERST?**

Mevlana-Komplex: Das Herz Konyas bilden das Mausoleum des Mystikers von Rumi (türk. Mevlana) und das benachbarte Mevlana-Museum des Sufi-Ordens. Über die Mevlana-Allee steigen Sie im Osten auf den Alaeddin-Hügel. Dahinter liegen die Ince-Minare-Moschee und südlich des Hügels das Archäologische Museum. Das alles können Sie zu Fuß erkunden. Ins Stadtzentrum kommen Sie, sofern Sie nicht hier wohnen, mit Bus oder Taxi.

SEHENSWERTES

ALAEDDIN TEPESI (ALAEDDIN-HÜGEL)

In einem Park mit schattigen Teegärten liegt die *Alaeddin Camii,* die größte und älteste seldschukische Moschee in Konya. Nach siebenjähriger Bauzeit wurde sie 1221, auf dem Höhepunkt der Seldschuken-Macht in Kleinasien, von Sultan Alaeddin Keykubat I. eingeweiht. Die Holzdecke wird von 42 antiken Säulen getragen, die *mihrab* (Gebetsnische) ist mit prachtvollen Fayencen ausgestattet, die *minbar* (Kanzel) besitzt wertvolle Ebenholzschnitzereien. Der Moschee gegenüber, auf der anderen Straßenseite, steht die *Büyük Karatay Medresesi* (Große Karatay Akademie), heute ein *Museum für Keramikarbeiten (Di–So 8.30–17 Uhr | Eintritt 1,50 Euro | Alaeddin Meydani)* aus seldschukischer Zeit. Unter den noch erhaltenen Medresen ist dieser Bau aus dem Jahr 1252 der beeindruckendste.

ETNOGRAFYA MÜZESI (ETHNOGRAFISCHES MUSEUM)

Die Ausstellung zeigt Kleidungsstücke, Trachten, Werkzeug und Waffen aus der Region. *Di–So 8.30–12.30 und 13.30–17.30 Uhr | Eintritt frei | Larende Cad.*

MEVLANA MÜZESI (MEVLANA-MUSEUM)

Das Kloster *(tekke)* des Derwisch-Ordens ist heute das meistbesuchte Museum der Türkei nach Topkapi. Der Ordensgründer Celaleddin Rumi (1207–73) wurde in Afghanistan geboren und lebte in Konya. Er fand im 13. Jh. durch seine mystischen Anschauungen und seine Predigten über die Friedfertigkeit und die universelle Liebe viele Anhänger. Im Mittelpunkt der Anlage steht Rumis Grabstätte *Yeşil Türbe* („Grünes Grab"), die wegen der grünen Fayencen des Kegeldaches so genannt wird. Zu den Höhepunkten zählen die 30 000 Handschriften der Ordensbibliothek und die Sammlung von Teppichen und Kelims aus dem 13.–18. Jh. *Di–So 10–18 Uhr | Eintritt 3 Euro | Mevlana Cad.*

ESSEN & TRINKEN

HACI ŞÜKRÜ

Im Kebap-Haus gibt es Spezialitäten wie *etli ekmek* (türk. Pizza) und das örtliche *fırın kebap* (im Ofen). *Devri Cedid Mah. | Cem Sultan Cad. Fuar Sitesi 327/A | Tel. 0332 3 52 76 23 | €–€€*

EINKAUFEN

Im *Basarviertel* von Konya, das sich zwischen Cumhuriyet und Atatürk Caddesi erstreckt, finden Sie eine INSIDER TIPP große Auswahl traditioneller Handwerkskunst.

LOW BUDGET

▶ Vor einem Besuch bei den Hethitern sollte man sich im *Hattusas-Restaurant* in Boğazkale-Çorum stärken: Mittagessen mit zwei Gängen ca. 6 Euro. *Tgl. 10–22 Uhr | Çarşı Mahallesi | Cumhuriyet Meydanı 22*

▶ In Ankara gibt es um den Kızılay-Platz herum gute Hausmannskost. *Karadeniz Yavuz Lokantası* bietet Sa/So für 7,50 Euro freie Auswahl am Büfett. *Tgl. 9–21 Uhr | Silahtarağa Cad. 220 | Tel. 312 2 11 24 20*

▶ In Konya isst man das mit Hackfleisch belegte, preiswerte Pizzabrot *etli ekmek* gut im *Şifa Restaurant. Tgl. 11–22 Uhr | Mevlana Cad. 29 | Tel. 0332 3 52 05 19*

ÜBERNACHTEN

DEDEMAN

Fünfsterne-Hotel mit allem Komfort, inklusive Frei- und Hallenbad, Sauna, Hamam und Thalasso-Fitnesszentrum. *207 Zi. | Özalan Mah. | Selcuklu | Tel. 0332 2 216 00 | www.dedeman.com | €€€*

ÖZKAYMAK

Das schöne Vier-Sterne-Hotel in ruhiger Lage verfügt unter anderem über ein Hallenbad und eine Sauna. *108 Zi. | Nalçacı Cad. | Tel. 0332 2 37 87 20 | www. ozkaymakotels.com | €€*

AUSKUNFT

Mevlana Cad. 21 | Tel. 0332 3 211 0 74 | www.kultur.gov.tr

ZIELE IN DER UMGEBUNG

ÇATALHÖYÜK ● (131 D3) *(M G6)*

Der britische Archäologe James Mellaart grub hier, ca 40 km südöstlich von Konya, in den 1960er-Jahren eine der ältesten Siedlungen der Menschheitsgeschichte aus. Ca. 9000 v. Chr. haben auf einer ca. 50 Fußballfelder großen Fläche über 2500 Menschen gelebt. Wasser stand ausreichend zur Verfügung, entsprechend üppig war das Nahrungsangebot (Wild, Sammelfrüchte). Die Siedlung verteilt sich auf zwei Hügel; der Osthügel ist der ältere. Hier fand bisher der Großteil der Grabungen statt, während es im Westhügel nur einzelne Schnitte gab, die aber zeigen, dass die dortigen Siedlungsreste aus späterer Zeit stammen. Die Siedlung bestand aus eng aneinandergesetzten rechteckigen Häusern, die aus Lehmziegeln oder Stampflehm errichtet wurden. Unterschiedliche Raumhöhen und Bodenniveaus gewährleisteten Belüftung und Lichtzufuhr und erzeugten eine treppenartige Verschachtelung. Der Zugang ins Haus erfolgte über eine Leiter; für den Herd diente die Einstiegsluke zugleich als Rauchabzug.

Zu den spektakulärsten Zeugnissen aus Çatalhöyük gehören die von Mellaart freigelegten Malereien und Wandreliefs

Çatalhöyük: Reste einer 11 000 Jahre alten Siedlung

an den Innenwänden einzelner Häuser. Die meisten Funde können im Museum für anatolische Zivilisationen in Ankara besichtigt werden, aber auch das kleine Museum vor Ort ist sehenswert. Nach Çatalhöyük führt eine Landstraße. *Busse vom zentralen Busbahnhof in der Halil Ürün Caddesi*

KIZILDAĞ MILLI PARKI (KIZILDAĞ-NATIONALPARK) (130 B3) *(M F6)*

Der 5,5 km2 große Nationalpark rund um den See *Beyşehir* (ca. 130 km westlich von Konya) lädt mit ausgewiesenen Plätzen von Mai bis September zum Campen und Picknicken ein. *Mit dem Auto oder dem Bus ab Konya*

SÜDOSTANATOLIEN

Die berückende Schönheit der östlichen Grenzgebiete der Türkei ist noch weitgehend unentdeckt. Majestätische Berge wie der Ararat ("Noahs Berg") wechseln sich mit steppenhaften Ebenen und grünen Flusstälern ab – Euphrat und Tigris sind die Lebensadern dieser Region.

Im Südosten stellen immer noch die Kurden die Mehrheit. Historisch gesehen kennt die einzigartige Landschaft, die sich entlang der Grenzen zu Syrien, Iran und Irak erstreckt, aber noch mehr Völker und Kulturen: Seldschuken, Araber, Armenier, Assyrer, Griechen. Längst verlassene Festungen, Klöster und Kirchen erinnern daran. Trotz der Bestrebungen Ankaras, die Kurdenfrage auf friedlichem Wege zu lösen, gehen die Kämpfe zwischen der illegalen Kurdischen Arbeiterpartei (PKK) und der Armee weiter. Eine Einigung zwischen den Kurdenführern und der Zentralregierung ist noch nicht erreicht. Die Region hat sich unter dem Einfluss des steigenden kurdischen Nationalismus geistig weitgehend von Ankara gelöst – die Lage bleibt angespannt. Deshalb ist für Touristen äußerste Vorsicht geboten. Vor der Reise sollten die Sicherheitswarnungen des Auswärtigen Amts beachtet werden *(www.auswaertiges-amt.de)*.

Das ehrgeizige Südostanatolien-Projekt (GAP) sollte aus der rückständigen Region eine blühende Landschaft machen. 32 Mrd. Dollar hat die Zentralverwaltung in das Projekt gesteckt. Mit Hilfe von 22 Staudämmen an Euphrat und Tigris werden heute 17 000 km² Land bewässert

Bild: Heiligkreuzkirche Ahtamar am Van-See

Im dünn besiedelten Osten liegen die ältesten Städte des Landes – eingerahmt von einer gewaltigen Bergwelt

– eine Fläche größer als die Beneluxländer. Da der seit Jahrzehnten währende Kampf die Viehzucht fast zum Stillstand gebracht hat, und die Ackerbauflächen in der Hand von kurdischen Großgrundbesitzern konzentriert sind, geht die wirtschaftliche Entwicklung dennoch nur schleppend voran. Der Südosten ist ein unterentwickeltes Gebiet mit hohen Geburten- und Sterberaten, in das die Moderne erst allmählich einzieht.

Mit Rücksicht auf den konservativen Sittenkodex der Bevölkerung sollte man hier Arme und Beine immer bedeckt halten. Außerdem ist es ratsam, sich auf den Hauptstraßen fortzubewegen und nur in größeren Ortschaften zu übernachten.

DIYARBAKIR

(134 A3) (ℳ O6) **Inmitten einer Steppenlandschaft oberhalb des Tigris liegt die vorwiegend von Kurden bewohnte „Metropole" Südostanatoliens, eine Großstadt mit 1,5 Mio. Einwohnern.**

Die meisten kamen in den letzten Jahren als Bürgerkriegsvertriebene. Die Zuwanderer leiden unter großer Arbeitslosigkeit und bevölkern die Straßen und Cafés. Trotzdem ist ein Modernisierungsschub bemerkbar. Daran haben neben der Dicle-Universität auch die EU-Fonds ihren Anteil. Im Sommer darf man Diyarbakır nicht verlassen, ohne die leckersten Wassermelonen der Welt gekostet zu haben!

Reich verziert: Haus in Mardin

SEHENSWERTES

SURLAR (STADTMAUER)

Die Basaltmauer, die die Stadt umgibt, ist das augenfällige Wahrzeichen. 5 km dieser ältesten Stadtmauer Anatoliens stehen heute noch und können begangen werden. Die ca. 12 m hohe und 5 m dicke Mauer, die einst mit 78 Türmen bewehrt war, hat ihre Ursprünge 394 unter römischer Herrschaft, danach fügten Araber, Seldschuken, Perser und schließlich Osmanen dem Bauwerk etwas hinzu. Sehenswert ist das zweitürmige *Harput-Tor*, eines von vier Hauptzugängen der Stadt. Die Torhalle auf der Innenseite ist mit Tierreliefs geschmückt.

ULU CAMII (GROSSE MOSCHEE)

Die Große Moschee, eines der Wahrzeichen der Stadt und die früheste seldschukische Sultansmoschee in Anatolien, wurde 1091/92, kurz nach der Eroberung Diyarbakırs, von Sultan Malik Schah errichtet. *Gazi Cad.*

ESSEN & TRINKEN

TAVACI SUAT USTA

Diyarbakır bietet eine reichhaltige Küche mit viel Lamm und Fladenbrot aus dem Ofen. Lecker: gefüllte Lammrippen oder Lammgulasch mit Reis. *Tgl. 12–23 Uhr | Inönü Cad. 27 | Merkez | Tel. 0412 2 23 12 61 | €€*

ÜBERNACHTEN

KERVANSARAY ●

Restaurierte, 500 Jahre alte Raststation für Karawanen mit gutem Restaurant; abends Livemusik. Man kann auch in der **INSIDER TIPP** gemütlichen Bar im 1. Stock essen, da ist es ruhiger. *45 Zi. | Gazi Cad./ Mardin Kapısı | Tel. 0412 2 28 96 06 | www. diyarbakirhotels.net | €€*

AUSKUNFT

Kültür Sarayı Kat 5 | Tel. 0412 2 21 21 73 | www.kultur.gov.tr

ZIELE IN DER UMGEBUNG

MARDIN (134 A–B4) (*P6*)
Mardin ist die arabische Perle der Türkei. Rund 40 km von der syrischen Grenze entfernt (ca. 100 km von Diyarbakır), liegt die Stadt (700 000 Ew.) auf einem Hügel, von dem aus man einen weiten Blick über die syrische Tiefebene hat. Die einmalige terrassenförmige Anlage der Altstadt zeichnet sich immer noch durch ein Ensemble zweistöckiger, reich verzierter traditioneller Steinhäuser aus hellem Kalkstein aus. Leider wird das Zentrum vielorts von neuen Betonbauten durchsetzt. Über der Stadt schwebt eine Burganlage, auf halber Höhe finden sich die alten Moscheen, von denen die *Ulu Camii* die größte und sehenswerteste ist. Besonders im Sonnenuntergang ist Mardin ein Fest für die Sinne, wenn der Kalkstein der **INSIDER TIPP** Häuser im Abendrot glüht. Der berühmteste Sohn der Stadt ist der zeitgenössische türkische Autor Murathan Mungan, dessen Werke z. T. auch ins Deutsche übersetzt wurden (z. B. die Novelle „Tschador"). Übernachtung in historischen Villen bietet Erdoba Konakları (*31 Zi. | Cad. 135 | Tel. 0482 2 12 76 77 | www.erdoba.com.tr | €€*).

TUR ABDIN ★ (134 B4) (*P6*)
Das Gebiet um Mardin und das weiter östlich gelegene Midyat ist die Heimat der syrisch-orthodoxen Minderheit, die heute um ihre Existenz kämpft. In manchen Dörfern an der Grenze zu Syrien überragen noch Kirchtürme die niedrigen Häuser. Nur noch 2300 westsyrische Christen leben in Tur Abdin (Berg der Diener Gottes). Die meisten sind aus politischen und wirtschaftlichen Gründen geflohen. Das *Deyrüzafaran* aus dem Jahr 493 n. Chr. (von Mardin mit dem Taxi, 5 km) ist eines von zwei bewohnten syrisch-orthodoxen Klöstern. Hier leben nur noch ein paar Mönche. Das größere und bekanntere Kloster ist *Mor Gabriel,* 23 km hinter Midyat auf dem Weg nach Cizre. *www.nordirak-turabdin.de*

ŞANLIURFA

(133 E4) (*N7*) **Das antike Edessa, heute 50 km von der syrischen Grenze entfernt, ist mit 3500 Jahren eine der ältesten Siedlungen der Welt.**

Urfa (das Präfix *şanlı*, „ruhmvoll", kam erst in den 1980er-Jahren dazu) lebte lange vom Grenzhandel und vom Schmuggel zwischen der Türkei, Syrien und Irak. Doch die politischen Umstände, vor allem die Golfkriege, setzten dem ein Ende. Das Staudammprojekt zieht die Menschen wieder hierher – die Einwohnerzahl ist 2010 auf ca. 1,6 Mio. gestiegen. Kernstück des gigantischen

Bewässerungsprojekts ist der Atatürk-Staudamm 60 km nördlich. Hier wird mittlerweile auch geschwommen und gesegelt, was die Region mit modernen Lebensformen bekannt macht. Dennoch: Nirgendwo fühlt man sich so sehr im Orient wie in der Altstadt mit ihrem quirligen ● INSIDER TIPP Basar. Das liegt auch an der bedeutenden arabischen Minderheit. Traditionelle Handwerker wie Kupferschmiede sind hier immer noch anzutreffen.

SEHENSWERTES

ABRAHAMSGROTTE ●

Die Muslime glauben, dass Stammvater Abraham (türkisch: İbrahim) in Urfa, in der Abrahamsgrotte im Süden der Stadt, geboren sei. Hier steht deshalb ein halbes Dutzend Moscheen. Die schönste ist die *Halil ur-Rahman,* die ursprünglich im 13. Jh. über einer byzantinischen Kirche angelegt wurde und heute eindeutig arabische Einflüsse aufweist.

ESSEN & TRINKEN

CİĞER

Der Wirt war einst Mittelgewichtsringer; jetzt serviert er die Spezialität des Hauses: Lammleber *(ciğer)* am Spieß. Als Dessert ein Erlebnis: INSIDER TIPP das warme Blätterteiggebäck *kadayif.* | *Tgl. 8.30–22 Uhr | Cumhuriyet Cad. 14 A | Tel. 0414 3 15 06 52 | €*

ÜBERNACHTEN

INSIDER TIPP CEVAHIR KONUKEVI ●

Das schönste Altstadthaus gehört dem Gouverneur *(vali).* Es hat einen ruhigen Innenhof, in dem Sie sich wunderbar dem Genuss einer beruhigenden Wasserpfeife hingeben können, und eine Dachterrasse. Im Restaurant gibt es das beste Urfa-Kebap der Stadt. *Büyükyol Cad. (gegenüber der Selahaddin-Eyyubi-Moschee) | Tel. 0414 2 15 93 77 | www. cevahirkonukevi.com | €*

AUSKUNFT

Asfaltyol 4/D | Tel. 0414 2 15 24 67 | Info über das GAP-Projekt: www.gap.gov.tr

ZIELE IN DER UMGEBUNG

HARRAN (133 E5) (*M N7*)

Im Dorf Harran (50 km von Şanlıurfa) stehen seit Jahrtausenden INSIDER TIPP bienenstockförmige Häuser aus gepresstem Lehm. Mittendrin befinden sich Reste einer Burganlage aus dem 12. Jh. Die

LOW BUDG€T

▶ Der Betreiber des *Kervansaray-Hotels* in Diyarbakır besitzt auf dem Weg zur Dicle-Universität einen kleinen Privatzoo, wo man mit mitgebrachten Speisen und Getränken im Freien picknicken kann. *Tgl. 10–17 Uhr | Özel Hayvanat Bahçesi | Dicle Yolu*

▶ In Diyarbakır isst man *kadayif,* eine Süßspeise mit Ziegenkäse, der deshalb so lecker ist, weil die Ziegen auf den Bergen viel Thymian fressen. Preiswert und gut: *Kadayifçi Haci Levent (İzzet Paşa Cad. 13.)*

▶ Die Silberschmiede von Şanlıurfa sind legendäre Kunsthandwerker. Ein Armreif wird in fünf Tagen hergestellt und ist erstaunlich billig: *Emre Gümüş (Divanyolu Cad. 29/A | Tel. 0414 2 16 62 79)*

früheste Besiedlung Harrans datiert aber aus dem 3. Jahrtausend v. Chr. Der Bibel zufolge lebte Abraham hier einige Jahre, bevor er ins Gelobte Land Kanaan weiterzog. Das einzige Hotel vor Ort ist das *Bazda (8 Zi. | Merkez | Tel. 0414 4 41 35 90 | €)*. Die Touristeninformation ist im Rathaus untergebracht: *Beledíye | Tel. 0414 4 41 20 75*

NEMRUT DAĞI (BERG NEMRUT) ★
(133 E3) (*🗺 N6*)
Zwei Stunden Autofahrt nördlich von Şanlıurfa sind die wundersamen, mannshohen Götterstatuen vom Berg Nemrut zu sehen. Die Köpfe markieren eine Kultstätte, die einst errichtet wurde von König Antiochus I., dem Herrscher von Kommagene, einem Kleinstaat 69–34 v. Chr. Erosion, Erdbeben und Menschenhand haben die steinerne Versammlung im Laufe der Zeit beschädigt und zum Teil zerstört. Die Köpfe stehen sich auf der westlichen und der östlichen Terrasse gegenüber. So kann der Besucher wählen, in welchem Licht er sie bestaunen möchte. Wenn es der Sonnenaufgang sein soll, müssen Sie im Sommer zeitig um 3 Uhr morgens aufbrechen. Im Ort *Kahta* erhalten Sie weitere Auskünfte: *Turizm Danışma (M. Kemal Cad. 52 | Tel. 0416 7 25 50 07)*. Dort gibt es auch ein empfehlenswertes Hotel: *Nemrut Tur Oteli (55 Zi. | M. Kemal Cad. 11 | Tel. 0416 7 25 68 81 | €)*.

VAN

(135 E2) (*🗺 R5*) **Die Provinzhauptstadt (500 000 Ew.) liegt am Ostufer des Van-Sees.**
Der größte Binnensee der Türkei ist 120 km lang, 80 km breit und 457 m tief. Damit ist er siebenmal so groß wie der Bodensee. Er hat einen hohen Salz-

Köpfe der Götterstatuen auf dem Gipfel des Nemrut Dağı

gehalt und eignet sich nur bedingt zum Baden. Eingerahmt von den Gipfeln der vulkanischen Gebirge ist er dennoch ein sehenswertes Ziel. Die urartäische Siedlung wurde bereits im 8. Jh. v. Chr. dem Erdboden gleichgemacht, im Ersten Weltkrieg wurde die Altstadt fast völlig zerstört – von 3000 Jahren Siedlungsgeschichte ist so gut wie nichts mehr übrig. Die Urartäer (aus ihnen leitet sich das hebräische Wort „Ararat" ab) machten den Ort 900 v. Chr. zur Hauptstadt ihres

Reiches. Danach hinterließen Perser, Römer und Armenier hier ihre Spuren.

Van wurde Ende Oktober 2011 von einer schweren Erdbebenkatastrophe heimgesucht. Die lang anhaltenden Nachbeben sorgten für Panik und veranlassten viele Einwohner, die Stadt vorübergehend zu verlassen. Die Wunden heilen langsam, neue und erdbebensichere Siedlungen entstehen außerhalb des alten Stadtkerns.

SEHENSWERTES

VAN KALESI (ZITADELLE)

Auf dem Felsen im Westen der Stadt befinden sich Burgreste aus verschiedenen Epochen, von den Urartäern bis zu den Osmanen. Besonders bemerkenswert sind Schrifttafeln in den Mauersteinen, die belegen, dass sich an dieser Stelle die Festung der urartäischen Siedlung Tuschba befand (9. Jh. v. Chr.). *Eintritt 1,50 Euro*

ESSEN & TRINKEN

AHTAMAR ADASI RESTAURANT

Gegenüber der restaurierten Ahtamar-Kirche (türkisch: Akdamar) in Van, direkt am Anleger am Van-See, liegt dieses preiswerte und gute Restaurant. *Tgl. | Tel. 0432 6 22 25 25 | €€*

ÜBERNACHTEN

BÜYÜK URARTU HOTEL

Bestes Hotel am Ort, mit Schwimmhalle. *75 Zi. | Cumhuriyet Cad. 32 | Tel. 0432 2 12 06 60 | www.buyukurartuotel.com | €€*

AUSKUNFT

Cumhuriyet Cad. 19 | Tel. 0432 2 16 20 18 | www.kultur.gov.tr

ZIELE IN DER UMGEBUNG

AHTAMAR KILISESI (HEILIGKREUZKIRCHE AHTAMAR) ★
(135 D2) (*ØØ R5*)

Das Wahrzeichen des Van-Sees ist die über 1000 Jahre alte armenische Heiligkreuzkirche (Bauzeit der ältesten Teile 915–921), die unvergleichlich über der Insel im See emporragt. Bis 1464 war hier der Sitz des Katholikos, des geistlichen Oberhauptes der Armenier. Die Kirche, die auch wegen ihres einzigartigen, ornamentalen Reliefschmucks mit alttestamentarischen Szenen an den Außenwänden berühmt ist, wurde von der türkischen Regierung restauriert und im März 2007 als Zeichen der Versöhnung mit den Armeniern als Museum wieder eröffnet. *Mi–Mo 9–17 (Okt.–Mai bis 15) Uhr | Minibusverkehr zu der 40 km von Van entfernten Anlegestelle (hinter dem Ort Gevaş), von der aus kleine Boote zur Insel übersetzen*

INSIDER TIPP ANI (127 E3) (*ØØ R3*)

Die ehemalige armenische Hauptstadt, die im 4. Jh. gegründet wurde, ist zwar ungefähr 400 km und damit eine halbe Tagesreise von Van entfernt, aber trotzdem lohnt sich der Aufwand. Man kann die Besichtigung der seit 600 Jahren verlassenen Geisterstadt gut mit einem Abstecher nach Doğubeyazıt verbinden. Fährt man Richtung Norden zum Städtchen Kars und folgt dort dem Hinweis nach Ocaklı, gelangt man zur türkisch-armenischen Grenze, wo ganz in der Nähe des Grenzstreifens die Ruinen von Ani liegen.

Im Mittelpunkt der verfallenen Mauern und Kirchenruinen stehen die relativ gut erhaltenen Überreste der Kathedrale (989–1001). Erkundigen Sie sich vorher, ob die Ruinen zugänglich sind (*Eintritt 2 Euro*). Für die Besichtigung brauchen Sie eine Genehmigung, erhältlich über die *Touristeninformation (Orta Kapı Mah. | GAMP | Faikbey Cad. 135 | Tel. 0474 2 23 35 68)* oder örtliche Agenturen *(z. B. Seyit Turizm | Orta Kap Mah. | GAMP | Yusufbey Sok. 272/A | Tel.*

Höhe bei gutem Wetter weithin sichtbar ist – diese Bergspitze scheint tatsächlich so hoch zu sein, dass keine (Sint-)Flut sie erreichen könnte. Um den Ararat besteigen zu dürfen, benötigt man eine Genehmigung aus Ankara.

Letztes „türkisches Schloss": der Vergnügungspalast des İshak Paşa

0474 2 12 60 46 | seyitturizm@hotmail. com). Das dauert allerdings einen Tag. Es empfiehlt sich deshalb, in *Kars* zu übernachten, annehmbar ist dort das *Motel Arkar Anihan (64 Zi. | Çevreyolu SSK Kavşağı | Tel. 0474 2 12 78 00 | www. karsanihan.com | €€).* Vom Busbahnhof (Garaj) in Van fahren Busse nach Kars (364 km)

DOĞUBEYAZIT (127 F5) (*ᗰ R4*)

Drei Autostunden von Van entfernt, hat die Kleinstadt mit den beiden spektakulärsten Sehenswürdigkeiten des Südostens aufzuwarten: in erster Linie mit dem Berg *Ararat* (türk. Ağrı Dağı), dessen schneebedeckte Spitze in 5165 m

6 km außerhalb thront in 270 m Höhe die zweite Attraktion: ⭐ ● *İshak Paşa Sarayı, (Ishak-Pascha-Palast | Eintritt 1,50 Euro)* ein märchenhaftes, heute teils zerfallenes Schloss mit sagenhaften 366 (!) Zimmern, Hamam, Harem und Lustgärten, das sich ein lokaler Fürst Ende des 18. Jhs. mit Blick über die Ebene errichten ließ. In den angeblich 99 Jahren Bauzeit wurde auf fast alle damals bekannten Baustile der Gegend Bezug genommen, von armenisch-georgisch über seldschukisch bis barock-osmanisch. Etwas außerhalb der Stadt befindet sich das *Sim-Er Hotel (125 Zi. | Doğu Beyazıt/Ağrı | İran Transit Yolu | Tel. 0472 3 12 48 42 | www.simerhotel.com | €€).*

SCHWARZMEER-KÜSTE

Vom Meer her wehen feuchte Winde, im Gebirge herrscht häufig Nebel – das ist ein Klima, in dem Haselnüsse, Tabak und Tee prächtig gedeihen.

Eine einzigartige Landschaft erstreckt sich von der dunkelblauen See über dicht bewaldete Berghänge hinauf auf Hochgebirgsalmen in 3000 m Höhe. An den pontischen Gebirgsausläufern bestimmen Urwälder, Rhododendron und Wasserfälle das Bild. In den Höhenlagen kommt der vulkanische Ursprung zum Vorschein: Zwischen den Gletschern wandert man auf Lavaschotter aus Granit. Mittelmeermüde İstanbuler ziehen hier mit Rucksäcken die Berge hinauf zu Almhütten oder suchen in byzantinischen Kirchen und georgischen Klöstern nach Spuren einer jahrtausendealten Vergangenheit. Das Königreich

Trapezunt wurde erst 1461 von Mehmet II., dem Eroberer, besiegt. Bis in die 1920er-Jahre wohnten an der nördlichen Schwarzmeerküste noch viele Griechen. Nicht nur Ruinen erinnern an die wechselvolle Geschichte: Im Nordosten, an der georgischen Grenze, leben noch ca. 80 000 Lasen *(Laz)*, ein kaukasischer Volksstamm, der sowohl der Hellenisierung als auch der Turkisierung widerstand. Die äußerste westliche Schwarzmeerküste ist wegen ihrer Buchten und Sandstrände ein beliebtes Wochenendziel der İstanbuler.

Seit 2011 gibt es auch Aufruhr in den Dörfern. Nachdem die Regierung ein Gesetz über den Bau von Dutzenden von Staudämmen in der Region verabschiedet hat, gehen die Anwohner der betreffenden Flüsse auf die Barrikaden. Abhol-

Bild: Teeernte an der Schwarzmeerküste

Hochland für Entdecker: Tropisches Klima, üppige Vegetation und byzantinische Klöster im Osten der Schwarzmeerküste

zung im großen Maßstab und ökologisch rücksichtslose Dammbauten verärgern die Aktivisten. Am Schwarzen Meer gibt es auch eine starke Bewegung gegen die Privatisierung des Trinkwassers und gegen den Bau von Atomkraftwerken.

AMASYA

(124 A–B3) *(ⓜ K3)* **Dieser malerische Ort (328 000 Ew.) wartet mit gut erhaltenen osmanischen Fachwerkhäusern** **auf, die entlang dem Yeşilırmak („Grüner Fluss") fast über das Ufer kragen.** Dazu kommen seldschukische Bauwerke, Moscheen und Mausoleen sowie die ☀ alte Festung aus römischer Zeit. Amasya war Hauptstadt des griechischen Pontischen Reiches (ca. 300–70 v. Chr.), im Mittelalter regierten die Mongolen und bescherten der Stadt einen wirtschaftlichen Aufschwung. Danach verlagerten sich die Wirtschaftszentren gen Westen. Die Menschen leben heute vor allem von der Landwirtschaft.

Kulturelles Welterbe der Menschheit: die Stadt Safranbolu

SEHENSWERTES

SULTAN BEYAZIT KÜLLIYESI (MOSCHEENKOMPLEX)

Die Anlage stammt aus dem 15. Jh. Neben der Moschee befinden sich Mausoleen, Brunnen und eine Medrese, die Aufbewahrungsort für etwa 20 000 Bücher ist. *Ziya Paşa Bulvarı*

ESSEN & TRINKEN

BAHAR RESTAURANT

Über die Stadt hinaus bekannte Kebap-Variationen. *Yüzeller Mah. | Sadıkesen Sok. 4 | Tel. 0358 2 18 13 16 | €*

ÜBERNACHTEN

BÜYÜK AMASYA OTELI

Das große Mittelklassehotel liegt direkt am Fluss, mit dem Rücken zu den Bergen. Die Zimmer sind schlicht, aber geräumig. Das Restaurant bietet neben einer sehr guten Küche im Winter drinnen, im Sommer von der Terrasse einen schönen Blick auf den Fluss. *50 Zi. | Amasya | Nergiz Mah. 1 | Tel. 0358 2 18 50 80 | www.buyukamasyaoteli.com.tr | €€*

AUSKUNFT

Mustafa Kemal Paşa Cad. 27 | Tel. 0358 2 18 50 02

SAFRANBOLU

(122 C2) *(ⓜ G2)* ⭐ **Kopfsteinpflaster und Fachwerkhäuser mit Wasserbassins in den Wohnzimmern machen die Kleinstadt zur Attraktion (47 000 Ew.).**
Der Verkauf von Safran begründete den Wohlstand des Ortes nördlich von Ankara – heute sind das Handwerk und der Fremdenverkehr die florierenden Erwerbszweige. Safranbolu liegt in einem tiefen Tal zwischen bewaldeten Bergen und ist Unesco-Weltkulturerbe. Die teilweise sehr großen Fachwerkhäuser stehen unter Denkmalschutz und werden nach und nach restauriert. Eine Neubausiedlung am Stadtand dient den Bewohnern als moderne Lebensstätte, während sie in der Altstadt ihrem Gewerbe nachgehen. Wer sich ein Auto mietet, kann in die benachbarten Wälder fahren. Es gibt hier unberührte Natur mit Cañons und schönen kleinen Flüssen.

ESSEN & TRINKEN

BONCUK (ARASTA) CAFÉ

Eines der schönsten traditionellen Kaffeehäuser der Türkei in einem Haus aus dem 17. Jh. im Basarviertel hinter der Hauptmoschee. Im Sommer sitzt man im Freien unter Bäumen. Im Winter brennt im großen Raum ein Ofen und es wird ein Büfett aus leckeren regionalen Gerichten aufgebaut. Wunderbare Früchteteesorten *(meyve çayı)*, aber auch Cappuccino oder Filterkaffee. *Arasta | Yemeniciler Sok. 48 | Tel. 0370 712 20 65 | €*

SAFRAN

Großes Lokal mit Sommergarten, am Wochenende Livemusik. *Bağlar Aslanlar Meydanı | Tel. 0370 7 12 10 19 | €*

EINKAUFEN

BASAR

Im Stadtkern liegt das Reich der Kupferschmiede, Sattler und Gewürzhändler. Typisch für die Region sind handbestickte Decken und Tücher.

ÜBERNACHTEN

INSIDER TIPP TOURING SAFRANBOLU HOTEL

Quartieren Sie sich in einem der schönsten Herrenhäuser Safranbolus ein! Regionaltypisch dekoriert, von den Kelims bis zu den Kupfertischen; herrlich der alte, schattenspendende Walnussbaum im Garten. Restaurant im Kellergewölbe. *19 Zi., 5 Suiten | Çarşı Mah. | Ç. Gülersoy Cad. 18 | Tel. 0370 7 25 28 83 | www.safranbolukonak.com | €€*

AUSKUNFT

Çeşme Mah. | Arasta Çarşısı 7 | Tel. 0370 712 38 63 | www.safranbolu.gov.tr

ZIEL IN DER UMGEBUNG

AMASRA ★ (122 C1) (ᗡ G2)

Etwa eine Autostunde von Safranbolu entfernt windet sich eine steile Uferstraße hinunter in das reizende Hafenstädtchen Amasra (13 000 Ew.). Gelegen auf zwei felsigen Landzungen, eingerahmt von einer imposanten Felsküste, gehört das antike Sesamos zu den Schmuckstücken der Schwarzmeerküste. Direkt am Strand liegt das einfache, aber saubere Hotel *Eroğlu Büyük Liman (36 Zi. z.T. mit Balkon | Kum Mah. | Turgut Işık Cad. | Tel. 0378 3 15 39 00 | €)*. Ein hervorragendes Fischrestaurant am Meer ist das *Canlı Balık (Büyük Liman Cad. | Tel. 0378 3 15 26 06 | €)*.

SİNOP

(123 F1) (ᗡ J1) Malerisch auf einer Halbinsel gelegen und von einer impo-

---

★ **Safranbolu**
Schauen und kaufen: gepflegte Fachwerkarchitektur und beste Souvenirs aus den Handwerkerzünften → S. 82

★ **Amasra**
Steilküste und herrliche Badebuchten → S. 83

★ **Ayder-Plateau**
Hochfläche im Wanderparadies des grandiosen Kaçkar-Gebirges → S. 86

★ **Sumela-Kloster**
Berühmtes Felsenkloster, monumental in eine Felswand hineingebaut → S. 87

MARCO POLO HIGHLIGHTS

santen, alten Burg mit der dazugehörigen Stadtmauer bewacht, hat Sinop **INSIDER TIPP** **den schönsten natürlichen Hafen** am Schwarzen Meer und wunderbare, nah gelegene Badebuchten.

Im 7. Jh. von Kolonisten aus Milet gegründet, spielte die Stadt bereits unter den Byzantinern eine wichtige Rolle als Hafen. Berühmt ist sie als Geburtsort des Diogenes („Diogenes in der Tonne", 413 v. Chr.). Obwohl die Stadt (198 000 Ew.) und ihre Umgebung eigentlich alle Voraussetzungen für einen angenehmen Urlaub bieten, sind es bis heute fast ausschließlich einheimische Besucher, die im Sommer die Cafés und Strände füllen. Die Halbinsel von Sinop ist der nördlichste Zipfel der türkischen Schwarzmeerküste und deshalb auch etwas schwer zu erreichen. Es gibt eine Fähre von İstanbul hierher (Mo 14 Uhr), die am Donnerstag zurückfährt (12.30 Uhr ab Sinop, Kontaktnummer in İstanbul: *Tel. 0212 2 44 02 07).* *Turkish Airlines* fliegt tgl. um 10 Uhr ab İstanbul hierher *(Flugdauer 1 Std., 20 Min. | 35–40 Euro | www.turkishairlines.com).*

SEHENSWERTES

ARCHÄOLOGISCHES MUSEUM

Zu sehen sind interessante Zeugnisse aus der Frühgeschichte der Zivilisation (u.a. Amphoren, Münzen). Im Meer vor Sinop vermuten Archäologen das Land, das durch die biblische Sintflut überschwemmt wurde. *Di–So 8.30–17.30 Uhr | Eintritt ca. 1,50 Euro | Okullar Cad. 2 | www.sinopmuzesi.gov.tr*

ESSEN & TRINKEN

BEYAZ EV

Das Hotel am Meer bietet in seinem Restaurant türkische Küche, solide und gut. *Mobil Mevkii | Tel. 0368 2 61 28 66 | beyazevhotel.com | €€*

SARAY RESTORAN ☙

Das Restaurant am Hafen hat einen der schönsten Ausblicke und guten Schwarzmeerfisch. *İskele Cad. Rıhtım Sok. 18 | Liman | Tel. 0368 2 61 17 29 | €*

ÜBERNACHTEN

VILLA ROSE

Fünf Minuten vom Meer entfernt; zählt mit seiner klassischen Ausstattung zu den schönsten kleinen Hotels der Region. Kleiner, aber feiner Außenpool. *5 Zi., 2 Ap. | Ada Mahallesi | Kartal Cad. 9 | Tel. 0368 2 61 19 23 | €€€*

ZINOS COUNTRY HOTEL

Fachwerkneubau am Meer mit eigenem Strand. Gutes, rustikales Frühstück; abends werden regionale Spezialitäten serviert. Im September bietet das Hotel Angeltouren im Schwarzen Meer an – der gefangene Fisch wird anschließend gegrillt. Es gibt Kanus und Hängematten zu mieten. *Karakum | Ada Mah. Enver Bahadir Yolu 71 | Tel. 0368 260 56 00 | www.zinoshotel.com.tr | €€*

AUSKUNFT

İl Turizm Müdürlügü | Vilayet Binası | Kat 4 (4. Etage Rathaus) | Tel. 0368 2 61 52 07 |

ZIELE IN DER UMGEBUNG

GERZE (123 F1) (ᗰ J2)

Gerze sollte man schon deshalb einmal besuchen, weil der Weg von Sinop in das 20 km entfernte Städtchen selbst schon spektakulär ist. Die Straße führt z. T. in steilen Serpentinen durch den Wald und gibt immer wieder den Blick aufs Schwarze Meer frei. In den umliegenden Buchten (Bedre, Hurma, Kargasa) kann man wunderbar baden. Autoverleih und Schiffstickets bei: *Sinope Tours | Kıbrıs*

Cad. 3A | Tel. 0368 2617900 | www. sinopetours.com

HAMSAROZ KOYU (FJORD)
(123 F1) ( J1)

Ein tief ins Land reichender Fjord (22 km vom Stadtzentrum), der durch seine Tiefe und die grünen Berge ringsum an Norwegen erinnert. An der ca. 400 m langen Bucht liegt ein Picknickgelände der Forstverwaltung *(Orman Yeri)*, wo Sie gegen eine geringe Gebühr einen wunderbaren Rastplatz finden. Vor der Einfahrt zum Fjord liegt ein kilometerlanger Strand.

TRABZON

(125 F2–3) (*N2*) **Das alte Trapezunt im Nordosten ist heute die größte Stadt der Region (740 000 Ew.). Es ist – gemessen an anderen Städten des Ostens – eine moderne Großstadt.**

Bis zu ihrer Einnahme durch die Osmanen im Jahr 1461 war sie Hauptstadt des spätbyzantinischen Komnenenreiches. Berühmteste Sehenswürdigkeit ist die

CITY ▶ WOHIN ZUERST?
Atatürk-Platz: Die Stadt erstreckt sich hinter dem Industriehafen über eine teilweise steile, hügelige Landschaft in den Südwesten. Der Platz ist der Ausgangspunkt für die Erkundung der Altstadt. Unweit davon liegen Moscheen, alte Kirchen und das Stadtmuseum. Leider trennt eine breite Autostraße das Meer von der Siedlung. Zum Atatürk Alan mit seinen hübschen Teegärten kommen Sie zu Fuß oder per Bus oder Taxi. Der Flughafen liegt etwas weit draußen, im Osten.

Hagia Sophia aus dem 13. Jh., heute ein Museum. Die *Trabzoner Zitadelle* (Trabzon Kalesi) ruht auf einem byzantinischen Fundament, wurde aber später von den Osmanen ausgebaut. Der Hafen von Trabzon ist ein wichtiger Umschlagplatz für den in der Gegend angebauten Tee, für Haselnüsse und Holz. Trabzon ist eine konservative Stadt, in der man auf seine Kleidung achten sollte.

Szenen aus der Schöpfungsgeschichte: Wandmalerei in der Hagia Sophia

SEHENSWERTES

AYASOFYA (HAGIA SOPHIA)

Die byzantinische Kirche (1238–63) wurde von dem Komnenenkaiser Manuel I. erbaut und ist ein wichtiges Beispiel spätbyzantinischer Baukunst. 1577 in eine Moschee umgewandelt, diente das Gebäude u.a. als Depot und Klinik, bis es 1957 Museum wurde. Das Innere zieren Wand- und Deckenmalereien aus der Schöpfungsgeschichte. *Di–So 8–12, 13–17 Uhr | Eintritt 1,50 Euro | Uzun Sok. Zeytinlik Cad. 10*

ESSEN & TRINKEN

BALIKCI DEDE

Der „Opa Fischer" wartet am Meer mit den klassischen türkischen Vorspeisen auf. Dazu wird Maisbrot gegessen. Anschließend kommen die kleinen, in Maisöl gebratenen Sardellen *(hamsi)* auf den Tisch – ein genüsslicher Abend zu akzeptablen Preisen. *Akyazi / Devlet Karayollari Alti | Tel. 0462 221 03 98 | €*

ÜBERNACHTEN

ZORLU GRAND HOTEL

Nur 4 km vom Flughafen entfernt, ist das *Zorlu* das einzige Fünf-Sterne-Hotel der Stadt. Geräumige Zimmer, Fitnesscenter mit Sauna und türkischem Bad sowie drei verschiedene Restaurants. *160 Zi. | 17 Nichtraucher | Maraş Cad. 9 | Tel. 0462 3 26 84 00 | www.zorlugrand.com | €€€*

AUSKUNFT

Atatürk Alanı | Tel. 0462 3 21 46 59 | www.anatolia.com

ZIELE IN DER UMGEBUNG

AYDER-PLATEAU ★ (126 B3) (⌖ P2)

Guter Ausgangspunkt für eine Wanderung im grandiosen *Kaçkar-Gebirge* ist die 1350 m hoch gelegene Alm von Ayder. Der Weg dorthin führt von Rize auf zunächst 50 km gut ausgebauter Straße. Der ● INSIDER TIPP *Berghof Liligum* ist eine ausgezeichnete Bleibe, um sich den Kopf in der Einsamkeit der Berge wohltuend freipusten zu lassen. Hier können Sie an einem kleinen Wasserfall frühstücken und die gesunde Küche des Schwarzmeers genießen *(11 Zi. | mit Bad | Çamlıhemşin-Ayder | Aşağı Ambarlık Mevkii | Tel. 0464 6 57 21 23 | Handy 05374552677 | www.ayderliligum.com).*

BILBILAN (126 C2) (⌖ P2)

Eine Hochalm mit atemberaubendem Blick auf dem Weg von Artvin nach Ardanuç (130 km von Rize). Von Anfang Juni bis Ende September steht in Bilbilan ein großer INSIDER TIPP *Markt*, auf dem man so gut wie alles bekommt, von Vieh bis zu den gerühmten Milcherzeugnissen. Nur mit dem Auto zu erreichen (2660 m). Die beschwerliche Fahrt den Pass hinauf dauert von Artvin gut zwei Stunden. Die Strecke ist im Winter verschneit.

Evangelisten Lukas gemalte heilige Ikone der Gottesmutter in der Felsenhöhle versteckten. Die letzten griechischen Mönche mussten das Kloster 1923 verlassen, als Griechenland und die Türkei einen „Bevölkerungsaustausch" vereinbarten.

Fromme Abgeschiedenheit in luftiger Höhe: das Felsenkloster Sumela

SÜMELA MANASTIRI (SUMELA-KLOSTER) ★ (125 F3) (*N3*)

Im pontischen Gebirge trifft man auf zahlreiche Kirchen und Klöster. Das berühmteste und besterhaltene ist das vom türkischen Kulturministerium aufwendig restaurierte Felsenkloster Sumela in 270 m Höhe 50 km südlich von Trabzon im *Naturpark Altındere*. Die in eine Bergwand gebaute Anlage erreichen Sie von einem Parkplatz aus nach 45 Min. Fußmarsch. Als Basis für Wandertouren empfiehlt sich das 13 km vom Kloster entfernte, saubere *Büyük Sumela Hotel (115 Zi. | Macka-Trabzon | Tel. 0462 5 12 35 40 | www.mackamotel.com | €€)*.

Die Gründung soll zurückgehen bis ins 4. Jh., als der Sage nach Mönche eine vom

Die Fresken aus dem 14. Jh. in der Kapelle sind leider stark beschädigt. *Mehrmals tgl. Minibusse ab Trabzon-Hafen oder mit Usta Tur | Tel. 0462 3 26 18 70 (ab Juni)*

UZUNGÖL (LANGER SEE)
(126 A3) (*O3*)

Dieser malerische, durch Erdrutsche entstandene klare Hochgebirgssee liegt ca. 80 km von Trabzon abseits der Straße nach Bayburt. Die Pension mit Restaurant *İnan Kardeşler (am südlichen Ende des Sees | Tel. 0462 6 56 60 21 | €)* ist das älteste von einem Dutzend Lokalen und Übernachtungsmöglichkeiten am Uzungöl. Sie verfügt über 22 **INSIDER TIPP** Holzbungalows. *Busse tgl. ab Trabzon/Russen-Markt Rus Pazarı mit Çay Kara Otobüsleri*

AUSFLÜGE & TOUREN

Die Touren sind im Reiseatlas, in der Faltkarte und auf dem hinteren Umschlag grün markiert

1 ### AUF DEN SPUREN DER STEINE

 Wie auf einem Teppich haben Siedler, Stämme, Herrscherhäuser und Imperien in Jahrtausenden in Kleinasien ihre Muster hinterlassen. Zuerst kamen die Hethiter (2000 v. Chr.) nach Zentralanatolien, dann landeten die Hellenen ab 700 v. Chr. an der Westküste, 500 Jahre später übernahmen die Römer weite Teile der heutigen Türkei. Die Rundreise (1800 km) führt Sie in sieben Tagen vorbei an den Sehenswürdigkeiten jener Epochen und zu grandiosen Naturschauspielen.

Ausgangspunkt ist die Hafenstadt **İzmir** → S. 45, wo Sie sich bei einem Spaziergang an der Uferpromenade Kordon einen kleinen Eindruck über die großartige Lage des antiken Smyrna verschaffen können. Verlassen Sie die Stadt Richtung Norden auf der 550 (E 87) bis zur Abfahrt nach Bergama, dem antiken **Pergamon** → S. 49. Die hellenistischen Ruinen vor der Stadt liegen weit verteilt, der Aufstieg zur Akropolis ist anstrengend. Rechnen Sie darum mit mindestens einem halben Tag. Wenn Sie in Bergama nicht übernachten möchten, fahren Sie auf der 240 weiter, bis Sie bei dem Ort Kırkağaç auf einen kleinen Zubringer stoßen, der Sie auf die Hauptstraße 565 Richtung Balıkesir und anschließend weiter nach **Bursa** → S. 36 führt. Die erste Hauptstadt des Osmanenreiches liegt in einer fruchtbaren Flussebene, überragt von dem Berg Uludağ (2543 m).

Bild: Sinterterrassen von Pamukkale

Auf den Spuren der Hethiter, hinauf auf einen Götterberg und hinunter zu den Badenixen: viermal Türkei intensiv

Bleiben Sie eine Nacht, besichtigen Sie die Altstadt und entspannen Sie sich in einem der viel gerühmten Thermalbäder. Am nächsten Tag führt Sie die Route in östlicher Richtung auf der 200 Richtung **Ankara → S. 63**. Nutzen Sie den Aufenthalt in der modernen Hauptstadt für einen Einkauf und für einen Besuch des Hethiter-Museums.

Die weltberühmte Sammlung der Anatolischen Zivilisationen stimmt auf das nächste Ziel ein: Auf der E 88 Richtung Osten fahren Sie bis zum Abzweig Delice,

von dort aus auf der 190 nach Sungurlu, wo Ihnen kurze Zeit später ein Schild den Weg nach **Boğazkale** weist. Hier sind Tempel und Tore der berühmten hethitischen Hauptstadt **Hattuscha → S. 66** zu bewundern. Gemeinsam mit dem nahen Felsheiligtum **Yazılıkaya** bildet die Stätte ein einzigartiges Freilichtmuseum der ersten anatolischen Hochkulturen.

Von dort geht es weiter nach **Kappadokien → S. 66**, der faszinierenden Landschaft aus Tuffstein. Fahren Sie zunächst von Yozgat über die Strecken

200, 785 und 260 nach Kirşehir und von dort auf der 765 nach Nevşehir im Herzen Kappadokiens. Angesichts der bizarren Felsformen und phantasievoll in sie eingehauenen Höhlen, Wohnungen, Kapellen und Klöster stockt einem

Pamukkale → S. 49 heißt die nächste Station: Fahren Sie zunächst von Konya nach Beyşehir (Straße 330), von dort ein kurzes Stück am Beyşehir-See in nördlicher Richtung auf der 695 und dann auf der 330 über Egidir nach Isparta. Weiter

Frauen im Mevlana-Kloster, dem Kloster der Derwisch-Bruderschaft von Konya

der Atem. Sie haben dort die Auswahl zwischen den Felskirchen von Göreme → S. 66, den faszinierenden unterirdischen Städten Derinkuyu und Kaymaklı → S. 67 oder dem Peristrema-Tal → S. 67, einem eindrucksvollen Cañon. Weil die Sonnenuntergänge in dieser Landschaft so sagenhaft sind, sollten Sie hier unbedingt eine Nacht verbringen.
Von Nevşehir geht die Reise weiter auf der 300 an Aksaray vorbei nach Sultanhanı. Machen Sie Rast in der Sultanhanı Kervansaray, der schönsten aller erhaltenen seldschukischen Karawansereien. Nach 40 km erreichen Sie Konya → S. 68, die grüne Oase und das islamische Zentrum Inneranatoliens. Die vielen seldschukischen und osmanischen Bauwerke und das Museum der Derwisch-Bruderschaft lohnen einen Tag Aufenthalt.

geht es nach Dinar (685 und 625) und schließlich auf der 320 Richtung Denizli. Vor der Einfahrt in die Stadt finden Sie den Abzweig zu den berühmten Kalksinterterrassen, die bereits in der Antike ein beliebtes Thermalbad waren. Schon Kleopatra besuchte Pamukkale, um das mineralreiche Quellwasser für ihre Schönheit zu nutzen. Erfreuen Sie sich an dem Naturdenkmal, zum Baden in dem warmen Thermalwasser können Sie sich auch in eines der umliegenden Hotels begeben. Über die Straßen 320 und 550 geht es weiter zum letzten Höhepunkt der Tour, den gut erhaltenen antiken Stadtruinen von Ephesos → S. 48. Wenn Sie noch Zeit haben, besuchen Sie den nahe gelegenen Badeort Kuşadası → S. 48, bevor Sie nach İzmir, dem Ausgangspunkt dieser Route, zurückkehren.

2 ZWISCHEN BEACH, BASAR UND BERG-GÖTTERN

Diese 1000 km lange Reise führt Ihnen an einem kleinen Ausschnitt vor Augen, welche landschaftlichen und gesellschaftlichen Kontraste die Türkei zu bieten hat. Zunächst geht es vom modernen Antalya aus an der östlichen Mittelmeerküste entlang bis in das arabisch geprägte Antakya und von dort ins tiefste Südostanatolien, in die Prophetenstadt Şanlıurfa und zum Götterberg Nemrut. Für diese Tour sollten Sie mindestens eine Woche einplanen.

Von **Antalya → S. 53**, der türkischen Mittelmeermetropole, fahren Sie auf der Küstenstraße 400 gen Osten zum 135 km entfernten **Alanya → S. 50**. Dort ist die weitläufige Seldschukenfestung einer der prachtvollsten Anblicke an der Küste. Dann weiter auf kurvenreicher Fahrt nach **Anamur → S. 52**, der südlichsten Spitze der Türkei mit 13 km feinem Badestrand und einer gut erhaltenen Kreuzfahrerfestung in spektakulärer Lage. Nächste Station ist **Silifke**, eine Bezirksstadt 10 km vom Meer entfernt. Sie lohnt einen Besuch wegen der **INSIDER TIPP** kilometerlangen Dünenlandschaft am Delta des Göksu-Flusses und der vielen Strände in der Umgebung. Vorbei an der Industrie- und Hafenstadt Adana führt der Weg auf der E 91 nach **Antakya**, dem antiken Antiocheia. Das Archäologische Museum der Stadt beherbergt eine sehenswerte **INSIDER TIPP** Sammlung römischer Mosaiken. Die Spuren der Urchristen sind unübersehbar: Petrus selbst soll in einer Höhle eine der ersten Kirchen errichtet haben („Petrus-Grotte"). **Şanlıurfa → S. 75**, das nächste Etappenziel, ist stark von Arabern und Kurden geprägt. Sie erreichen diese uralte, von den Babyloniern gegründete Stadt von Antakya aus über Gaziantep auf den Straßen 825 und 400. Allein der labyrinthartige Basar von Şanlıurfa mit seinen Kupferschmieden und kühlen Teehöfen ist einen Besuch wert. Anhänger aller Schriftreligionen glauben, dass sich Stammvater Abraham in Şanlıurfa aufgehalten hat. In der Abrahamsgrotte bei der Halil-ur-Rahman-Moschee aus dem 17. Jh. soll er geboren sein. Dass in den letzten Jahren rund um Şanlıurfa riesige Baumwollflächen entstanden sind, ist dem Südostanatolien-Projekt und dem **Atatürk-Staudamm** zu verdanken.

Auf der Straße 875 überqueren Sie den Euphrat nahe der gigantischen Staumauer nach **Adıyaman**, dem Ausgangspunkt für Exkursionen zum weltberühmten „Berg der Götter" **Nemrut Dağı → S. 77**. Die riesigen Steinköpfe bilden das Grabdenkmal für König Antiochus I. von Komagene, einst Herrscher über ein Kleinreich von römischen Gnaden. Weil auch die Sonnenauf- und -untergänge auf dem Nemrut-Berg zu den unvergesslichen Türkeierlebnissen gehören, sollten Sie hier eine Übernachtung einplanen. Hier bietet sich das *Zeus Hotel* in dem nächsten Ort vor dem Aufstieg, **Kahta**, an. *(66 Zi. | Mustafa Kemal Caddesi 20 | Kahta-Adıyaman | Tel. 0416 725 56 95 | www.zeushotel.com.tr | €€).*

3 SCHÖNSTE SÜDÄGÄIS IN 48 STUNDEN

Eine Rundreise, die Sie zu den trubeligen Ferienresorts Bodrum und Marmaris genauso führt wie zu den schönen Buchten der Halbinsel Reşadiye oder den liebenswerten Altstädten von Milas und Muğla. Für die 250 km lange Strecke sollten Sie mindestens zwei Tage veranschlagen.

Beginn der Rundfahrt ist in **Marmaris → S. 60**. Aus dem ehemaligen Fischerdorf an einer der größten, weitgehend geschlossenen Bucht am östlichen Mittelmeer ist mittlerweile einer der größten Ferienorte der Südägäis geworden. Marmaris ist besonders wegen seiner großen Segelmarina berühmt; viele Touren, auch zu den griechischen Inseln, starten hier. Ein Kabinencharter, d.h. einige Tage Seeabenteuer sind also am Anfang der Tour möglich. Von Marmaris aus führt die Route auf dem Landweg über die dicht bewaldeten Hügel der Halbinsel Richtung Muğla (400), bis sie bei Gökova auf die Hauptküstenstraße trifft.

Gökova ist ein kleiner Ort am Ende des Golfs, der sich für ein Bad anbietet, bevor die Straße nach Muğla sich vom Meer weg bis auf 800 m hoch in die Berge hinaufwindet. Wer einen Tag zusätzlich Zeit hat, sollte zuvor noch 30 km die Küstenstraße entlang nach Osten fahren, um sich den **Köyceğiz-See → S. 61**, das gleichnamige Städtchen und den Ferienort **Dalyan → S. 61** anzuschauen. Von Dalyan aus erstreckt sich ein riesiges Schilfgebiet bis zum Meer, duch das eine tolle Bootsfahrt zum Strand führt.

In **Muğla** angekommen, lohnt es sich vor allem, die Altstadt zu besichtigen. Muğla ist die Hauptstadt der gesamten Provinz mit den touristischen Hochburgen Bodrum, Marmaris und Fethiye, liegt aber selbst in den Bergen abseits des Badetrubels und hat sich deshalb viel von ihrer Ursprünglichkeit bewahrt.

Von Muğla aus geht es am nächsten Tag weiter über Yatağan und Milas nach Bodrum. In **Yatağan** hat der Staat gegen den Widerstand der Bevölkerung ein Kohlekraftwerk gebaut, dass dieser alten Kulturlandschaft den Stempel aufgedrückt hat. Der antike römische Ort **Stratonikai**, an der Straße nach Milas gelegen, ist trotzdem sehenswert. **Milas**, der nächste Ort, ist ein lebhaftes Provinzstädtchen, das als landwirtschaftlicher Umschlagplatz für die Küstenorte der Gegend dient. Im Ort selbst gibt es nicht viel zu sehen, ein Stück die 525 nach Norden hinauf sind allerdings mehrere antike Stätten zu besichtigen, die bekannteste ist der Zeus-Tempel **Euromos**, der als besterhaltener antike Skralbau der Türkei gilt.

Die Route führt aber eigentlich von Milas nach Südwesten über die 330 nach **Bodrum → S. 32**. Bodrum selbst, vor allem aber die Ferienorte auf der vorgelager-

Ankern, wo es schön ist: Boote im Hafen von Bodrum

ten gleichnamigen Halbinsel, werden gerne als „St.Tropez der Türkei" bezeichnet. Doch obwohl es in Bodrum exklusive, teure Hotels gibt, bietet die Stadt auch für den „normalen" Besucher genug Möglichkeiten. Bodrum ist besonders bei Briten beliebt und das Nachtleben legendär. Blickfang ist die Kreuzritterburg am Hafen, die mit einem sehenswerten Unterwassermuseum überrascht.

Von Bodrum aus geht es weiter mit einer kleinen Fähre, die nur wenige Autos transportieren kann, über den schon erwähnten Gökova-Golf auf die Halbinsel Reşadiye. Diese ragt wie ein Finger nach Westen ins Meer. An der äußersten Spitze, auf der Fingerkuppe, lag einst die antike griechische Stadt Knidos. Heute kann man von den Überresten des Amphitheaters auf die Hafenbuchten schauen, die einst für den Reichtum der Stadt gesorgt hatten. Die Küstenstraße führt nach Datça → S. 61, der Kleinstadt, die das Zentrum für die Fischer und Feriendörfer der Halbinsel bildet. Datça ist im Sommer lebhaft; vom Hafen aus gibt es Fähren zur griechischen Insel Symi.

Die Straße von Datça zurück nach Marmaris führt über einige Hügel, von denen man einen wunderbaren Blick sowohl auf die offene See wie auch auf den Golf von Gökova hat. Kurz vor Marmaris gibt es noch die Möglichkeit, einen Abstecher nach Bozburun zu machen. Vor allem für diejenigen, die nach einer Möglichkeit suchen, noch ein paar ruhige Tage am Meer zu verbingen, ist der abgeschiedene Seglerhafen Bozburun ideal.

4 STIPPVISITE AN DIE SCHWARZMEERKÜSTE

Diese Tour führt zu einigen der Höhepunkte der östlichen Schwarzmeerküste. Die Täler und Berge des Pontus, die Abgeschiedenheit der Hochalmen (yayla) und der byzantinischen Klöster werden Sie in eindrücklicher Erinnerung behalten. Nicht zuletzt, weil sich die Türkei dort von einer ganz unerwarteten Seite zeigt. Für diese Tour von 650 km sollten Sie eine Woche einplanen. Mit anschließender Wanderung zwei bis vier Tage mehr.

Die Reise beginnt in Trabzon → S. 85, dem alten Trapezunt. Hier sind noch Reste byzantinischer und griechischer Siedlungen zu besichtigen, wie die Hagia Sophia und die Zitadelle. Am Hafen gibt es nette Teegärten und Restaurants. Von dort geht es mit dem Auto auf der 885 über Maçka zum weltberühmten Kloster Sumela → S. 87. Entweder fahren Sie die 43 km wieder zurück und übernachten in Trabzon, oder Sie setzen Ihren Weg fort über den großartigen Zigana-Pass und Bayburt zum Uzungöl → S. 87. An diesem schönen Hochland-See können Sie am Ende einer langen Etappe übernachten, bevor Sie am 2. oder 3. Tag über die 915 nach Of an die Küste zurückkehren und einen kurzen Abstecher nach Sürmene machen. In der Kleinstadt (dienstags ist Markttag) ist besonders der festungsähnliche Palast sehenswert, den sich eine Schwarzmeer-Dynastie vor 200 Jahren errichten ließ. Ein großes Beispiel regionaler Architektur. Von dort führt Sie die Tour weiter gen Osten über Rize und Ardeşen zum 2000-Ew.-Ort Çamlıhemşin (ca. 120 km).

Von dort, vom Rand des Kaçkar-Gebirges geht es über Asphalt 17 km weiter hoch in die alpine Landschaft nach Ayder → S. 86. Von dort aus können Sie in mehreren einzelnen Tagestouren das Kaçkar-Gebirge erkunden oder das Gebirge in – je nach Kondition – zwei bis vier Tagen nach Barhal in der Provinz Artvin überqueren (schließen Sie sich am besten einer Gruppe an). Von Ayder sind es 160 km zurück nach Trabzon.

SPORT & AKTIVITÄTEN

Auch wenn das Lieblingsziel der Pauschaltouristen immer noch die türkische Riviera ist, nimmt die Zahl derer zu, die für einen Aktivurlaub in die Türkei reisen. Unberührte Berglandschaften, bezaubernde Wanderrouten und die herrliche Natur machen das Land zu einem lohnenden Ziel von Amateur- und Profisportlern.

BERGSTEIGEN

Vom höchsten Berg Ağrı (Ararat) im Osten (5137 m) bis hin zum *Taurusgebirge* (*Toroslar*) am Mittelmeer oder den *Karadeniz Dağları* und *Kaçkarlar* entlang der Schwarzmeerküste reichen die Spitzen in der Türkei. Mittelhohes Gebirge wie *Kazdağı, Ilgaz, Samanlı, Bolu* oder *Uludağ* laden zum Felsensteigen und zu Wandertouren ein. Das Taurusgebirge ist im Sommer wie im Winter für Bergsteiger geeignet. Im Westen haben die *Beydağları* und *Akdağlar* mit ihren 3000er-Gipfeln gute Routen für Winterwanderer und Kletterer. Im mittleren Bereich liegen die *Bolkar* und *Aladağlar*, durch den *Gülek-Pass* getrennt. Hier gibt es Bergseen in 2000 m Höhe, Cañons und Höhlen. Am östlichen Schwarzmeer gelegen ist das *Kaçkar-Gebirge* mit Gipfeln wie *Verçenik* (3932 m) und seiner grünen Vegetation. Eine gute, preiswerte Adresse für Bergtouren vor Ort, auch auf dem Ararat, ist *Nes Travel İstanbul (General Yazgan Sok.17 | Tünel-Beyoğlu/ İstanbul | Tel. 0212 2443131 | www. nestravel.com)*.

Bild: Segelyacht im Mittelmeer

Unten surfen, oben wedeln: Mit ihren Meeren, Bergen und Flüssen bietet die Türkei jedem Sportler eine echte Herausforderung

BOOTSTOUREN

Ein- oder mehrwöchige Yacht-Touren in der Südägäis oder an der Riviera gehören zu den schönsten Reisen, die man in der Türkei unternehmen kann. Vor einer sogenannten „Blauen Reise" sollten Sie sich über Boote, Termine und Preise im Internet informieren. Sie können ein ganzes Boot mit Besatzung oder auch nur einzelne Kabinen chartern. *Arya Yachting* hat eine große Auswahl von Booten mit erfahrenen Crews *(ab ca.* 300 Euro/Woche mit Vollpension ohne alkohol. Getränke | Bodrum | Caferpaşa Cad. 25/1 | Tel. 0252 316 15 80 | www. aryatours.de).

GOLF

Beliebt bei Golfern sind die Anlagen in İstanbul und an der Mittelmeerküste. Die Clubs bieten auch Kurse an. Der *Gloria Golf Club* ist ein Fünf-Sterne-Hotelkomplex auf 110 ha mit eigenen Kursen *(18 Loch, Par 72, 6288 m | Acısu Mevkii | Be-*

lek/Antalya | Tel. 0242 7151520 | www. gloriagolf.com). Der auf 92 ha angelegte Championship-Golfplatz mit engen Fairways des *National Golf Club* ist anspruchsvoll und mit 7 Wasserhindernissen/Seen versehen *(18 Loch, Par 72, 5569 m | Belek Turizm Merkezi | Serek | Tel. 0242 7255400 | www.nationalturkey.com).* Der *Kemer Golf & Country Club* im „Belgrader Wald" ist nur 30 Min. vom Stadtzentrum İstanbuls entfernt, *(Tel. 0212 2397770 | www.kemercountry.com).*

PARAGLIDING

Ölüdeniz/Fethiye: Vom Babadağ (1700 m) geht's nach unten. Wegen der Meereslage und ruhiger Windverhältnisse schaffen es geübte Flieger, 5 Stunden in der Luft zu bleiben und bis zu 3500 m Höhe zu steigen. Der lange, breite Strand ist ideal zur Landung. Doch Achtung: Es passieren auch Unfälle! Der Flug wird am Vortag vor Ort gebucht *(z. B. Flying Dutchman | Tel. 0252 6170201 | www. flyingdutchman.com.tr).*

RAFTING

Die türkischen Flüsse sind oft das ganze Jahr hindurch für Rafting geeignet. Erfahrene Reiseleiter begleiten die Gruppen. Ab 14 darf jeder Schwimmer mit. Weltweit unter den besten zehn Raftingflüssen: Der **INSIDER TIPP** Çoruh (über 350 km) entspringt in 3500 m Höhe und fließt ins Schwarze Meer. Prächtige Cañons, klares Wasser, Bären, schneebedeckte Gipfel. Wandern und Rafting werden oft kombiniert in 8-Tages-Touren angeboten: *Buklamania | Yeni Çarşı Cad. 28/1 | Galatasaray | İstanbul | Tel. 0212 2450635 | www.buklamania.com.* Ausflüge zum *Dalaman-Fluss: Alternatif Outdoor | Marmaris | Tel. 0252 4172720 | www.alternatifraft.com*

Nichts für Wasserscheue: Rafting auf dem Köprülü Kanyon

REITEN

Ob in exklusiven Reitclubs oder ad hoc am Strand – Reiten macht überall Spaß. In İstanbul gibt es den traditionsreichen Reitclub, bei dem man als Gast anklopfen kann *(Atlı Spor Kulübu | Tel. 0216 7 31 39 20)*. Am Mittelmeer bietet sich die *Oranj Ranch (Tel. 0242 8 24 62 90 | www. oranjranch.net)* in *Kemer* an.

SKIFAHREN

Die Türkei hat hohe Gebirge, wo die Schneedicke im Normalfall 3 m erreicht. Ski fahren kann man in den *Nordanatolischen Bergen,* dem *Toros-Gebirge* im Süden, auf dem *Erciyes* und *Ağrı.* 120 km westlich von Ankara hat sich *Bolu Kartalkaya* zum beliebten Skigebiet entwickelt. Restaurants, Hallenbad und Disko runden das Angebot ab. *Grand Kartal Hotel | Tel. 0374 2 34 50 50 | www.grandkartal.com*

INSIDER TIPP **Saklıkent/Antalya:** Nehmen wir an, es ist März, und in Antalya wird schon gebadet und gesurft. Sie sind schon braungebrannt und glücklich. Und dann fahren Sie 50 km weiter, nordwestlich in die Beydağları-Berge. Auf 2200 m Höhe stecken Sie plötzlich bis zu den Knien im Schnee, mieten sich Skier und sausen durch eine weiße Waldlandschaft …

STRÄNDE

Die besten Strände finden Sie am Mittelmeer von Kalkan im Westen bis Mersin im Osten. In der Türkei wehten 2009 an insgesamt 286 Stränden und 14 Marinas die Blauen Flaggen, die für die Sauberkeit des Wassers international verteilt werden *(www.mavibayrak.org. tr)*. Die Strände am Schwarzen Meer um *Ağva/Şile* und *Sinop* herum sind einsamer, aber auch kühler als die im Süden. Bei İstanbul geht man an der Schwarz-meerküste (z. B. *Kilyos)*, im Süden in *Erdek* und auf den Inseln im Marmarameer baden *(Avşa, Marmara Adası)*. Die Ägäisküste hat meist Kieselstrände oder felsige Küsten. Je weiter südlich, desto mehr Sand gibt es, z. B. um Marmaris herum *(İçmeler)* oder in *Ölüdeniz* bei Fethiye. Der schönste Strand ist *Patara* im Süden.

TAUCHEN

In İstanbul, am Mittelmeer und an der Ägäis können Sie tauchen. In Alanya z. B. fühlt man sich in der *Walter-Schmidt-Tauchbasis* wie zu Hause *(Tel. 0242 5 13 12 96)*. Viele Anfänger gehen nach *Kaş,* um den PADI- oder CMAS-Tauchschein zu machen, der von mehreren Schulen mit eigenem Boot angeboten wird: *Nautilus Diving | Likya Cad. 1/A | Kaş-Antalya | Tel. 0242 8 36 20 85 | www. nautilusdiving.org*. Profis tauchen auch in den *Dardanellen* und im *Golf von Saros* bei Çanakkale *(Neptün Dalış Merkezi | Büyük Truva Oteli | Cevat Paşa Mah. | Mehmet Akif Ersoy Cad. 2 | Tel. 0286 2 17 10 24)*.

TREKKING

Zwei gut markierte Wege machen das Wandern in der Südtürkei zum Erlebnis: der 509 km lange *Lykische Wanderweg* von Fethiye nach Antalya und der *Apostel-Paulus-Pfad,* der von Perge oder Aspendos bei Antalya zum Eğridir-See führt. Diese 500 km lange Route zeichnet den Weg nach, den Paulus auf seiner Missionsreise zurückgelegt hat, und führt z. T. auf 2200 m hohe Bergketten *(www.lycian way.com)*. Die vulkanischen Täler von *Kızılçukur, Güllüdere* und *Zindanönü,* die in Felshöhlen gebauten Dörfer und der Damsa-See, wo Sie zum Abschluss schwimmen können, machen das Trekking in *Kappadokien* zum Erlebnis.

MIT KINDERN UNTERWEGS

Es ist nicht leicht, in der Türkei „Angebote für Kinder" aufzulisten, denn Kinder sind hier überall willkommen! In diesem wirklich kinderfreundlichen Land werden Sie erleben, dass Ihr Anhang nie als lästig empfunden wird. Verkäufer wie Kellner werden die Kids auf den Arm nehmen und spazieren führen, während Sie in Ruhe schauen oder essen können. Kinder werden beschenkt, beküsst, getätschelt – bis Sie „Stopp" sagen. Manchmal werden Sie das müssen!

Touristische Anlagen haben, sofern sie nicht ausdrücklich für junge Paare oder Singles ausgewiesen sind, immer Einrichtungen für Kinder. Dazu gehören Hochstühle, Kinderzimmer, Animation, Kinderpools. Feriendörfer bieten oft auch Babysitter gegen Bezahlung an. In guten Anlagen am Mittelmeer amüsieren sich die Kids den ganzen Tag untereinander so gut, dass Sie sich auch einmal ruhig am Strand zurücklehnen können. Acht geben sollten Sie auf große Swimmingpools, die mittlerweile jedes Hotel schmücken – vor allem nachts sind sie eine große Gefahr, bei einigen sind die Abflüsse nicht mit Gittern gesichert! Die pralle Mittagssonne ist natürlich zu meiden. Lebensmittel sollten nicht offen auf der Straße gekauft werden.

Wenn Ihr Kind von einer der vielen Straßenkatzen (oder -hunden) gebissen werden sollte, gehen Sie unbedingt zum Arzt und lassen eine Tollwutimpfung machen. Die gesundheitliche Versorgung ist, mit Ausnahme entlegener Orte, sehr gut, gro-

---

Bild: Kinder am Strand von Alanya

Kinder willkommen: von Kinderparadiesen in Clubhotels bis hin zu Tauchkursen für die Jüngsten – die interessantesten Angebote

ße Hotels haben eigene Ärzte. Achtung: Privatkliniken sind oft eine Geldfalle!

RUND UM İSTANBUL

KEMERBURGAZ/DURUSU
(121 D2) *(田 D2)*

Nur 40 km von der 12-Millionen-Metropole entfernt liegt ein großes Erholungsgebiet. Hier befinden sich auch die Überreste des römisch-byzantinischen Aquädukts, das vom Baumeister Sinan ergänzt wurde. Auf 5 km² bis hin zum

Schwarzen Meer sind ein komfortables Hotel mit Innenpool, ein Reithof mit Ponys sowie eine kleine Eisenbahn. Animationen für Kinder, Mountainbikes und Kanus zu mieten. *Durusu Park Resort Hotel | Sales Office: Tel. 0212 2 32 41 12 | Hotel: Tel. 0212 7 67 90 20 | www.viptou rism.com.trdurusu/*

INSIDER TIPP ▶ RAHMI KOÇ SANAYI MÜZESI (121 E2) *(田 D2)*

Herrliche Modellschiffe und -eisenbahnen, richtige Flugzeuge, Wrackteile,

Originaloldtimer – das von einer Groß-
industriellenfamilie gegründete Museum
macht nicht nur die Geschichte der Technik von den ersten astronomischen Gerä-
ten bis hin zu Computern anschaulich, es
enthält eine Masse wertvoller Originale.
In nachgebauten Kapitänsbrücken fühlt
man sich wie auf dem Ozean. Anschließend toben in den Parks des Goldenen
Horn. *Di–So 10–17 Uhr | Eintritt 6 Euro |
Hasköy Cad. 2 | Hasköy/İstanbul | www.
rmk-museum.org.tr*

WESTKÜSTE

KULTURPARK İZMIR (128 B2) (*m B5*)
Im Herzen der Großstadt liegt diese ausgedehnte Parkanlage, wo Kinder viel
Spaß haben können: Es gibt einen Rum-
melplatz und Tretboote, mit denen Familien auf dem großen künstlichen Teich
herumfahren können. *Eintritt frei (außer
während der Internationalen Messe vom
26. Aug.–10. Sept.) | İzmir Merkez | Şair
Eşref Bulvarı | Busse vom Flughafen und
Busbahnhof*

RITTERBURG IN BODRUM
(128 C4) (*m B6–7*)
Von den St.-Jean-Rittern Anfang des 15.
Jhs. erbaut und beispielhaft für die Ar-
chitektur aus der Periode der Kreuzzüge,
beflügelt die große, restaurierte Burg
von Bodrum die kindliche Phantasie:
auf die vielen Türme klettern und die
Wappen der Kreuzritter bewundern. Das
Glaswrack, die Amphorenkollektion, die
Folterkammer, das „Gästezimmer der
Prinzessin Ada" samt ihrem Skelett und
nicht zuletzt der vielen Wrackfunde der
Unterseearchäologie in der Ägäis ma-
chen die Burg zu einem echten Erlebnis.
*Di–So 8–12 und 13–17 Uhr, im Sommer
Di–So 9–19 Uhr | Eintritt 6 Euro | Kale
Meydanı | Bodrum*

SÜDKÜSTE

LYKIA WORLD/FETHIYE
(129 E5) (*m D7*)
Hinter den lykischen Bergen in einer pini-
enbewachsenen Bucht liegt die 360 km²
große Ferienanlage mit einem 750 m

Die Straße als Spielplatz – Kinder in İstanbul

langen Kiessandstrand. Die Abenteuerwelt für Kinder gehört zu den schönsten im Mittelmeergebiet: drei beheizbare Planschbecken für Kleinkinder, 15 Rutschbahnen, Abenteuerhöhle, Schatzinsel, Wasserkanonen und Räuberwald. Es gibt Kindertheater, Judo, Fußball, eine Hobby- und Kunstwerkstatt, Skateboards (Juli–Okt.), Trampolin, Tischtennis und Billard sowie Kinderkurse in Schwimmen, Surfen, Segeln, Tennis und Tauchen. Im Preis inbegriffen ist die Betreuung ab 3 Jahren.

Die Kinder fahren gleich nach dem Frühstück mit dem Bummelbähnchen in ihr Paradies. Babysitter stehen rund um die Uhr gegen Gebühr, Kinderwagen gegen Pfand zur Verfügung. Der Club bietet sogar eine Küche zur Zubereitung von Babynahrung. Überwiegend deutsche und österreichische Kundschaft. *PK 102 | Ölüdeniz | Fethiye | Tel. 0252 6 17 02 00 | Tel. 6 17 04 00 | www.silkar.com/lykia world | www.lykiaworld.de*

TAUCHEN MIT KINDERN
(130 A5) (*E7*)

In Antalya, am Beach von Tekirova, können Sie mit der ganzen Familie aufregende Tauch- und Strandferien machen. Die Tauchbasis *Azur* am ☺ *IFA-Beach-Hotel* bietet auch Kurse für Kinder an; allerdings müssen die angehenden Taucher mindestens 10 Jahre alt sein. Wenn die Großen vom Boot aus die wunderbare Unterseewelt und Höhlen erkunden, sind die Kleinen entweder mit dabei, oder sie machen gleich den einwöchigen Poolkurs mit Flasche und „schnuppern" vom Ufer aus im Meer (ca. 125 Euro). Ein schmuckes Zertifikat zum Aufhängen gibt's auch. Schnorchel- und Tauchkurse werden auch für Erwachsene angeboten. Das Hotel wird ökologisch bewusst geführt. Buchen über *IFA-Hotel GmbH | Düsseldorfer Str. 50 | 47051 Duisburg |* *Tel. 0203 99 27 66 13 oder 0130 85 25 45 (zum Nulltarif). Tauchbasis Azur im Hotel: Tel. 0242 8 21 40 46 | www.azur.de*

SCHWARZMEERKÜSTE

AĞVA (121 E2) (*E2*)

Der Ort liegt ca. 90 Autominuten von İstanbul entfernt an der Mündung der beiden Flüsse Yeşilçay und Göksü ins Schwarze Meer. Das Dorf selbst ist zwar klein, aber das Meer vor der Bergkulisse umso imposanter. In 10 Min. Gehentfernung vom Ort reiht sich am Yeşilçay umgeben von Obstgärten eine Anlage an die andere: meist nette Bungalowanlagen mit Pool. Es gibt Kanus und Tretboote, am Fluss kann man gut angeln. An der Flussmündung liegt ein kilometerlanger, fast unberührter Strand. Für einen Urlaub mit Kindern ist Ağva ideal. Von İstanbul/Üsküdar fahren regelmäßig Busse nach Ağva. Übernachten kann man z. B. im *Riverside Club (Yakuplu Mah. 2 | Tel. 0216 7 21 82 93 | umut@riverside. com.tr).*

POLONEZKÖY (121 E2) (*D2*)

Mitte des 19. Jhs. von eingewanderten Polen gegründet, lädt das „Polendorf" heute auch Tagesbesucher zu einem Landurlaub mit Kindern ein. Die Nähe zu İstanbul (nur 25 km entfernt) macht das Dorf auch kombiniert mit einem Stadturlaub attraktiv. Im Frühling blüht alles auf, die Obstbäume strahlen in voller Pracht. Im Juni kann man bei der Kirschenernte mithelfen. Und im Winter liegt hier meist Schnee. Es gibt Fahrräder zu mieten und Ponys zum Reiten. Das Hotel *Polka Country* ist in einem restaurierten Fachwerkhaus untergebracht (*15 Zi. | Cumhuriyet Yolu 36 | Tel. 0216 4 32 32 20 | www.polkahotel.com*). Gut essen können Sie im *Leonardo Restoran (Tel. 0216 4 32 30 82).*

EVENTS, FESTE & MEHR

İstanbul war 2010 Kulturhauptstadt Europas (zusammen mit dem Ruhrgebiet). Hier finden auch weiterhin die meisten Events statt – empfehlenswert sind das ▶ *İstanbuler Musikfestival* und die ▶ *Jazztage*. Aber auch andere Städte wie İzmir oder Antalya haben aufgeholt. Feste und Festivals auf dem Land sind oft bescheiden, aber herzlich. Informationen über die İstanbuler Festivals unter *www.istfest.org*. Karten gibt es bei *www.biletix.com*.

OFFIZIELLE FEIERTAGE

1. Jan. Yılbaşı (Neujahr) **23. April** *Ulusal Egemenlik ve Çocuk Bayramı*, Fest der Nationalen Souveränität und der Kinder; **19. Mai** *Gençlik ve Spor Bayramı*, (Fest der Jugend und des Sports) **30. Aug.** *Zafer Bayramı* (Feiertag der Befreiung); **29. Okt.** *Cumhuriyet Bayramı* (Feiertag der Republik, Nationalfeiertag)

RELIGIÖSE FEIERTAGE

Nach islamischem Mondkalender verschieben sich religiöse Feste jedes Jahr um elf Tage nach vorn.
▶ *Kurban Bayramı* (Opferfest) ist das höchste islamische Fest. Es dauert vier Tage: 25.–28. Okt. 2012; 15.–18. Okt. 2013
▶ *Ramazan* (zu Deutsch Ramadan) ist der jährliche Fastenmonat der Muslime: 20. Juli–18. Aug. 2012; 9. Juli–7. Aug. 2013
▶ *Ramazan Bayramı* (Zuckerfest): heißt das dreitägige Fest zum Abschluss des Fastenmonats Ramadan: 19.–21. Aug. 2012; 8.–10. Aug. 2013

FESTIVALS

JANUAR
▶ *Kamelkämpfe* in Kale/Myra: Sieger ist das Kamel, das alle anderen umgeworfen hat. Es wird streng darauf geachtet, dass sich kein Tier verletzt

MÄRZ
▶ *European Jazz Festival* in İzmir: erste Märzwoche; *www.iksev.org*
▶ *Newroz:* ursprünglich das Neujahrsfest der Kurden (21. März), wird mittlerweile überall im Land gefeiert

APRIL
▶ *Internationale Filmfestspiele İstanbul*: In der ersten Aprilhälfte wird İstanbul zur Filmstadt; *www.iksv.org/film*

Vom Fasten und Feiern – nicht nur zur Sommerzeit: Festivals haben das ganze Jahr über im Land Saison

▶ *Internationales Musikfestival Ankara:* glänzt vor allem mit Klassik aus aller Welt; *www.ankarafestival.com*

MAI

▶ *Internationale Theaterbiennale İstanbul* (2012, 2014): Shakespeare und Brecht stehen oft auf dem Spielplan

▶ *Silifke Festivali*: an der Südküste mit lokalen Folkloretänzen

JUNI

▶ ⭐ *Aspendos Opern- & Ballett-Festival:* Aufführungen in den spektakulären Kulissen des antiken Theaters; *www.dobgm.gov.tr*

▶ *Internationales Musikfestival İstanbul*: Klassik vom Feinsten in exklusiven Orten wie der Kirche Hagia Irene am Topkapı-Palast; *www.iksv.org*

▶ `INSIDER TIPP` *Internationale Festspiele İzmir:* Klassische Musik in Ephesos ist ein einmaliges Erlebnis! *www.iksev.org*

JULI

▶ *Kırkpınar Güreşleri*: Traditionelles Ringen im Freien nahe der bulgarischen Grenze; *www.kirkpinar.com*

▶ *Internationale Jazztage* in İstanbul

SEPTEMBER/OKTOBER

▶ ⭐ *Kunst-Biennale İstanbul (2013, 2015):* eine der europaweit wichtigsten Ausstellungen der Gegenwartskunst

▶ *Antalya Klaviertage:* Sechs Tage lang spielen Virtuosen open air; *www.antalya.bel.tr*

NOVEMBER

▶ *Efes Pilsen Bluesfestival İstanbul:* Mit vielen US-Größen; *www.efespilsen.com.tr*

DEZEMBER

▶ ⭐ *Şeb-i-Aruz:* Derwische in Konya führen ihren meditativen Tanz am Todestag (12. Dez.) des Ordensgründers auf Am Ersten Weihnachtstag (25. Dez.) findet eine ▶ `INSIDER TIPP` *große Messe* in der Petrus-Grotte (Antakya) statt

ICH WAR SCHON DA!

Drei User aus der MARCO POLO Community verraten ihre Lieblingsplätze und ihre schönsten Erlebnisse

HOTEL PAPILLON ZEUGMA

Unseren Urlaub verbrachten wir im Hotel *Papillon Zeugma* in Belek – ein Top-Hotel, das wir nur weiterempfehlen können. Die Lage des Hotels ist nicht zu übertreffen: direkt am Strand gelegen und doch zentrumsnah. Besonders schön angelegt sind hier der Pool (es gibt sogar einen zusätzlichen Ruhepool) und die Snackbars. Das Restaurant ist nur schwer an Vielfalt, Auswahl und Geschmack der Speisen zu übertreffen. Das Personal war freundlich und zuvorkommend und legt großen Wert auf Sauberkeit. Das obligatorische Animationsprogramm ist abwechslungsreich, von Pilates bis Wassergymnastik ist alles dabei. **Reisefieber, Merkendorf**

SAKLIKENT-SCHLUCHT

Beeindruckt hat mich die *Saklıkent-Schlucht* im gleichnamigen Naturpark, ca. 8 km von der Ruinenstadt Tlos entfernt. Zum Durchwandern ist festes, wassertaugliches Schuhwerk Pflicht, z. T. stand ich hüfthoch im Wasser! Nach dieser aufregenden Erforschung ließ ich mich auf einer der Hängematten im Schatten der Baumhäuser nieder. **editha, Nettetal**

BODRUM

Während unseres Urlaubs in Bodrum waren wir im 5-Sterne-Hotel *The Marmara* untergebracht. Der Pool und das Frühstücksbüfett waren genial! In Bodrum gibt es viele Sträßchen, in denen es tolle Lokale gibt, z.B. das Restaurant *Chez Ahmet* direkt am Kai. Sehr zu empfehlen sind die Fischgerichte! **peandra, Reichenbach**

Haben auch Sie etwas Besonderes erlebt oder einen Lieblingsplatz gefunden, den nicht jeder kennt? Gehen Sie einfach auf www.marcopolo.de/mein-tipp

EIGENE NOTIZEN

LINKS, BLOGS, APPS & MORE

LINKS

▶ www.marcopolo.de/tuerkei Alles auf einen Blick zu Ihrem Reiseziel: Interaktive Karten inklusive Planungsfunktion, Impressionen aus der Community, aktuelle News und Angebote ...

▶ de.qantara.de Diese Webseite informiert umfassend über politische und kulturelle Themen rumd um den Orient und die aktuellen Tendenzen im türkischen Islam

▶ www.tuerkei-reise-info.de Inoffizielles Türkei-Portal mit vielen Infos und nützlichen Tipps

▶ www.kultur.gov.tr Das Ministerium für Tourismus und Kultur stellt das Land und seine Sehenswürdigkeiten vor (Engl./ Türk.)

▶ www.auswaertiges-amt.de Das deutsche Auswärtige Amt informiert unter „Außenpolitik – Länderinformationen" umfassend über die sicherheitspolitische Lage in der Türkei

▶ www.deutsch-tuerkische-nachrichten.de Die informative Internetzeitung des Forums für Interkulturellen Dialog e. V.

▶ www.welt-der-antike.de Geschichten und Informationen zur Welt der Antike bis nach Antakya und Kleinasien

BLOGS & FOREN

▶ www.swr.de/blog/tuerkei Auf der Webseite des SWR 2 im Hörfunkverbund der ARD erzählen Korrespondenten spannende Geschichten aus der Türkei

▶ reise.germanblogs.de Auf den Reiseseiten geben Blogger ihre Erfahrungen und interessante Anekdoten weiter

▶ blogs.dw-world.de Die Mitarbeiter der Deutschen Welle bloggen in „Weltzeit" zu politischen und kulturellen Themen

Egal, ob Sie sich vorbereiten auf Ihre Reise oder vor Ort sind: Mit diesen Adressen finden Sie noch mehr Informationen, Videos und Netzwerke, die Ihren Urlaub bereichern. Da manche Adressen extrem lang sind, führt Sie der kürzere mp.marcopolo.de-Code direkt auf die beschriebenen Websites

▶ blogs.taz.de/istanbulblog Der İstanbul-Blog unserer Autorin gibt Einblick in das Geschehen in der heimlichen Hauptstadt der Türkei

VIDEOS

▶ mpmarcopolo.de/tur1 Impressionistisches Werbevideo für die ganze Türkei. Wenig Information, aber schöne Bilder

▶ mpmarcopolo.de/tur2 Interessantes Interview der Deutschen Welle mit Literaturnobelpreisträger Orhan Pamuk (10 Min.)

▶ mpmarcopolo.de/tur3 Diverse Filme zu einzelnen Regionen des Landes oder zu bestimmten Themen: Ausgrabungsstätten, Rafting, Segeln, Skilaufen und vieles mehr

▶ mpmarcopolo.de/tur4 Video von einer Fahrt mit dem Heißluftballon über die bizarre Tuffsteinlandschaft von Kappadokien

APPS

▶ ReiseInDieTürkei Diese Apple-App ist sehr hilfreich für Türkei-Urlauber zur ersten Verständigung in der Landessprache: ca. 400 Phrasen und Wörter aus 18 verschiedenen Themenbereichen. Vokabeln und Sätze sind auch als Sound abgespeichert

▶ Cruising the Mediterranean App (Engl.) für Kreuzfahrer und Segler. Infos über alle Kreuzfahrtschiffe, die im Mittelmeer unterwegs sind, über Segelrouten, Häfen und deren Infrastruktur sowie zu Ausflügen an Land

▶ Türkische News Haber Aktuelle Infos und Nachrichten zu türkischen Themen in deutscher Sprache

NETWORK

▶ www.tripwolf.com Reisetips, Fotos, Blogs und Bewertungen von Community-Mitgliedern. Hintergrundberichte und die Möglichkeit zu Direktbuchungen von Unterkünften und Aktivitäten

▶ www.lonelyplant.com/thorntree Forum nicht nur für touristische Reisen, sondern auch für Work & Travel. Posten Sie Ihre eigenen Bewertungen, Fotos und Berichte

PRAKTISCHE HINWEISE

ANREISE

Das übliche Verkehrsmitel für Türkeibesucher aus Deutschland, Österreich und der Schweiz ist das Flugzeug. Turkish Airlines, Lufthansa und Chartermaschinen fliegen von allen großen Flughäfen täglich in die Türkei, im Sommer auch zu Ferienzentren wie Antalya, Dalaman oder Bodrum. Turkish Airlines fliegt jede größere Provinzhauptstadt in Anatolien an (Samsun, Sinop, Diyarbakır, Van, Urfa usw.). Vor allem die türkischen Reisebüros sind auf Türkei-Reisen spezialisiert. Linienflüge in die Türkei kosten ab 400 Euro, Charterflüge sind in der Regel viel billiger zu haben. Achtung: Die Chartergesellschaften gehen mit Übergepäck streng um!

GRÜN & FAIR REISEN

Auf Reisen können auch Sie mit einfachen Mitteln viel bewirken. Behalten Sie nicht nur die CO_2-Bilanz für Hin- und Rückflug im Hinterkopf (www.atmosfair.de), sondern achten und schützen Sie auch nachhaltig Natur und Kultur im Reiseland (www.gate-tourismus.de; www.zukunft-reisen.de; www.ecotrans.de). Gerade als Tourist ist es wichtig, auf Aspekte zu achten wie Naturschutz (www.nabu.de; www.wwf.de), regionale Produkte, Fahrradfahren (statt Autofahren), Wassersparen und vieles mehr. Wenn Sie mehr über ökologischen Tourismus erfahren wollen: europaweit www.oete.de; weltweit www.germanwatch.org

Die Anreise mit dem eigenen Auto ist über die Route München, Graz, Zagreb, Belgrad, Sofia, Edirne möglich, aber sehr beschwerlich.

Von München fährt ein Zug nach İstanbul, der allerdings rund 40 Stunden braucht und auch nicht billiger ist als das Flugzeug. Von Mai bis Oktober kann man von Villach mit einem Autoreisezug nach Edirne fahren. Auskunft: Optima Tours | München | Tel. 089 59 22 72 | www.optimatours.de

Schiffe gibt es von Venedig, Brindisi und Bari. Die Fahrt kostet mit Auto, Kabine und Vollpension rund 1500 Euro (RECA Reiseagentur Sindelfingen | Tel. 07031 86 60 10 | www.reca.de). Vielleicht die schonste Art, in die Türkei zu fahren, ist von Piräus aus mit dem Schiff über die griechischen Inseln an die Ägäisküste (ferries-turkey.com).

Das Preiswerteste, aber auch Anstrengendste ist eine Busreise. Busse gibt es hauptsächlich nach İstanbul. Man bucht sie am besten über ein türkisches Reisebüro. Die Reise dauert ca. zwei Tage.

AUSKUNFT

TÜRKISCHE FREMDENVERKEHRS-ÄMTER

– Tauentzienstr. 9–12 | 10789 Berlin | Tel. 030 2 14 37 52, 030 2 14 38 52 | www.turizm.gov.tr

– Baseler Str. 35–37 | 60329 Frankfurt/M. Tel. 069 23 30 81 | www.reiseinfo-tuerkei.de

– Karlsplatz 3/1 | 80335 München | Tel. 089 59 49 02, 089 59 43 17 |

Von Anreise bis Zoll

Urlaub von Anfang bis Ende: die wichtigsten Adressen und Informationen für Ihre Türkei-Reise

– Singer Str. 2/8 | 1010 Wien | Tel. 01 5 12 21 28 (-29) | www.turkinfo.at
– Talstr. 82 | 8001 Zürich | Tel. 01 2 210 810 (-12) | www.tuerkei-info.ch
Touristinfos in der Türkei heißen *Turizm Bürosu*.

AUTO

Vergessen Sie bei Reisen mit dem eigenen Fahrzeug nicht die grüne Versicherungskarte. Wichtig ist auch eine Kurzkasko- und Insassenunfallversicherung für die gesamte Türkei, denn meistens gilt der Versicherungsschutz nur für den europäischen Teil des Landes. Für eine spätere Schadensregulierung ist ein Polizeiprotokoll erforderlich.

Die zulässigen Höchstgeschwindigkeiten: in Ortschaften 50 km/h, außerhalb 90 km/h und auf Autobahnen 130 km/h. Die Alkoholgrenze beträgt 0,5 Promille. Kartenmaterial und Tipps für Autofahrer gibt es beim *ADAC* oder beim *Türkischen Touring- und Automobilclub, TTOK (Türkiye Turing ve Otomobil Kurumu) 1. Oto Sanayii Sitesi Yani | 4. Levent | İstanbul | Tel. 0090 212 2 82 81 40 | www.turing.org.tr.* TTOK unterhält auf den Strecken Edirne–İstanbul–Ankara sowie İzmir–Ankara einen Pannendienst.

ADAC-Notrufstation in İstanbul: Tel. 0212 2 88 71 90 (- 91)

BANKEN & GELDWECHSEL

Öffnungszeiten: 9–12 und 13–17 Uhr, in Großstädten oft durchgehend und bis 18 Uhr. Mit Ihrer EC- oder Kreditkarte können Sie fast überall an Bankautomaten Geld ziehen (Geheimzahl der Kreditkarte nicht vergessen!). Bei Reisen in kleinere Orte sollten Sie genug Bargeld dabeihaben, ruhig auch kleinere Euro-Scheine. Viele Geschäfte und Restaurants und fast alle Hotels akzeptieren die gängigen Kreditkarten. Wenn Sie tauschen wollen, gehen Sie zu einem Devisenbüro *(döviz bürosu)*, dort bekommen Sie einen wesentlich besseren Kurs als bei der Bank. Auf keinen Fall empfiehlt es sich, vor der Abreise im Heimatland Geld zu tauschen.

BUS

Die Busverbindungen reichen im Gegensatz zur Bahn bis in die entferntesten Winkel. Aber reduzieren Sie das Unfallrisiko, indem Sie billige Anbieter meiden! Die Firmen *Ulusoy* und *Varan* setzen moderne Reisebusse ein; außerdem wird auf längeren Strecken der Fahrer mehrmals gewechselt. Die Preise sind so, dass man auch einmal für eine Person zwei Sitzen buchen kann (z.B. İzmir–Antalya 16 Euro, Ankara–Trabzon 23 Euro). *Ulusoy* | Tel. 0212 65 83 00 01 (24 Std.) |

WAS KOSTET WIE VIEL?

Kaffee	**2 Euro**
	für eine Tasse Kaffee
Fernbus	**30 Euro**
	von İstanbul nach Bodrum
Imbiss	**1,50 Euro**
	für einen Döner
Hamam	**25 Euro**
	für einen Besuch
Benzin	**Ab 2 Euro**
	für 1 l Super
Taxi	**65 Cent**
	pro Kilometer

www.ulusoy.com.tr | Varan | Tel. 0216
3 36 96 10 oder 0212 2 51 74 74 (24 Std.) |
www.varan.com.tr

DIPLOMATISCHE VERTRETUNGEN

DEUTSCHE BOTSCHAFT
Atatürk Bulvari 114 | Kavaklıdere | 06540
Ankara | Tel. 0312 4 55 51 00 | www.
ankara.diplo.de

DEUTSCHES GENERALKONSULAT
İnönü Cad. 16–18 | Beyoğlu | 80073
İstanbul | Tel. 0212 3 34 61 00 | Bereit-
schaftsdienst: Tel. 0212 3 34 61 51 | www.
istanbul.diplo.de

ÖSTERREICHISCHE BOTSCHAFT
Atatürk Bulvari 189 | Kavaklıdere | 06540
Ankara | Tel. 0312 4 19 04 31 | ankara-ob@
bmeia.gv.at

ÖSTERREICHISCHES GENERAL-KONSULAT
Köybaşı Cad. 46 | Yeniköy | 80870
İstanbul | Tel. 0212 2 62 93 15 | istanbul-
gk@bmeia.gv.at

SCHWEIZER BOTSCHAFT
Atatürk Bulvari 247 | Kavaklıdere | 06540
Ankara | Tel. 0312 4 67 55 55 |www.eda.
admin.ch/ankara

SCHWEIZER GENERALKONSULAT
1. Levent Plaza, A-Blok, 3. Etage | Büyük-
dere Cad. 173 | Levent | 34394 İstanbul |
Tel. 0212 2 83 12 82 | ist.vertretung@eda.
admin.ch

DOLMUŞ

Billig sind in jeder türkischen Stadt Fahr-
ten mit den Sammeltaxis (dolmuş). Das
sind Kleinbusse, die auf bestimmten
Strecken verkehren und überall dort

anhalten, wo Fahrgäste ein- oder aus-
steigen möchten. Die Preise variieren in
der Stadt zwischen 60 Cent und 3 Euro.
In großen Ferienorten wie Marmaris,
Bodrum, Fethiye, Alanya oder Side gibt
es ebenfalls Dolmuş-Busse in die umliegenden Ortschaften. Wenn es sich um
ein Strandbad handelt, haben die Busse
oft fixe Abfahrtszeiten, über die man sich
am besten vorher erkundigen sollte. Es
kommt aber auch vor, dass man in der
Mittagshitze lange im Dolmuş sitzen und
auf die Abfahrt warten muss!

EINREISE

Deutsche und Schweizer brauchen für
einen bis zu drei Monate langen Aufenthalt lediglich ihren gültigen Pass oder
Personalausweis. Österreicher müssen
bei der Einreise auf dem Flughafen ein
Visum erwerben.

FOTOGRAFIEREN

Das Ablichten von Einrichtungen und
Fahrzeugen von Armee und Polizei ist
streng untersagt. Dazu gehören auch
Brücken und Häfen. Der Islam verbietet
das Porträtieren – sagen Strenggläubige.
Bitte keine verschleierten Frauen foto-
grafieren. Wenn man nicht ausdrücklich
zu einem Foto aufgefordert wird, sollte
man abweisende Handbewegungen re-
spektieren.

GESUNDHEIT

Das Leitungswasser eignet sich nicht zum
Trinken. Überall wird stilles Wasser (su)
in Plastikflaschen verschiedener Größe
angeboten; mit Kohlensäure heißt das
Wasser soda. In den staatlichen Kran-
kenhäusern (SSK Hastanesi) müssen Sie
Ihren für die Türkei ausgestellten Aus-
landskrankenschein gegen einen gül-

tigen Behandlungsschein eintauschen, dann werden Sie kostenlos behandelt. Im *Deutschen Krankenhaus (Taksim | Sıraselviler Cad. 119 | Tel. 0212 2 93 21 50 | www.almanhastanesi.com.tr)* und dem österreichischen *St.-Georg-Spital (Karaköy | Bereketzade Mah. Medrese Sok. 7 | Tel. 0212 2 92 62 20 | www.sjh.com.tr)* in İstanbul müssen Sie ihre Behandlungskosten vorstrecken und sich zu Hause rückerstatten lassen. In Apotheken *(eczane)* erhalten Sie viele gängige Medikamente billiger als in Deutschland und oft auch ohne Rezept. Dennoch gibt es manchmal Lieferengpässe: Medikamente, die Sie dauerhaft einnehmen müssen, sollten Sie auf jeden Fall in ausreichender Menge von zu Hause mitbringen.

INTERNET

www.istanbulcityguide.com informiert über Veranstaltungen, Tickets gibt's unter *www.biletix.com. www.hotelguide.com.tr* führt Sie zu Unterkünften in der ganzen Türkei. *www.bigglook.com/biggtravel* ist eine informative Webseite auf Englisch. Empfehlenswerte Seiten in Deutsch: *www.ratgeber-tuerkei.de* (mit nützlichen Links), *www.tuerkei.de* (mit Tipps von Türkei-Reisenden und der Möglichkeit zum Chat), *www.aysen.net* (private Homepage mit Infos).

INTERNETCAFÉS/WLAN

Die Türkei bietet fast flächendeckend kosten- und kabellos Internet an. In den allermeisten Hotels gibt es kostenlosen Empfang entweder auf dem Zimmer oder im Lobbybereich. In Ferienorten hat fast jedes Café Internet, und man muss nur um den Zugangscode bitten. Bei so viel Öffentlichkeit ist es allerdings ratsam, seine Bankgeschäfte nicht vom Hotelzimmer oder vom Kaffeetisch aus

zu erledigen! Auch echte Internetcafés finden sich in fast allen Ecken der Türkei. Surfen kostet ab 1,50 Euro pro Stunde. Ankara: *Argos | Tandoğan, Mebusevleri | Anıt Cad. 14/5 | Tel. 0312 2 15 63 94 | www.argoscafe.com;* Antalya: *Sanal Alem | Kazım Özalp Cad., Beşinci Sok. 2 | Tel. 0242 2 44 56 70 | www.sanal.osmanli. com;* Bodrum: *Bodrum Internet Café | Oasis Shopping Mall | Tel. 0252 3 17 00 22 | guras@superonline.com;* Diyarbakır: *Nokta | Ekinciler Cad. Kışla Sok. 18 | Tel. 0412 2 29 25 96 | www.diyarbakir.com;* İstanbul: *Orient Hostel | Sultanahmet | Akbıyık Cad. 13 | Tel. 0212 5 18 07 89 | www.orienthostel.com*

WÄHRUNGSRECHNER

€	TL	TL	€
1	2,10	1	0,47
2	4,20	2	0,95
3	6,30	3	1,42
4	8,40	4	1,90
5	10,50	5	2,37
7	14,70	7	3,32
12	25,20	12	5,69
25	52,50	25	11,85
125	262,50	125	59,25

MIETWAGEN

Die großen Anbieter haben auch in der Türkei Vertretungen. Billiger ist es aber, vor Ort bei den zahlreichen kleineren Rent-a-Car-Firmen ein Auto zu mieten (ab ca. 20 Euro/Tag für einen Kleinwagen inkl. Kilometer). Der Wagen wird mit leerem Tank abgeholt und ebenso wieder abgegeben. Sie müssen bei Vertragsabschluss zur Sicherheit einen Blankoscheck unterschreiben, der bei Ablieferung des Wagens zerrissen wird. *www.rentacarrehberi.com*

Die Netzspannung beträgt 220 Volt. Adapter sind nicht notwendig.

Polizei: 155; Feuer: 110; Notarzt: 112, Notruf der Deutschen Botschaft Ankara: 0312 455 51 00 (24 Stunden)

Postkästen gibt es in der Türkei gar nicht mehr. Man gibt Briefe und Postkarten an der Hotelrezeption oder in Postämtern (PTT) ab.

Währungseinheit ist die Türk Lirasi (TL). Es gibt Scheine zu 5, 10, 20, 50, 100 und 200 TL. Ein TL ist in 100 Kuruş gestückelt. Münzen sind zu 5, 10, 25 oder 50 Kuruş zu haben. Achtung: 1-TL-Münzen ähneln stark den 2-Euro-Münzen!

Eintrittspreise werden aufgrund der relativ hohen Inflationsrate sehr häufig geändert. Wir haben sie in diesem Band deshalb in Euro angegeben, da sie wegen der ebenfalls schwankenden Wechselkurse in Euro relativ konstant bleiben. Türkische Besucher zahlen manchmal einen niedrigeren Preis als ausländische Touristen.

WETTER IN İZMİR

	Jan.	Feb.	März	April	Mai	Juni	Juli	Aug.	Sept.	Okt.	Nov.	Dez.
Tagestemperaturen in °C	12	14	16	21	26	30	33	33	29	24	19	14
Nachttemperaturen in °C	5	5	6	10	14	18	21	21	17	14	10	7
Sonnenschein Stunden/Tag	4	6	6	8	10	12	13	12	10	8	6	4
Niederschlag Tage/Monat	12	9	7	6	4	1	0	0	1	4	6	11
Wassertemperaturen in °C	15	13	14	15	18	21	23	23	22	20	17	16

REISEZEIT

Die beste Jahreszeit für einen Türkei-Besuch ist die Badesaison von April bis Ende Oktober. Die Sommer sind am Mittelmeer sehr heiß, im anatolischen Hochland und in der Osttürkei kommt zu der Hitze noch die Trockenheit hinzu. Die Winter wiederum sind dort schneereich und bitterkalt. Im Winter, der sich bis in den April hinziehen kann, fällt auch in İstanbul regelmäßig Schnee. Am Schwarzen Meer wird das Wetter zu jeder Jahreszeit von einem regenreichen, feuchtwarmen Klima bestimmt.

SICHERHEIT

Das Auswärtige Amt informiert auf seiner Website *www.auswaertiges-amt.de* und durch das Infotelefon *(Tel. 030 50 00 20 00)* über die aktuelle Sicherheitslage im Zielland bzw. in der Zielregion. Bitte beachten Sie – vor allem bei Reisen in den Osten der Türkei – vor der Abreise die offiziellen Hinweise!

TAXI

Bestehen Sie darauf, dass das Taxameter eingeschaltet wird, lassen Sie sich nicht auf Pauschalpreise ein! Und besteigen Sie nie ein Taxi, ohne Wechselgeld in der Tasche zu haben. Zu große Scheine bringen viele Fahrer in Verlegenheit. Von 0–6 Uhr gilt vielerorts (nicht in İstanbul!) der Nachttarif (50 Prozent teurer). In kleineren Ortschaften wird wegen der kurzen Wege meist eine höhere Grundgebühr erhoben.

Seien Sie vor Betrügern auf der Hut, die Ihnen beim Wechselgeld einen 5-Lira-Schein anstelle eines (sehr ähnlichen) 50-Lira-Scheins zurückreichen – schauen Sie genau auf die Scheine, und zählen Sie nach!

TELEFON & HANDY

Die türkische Telekom ist ein staatliches Unternehmen und Telefonate nach Hause sind teuer! Zwischen 20 und 6 Uhr gilt der Mondscheintarif. Telefonkarten gibt es in Postämtern und an Kiosken *(telefon karti)*. Vorwahlen: Deutschland: 0049, Österreich: 0043, Schweiz: 0041, Türkei: 0090. Günstiger noch sind die Prepaid-Karten: Man rubbelt die Nummer auf der Karte frei und wählt sich über eine Servicenummer ein, bei der man dann zuerst seine Geheimzahl und dann die anzuwählende Telefonnummer im Ausland eingibt.

Handys sind sehr gebräuchlich, das Land ist flächendeckend für den Handyempfang ausgerüstet. Deutsche Handys funktionieren, es ist wegen der hohen Roaminggebühren aber teuer, sie zu benutzen.

TRINKGELD

In Restaurants und Hotels sind zehn Prozent Trinkgeld üblich. Beim Bezahlen einer Taxifahrt kann man etwas aufrunden, Trinkgelder werden aber nicht erwartet.

ZEITUNTERSCHIED

Die Türkei ist uns um eine Stunde voraus, auch während der Sommerzeit, die in der Türkei am gleichen Tag beginnt und endet wie in Deutschland.

ZOLL

Ausländische und türkische Währung darf in unbegrenzter Höhe eingeführt werden. Nach Deutschland dürfen u. a. eine Stange Zigaretten, 250 g Rauchtabak oder 50 Zigarren, 1 l Spirituosen und 2 l Wein eingeführt werden. Infos online unter *www.zoll-d.de*

SPRACHFÜHRER TÜRKISCH

AUSSPRACHE

ı	nur angedeutetes „e" wie in „bitten, danken", Bsp.: ırmak
c	wie in „Ingenieur", Bsp.: cam
ç	wie in „Tscheche, deutsch", Bsp.: çan
h	wie in „Bach, noch", Bsp.: hamam
ğ	„Dehnungs-g", wird nicht ausgesprochen. Entspricht deutschem „Deh-nungs-h" in „Zahn", Bsp.: yağmur
j	wie in „Garage, Loge", Bsp.: jilet
ş	wie in „schön, Tisch", Bsp.: şeker
v	wie in „Wasser, Violine", Bsp.: vermek
y	wie in „jeder", Bsp.: yok
z	wie in „lesen, reisen", Bsp.: deniz

AUF EINEN BLICK

ja/nein/vielleicht	evet/hayır/belki
Bitte./Danke.	Lütfen./Teşekkür. (ederim) oder Mersi.
Entschuldige!/Entschuldigen Sie!	Afedersin!/Afedersiniz!
Ich möchte .../Haben Sie ...?	... istiyorum/... var mı?
Wie viel kostet ...?	... ne kadar? Fiyatı ne?
Das gefällt mir (nicht).	Beğendim./Beğenmedim.
gut/schlecht	iyi/kötü
kaputt/funktioniert nicht	bozuk/çalışmıyor
zu viel/viel/wenig	çok fazla/çok/az
alles/nichts	hepsi/hiç
Hilfe!/Achtung!/Vorsicht!	İmdat!/Dikkat!/Aman!
Krankenwagen/Polizei/Feuerwehr	ambulans/polis/itfaiye

BEGRÜSSUNG & ABSCHIED

Gute(n) Morgen!/Tag!/	Günaydın!/İyi Günler!/
Abend!/Nacht!	İyi Akşamlar!/İyi Geceler!
Hallo!/Auf Wiedersehen!	Merhaba!/Allaha ısmarladık!
Tschüss!	Hoşçakal (Plural: Hoşçakalın)/Bye bye!
Ich heiße ...	Adım ... oder İsmim ...
Wie heißen Sie?	Sizin adınız ne?/Sizin isminiz ne?
Wie heißt Du?	Senin adın ne?/Senin ismin ne?
Ich komme aus ...	... den/dan geliyorum.

Türkçe biliyor musun?

„Sprichst du Türkisch?" Dieser Sprachführer hilft Ihnen,
die wichtigsten Wörter und Sätze auf Türkisch zu sagen

DATUMS- & ZEITANGABEN

Montag/Dienstag/Mittwoch	Pazartesi/Salı/Çarşamba
Donnerstag/Freitag/Samstag	Perşembe/Cuma/Cumartesi
Sonntag/Werktag	Pazar/İş günü
Feiertag	Tatil Günü/Bayram
heute/morgen/gestern	bugün/yarın/dün
Stunde/Minute	saat/dakika
Tag/Nacht/Woche	gün/gece/hafta
Monat/Jahr	ay/yıl

UNTERWEGS

offen/geschlossen	açık/kapalı
Eingang/Einfahrt	giriş/garaj kapısı
Ausgang/Ausfahrt	çıkış/garaj çıkışı
Abfahrt (Abflug)/Ankunft	kalkış/varış
Toiletten/Damen/Herren	tuvalet (WC)/bayan/bay
(kein) Trinkwasser	içme suyu (değil)
Wo ist ...? / Wo sind ...?	Nerede ...?/ neredeler ...?
links/rechts	sol/sağ
geradeaus/zurück	ileri/geri
nah/weit	yakın/uzak
Bus/Straßenbahn/U-Bahn/Taxi	otobüs/tramvay/metro/taksi
Haltestelle/Taxistand	durak/taksi durağı
Stadtplan/(Land-)Karte	şehir krokisi/harita
Bahnhof/Hafen	istasyon/liman
Flughafen	havaalanı
Fahrplan/Fahrschein	tarife/bilet
einfach/hin und zurück	tek gidiş/gidiş dönüş
Ich möchte ein Auto mieten.	bir otomobil/araba kiralamak istiyorum.
Tankstelle	benzin istasyonu
Benzin/Diesel/bleifrei	benzin/dizel/kurşunsuz
Panne/Werkstatt	arıza/tamirhane

ESSEN & TRINKEN

Reservieren Sie uns bitte für heute Abend einen Tisch für vier Personen.	Lütfen bize bu akşama dört kişilik bir masa ayırın.
auf der Terrasse/am Fenster	terasta/pencere kenarında
Die Speisekarte, bitte.	Menü lütfen.
Könnte ich bitte ... haben?	... alabilir miyim lütfen?

Flasche/Karaffe/Glas	şişe/karaf/bardak
Messer/Gabel/Löffel	bıçak/çatal/kaşık
Salz/Pfeffer/Zucker	tuz/karabiber/şeker
Essig/Öl	sirke/zeytinyağı
Milch/Sahne/Zitrone	süt/kaymak/limon
kalt/versalzen/nicht gar	soğuk/fazla tuzlu/pişmemiş
mit/ohne Eis	buzlu/buzsuz
Wasser ohne/mit Kohlensäure	su/soda
Vegetarier(in)/Allergie	vejetaryan/alerji
Ich möchte zahlen, bitte.	Hesap lütfen.
Rechnung/Quittung/Trinkgeld	fatura/fiş/bahşiş

EINKAUFEN

Wo finde ich ...?	... nerede bulurum?
Ich möchte .../Ich suche ...	... istiyorum/... arıyorum
Brennen Sie Fotos auf CD?	CD'ye fotoğraf basıyor musnuz?
Apotheke/Drogerie	eczane/parfümeri
Bäckerei/Markt	fırın/pazar
Einkaufszentrum/Kaufhaus	alışveriş merkezi/bonmarşe
Lebensmittelgeschäft	gıda marketi/bakkal
Supermarkt	süpermarket
Kiosk	büfe/bayii
100 Gramm/1 Kilo	yüz gram/bir kilo
teuer/billig/Preis	pahalı/ucuz/fiyat
mehr/weniger	daha çok/daha az

ÜBERNACHTEN

Ich habe ein Zimmer reserviert.	Bir oda rezervasyonum var.
Haben Sie noch ...?	Daha ... var mı?
Einzelzimmer/Doppelzimmer	tek kişilik oda/çift kişilik oda
Frühstück/Halbpension	kahvaltı/yarım pansiyon
Vollpension	tam pansiyon
nach vorne/zum Meer	ön tarafta/denize bakan
Dusche/Bad	duş/banyo
Balkon/Terrasse	balkon/teras
Schlüssel/Zimmerkarte	anahtar/oda kartı
Gepäck/Koffer/Tasche	bagaj/bavul/çanta

BANKEN & GELD

Bank/Geldautomat	banka/ATM
Geheimzahl (PIN)	şifre
Ich möchte ... Euro wechseln.	... avro bozduracağım.
bar/ec-Karte/Kreditkarte	nakit/banka kartı/kredi kartı

Banknote/Münze	banknot/demir para
Wechselgeld	bozuk para

GESUNDHEIT

Arzt/Zahnarzt/Kinderarzt	doktor/diş doktoru/çocuk doktoru
Krankenhaus/Notfallpraxis	hastane/acil doktor
Fieber/Schmerzen/Durchfall/Übelkeit	ateş/ağrı/ishal/bulantı
Sonnenbrand	güneş yanığı
entzündet/verletzt	iltihaplı/yaralı
Pflaster/Verband	yara bandı/gazlı bez
Salbe/Creme	merhem/krem
Schmerzmittel/Tablette	ağrı kesici/hap

TELEKOMMUNIKATION & MEDIEN

Briefmarke/Brief/Postkarte	posta pulu/mektup/kartpostal
Ich brauche eine Telefonkarte.	Bir telefon kartı lazım.
fürs Festnetz	sabit hatlar için
Ich suche eine Prepaidkarte für mein Handy.	Bir hazırkart lazım cep telefonum için.
Wo finde ich einen Internetzugang?	İnternete nereden girebilirim?
Brauche ich eine spezielle Vorwahl?	Özel bir ön numara gerekiyor mu?
wählen/Verbindung/besetzt	çevirmek/hat/meşgul
Steckdose/Adapter/Ladegerät	priz/adaptör/şarj aleti
Computer/Batterie/Akku	bilgisayar/pil/akü
Internetanschluss/WLAN	internet bağlantısı/wireless
E-Mail/Datei/ausdrucken	(e-)mail (e-posta)/dosya/basmak

ZAHLEN

0	sıfır	15	on beş
1	bir	16	on altı
2	iki	17	on yedi
3	üç	18	on sekiz
4	dört	19	on dokuz
5	beş	20	yirmi
6	altı	21	yirmi bir
7	yedi	50	elli
8	sekiz	100	yüz
9	dokuz	200	iki yüz
10	on	1000	bin
11	onbir	2000	iki bin
12	oniki	10000	on bin
13	on üç	½	yarım
14	on dört	¼	çeyrek

REISEATLAS

Die grüne Linie ━━━ zeichnet den Verlauf der Ausflüge & Touren nach
Die blaue Linie ━━━ zeichnet den Verlauf der Perfekten Route nach

**Der Gesamtverlauf aller Touren ist auch in
der herausnehmbaren Faltkarte eingetragen**

Bild: Strand von Çeşme

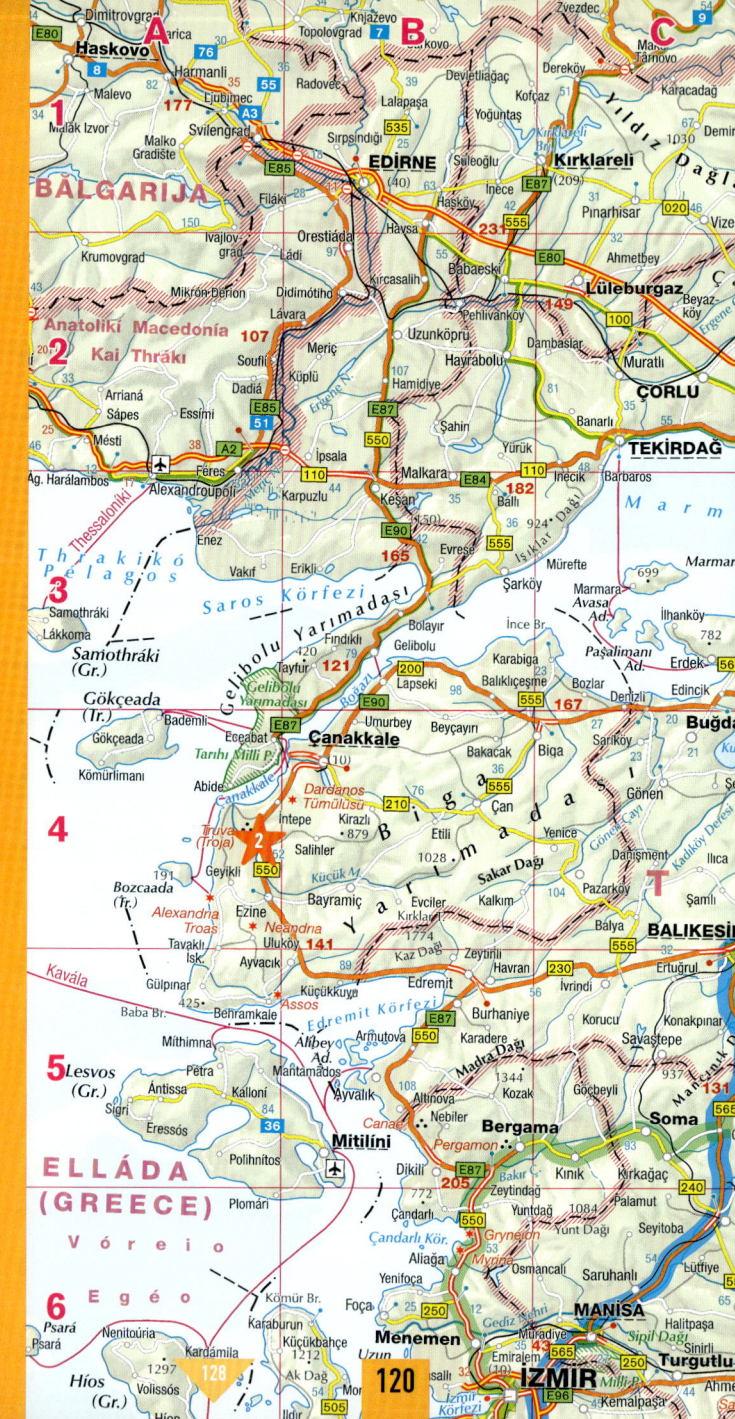

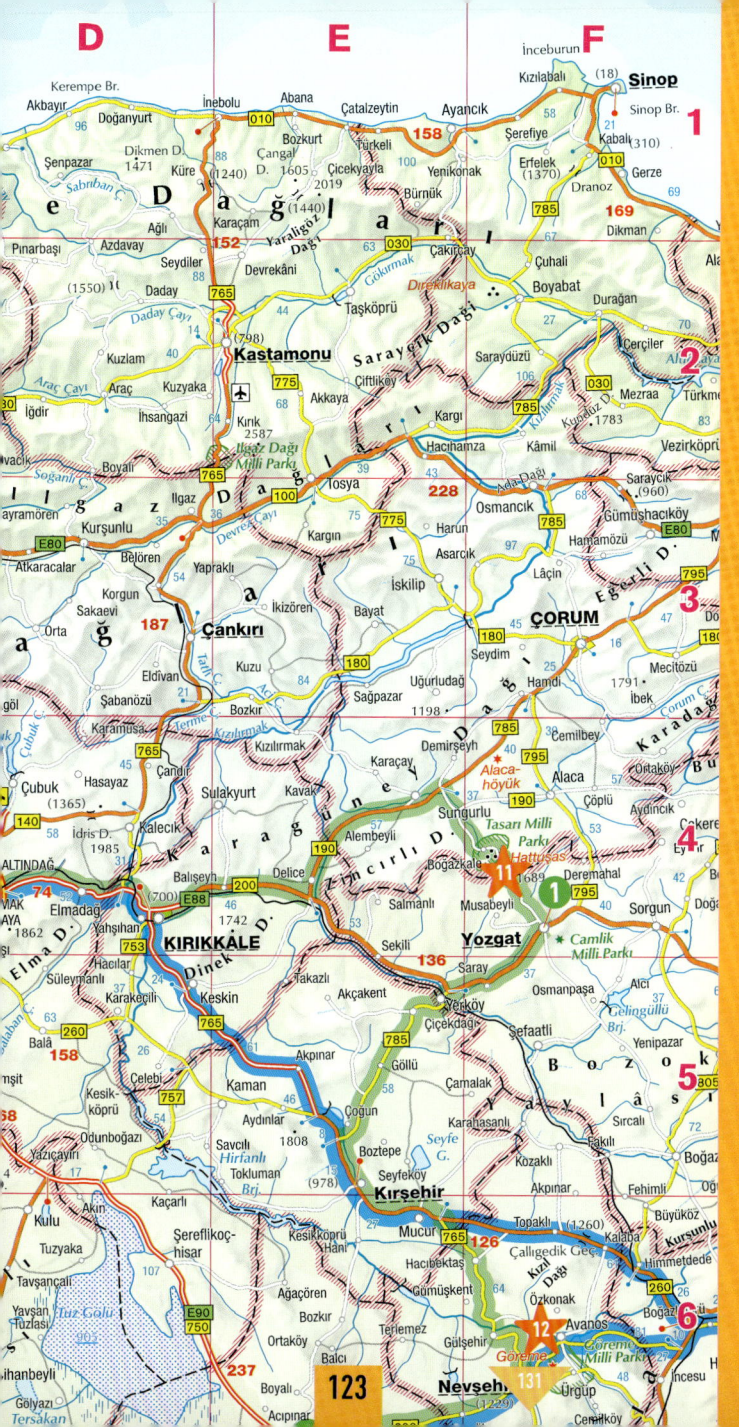

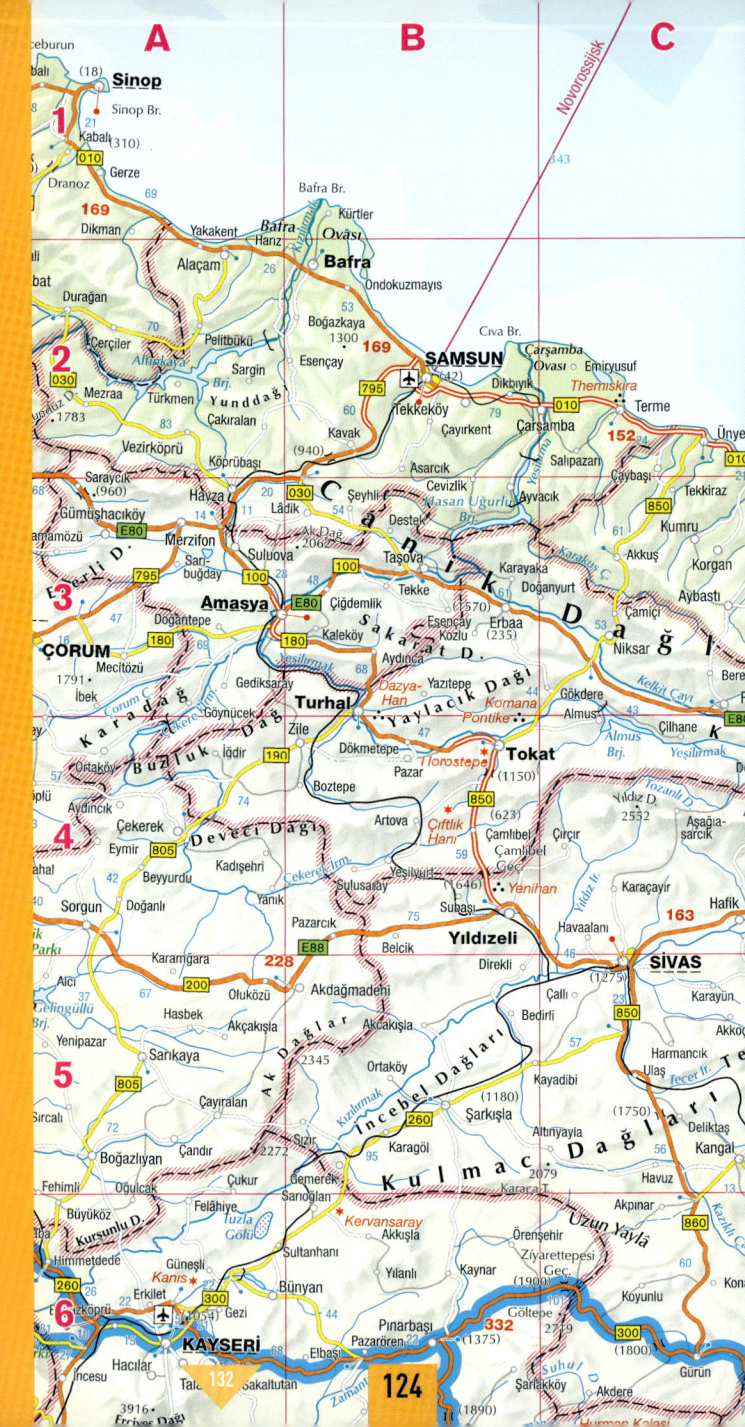

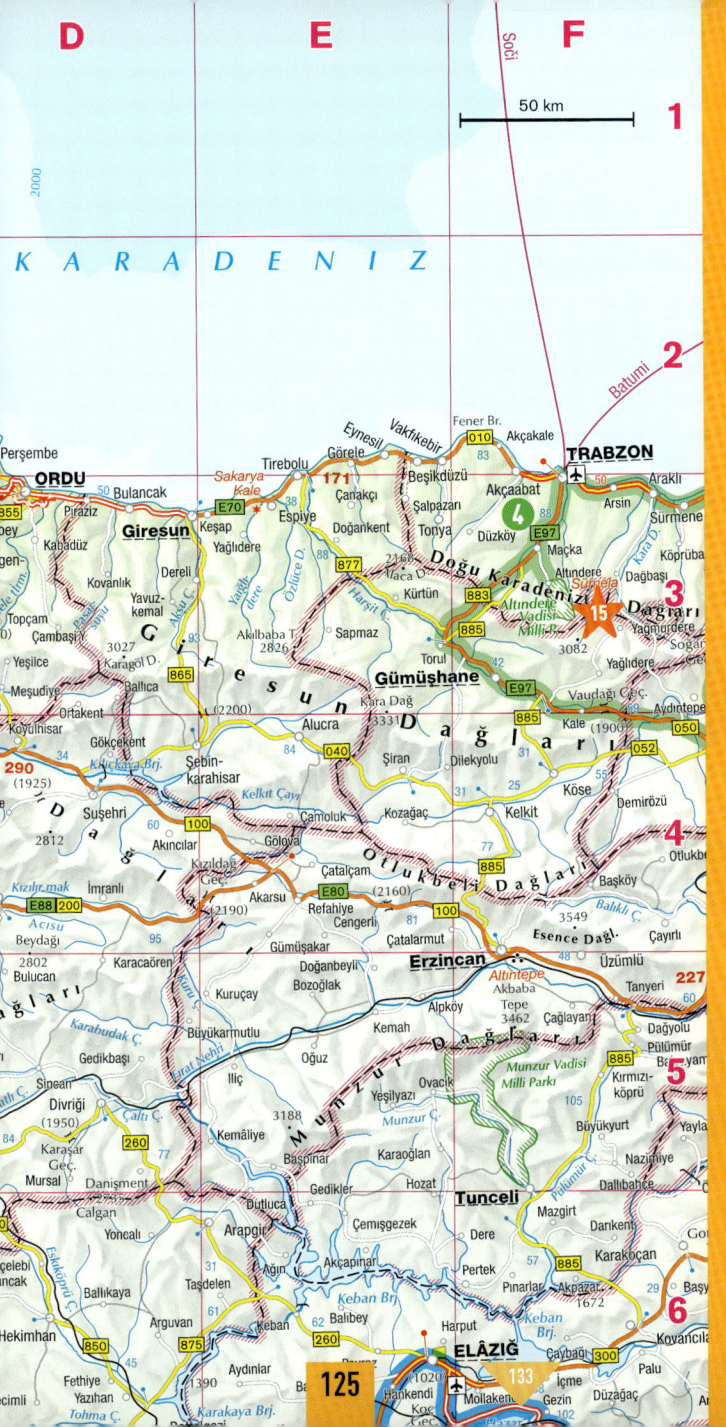

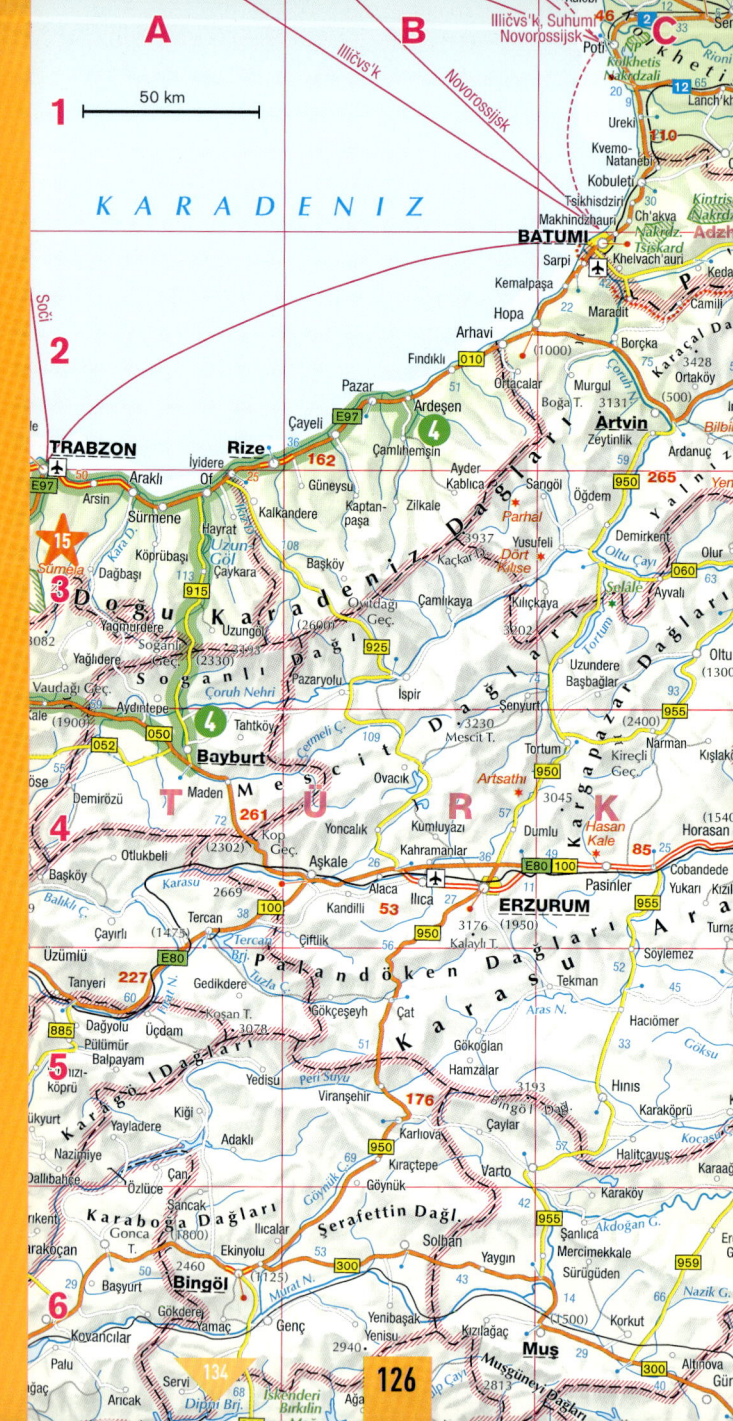

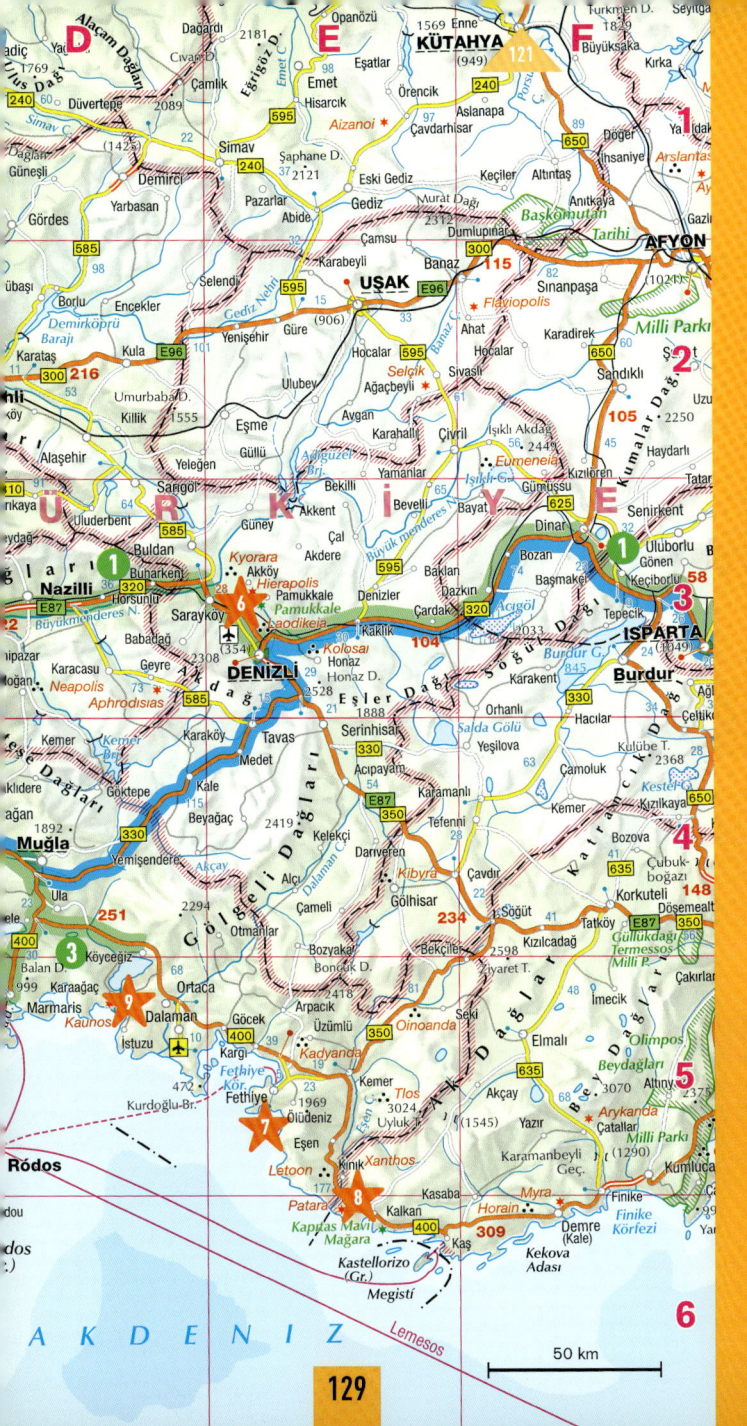

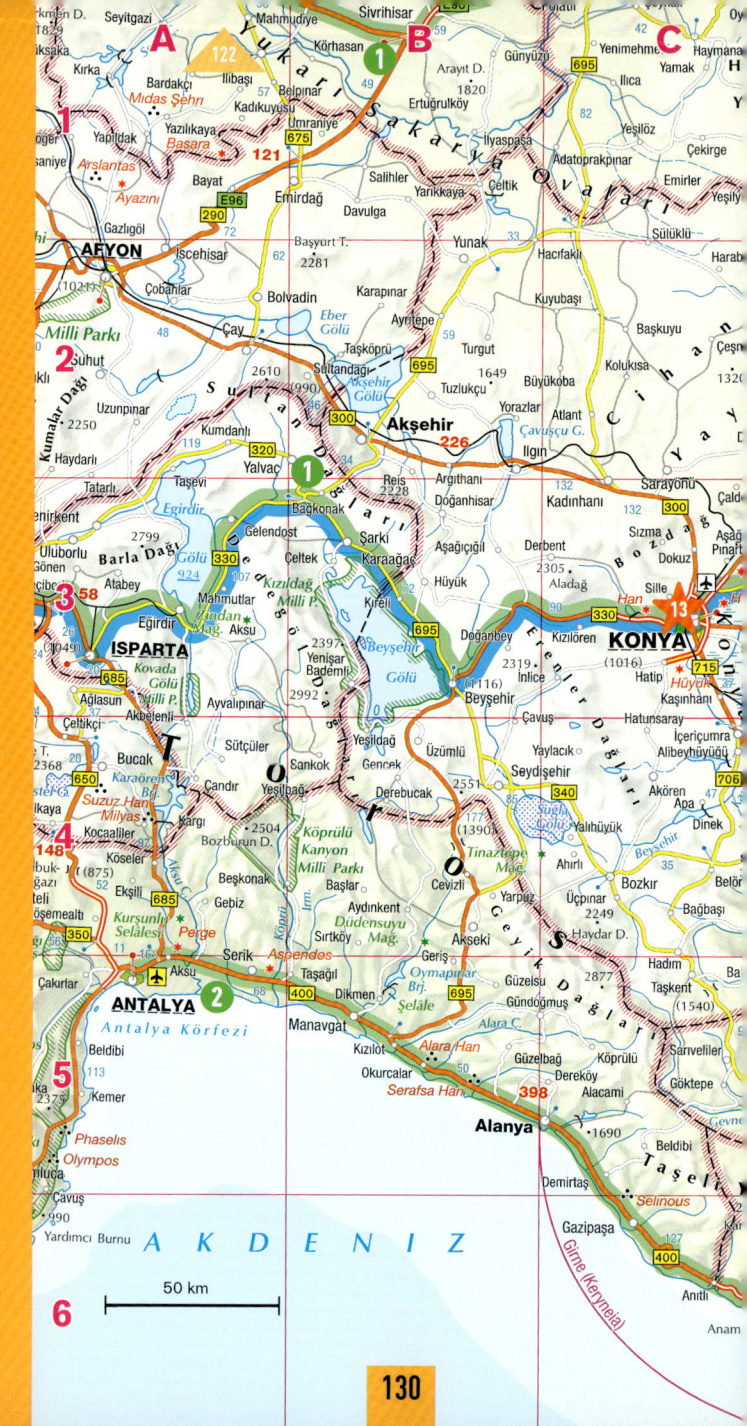

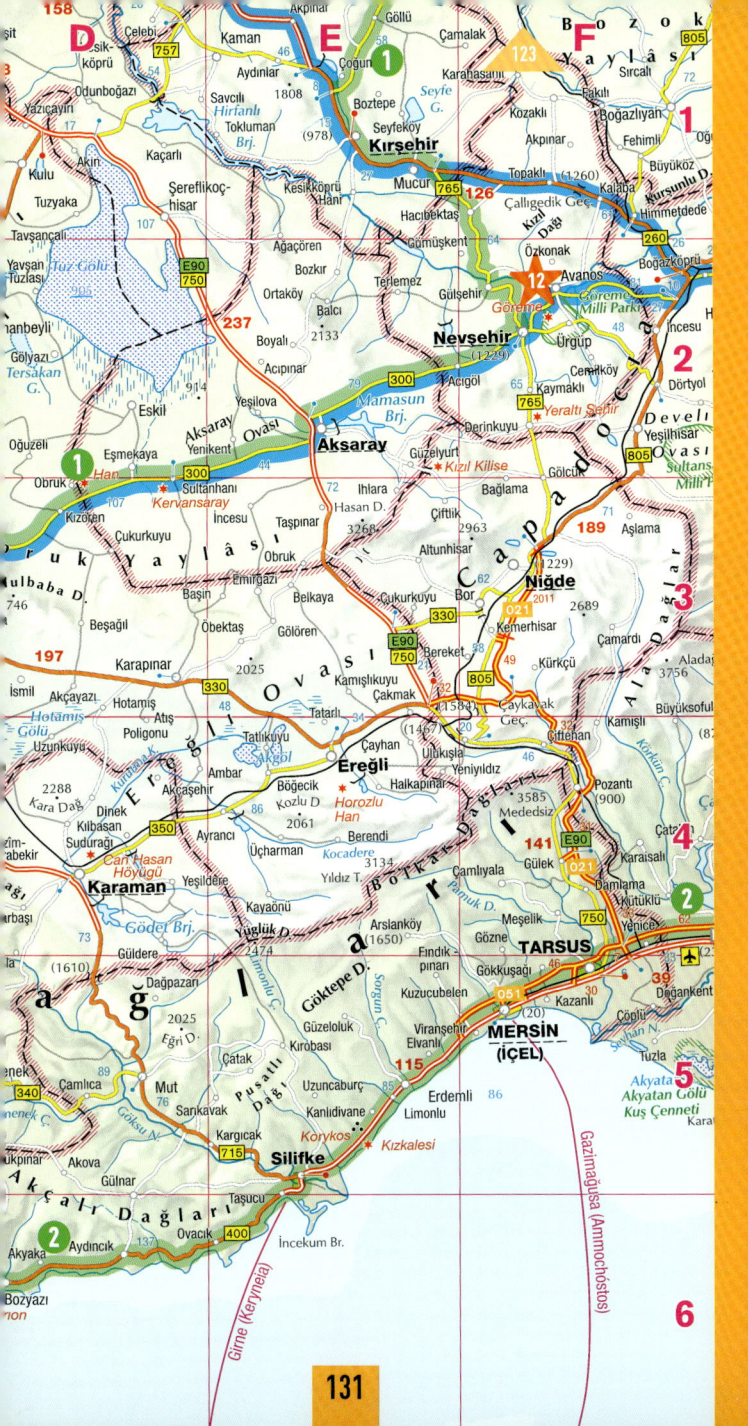

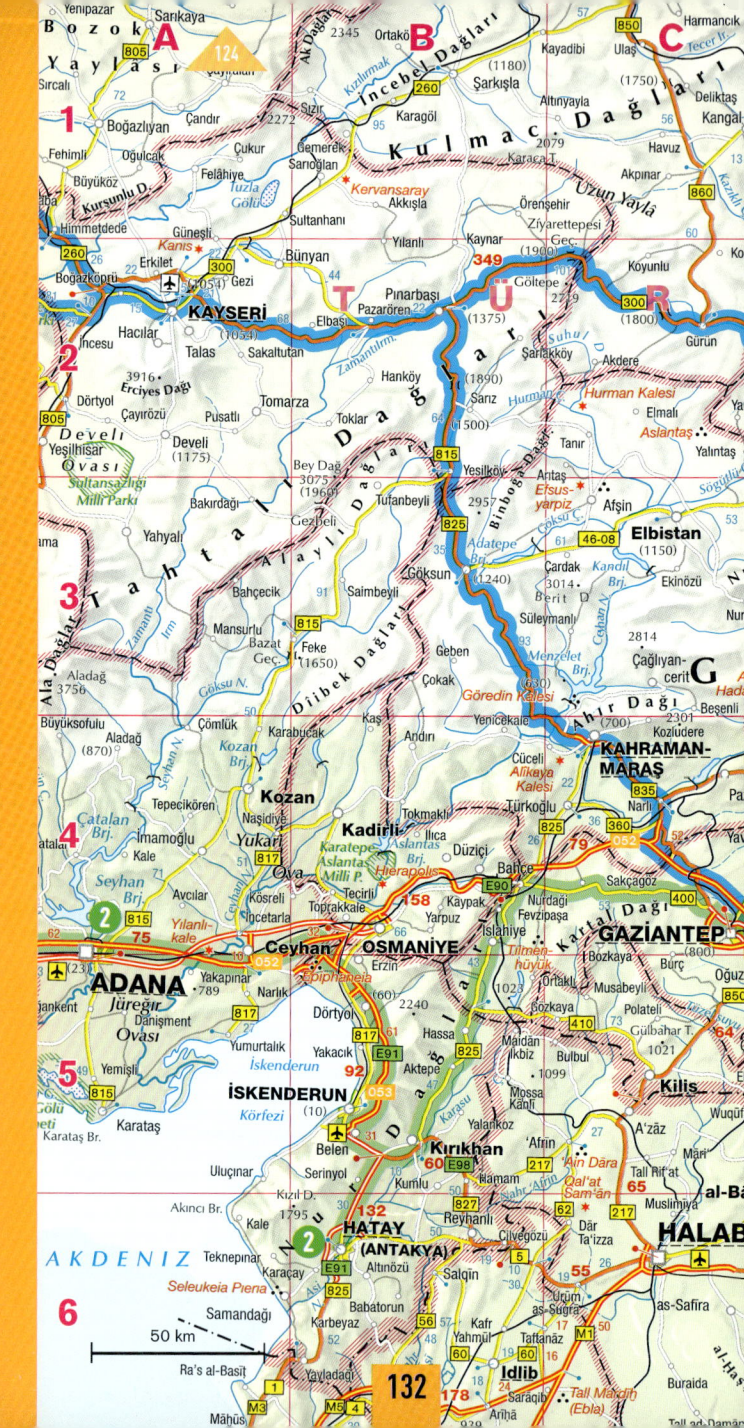

132

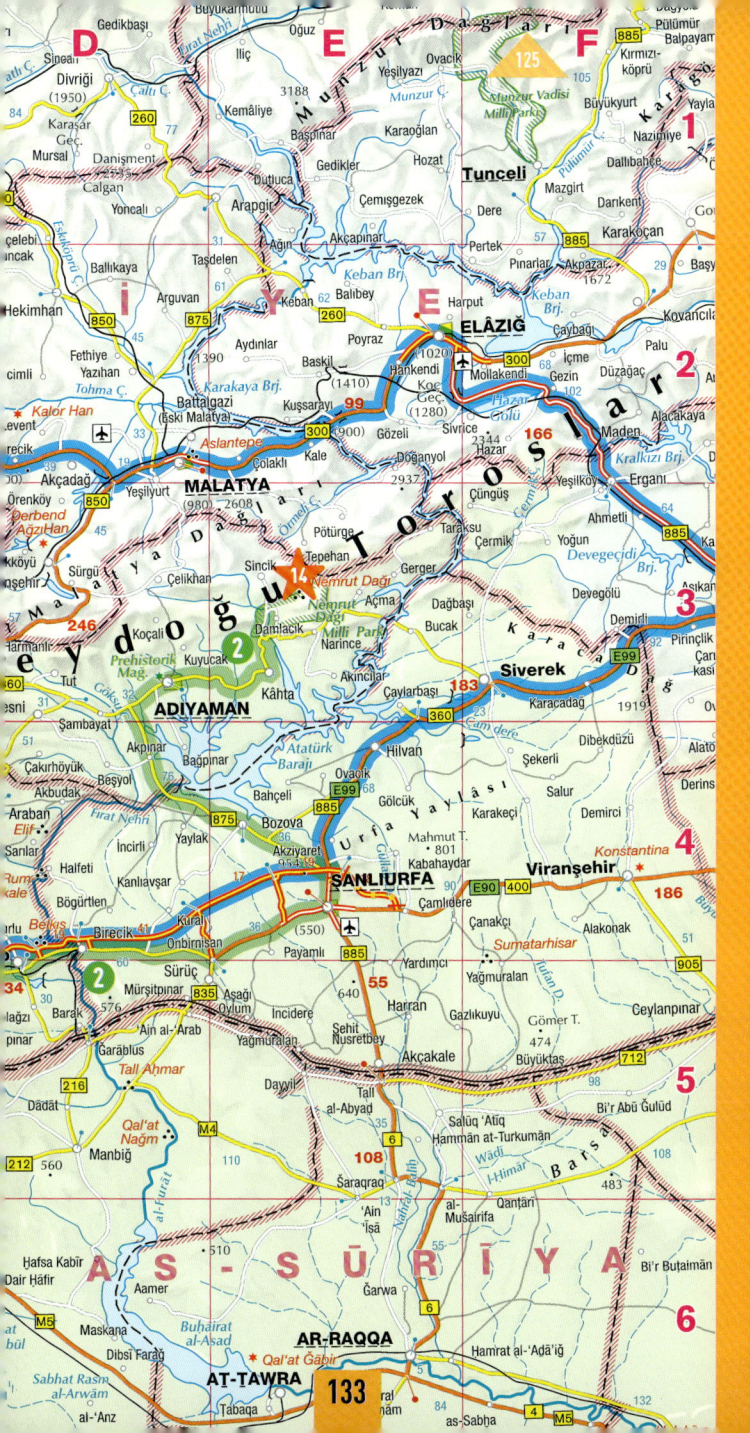

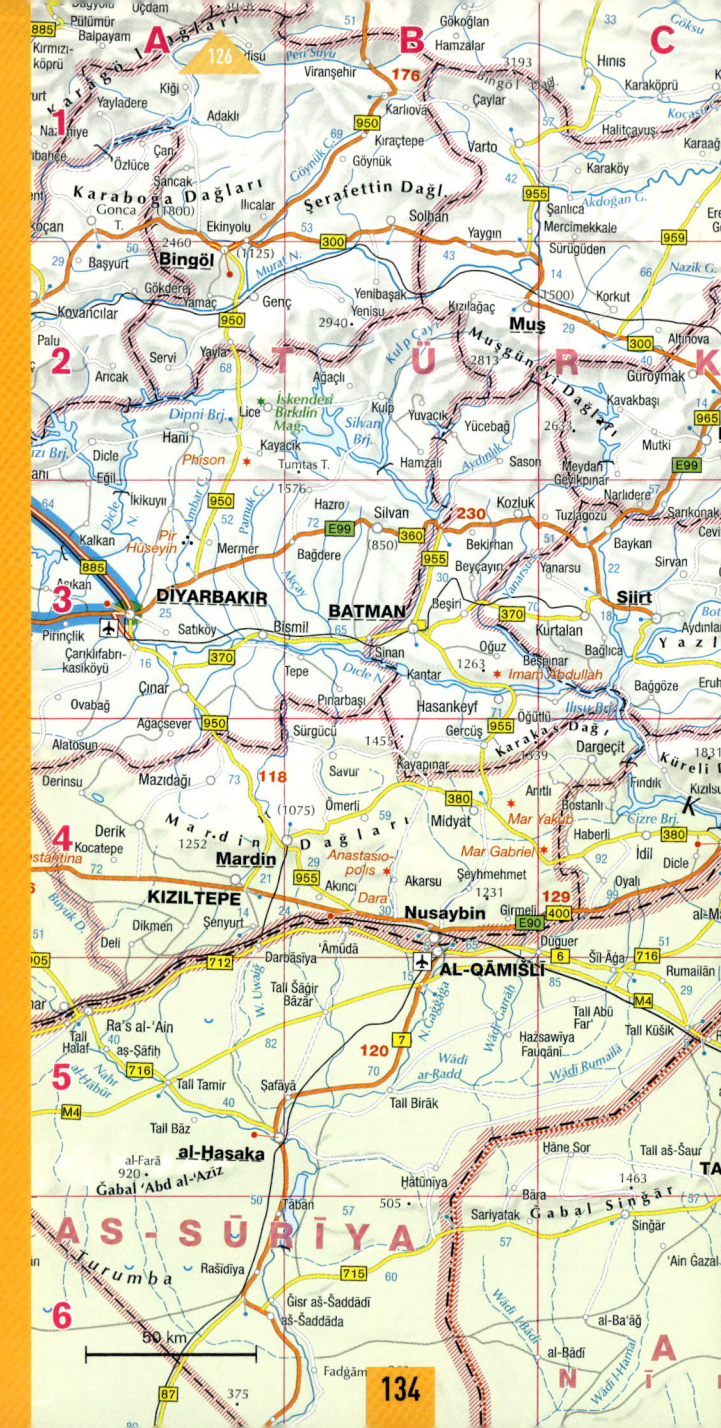

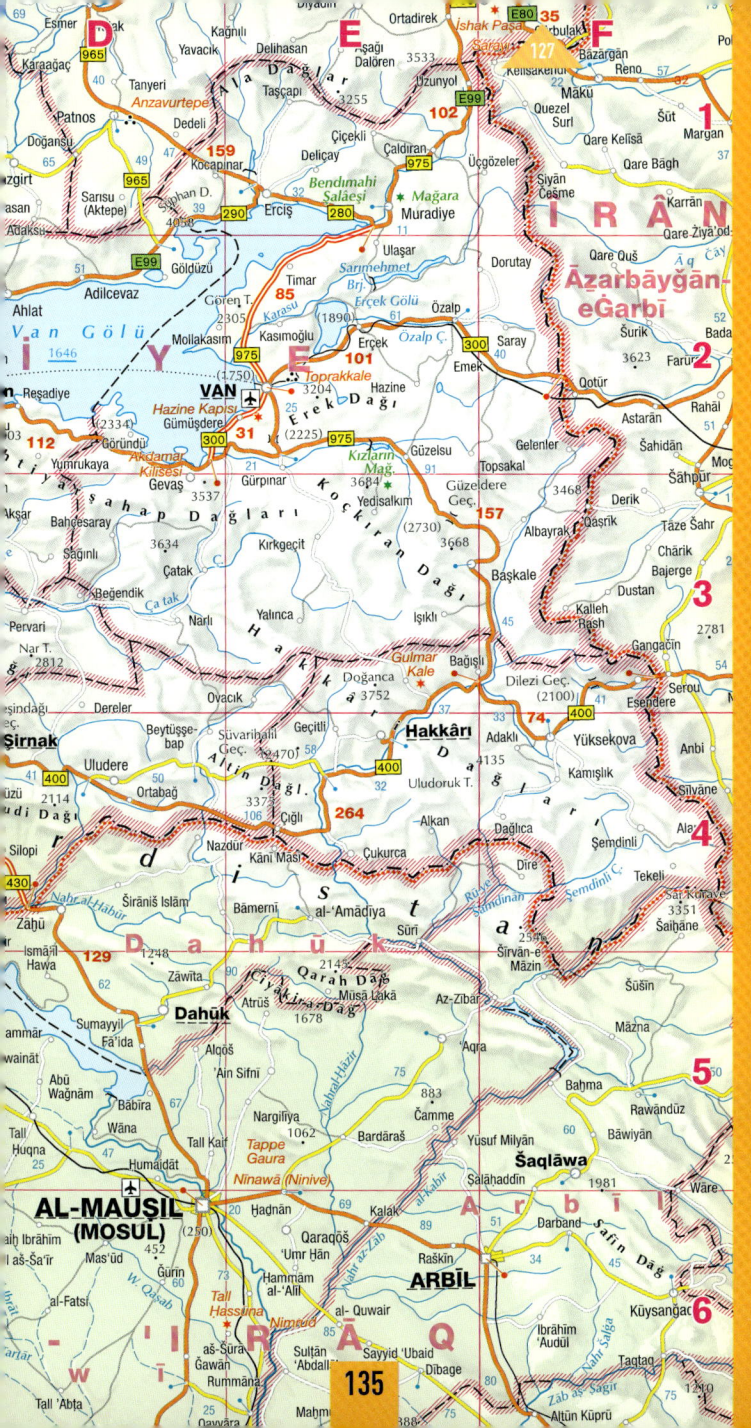

KARTENLEGENDE

Autobahn, mehrspurige Straße - in Bau Highway, multilane divided road - under construction		Autoroute, route à plusieurs voies - en construction Autosnelweg, weg met meer rijstroken - in aanleg
Fernverkehrsstraße - in Bau Trunk road - under construction		Route à grande circulation - en construction Weg voor interlokaal verkeer - in aanleg
Hauptstraße Principal highway		Route principale Hoofdweg
Nebenstraße Secondary road		Route secondaire Overige verharde wegen
Fahrweg, Piste Practicable road, track		Chemin carrossable, piste Weg, piste
Straßennummerierung Road numbering	E20 11 70 26	Numérotage des routes Wegnummering
Entfernungen in Kilometer Distances in kilometers	130 259 129	Distances en kilomètres Afstand in kilometers
Höhe in Meter - Pass Height in meters - Pass	1365	Altitude en mètres - Col Hoogte in meters - Pas
Eisenbahn - Eisenbahnfähre Railway - Railway ferry	··········	Chemin de fer - Ferry-boat Spoorweg - Spoorpont
Autofähre - Schifffahrtslinie Car ferry - Shipping route		Bac autos - Ligne maritime Autoveer - Scheepvaartlijn
Wichtiger internationaler Flughafen - Flughafen Major international airport - Airport	✈ ✈	Aéroport importante international - Aéroport Belangrijke internationale luchthaven - Luchthaven
Internationale Grenze - Provinzgrenze International boundary - Province boundary		Frontière internationale - Limite de Province Internationale grens - Provinciale grens
Unbestimmte Grenze Undefined boundary		Frontière d'Etat non définie Rijksgrens onbepaalt
Zeitzonengrenze Time zone boundary	-4h Greenwich Time -3h Greenwich Time	Limite de fuseau horaire Tijdzone-grens
Hauptstadt eines souveränen Staates National capital	**OSLO**	Capitale nationale Hoofdstad van een souvereine staat
Hauptstadt eines Bundesstaates Federal capital	**Nancy**	Capitale d'un état fédéral Hoofdstad van een deelstat
Sperrgebiet Restricted area		Zone interdite Verboden gebied
Nationalpark National park		Parc national Nationaal park
Antikes Baudenkmal Ancient monument	∴	Monument antiques Antiek monument
Sehenswertes Kulturdenkmal Interesting cultural monument	★ *Chambord*	Monument culturel interéssant Bezienswaardig cultuurmonument
Sehenswertes Naturdenkmal Interesting natural monument	★ *Gorges du Tarn*	Monument naturel interéssant Bezienswaardig natuurmonument
Brunnen Well	⌣	Puits Bron
Ausflüge & Touren Trips & Tours		Excursions & tours Uitstapjes & tours
Perfekte Route Perfect route		Itinéraire idéal Perfecte route
MARCO POLO Highlight	⭐1	MARCO POLO Highlight

ALLE **MARCO POLO** REISEFÜHRER

REGISTER

In diesem Register sind alle im Reiseführer erwähnten Orte und Ausflugsziele sowie einige wichtige Namen und Stichworte aufgeführt. Gefettete Seitenzahlen verweisen auf den Haupteintrag.

SPEKTRUM DER NATUR
BLV Intensivführer

Alpenpflanzen

Blumen, Gräser, Zwergsträucher

Dr. Elfrune Wendelberger

BLV Verlagsgesellschaft
München Wien Zürich

CIP-Kurztitelaufnahme der Deutschen
Bibliothek

Wendelberger, Elfrune:
Alpenpflanzen: Blumen, Gräser,
Zwergsträucher /
Elfrune Wendelberger. –
München; Wien; Zürich:
BLV Verlagsgesellschaft, 1984.
　(Spektrum der Natur)
　ISBN 3-405-12868-4

Bildnachweis

Apel: 90, 165, 184, 190, 194, 210
Eigstler: 28, 54, 57, 83, 104, 170/171,
　197, 206/207, 208
Eisenbeiss: 22, 26, 29, 31, 33, 34, 36, 40,
　44, 49, 55, 56, 60, 64/65, 81, 86, 91, 92,
　93, 99, 101 u, 109, 117, 130/131, 135,
　175, 186, 211, 213, 214, 217
Franz: 94/95
Hartl: 8, 30, 32, 37, 52, 63, 70, 74, 106,
　110, 138, 149, 152/153, 205, 212
Haslberger: 101 o, 201
Pforr: 27, 35, 48, 69, 87, 140, 196
Reinhard: 20/21, 38, 39, 46, 62, 67, 82,
　88, 97, 103, 116, 118, 122, 134, 156,
　163, 172, 176, 177, 180, 183, 187, 191,
　198, 199 r
Schacht: 23, 45, 51, 59, 76, 98, 105, 107,
　121, 128, 150, 155, 162, 164, 166, 168,
　200, 216

Seibold: 58, 111
Seidel: 47, 144, 147
Seidl: 25, 42/43, 61, 68, 146, 151, 157,
　159, 178/179, 181, 189, 199 l, 203
Wendelberger: 41, 73, 102, 120, 132,
　145, 148, 154, 160/161, 167, 192
Wolfstetter: 24, 53, 71, 79, 84, 85, 89, 96,
　112/113, 114, 119, 125, 133, 136, 139,
　141, 142/143, 158, 174, 182, 202
Wothe: 72, 75, 78, 124, 126, 127, 129,
　137, 173, 185, 188, 193, 195, 204, 209

Titelbild: Konrad Wothe; Moos-Steinbrech *(Saxifraga aspera* ssp. *bryoides)*

Zeichnungen: Reinhild Hofmann

Satz und Druck: Georg Appl, Wemding
Bindung: Großbuchbinderei Monheim

Printed in Germany · ISBN 3-405-12868-4

Inhalt

Zum Geleit

Der vorliegende Intensivführer wendet sich an jene interessierten Bergwanderer, die von den Alpenblumen mehr wissen wollen als nur ihre Namen. Erstmalig wurde deshalb von der rein systematischen Reihung abgesehen und die Gruppierung nach Lebensräumen vollzogen, wie wir sie in der Natur vorfinden. Das hat für den Benutzer des Buches den Vorteil, daß er etwa im Lebensraum einer Schutthalde schon ungefähr weiß, welche Art einer Gattung er hier wahrscheinlich erwarten kann. Beispielsweise wachsen ja in den Bergen nicht alle Steinbrech-Arten auf den gleichen Standorten zusammen, sondern es gibt welche, die Quellfluren besiedeln, andere in Felswänden, und wieder andere finden wir auf Schutthalden. Der Leser kann also eine erste Auswahl aus der Fülle der Möglichkeiten bereits anhand des Standortes treffen.

Die Beschreibung der Lebensräume soll einerseits helfen, sie in der Natur richtig anzusprechen, andererseits aber auch das Verständnis für die Eigenart der Alpenflora wecken, die sich an die unterschiedlichsten Bedingungen anpassen mußte. Die Standorte im Gebirge sind ja unvergleichlich mannigfaltiger als in der Ebene. Welch ein Unterschied ist allein durch die Lage zu den einfallenden Sonnenstrahlen gegeben. Während im Frühling am Nordhang noch tiefer Schnee liegt, ist der Südhang längst aper und von Blumen bedeckt. So ergibt sich aus der Kombination von Höhenlage, Sonnen- und Windexposition, Gestein und Feuchtigkeit, eine Vielzahl unterschiedlicher »Wohnmöglichkeiten« mit ihren speziell angepaßten Bewohnern.

In vorliegendem Führer wurde nur eine grobe Einteilung der Lebensräume vorgenommen, die immerhin die Anregung geben soll, sich mit den verschiedenen ökologischen Bedingungen einmal vertraut zu machen, sie zu beobachten und zu hinterfragen. In der Natur gibt es allerdings kein starres Schema, kein »Schubfach«, in dem die Pflanze auf alle Fälle drinnen bleibt. Die Übergänge sind fließend; neben ausgesprochen exklusiven Pflanzen, die wir immer in der gleichen Pflanzengesellschaft auf den gleichen Standorten vorfinden – der Botaniker nennt sie die »treuen Charakterarten« – gibt es auch solche, die wohl einen Lebensraum bevorzugen, aber durchaus auch an benachbarten oder ähnlichen Standorten zu finden sind.

Außer einer ersten Einführung in die Vegetationskunde soll dieser Naturführer auch noch eine Reihe von Zusatzinformationen bringen, die bei den jeweiligen Pflanzen besonders interessant sind. Das kann einmal aus dem Bereich der Blütenbiologie, ein andermal aus der Pflanzengeografie, der Heilpflanzenkunde oder der Kulturgeschichte sein.

Neben jeder Pflanze steht ihr gezeichnetes Porträt, das ihre Merkmale hervorhebt. Manchmal sind neben der abgebildeten und beschriebenen Art noch eine oder auch mehrere verwandte Arten erwähnt, mit oder ohne Abbildung und ohne Detailbeschreibung, wie das Buch überhaupt nicht den Anspruch auf absolute Vollständigkeit erhebt, sondern mit einer Anzahl von immerhin 171 Arten das Schwergewicht auf die charakteristischen Vertreter legt.

Vorliegender Naturführer will helfen, die Blumenwelt der Alpen kennenzulernen und zu verstehen; er will zu eigenen Beobachtungen anregen, und er soll beitragen, die farbenprächtigen Kleinodien zu bewahren.

Einteilung der Steckbriefe für die Arten

K = Kennzeichen
Größe, Gestalt, wichtige vegetative Merkmale an Wurzel,
Sproß und Blättern ■ Blütenbau, Blütenfarbe, Beschreibung von Früchten und Sa-
men ■ Blütezeit.

S = Standort
Lebensraum, Boden-
ansprüche, Höhenstufe.

V = Verbreitung
Weltweit, insbesondere aber
in Mitteleuropa.

Einführung

Kaum ein Bergwanderer bleibt von der farbigen Blütenpracht der Alpenblumen gänzlich unbeeindruckt, so gleichgültig er vielleicht auch zu Hause allem pflanzlichen Leben gegenüberstehen mag. In der freien und klaren Atmosphäre der Berge öffnen sich Herz und Sinne für diese kleinen Naturwunder, die zwischen nacktem Fels und ewigem Eis, auf Geröll oder sturmgefegten Kanten und kargen Weiden leben und blühen. So wird der Kontrast zwischen der wüsten Umgebung und der Farben- und Formenfülle dieser erstaunlichen Gewächse zum beglückenden Erlebnis. Begnügen wir uns damit, sie zu betrachten, und verzichten wir darauf, sie zu pflücken, denn unsere Alpenblumen sind in der Gegenwart in einem Ausmaß bedroht, wie noch nie in ihrer vieltausendjährigen Geschichte. Pflanzen, die Klimakatastrophen wie die Eiszeiten überstanden, oder die lange Wanderungen von einem Kontinent in den anderen hinter sich haben, sind heute am Rande des Aussterbens. Möge die Einsicht nicht zu spät kommen, daß zwar alles Menschenwerk rekonstruierbar ist, niemals aber ein Lebewesen der Schöpfung.

Entstehung und Herkunft der Alpenflora

Die Auffaltung im Tertiär

Wie mannigfaltig, wie reich und farbenfroh, vor allem aber wie verschieden von den Pflanzen der Niederungen sind doch unsere Alpenpflanzen! Wem dieser frappante Unterschied einmal bewußt geworden ist, dem drängt sich die Frage auf, woher sie dann kommen mögen, wenn rings um sie nichts ihresgleichen wächst. Wer diese Frage beantworten will, muß ganz weit in grauste Vorzeit zurückgreifen, bis ins sagenhafte Tertiär. Damals, vor etwa 50 Millionen Jahren, begann die Gebirgsbildung der Alpen. Von dem heutigen Europa lagen noch große Teile unter Wasser, Skandinavien war mit Grönland und Nordamerika verbunden, dieses wieder durch eine Landbrücke mit Zentral- und Ostasien. Aber auch der afrikanische Kontinent hing noch mit Südamerika zusammen, während die Sahara teilweise mit Wasser bedeckt war. Das Klima war wesentlich wärmer als heute, demzufolge bedeckte eine subtropisch-tropische Flora die Gebiete Mitteleuropas, die nicht unter der Meeresoberfläche lagen: Lorbeer und Tulpenbaum, Kampfer- und Zimtbaum, Magnolie und Dattelpalme und viele andere, heute teilweise auch schon ausgestorbene oder nur noch in südlichen Gegenden beheimatete Bäume bildeten die meist immergrüne Waldvegetation. In den feuchteren und kühleren Gebieten wuchsen Sumpfzypressen und Mammutbäume, auf den trockenen Standorten Palmen und echte Akazien. Die mittlere Jahrestemperatur lag bei 20 °C, also weit höher als heute. In niedrigen Lagen waren die Winter frostfrei.

In den Jahrmillionen aber waren inzwischen durch mehrfaches Übereinanderschieben der zahlreichen, nordwärts gerichteten Gesteinsdecken die Gebirgszüge der Alpen entstanden, und auf ihren Höhen wehte ein ganz anderer Wind als in der feuchtschwülen Atmosphäre der Niederungen. Starke Sonneneinstrahlung mit hohen, trockenen Tem-

9

peraturen wechselte mit Stürmen und plötzlichen Niederschlägen, und in den Nächten und im Winter gab es Frost! Nur wenige Pflanzen der Niederungen konnten diese extremen Bedingungen ertragen und sich an die veränderten Umweltbedingungen anpassen. Zu ihnen gehören die Soldanellen, die aus tertiären Waldprimeln hervorgegangen sind. Viele Arten blieben auf der Strecke und starben aus. Pflanzen aus Skandinavien, die am ehesten geeignet gewesen wären, das rauhe Klima zu ertragen, waren damals durch Meere und konkurrenzkräftige Tieflandvegetation von den Alpen getrennt. So kamen die Neubesiedler der Alpen überwiegend aus den umliegenden Gebirgen, dem Balkan-Gebirge, den Karpaten, Apenninen, Pyrenäen, die ebenso alt oder älter als die Alpen sind und zu dieser Zeit noch mit alten afrikanischen und asiatischen Gebirgen in Verbindung standen.

Die meisten der damaligen Alpenpflanzen stammten jedoch ursprünglich aus Zentral- und Ostasien. Besonders der uralte Gebirgstock des Altai war ein Bildungszentrum ersten Ranges für viele Arten. Die Vegetation der Hochländer Asiens war schon damals steppenartig; heute noch reichen Kältesteppen im Inneren Asiens bis hoch in die Gebirge, bis an die Hochgebirgswiesen, vielfach ohne Waldgürtel dazwischen. Steppen- und Gebirgspflanzen entwickeln aber ähnliche Anpassungen: an Temperaturextreme, an die Trockenheit, den Wind, an starke Sonneneinstrahlung. Zu den bekanntesten Einwanderern aus Zentral- und Ostasien gehören Alpenrosen und Enzian, Primel und Eisenhut, Edelraute und Akelei. Dazu kommen die Arten, die aus dem mediterranen Raum und Nordafrika stammen, wie Krokus und Narzisse, Glockenblume und Wundklee. Andere wieder haben ihre Verwandten noch weiter südlich, im Kapland, wie unsere Erika. Gleichfalls aus Afrika stammt das duftende Steinröserl, die Buchskreuzblume oder die Kugelblumen. Den weitesten Weg aber haben wohl Arnika und Bärentraube zurückgelegt, die über Asien aus Amerika eingewandert sind.

Die Eiszeiten

Die Alpen waren also schon früh von einer überaus artenreichen Flora besiedelt, die uns nur zum Teil bis heute erhalten blieb. Als eine Naturkatastrophe unvorstellbaren Ausmaßes kamen nämlich die Eiszeiten. Das ging ganz allmählich vonstatten: Gegen Ende des Tertiärs wurde das Klima langsam kühler, gleichzeitig mit dem Sinken der Temperaturen traten erhöhte Niederschläge auf. Schneereiche Winter ließen die Gletscher anwachsen, kühle Sommer konnten sie nicht mehr auftauen. So wuchsen die Gletscher langsam durch die Täler und über diese ins Vorland hinaus und begruben die gesamten Alpen unter ihren Eismassen. Auch die höheren Mittelgebirge, der Schwarzwald, die Vogesen, der Bayerische Wald, waren damals vergletschert. Von Norden jedoch rückte das Inlandeis in einer mächtigen Front über die Nord- und Ostsee heran. Dazwischen blieb lediglich ein 300–400 km breiter Zwischengürtel, der von einer baumlosen Kältesteppe bedeckt war.

Die Vegetation dieses von Eis heimgesuchten Lebensraumes konnte auf dreierlei Arten reagieren: auswandern, anpassen oder aussterben. Vor den Gletschern her wanderten die Alpenpflanzen in die Ebene und wichen an den Rand der vergletscherten Gebiete aus. Noch heute ist der Alpenostrand, sind die südlichen Randketten der Alpen, die Westalpen, aber auch die bayerischen Moore und die randnahen Mittelgebirge besonders artenreich, weil sich in diesen Randrefugien einst die zufluchtsuchenden Arten zusammendrängten. An günstigen Stellen konnten auch im Alpeninneren oberhalb der Gletscher Pflanzen überleben, an herausragenden Klippen und windgefegten Graten, wo der Schnee nicht liegenbleiben konnte. Diese Zufluchtstätten, mit einem Eskimowort »Nunatakker« genannt, gibt es heute noch in den Alpen, etwa am Dachstein oder Großglockner, wo weit über der Schneegrenze in Spalten und Schründen hochalpine Nivalpflanzen überleben.

Nur wenigen, anspruchsvolleren Arten des wärmeren Tertiärs gelang die Flucht bis in die balkanischen Gebirge, in die Berge des Pontus und Kaukasus. In Europa wirkten sich die ostwestziehenden Alpen verhängnisvoll aus: Wie ein quergestellter Sperriegel verhinderten sie, daß die Pflanzen aus dem mitteleuropäischen Raum nach Süden ausweichen konnten. Das war das Todesurteil für einen Großteil der wärmeliebenden tertiären Waldflora. Anders in Ostasien und Nordamerika, wo die Gebirge sich in nordsüdlicher Richtung erstrecken und die Pflanzen an den Gletschern vorbei unbeschränkt hin- und herwandern konnten. Damit erklärt sich auch, warum die europäische Flora heute wesentlich artenärmer ist als die nordamerikanische.

Aber die Eiszeit hat in Europa nicht nur Arten ausgemerzt: Es trafen sich in dem eisfreien Zwischengürtel auch Flüchtlinge aus der Arktis und aus Sibirien, aus dem Altai-Gebirge und über alte, nicht mehr bestehende Landverbindungen sogar aus Nordamerika mit den ursprünglichen Alpenpflanzen. Das Klima änderte sich ständig im Laufe vieler Tausend Jahre, auf wärmere Zeiten folgten wieder kältere und in dem ständigen Wechsel der Eis- und Zwischeneiszeiten vermischten sich die Flüchtlinge.

Als das Eis endgültig schmolz, besiedelten viele Pflanzen wohl ihre ursprünglichen Wohngebiete, manche wanderten aber auch in eine neue Heimat ein: Arktische Arten stiegen empor ins Hochgebirge, Alpenpflanzen wanderten in die Arktis! So ist der vergißmeinnichtblaue Himmelsherold arktischer Herkunft, der Allermannsharnisch stammt aus dem Altai, die Gamsheide aus Nordamerika und das berühmte Edelweiß aus den sibirischen Steppen!

Der Einfluß des Menschen auf die Alpenflora

Waren es bis jetzt nur geologische und klimatische Ereignisse, die das Dasein der Alpenflora beeinflußten, so tritt nach Rückgang des Eises erstmals auch der Mensch auf, beansprucht den Alpenraum und verändert die Vegetation. Schon der prähistorische Mensch rodete und brannte den Wald und ließ dessen ausgedehntes Areal immer mehr schrumpfen. Besonders seit dem Mittelalter wird der Einfluß des Menschen immer deutlicher! Unterhalb der höhenmäßig bedingten Waldgrenze breiten sich heute Äcker, Wiesen, Weiden und Siedlungen aus anstelle der früher zusammenhängenden Wälder. Die obere Waldgrenze wurde herabgedrückt zugunsten der Almwirtschaft, und um Holz für die Hüttenindustrie, für Bau- und Brennzwecke zu gewinnen. So nehmen die saftig grünen Alpenmatten den Platz des gerodeten Bergwaldes ein, denn natürliche Wiesen und Weiden gibt es in den Alpen nur oberhalb der Baumgrenze. Es sind dies die hochalpinen Rasen, die oft bis zu den Gletschern heranreichen. Weil aber auf den Steilhängen das Holz schwierig zu Tal gebracht werden konnte, wurde der Wald bis in die nahe Vergangenheit überaus unpfleglich in großen Kahlschlägen genutzt. Lawinen, Wildbäche und Muren waren die Folge. Wohl wurden bei uns die Gefahren frühzeitig erkannt und die Waldbesitzer gesetzlich verpflichtet, die kahlgeschlagenen Hänge wieder aufzuforsten, aber die gleichartigen, gleichförmigen Monokulturen waren nur ein kläglicher Ersatz, waren anfällig für Sturm und Schneedruck und Schädlinge. Auf den neu geschaffenen Standorten, den Almwiesen und Weiden, konnten nur solche Pflanzen gedeihen, die den Schnitt, die intensive Beweidung und Düngung ertrugen. Unter Konkurrenzdruck entwickelten viele dieser Arten hochspezialisierte, angepaßte Sippen.

Seit etwa 200 Jahren ist auch der Tourismus ein nicht zu unterschätzender Faktor, der die Alpenflora beeinträchtigt. Wenn aber bis vor wenigen Jahrzehnten das Pflücken und Ausgraben der Alpenblumen für den Bestand der Arten ziemlich bedeutungslos war, weil sich der Fremdenverkehr auf wenige erschlossene Gebiete beschränkte, so hat sich das im Zeitalter des Massentourismus, der Bergstraßen, Gondelbahnen, Lifte und Pisten entscheidend geändert. Kein noch so abgelegenes Alpental bleibt nunmehr verschont, kaum ein Gipfel, auf den nicht eine »Aufstiegshilfe« führt. So sind schon viele, früher durchaus häufige Pflanzen verschwunden. Vor allem die symbolträchtigen, wie Edelweiß und Enzian, Kohlröserl und Aurikel, die als Nachweis eines zweifelhaften Alpinismus unbedingt mitgenommen werden, kann man fast schon nur mehr auf unzugänglichen Standorten finden. Andere Alpenblumen, wie die Arnika und die hochwüchsigen En-

ziane, wurden und werden wegen ihrer Heilwirkung gesammelt. Dies bedeutet bei der heutigen Bevölkerungsdichte eine echte Gefahr für den Weiterbestand der Arten, denn die Pflanzen verlieren ja mit ihren Blüten die Fortpflanzungs-Chance. Mindestens ebenso katastrophal wie der Massentourismus aber wirkt sich die intensive Landwirtschaft auf die Alpenflora aus. Um in dem unebenen Gelände mit Maschinen arbeiten zu können, werden die buckligen Almwiesen mit Schubraupen planiert und danach irgendeine Futtergrasmischung angesät. Um den Ertrag zu steigern wird selbst in Naturschutzgebieten, wie der für ihre Flora weltberühmten Seiser-Alm in den Dolomiten, tonnenweise Kunstdünger ausgebracht! Nun sind aber die meisten Alpenblumen ausgesprochen düngerfeindlich und gedeihen nur auf mageren, kargen Böden. Schon eine einzige Düngergabe bringt Kohlröserl und Schwefelanemonen, Arnika und Katzenpfötchen zum Verschwinden. Übrig bleiben dann nur – neben fettem Gras – die düngerliebenden Hahnenfüße und Trollblumen. Das totale Pflückverbot in den Naturschutzgebieten wird zur Farce, wenn gleichzeitig durch großflächige Kunstdüngung das ganze Biotop so verändert wird, daß es den Alpenblumen keine Existenzmöglichkeit mehr bietet.

Ähnlich verheerend wirken sich die Skipisten aus: Nicht nur durch Planieren und Einsäen von standortfremder Grasmischung, sondern durch mechanische und chemische Schädigung der Vegetation, die so tiefgreifend ist, daß nach der Meinung von Kennern auch noch nach 100 Jahren diese Wunden in der Landschaft zu sehen sein werden. Wollen wir die einzigartige Alpenflora der Nachwelt erhalten, ist es hohe Zeit, dem Ausverkauf der Alpenlandschaft endlich Einhalt zu gebieten.

Die Umwelt der Alpenpflanzen

Temperatur und Licht

Die Formenfülle der Alpenflora und ihre Unterschiede zur Tieflandvegetation sind nur aus ihrer Umwelt heraus zu verstehen, die rauher, feindlicher und härter ist als in der Ebene, und der sich die Pflanzen anpassen mußten. Wohl der auffallendste klimatische Unterschied liegt in der zunehmenden Kälte. Man rechnet mit einer Temperaturabnahme von rund 1 °C je 250 m Höhenunterschied. Da viele Lebensvorgänge, vor allem das Wachstum, von einer bestimmten Minimalwärme abhängig sind, spielt die Temperatur im pflanzlichen Leben eine entscheidende Rolle. Die geringere mittlere Lufttemperatur wird allerdings besonders an den Südhängen durch eine bedeutend höhere Wärmeeinstrahlung teilweise ausgeglichen. Höhere Wärmeeinstrahlung bei Tag – bedingt durch das geringere Wärmeabsorptionsvermögen der dünneren Luftschicht – bedeutet jedoch auch höhere Wärmeausstrahlung bei Nacht. Krasse Temperaturextreme innerhalb von 12 Stunden sind die unvermeidliche Folge davon. In windstillen, klaren und trockenen Nächten kann die Temperatur sogar während der Wachstumsperiode im Sommer unter den Nullpunkt sinken, Alpenpflanzen müssen daher in der Regel frosthart sein.

Parallel zur Wärmeeinstrahlung nimmt mit der Höhe auch die Helligkeit zu. Und das nicht nur mengenmäßig, sondern auch qualitativ, weil der Anteil an ultraviolettem Licht größer wird. Deutlicher als in der Ebene ist in großen Höhen auch der Unterschied zwischen Licht und Schatten, weil in der dünnen, trockenen Atmosphäre weniger Licht gestreut wird. Der hohe Lichtgenuß ermöglicht den Pflanzen trotz der niedrigen Temperaturen zu assimilieren. Gegen allzu intensives UV-Licht schützen sie sich allerdings mit Pigmenten und Haaren. Schließlich ist der hohe UV-Anteil des Lichts auch Urheber des schönsten Erscheinungsbildes unserer alpinen Flora: der intensiv leuchtenden Blütenfarbe.

Niederschläge

Gelangen feuchte Luftmassen in die Nähe von Gebirgen, müssen sie aufsteigen, kühlen dabei ab und geben das Wasser ab. Daher nehmen die Niederschläge mit der Höhenlage kontinuierlich zu. Werden die Regenwolken von den Randketten abgefangen und »entleert«, bleibt für das Alpeninnere nicht mehr viel übrig. Deshalb sind die inneralpinen Täler vor allem in den Zentralalpen ausgesprochen trocken. Trotz der großen Niederschlagsmengen in höheren Lagen ist die Luft im Gebirge trocken, weil die dünnere und kältere Luft nur wenig Wasser aufnehmen kann. Ebenso wie die Niederschläge zunehmen, steigt auch die Schneebedeckung mit der Höhenlage an, so daß für die dort lebenden Pflanzen die Vegetationszeit oft drastisch verkürzt wird. Nicht nur, daß sehr viel mehr Schnee fällt als in der Ebene, er fällt auch viel früher und schmilzt später. Ausgenommen davon sind natürlich die sonnseitigen Steilhänge. Wo der Schnee schließlich in horizontaler Fläche ganzjährig liegen bleibt, beginnt die Schneegrenze. Sie liegt in den nördlichen Alpen zwischen 2400 m und 2700 m, in den Zentralalpen zwischen 2700 m und 3200 m.

Blütenpflanzen können nur an Standorten gedeihen, die wenigstens 1–2 Monate schneefrei sind.

Andererseits wirkt die dicke Schneedecke isolierend, so daß der Boden darunter kaum jemals richtig gefroren ist. Sie schützt damit die Pflanzen vor Frost und Trockenheit. Schnee ist aber auch ein Wasserspeicher auf Vorrat: Allmählich nur schmilzt er und gibt die lebensnotwendige Feuchtigkeit so ab, daß sie für die Pflanzen auch nutzbar ist. Im Schnee sammelt sich auch unglaublich viel angewehter Staub, der beim Schmelzen dann wie eine Mineralstoffdüngergabe wirkt. Bei allzulanger Schneebedeckung kommt es zu einem vermehrten Parasitenbefall, vor allem durch Pilze, die im feuchten Dunkel unter dem Schnee besonders gut gedeihen. Speziell die Nadeln und Äste von Fichten, Zirben und Latschen werden befallen und sterben ab. So kann man am Pilzbefall sogar im Sommer die Höhe der winterlichen Schneebedeckung ablesen. Ausgesprochene »Schneelöcher« sind daher auch baumfrei.

Wind

Der weitaus gefährlichste Gegner des pflanzlichen Lebens im Gebirge ist jedoch der Wind, der ebenso wie Kälte und Niederschläge mit der Höhe zunimmt, da die Luftgeschwindigkeit in Bodennähe durch Reibung vermindert wird. Infolge der ständigen Luftbewegung leben die Alpenpflanzen trotz der hohen Niederschläge in einem ausgesprochen trockenen Klima, weil der Wind die Verdunstung gewaltig erhöht. Er dörrt nicht nur den Boden aus, sondern entzieht den Pflanzen direkt aus den Spaltöffnungen das Wasser. Ganz besonders ungünstig wirkt es sich aus, wenn der Boden gefroren ist, die Pflanze mit den Wurzeln also kein Wasser nachschaffen kann.

Dazu kommt noch die mechanische Wirkung des Windes: Er entwurzelt Bäume und Sträucher, stutzt sie durch Trieb- und Knospenschädigungen derart zurecht, daß regelrechte »Windfahnen« entstehen, rasiert mit seinem Sand- und Schneegebläse Polsterpflanzen, reißt Stufen in Zwergstrauchheiden, Anrisse und Windfurchen in hochalpine Rasen. Allerdings weht er die oft sehr kleinen und leichten Samen der Alpenpflanzen weithin in Ritzen und Spalten, auf Hochflächen und Anrisse und erhöht damit ihre Chance, ein Keimbett zu finden.

Spezielle Anpassungen an die Umweltbedingungen

Um in diesen extremen Umweltbedingungen zu überleben, haben die Alpenpflanzen verschiedene Anpassungen entwickelt. Gegen den Frost schützen sie sich durch einen hohen Zuckergehalt des Zellsaftes, der den Gefrierpunkt herabsetzt. Dabei ermöglicht ihnen die hohe Lichtintensität sehr viel Zucker zu bilden, der bei niedrigen Temperaturen nicht gänzlich in Stärke umgewandelt wird.

Eine weitere sehr wichtige Anpassung ist der Zwergwuchs. Damit nützen die Gewächse die im Gebirge besonders ausgeprägte Bodenwärme besser aus, sind windgeschützt und ihre kleinen Oberflächen können weniger Wärme abgeben. Alpenpflanzen sind somit oft die kleinsten Vertreter ihrer Gattung, richtige Pygmäen, wie etwa einige winzige Enzian-Arten (Schnee-Enzian, Zarter Enzian und Zwerg-Enzian), aber auch der arktische Zwerg-Hahnenfuß, die hochalpinen Soldanellen und Löwenzahn-Arten. Auch bei den Bäumen heißt die Parole gegen den Sturm: »hinlegen«! Nadelhölzer bilden Kleinformen aus wie den Zwergwacholder oder die Latschen. Laubbäume legen sich spalierartig an die Felsen, krallen sich mit ihren Wurzeln in die Erde, wie die niederliegenden Weidenzwerge. Krautige Pflanzen bilden sturmfeste Rosetten; andere schließen sich zu dichten Polstern zusammen, wobei ein Zweiglein das andere schützt, das ganze Polster Wasser aufsaugt und in sich eine windstille Luftschicht umschließt, die die Verdunstung herabsetzt. Die Krautweide gar kriecht mit Stämmchen und Zweigen in den Boden hinein!

Um trotz der hohen Verdunstung genügend Wasser herbeischaffen zu können, entwickeln viele Alpenpflanzen ein ausgedehntes Wurzelsystem, mit dem sie sich gleichzeitig fest im Boden verankern. Manche nur 10 cm hohe Pflänzchen haben in der alpinen Stufe meterlange, dicke Wurzeln. Oft werden in den Wurzeln auch Wasser- und Reservestoffe gespeichert.

Da das meiste Wasser durch die Spaltöffnungen verlorengeht, setzen viele Pflanzen ihre Verdunstung auch noch durch andere Kunstgriffe herab. Sie bilden nadelartige Blätter mit möglichst geringer Oberfläche aus, wie etwa die Schnee-Heide, oder harte, borstige Blätter, wie der Bürstling, oder ledrige, immergrüne Blätter, wie die windharte Gamsheide; oder Rollblätter, wie die Alpenazalee, Blätter mit Wachsüberzug, wie die Mehl-Primel, oder wasserspeichernde Blätter, wie Fetthenne, Hauswurz und manche Steinbrech-Arten. Alpenpflanzen sind aber auch meistens sehr lange vom Schnee bedeckt, ihre Vegetationszeit wird dadurch gewaltig verkürzt. Wenn der Schnee dann endlich geschmolzen ist, sind die Tage bereits lang, die Bedingungen günstig. Um die kurze Vegetationszeit sofort ausnützen zu können, legen viele Alpenpflanzen ihre Blütenknospen für das kommende Jahr schon im Sommer und Herbst an. Besonders angepaßte »Schneetälchenbewohner« wie die Soldanellen blühen manchmal sogar schon unter dem Schnee. Einjährige Pflanzen, die in einer Vegetationsperiode keimen, blühen, fruchten und sterben, sind im Gebirge selten und machen nur 6% des Artenbestandes aus, gegenüber 33% in tieferen Lagen.

Die meisten Anpassungen der Alpenpflanzen beziehen sich auf Wind (und die damit verbundene Trockenheit) und Kälte. Dem Klimafaktor Licht setzen sie kaum Anpassung entgegen, von stärkerer Behaarung abgesehen, die aber ebenso einen Verdunstungsschutz bewirkt. Dennoch ist es das Licht, das fast alle diese Anpassungen auslöst. Licht, vor allem UV-Licht, hemmt nämlich das Längenwachstum der Sprosse und so verdanken die Alpenpflanzen alle Arten von Wuchsstauchungen, von der Rosette bis zum Kugelpolster, aber auch alle übermäßige Behaarung, Blattverkleinerung und Verdickung der Blattoberhaut dem Licht. Manche dieser Anpassungen sind bereits erblich fixiert, andere kann man rückgängig machen, wenn man die betreffenden Pflanzen ins Tiefland bringt: Sie werden dann höher, verlieren ihr charakteristisches Aussehen, vergrünen und vergeilen.

Die Höhenstufen der Alpen

Kälte, Wind, Niederschläge und Strahlung nehmen in den Alpen mit der Höhenlage kontinuierlich zu. Parallel dazu verändert sich auch die Vegetation, die sich an die geänderten Bedingungen anpassen muß.

Den derart übereinander gestaffelten Klimazonen entsprechen daher die Zonen verschiedener Vegetation: die Höhenstufen. Obwohl die Grenzen der Höhenstufen nicht immer scharf, sondern oft mosaikartig verzahnt sind, so bleiben sie doch das eindrucksvollste Erlebnis einer Bergwanderung von der Ebene bis hinauf zu den schneebedeckten Alpengipfeln.

Ebene und Hügelland

Weit unten in der Tiefebene etwa des Wiener Beckens oder der ungarischen Pusta liegt die Ebenenstufe, die vor langer Zeit von einem Ahorn-Eichenwald bedeckt war. Nur mehr kleine Restwälder zeugen davon, weithin ist der Wald gerodet und einförmige Getreidefelder sind an seine Stelle getreten.

Auch die anschließende Hügelstufe war einst zur Gänze von Laubmischwäldern eingenommen; heute machen den verbliebenen Eichen-Hainbuchenwäldern Weinkulturen, Getreidefelder und Wiesen den Platz streitig. Typische Vertreter der Hügelstufe sind Nußbaum, Edelkastanie und Kirschbaum.

Laubwaldstufe

Beginnen wir unsere Bergwanderung in der Bergstufe, wo uns dicht geschlossener Rotbuchenwald umfängt. Die Wipfel seiner schlanken, silbergrauen Stämme schließen zu einer mächtigen Kuppel zusammen und lassen nach der Belaubung nur mehr spärlich Licht bis zum Boden gelangen. Nur wenigen Pflanzen der Bodenschicht genügt es, um zu blühen, wie etwa dem Waldmeister, dem Schattenblümchen oder der Neunblättrigen Zahnwurz. Dagegen nützen viele Frühjahrsblüher, wie Leberblümchen, Stengellose Primel und die Anemonen, die kurze Zeit, bevor

die grüne Dämmerung nach der Belaubung einfällt. Im oberen Teil der Rotbuchenstufe mischt sich die heute so gefährdete Tanne in den sonst recht einförmigen Buchenwald. Drei Umstände werden dieser Holzart zum Verhängnis: Einmal, daß sie von Haus aus besonders empfindlich auf Luftverschmutzungen reagiert. Zum anderen, daß sie gerade in jenen Hanglagen wächst, wo die feuchten Westwinde den sauren Regen herantreiben; derart in ihrer Lebenskraft geschwächt, leistet sie den Parasiten keinen Widerstand mehr. Schließlich sorgt noch der hohe Wildbestand dafür, daß auch keine jungen Tannen mehr nachwachsen.

Nadelwaldstufe

Unser Weg führt jetzt steiler bergan, und wir durchwandern die Nadelwaldstufe oder untere subalpine Stufe, die vor allem von der Fichte geprägt ist. Wie anders ist doch dieser Bergfichtenwald als die künstlich gepflanzten, in Reih und Glied stehenden Fichtenmonokulturen der Ebene! Bis tief auf den moosigen Grund reichen hier die Äste der hohen, flechtenbehangenen Bäume, während die schmalen, spitzen Kronen im Winter die Schneelasten herabgleiten lassen, ohne zu brechen. Nur wenige Blütenpflanzen, dafür aber um so mehr Moose, Farne und Bärlappgewächse, wachsen hier. Auf kalkarmen Böden durchwandern wir auch stundenlang die Massenvegetation der Heidelbeere, die auf sehr kargen, trockenen oder auch moorigen Böden von der Preiselbeere und Besenheide abgelöst wird. In den Zentralalpen treten in der obersten Waldstufe oft Zirben und Lärchen an die Stelle der Fichten. Besonders unter den Zirben finden wir wahre Recken von Baumgestalten, windzerzauste, knorrige Wetterbäume, denen man den Kampf mit den Na-

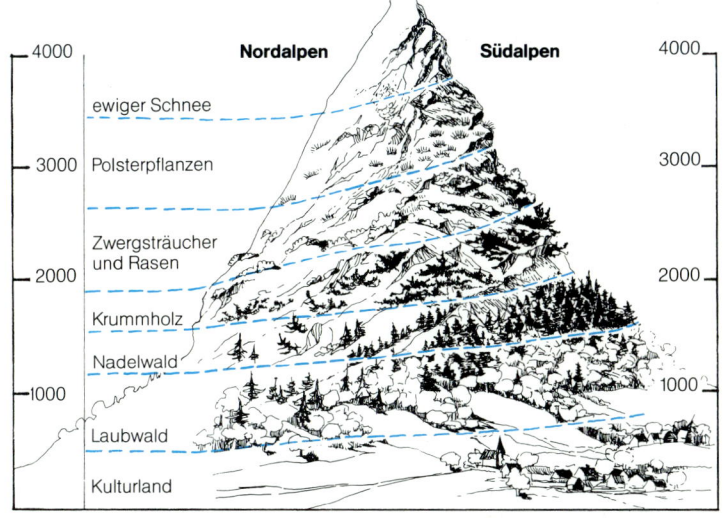

	Nordalpen		Südalpen	
4000				4000
	ewiger Schnee			
3000	Polsterpflanzen			3000
2000	Zwergsträucher und Rasen			2000
	Krummholz			
	Nadelwald			
1000				1000
	Laubwald			
	Kulturland			

Die Höhenstufen in den Alpen.

turgewalten ansehen kann. Wegen ihres wertvollen Holzes wurde sie seit Jahrhunderten übernutzt, Zirbenwälder sind daher schon selten geworden. Hingegen wurde die Lärche durch den Menschen gefördert, weil sie leicht gepflanzt werden kann und auch auf Schutt und Geröll gedeiht. Bezeichnend für die Zirben- und Lärchenwälder ist eine meist üppige Strauchschicht aus der Rostblättrigen Alpenrose. Ihre leuchtend roten Blüten im Kontrast zu den olivgrünen Zirben gehören zu den farbenprächtigsten Bildern, die unsere Alpen zu bieten haben.

Krummholzgürtel

Immer noch geht es bergan, doch der Bergwald beginnt sich in Gruppen und Einzelbäume aufzulösen, zuletzt bleiben nur mehr krüppelige oder abgestorbene Vorposten übrig. Wir haben die Waldgrenze und damit die mittlere subalpine Stufe erreicht. Obwohl die Waldgrenze keine glatte Linie ist, empfinden wir sie doch als die einschneidenste und auffallend

ste Trennungslinie auf unserer Wanderung. Waldgrenze und Baumgrenze sind nicht identisch, sondern begrenzen nach unten und oben die Kampfzone, in der sich noch auf lokal begünstigten Standorten Einzelbäume behaupten können.
Schließlich liegt aber auch die letzte Zirbe oder Krüppelfichte hinter uns, etwa 50–100 m oberhalb der Grenze des geschlossenen Waldbestandes hört jeglicher Baumwuchs auf. Überraschenderweise bestimmt die Verbreitungsgrenze nicht der Wind, wie man bei den sturmgepeitschten Wetterbäumen annehmen könnte, sondern die Temperatur. Bäume sind wohl in der Lage, sehr große Kälte auszuhalten, um aber ihren Lebensprozeß erfolgreich abzuwickeln, brauchen sie eine bestimmte Wärmesumme. Die Baumgrenze liegt daher an der Südwestseite höher als an der Nordseite, in kontinentalen Gebieten, wie den Zentralalpen mit ihren wärmeren Sommern, auch höher als in den ozeanisch getönten Außenketten der Alpen. Den Zirben- und Lärchenwäldern noch vorge

schoben sind die Miniaturwälder der Bergföhre oder Latsche. Ihre zähen, biegsamen Stämmchen legen sich um, geben dem Sturm keinen Widerstand und lassen Lawinen über sich hinweggleiten.

Zwergstrauchheiden

Aber immer niedriger werden auch ihre anfangs mannshohen Stämme, zuletzt bleiben nur mehr einzelne kniehohe Grüppchen über, die in eine Zwergstrauchheide übergehen, die obere subalpine Stufe. Zwergstrauchheiden aus Bärentraube, Besenheide und/oder Krähenbeere bilden je nach Standort das Vorfeld der Wälder, aus deren Unterwuchs sie hervorgegangen sind. Dort, wo der Mensch die Waldgrenze künstlich herabgedrückt hat, zeigen diese Zwergstrauchheiden noch die ehemalige Verbreitung des Waldes an. Auch die kleinen Zwergsträucher sind noch echte Gehölze, die allerdings unendlich langsam wachsen. Ein 14jähriges Stämmchen der Gamsheide hat etwa Jahresringe von 0,055 Millimeter Breite und einen Durchmesser von 1,5 Millimetern. Zwergsträucher schließen ihre zähen Stämmchen und Zweige zu dichten Teppichen zusammen, die große Flächen überziehen können. Besonders die wind- und frostharte Gamsheide vermag sich auch auf windgefegten und schneefreien Kanten und Kämmen zu behaupten. In schattigen Nordlagen hingegen, auf feuchten, wasserzügigen Hängen, vorzüglich auf Schiefer und im Urgebirge, baut die strauchförmige Grün-Erle einen mannshohen Buschwald auf. Sie vertritt im Silikat die lichtliebende und trockenharte Latsche. Wie diese legen sich auch ihre Stämmchen nieder ohne zu brechen. Sie ist daher befähigt, Lawinengänge und steile, rutschende Nordhänge zu besiedeln.

Alpine Rasen und Matten

Die alpine Stufe umfaßt die alpinen Rasen, Fettmatten, Magermatten, Wildheuplanggen und Weiden. Hier ist das eigentliche Reich der Alpenblumen, die mit ihrer Artenfülle und Farbenpracht den ganzen Bergsommer lang den Bergwanderer erfreuen. Nur die natürlichen, hochalpinen Rasen sind echte Urwiesen, auf denen keine Holzpflanzen mehr lebensfähig sind. Hingegen werden große Flächen von menschlich geschaffenen Sekundärwiesen, den Matten und Weiden eingenommen, die anstelle des gerodeten Waldes oder Krummholzes stehen.

Die Grenze für Blütenpflanzen

Wohl reichen Rasen und Triften hoch den Berg hinan, aber je höher wir steigen, desto spärlicher wird die Pflanzendecke. In der subnivalen Stufe löst sich der geschlossene Rasen in einzelne Rasenflecke und Pionierrasen auf, immer öfter unterbrochen von Geröll und Schneeflächen. In der eigentlichen Nivalstufe, oberhalb der Schneegrenze, können Blütenpflanzen nur mehr an lokal begünstigten Standorten leben. Diese Vegetationsinseln inmitten einer Schnee- und Eiswüste setzen sich aus Horsten, Polstern und Kugelpflanzen zusammen, die durch ihre Lebensform an die extremen Umweltbedingungen angepaßt sind. Immerhin steigen Blütenpflanzen über 4000 m hoch, Steinbrech-Arten wurden auf 4000 m gefunden, ein kleiner Enzian auf dem Matterhorn auf 4200 m. Gipfelstürmer unter den Alpenpflanzen ist der Gletscher-Hahnenfuß, der auf dem Finsteraarhorn noch in 4270 m Höhe wächst. Übertroffen werden unsere Alpenpflanzen noch von den hochasiatischen Rekordbrechern. So blüht im Himalaja noch ein blauer Zwerg-

mohn auf 5800 m, ein Nelkenge-
wächs auf 6223 m und ein Ritter-
sporn auf 6300 m. Hinter diesen
knappen Zahlen stehen Pflanzen-
schicksale von unerhörter Dramatik:
Tagaus, tagein in einem mörderischen Klima, in blendendes Son-
nenlicht getaucht und wieder glas-
hart gefroren, vom Gipfelsturm um-
tost – und sie wagen es zu blühen!

Letzte pflanzliche Organismen

Die letzten Vorposten pflanzlichen
Lebens stellen schließlich die Moose, Pilze, Algen und Flechten. So gelingt es Moosen, sich auf glatten
Felswänden festzuhalten und ihre
Widerstandskraft gegen Trockenheit
und Kälte ist beinahe unbegrenzt.
Bei Dürre rollen sie sich ein und
schrumpfen, beim nächsten Regen
saugen sie sich wie ein Schwamm
voll und ergrünen von neuem.
Noch genügsamer, widerstandsfähi-
ger und weiter verbreitet sind die
Steinflechten. Die höchsten Zinnen
»bemalen« sie mit den buntesten
Farben und besonders die Silikat-
gipfel sind dicht von ihnen überzogen. Wahre »Flechtengärten« sind
die Vogelsitzplätze, wo der Regen
die stickstoffhaltigen Exkremente
auflöst und damit den Felsen düngt.
Auffallend sind die knallig ziegelro-
ten Krusten der Prachtflechte oder
die der gelben Landkartenflechte, an
der man schwarze Grenzlinien und
punktförmige Städte zu erkennen
vermeint. Flechten ertragen Temperaturen bis zu +55 °C. Sie können
so sehr austrocknen, daß man sie zu
Pulver zerreiben könnte, wieder be-
feuchtet, erwachen sie zu neuem Leben. Sie sind imstande, mittels aus-
geschiedener Säuren das Gestein
aufzulösen und sogar unter die
Oberfläche einzudringen. Sie sind
nur empfindlich gegen Luftver-
schmutzung. So ist etwa die von den
Bäumen herabhängende Bartflechte
mancherorts fast verschwunden.

Noch niederer organisiert sind die
Spaltpilze und Steinalgen. Spaltpilze
dringen in das Gestein ein und zer-
stören durch ihre Lebensvorgänge
die oberste Schicht, tragen damit zur
Verwitterung bei. Blaualgen färben
sickerfeuchte Felswände tiefschwarz
und bilden die sogenannten »Tinten-
striche«. Selbst auf den Firnfeldern
und Gletschern gibt es noch hochspezialisierte Schneealgen, die den
Schnee zart himbeerrot, braun, gelb
oder grün färben können. Den »blu-
tenden Schnee« verursacht eine
winzige, einzellige Alge, deren mikroskopisch kleine Kugeln den
Schnee bis auf etwa 5 cm durchset-
zen. Im gefrorenen Schnee verharrt
sie als Dauerzelle, zur Mittagszeit
aber, im Schmelzwasser, bewegt sie
sich mit Geißeln fort und ernährt sich
von angewehtem Staub und gelöster
Kohlensäure. Bis −36 °C können
diese winzigen rosa Algenkügelchen
ertragen, aber schon bei +4 °C gehen sie zugrunde, weil ihr Stoffwech-
sel derart auf Kälte eingestellt ist, daß
sie sich bei wärmeren Temperaturen
zu Tode atmen.

Vergleich mit den Polargebieten

Häufiger als auf unseren Gletschern
leben Schneealgen in den Polargebieten, wie sich ja überhaupt die Höhenstufen der Alpen mit ihren pflanzlichen Lebensformen in der Ebene
wiederholen. Wollten wir also denselben Wechsel der Vegetation erleben, müßten wir eine Nordlandreise
unternehmen, von Mitteleuropa bis
nach Grönland oder Spitzbergen.
Schneegrenze, Baumgrenze, Waldgrenze können wir auf dieser
9000 km reichenden Reise nach
Norden wiederbegegnen. Auf einen
riesigen Raum ist die Pflanzenwelt in
der Horizontalen verteilt, die in den
Alpen in der Vertikalen auf wenige
km zusammengedrängt ist. Wieviel
reicher ist deshalb die Alpenflora!

Felsfluren

Pflanzen, die diese Extremstandorte besiedeln, müssen besonders angepaßt sein: unempfindlich gegen tiefe winterliche Temperaturen, weil die schützende Schneedecke fehlt, unempfindlich gegenüber großen Temperaturschwankungen und widerstandsfähig gegenüber Sand- und Schneegebläse sowie zeitweilige Trockenheit. Die Vorteile des Standortes: Selbst inmitten des ewigen Eises ist der Fels relativ warm, weil er die Sonnenwärme speichert. Das erklärt, daß wir hier uralte Reliktpflanzen finden, die auf schneefrei geblasenen Klippen die Eiszeit überdauerten. In den Felsspalten sammelt sich ferner das Wasser, sie bleiben lange feucht. Angewehter Staub, verrottende Pflanzenteile und Tierexkremente sorgen für den unentbehrlichen Humus. Schließlich wird den Pflanzen in Überfülle Licht zuteil, wobei allerdings Unterschiede durch die Himmelsrichtung gegeben sind. Überhaupt ist der Wuchsort Fels alles andere als einheitlich: Vom Schmelzwasser ständig durchtränkte Spalten wechseln mit Felsabsätzen und Vertiefungen, die besonders auf Südhängen und im Kalk sehr trocken sein können. Große Unterschiede ergeben sich auch aus dem Chemismus des Gesteins: Kalkfelsspalten werden von anderen Arten besiedelt als Spalten im Urgestein. So gesehen ist eigentlich jede Spalte ein anderer Lebensraum.

Den Besonderheiten des Standortes setzen die Pflanzen ganz spezifische Anpassungen entgegen: Unterirdisch entwickeln sie ein beachtliches Wurzelsystem. Oberirdisch haben die Felspflanzen besondere Lebensformen entwickelt, die sie die extremen Bedingungen überdauern lassen. Am auffallendsten sind die Polsterpflanzen; oder die sturmfesten Rosetten aus derben, oft wasserspeichernden Blättern, die gleichfalls mit einer starken Pfahlwurzel verankert sind. Interessanterweise haben ganz verschiedene Familien unter dem Druck der Umwelt die gleichen Lebensformen entwickelt.

Späte Faltenlilie
Lloydia serotina

Liliengewächse – *Liliaceae*

K Zartes, 7–10 cm hohes Pflänzchen mit 2 grundständigen, grasartigen, fast fadenförmigen Blättern, die aus einer kleinen, länglichen Zwiebel entspringen. Stengel mit wenigen, schmalen Blättern besetzt. ▪ Blüten einzeln, sternförmig, milchig weiß; die 6 Blumenkronblätter am Grunde gelb, mit je 3 feinen rötlichen Streifen. ▪ Blütezeit: Juli, August.

S Vereinzelt in humosen Felsritzen und moosigen Felsbändern, im Pionierrasen zwischen Geröll und Fels, auf windexponierten, schneefrei geblasenen Graten; auf kalkarmer Unterlage. 1900–3100 m.

V Die Art entspricht dem nordisch-alpinen Typus: Sie kommt einerseits in den Alpen vor, insbesondere in den Zentralalpen, fehlt jedoch in Nieder- und Oberösterreich. Dann in den Karpaten, Balkanhalbinsel, Kaukasus, Ural, Zentralasien; Britische Inseln, Arktis, Sibirien bis Nordamerika. Die Zerstückelung des Areals geht auf die Eiszeiten zurück.

Die kaum fingerlange Mininaturlilie ist ein erstaunlich wind- und wetterfestes Gewächs, das von allen Liliengewächsen der Alpen am höchsten hinaufsteigt. Sie meidet die langhalmigen Mähwiesen und Weiden und zieht das Geröll und den Fels vor, wo sie in den oft tiefen Humuslagen ihre kleine Zwiebel birgt. Diese ist von den trockenhäutigen Resten der vorjährigen Blätter fast vollständig umschlossen; mit diesem zusätzlichen Schutz vor Frost kann sie auch auf schneefrei geblasenen Graten überleben.

Ihren Nektar bietet die Faltenlilie am Grunde der Blütenblätter dar, wohin die 3 rötlichen Streifen, die Honigmale, den Blütenbesuchern den Weg weisen. Als Bestäuber fungieren vor allem Fliegen, die den leicht zugänglichen Nektar ausbeuten. Als Anpassung an rauhe, windige Standorte, an denen Insektenbesuch wenig wahrscheinlich ist, entwickelt die Blüte Staubblätter und Stempel in gleicher Höhe, so daß Selbstbestäubung erleichtert wird. An geschützten Stellen hingegen ragen die Narben weit aus der Blüte heraus.

Der Gattungsname *Lloydia* geht auf den englischen Botaniker Edward Lloyd zurück, der die Pflanze Ende des 17. Jahrhunderts in Wales entdeckte.

Gift-Hahnenfuß

Ranunculus thora

Hahnenfußgewächse –
Ranunculaceae

K 5–30 cm hoch; Wurzel knollig verdickt; Grundblätter fehlen. Unteres Stengelblatt etwa in der Mitte des Stengels, rundlich bis nierenförmig, gesägt; obere Stengelblätter lanzettlich, 3teilig; alle derb, blaugrün, kahl. ■ Kelchblätter halb so lang wie die eiförmigen, gelben Blumenkronblätter. Früchtchen fast kugelig aufgeblasen, wenig zahlreich. Sehr giftig! ■ Blütezeit: Mai bis Juli.

S Auf Felsbändern und Schutthalden, auf steinigen Matten; nur auf basischen Böden über kalkreicher Unterlage. 1700–2400 m.

V Alpen, fehlt aber in den Nordalpen und österreichischen Zentralalpen; Pyrenäen, Jura, Karpaten, Illyrien, Balkanhalbinsel.

Der Gift-Hahnenfuß weicht mit seinem ungeteilten, halbrunden Stengelblatt anstelle eines Grundblattes vom Schema der typischen Hahnenfußarten ab, geht doch der Name »Hahnenfuß« auf die charakteristisch geteilten Grundblätter zurück. Sowohl bei seinem deutschen wie auch bei seinem lateinischen Artnamen wird auf den Giftgehalt der Pflanze hingewiesen: *thora* = griechisch »phthorá« bedeutet Verderben. Tatsächlich gilt er als eine der giftigsten Pflanzen der heimischen Flora. Schon die Gallier sollen ihre Pfeile mit seiner Wurzel vergiftet haben. Der Giftgehalt geht unter anderem auf das Proanemonin zurück, das bei äußerer Anwendung Haut- und Schleimhautreizungen verursacht, über den Magen-Darmtrakt aber blutige Durchfälle, Nierenblutungen, Schwindel, Krämpfe, in hohen Dosen auch Kreislaufkollaps, Atemlähmung und Tod hervorruft.

Bei empfindlichen Personen genügt es schon, die Pflanze länger in der Hand zu tragen, um Hautreizungen zu bewirken. Diese hautreizende Wirkung wird in der Volksmedizin bewußt eingesetzt zur lokalen Hautdurchblutung bei Hexenschuß und Ischias.

Eine nahe verwandte Art ist der Bastard-Hahnenfuß *(Ranunculus hybridus)* mit gleichfalls nierenförmigen, aber vorne eingeschnittenen Blättern, der dem Gift-Hahnenfuß sehr ähnlich ist, aber niedriger bleibt und oft gesellig in Schuttfluren wächst.

Kugelschötchen

Kernera saxatilis

Kreuzblütler – *Brassicaceae*

K̲ 10–30 cm hohe, anliegend borsthaarige Pflanze. Grundrosette aus rauhen, spateligen Blättern gebildet, eng dem Boden angeschmiegt; stengelständige Blätter lineal-lanzettlich. ■ Blüten klein, weiß, bis 4 mm breit, in einer lockeren, wenigblütigen Traube. Früchte kugelig, auf dünnen, abstehenden Stielen der Fruchttraube. ■ Blütezeit: Mai bis Juli.

S̲ Häufig und verbreitet auf sonnigen Kalkfelsspalten, auf Schutthalden, an steinigen Hängen und in offenen Rasen. Nur auf kalkreicher Unterlage. Vorwiegend subalpin, geht aber im Flußgeröll bis weit ins Vorland hinab. 400–2000 m.

V̲ In mehreren, auch geografisch geschiedenen Sippen in den spanischen und französischen Gebirgen, in den Alpen, Gesamt-Jura, Karpaten, Apenninen, Balkanhalbinsel.

Das schmächtige Pflänzchen ist eine weitverbreitete und vielgestaltige Spaltenpflanze, die mit einer kräftigen Grundachse in der Felsspalte steckt, während sich die kleine, blattarme Rosette dem Felsen dicht anschmiegt.

Die Blüten sind »knospenvorweibig«, das heißt, daß die empfängnisbereite Narbe aus der noch geschlossenen Knospe herausragt. Bei der geöffneten Blüte biegen sich die längeren Staubblätter derart zu den kürzeren hinüber, daß alle geöffneten Staubbeutel vom Kopf oder Rüssel des honigsaugenden Insektes berührt werden müssen. Die Blüten bleiben bei trübem Wetter geschlossen und bestäuben sich bei ausbleibendem Insektenbesuch selbst. Die kleinen, flachen Samen sind Windflieger.

Der deutsche Name Kugelschötchen geht auf die auffallend kugelige Gestalt ihrer Früchte zurück, den lateinischen Gattungsnamen *Kernera* hingegen trägt die Pflanze zu Ehren des österreichischen Botanikers Anton Kerner von Marilaun (1831–1898), dessen bekanntestes Werk das »Pflanzenleben der Donauländer« war.

Das nahe verwandte Alpenkugelschötchen *(Kernera alpina)* ist ausschließlich auf Südtirol beschränkt und unterscheidet sich durch kurze, beblätterte Trauben.

Brillenschötchen

Biscutella laevigata

Kreuzblütler – *Brassicaceae*

K 15–30 cm hoch; sowohl blühende, als auch nichtblühende Sprosse treibend. Grundständige Blätter keilförmig, in den Blattstiel verschmälert, ganzrandig, behaart. ■ Blüten hellgelb, in lockeren, meist ästigen Trauben, gestielt. Schötchen brillenförmig. ■ Blütezeit: Mai bis August, in tiefen Lagen gelegentlich auch mitten im Winter.

S An Felsbändern, Schutthalden, steinigen Weiden und sonnigen Hängen; auf basischem bis schwach saurem Substrat. Von den Trockenrasen der Ebene bis 2800 m steigend.

V Im Mittelmeergebiet, in den Alpen und in Mitteleuropa.

Das Brillenschötchen ist Spezialist für arme, trockene Böden, auf denen es erstaunlicherweise noch üppig zu gedeihen vermag. Dazu befähigt es sein reich entwickeltes Wurzelsystem, das mit vielen verzweigten Seitenwurzeln einen großen Wurzelraum intensiv ausnutzen kann. Besonders auf beweglichem Schutt ist es vorteilhaft, daß die Wurzeln stark verholzen und die Krümmungen zwischen und rund um die Steine starr beibehalten. Dadurch wird die Pflanze nicht nur gut im Boden verankert, darüber hinaus schützen die verholzten Stränge in der Wurzelrinde auch vor Quetschungen durch nachrutschendes Gestein. Wird doch einmal ein Wurzelstück durch die Schuttbewegung losgerissen, so sorgen Wurzelausläufer dafür, daß der abgetrennte Teil zu einer selbständigen Pflanze auswächst.

Die Blüte des Brillenschötchens sondert an der Basis der 3 kürzeren Staubblätter (insgesamt 6 Staubblätter) den Nektar ab, der sich in Aushöhlungen der Kelchblätter sammelt. Insekten, die den Honig gewinnen wollen, müssen den Rüssel zwischen die Staubblätter hindurch senken und streifen dabei den Pollen ab.

Die Blüten sind bei warmem, sonnigem Wetter vorweibig mit weit hervorragenden Narben und zur Seite gekrümmten Staubblättern. Bei schlechtem Wetter hingegen legen sich die Staubblätter direkt auf die Narbe und führen so zur Selbstbestäubung.

Der Name Brillenschötchen bezieht sich auf die brillenförmige Frucht.

Immergrünes Felsenblümchen

Draba aizoides

Kreuzblütler – *Brassicaceae*

K 5–10 cm hohes, zierliches Pflänzchen mit grundständiger Blattrosette und schmal-lanzettlichen, borstig bewimperten, ledrig hellgrünen Blättern. Stengel blattlos. ■ Blüten goldgelb, in einem doldentraubigem Blütenstand. Fruchtstand verlängert; Schötchen zusammengedrückt, länglich-eiförmig. ■ Blütezeit: April bis August.

S Häufig in Felsspalten, auf exponierten Graten, auf trockenen Felsbändern und im ruhenden Feinschutt. Pionierpflanze in offenen Rasengesellschaften. 1600–3400 m.

V Häufig in den Kalkalpen; auf Silikatgestein seltener; auf reinem Gneis, Granit und Glimmerschiefer

Immergrünes Felsenblümchen mit Schwebfliege als Bestäuber.

fehlend. Viele Reliktstandorte im Alpenvorland. Allgemein von den Pyrenäen über die Mittelgebirge bis zu den Karpaten verbreitet. Südmitteleuropäische Gebirgspflanze.

Das winzige Pflänzchen, das zum Grundstock der nivalen Flora gehört, ist an seine extremen Standorte ausgezeichnet angepaßt. Seine immergrünen, ledrigen Blätter sind unempfindlich gegen anhaltende Winddürre; seine schon im Herbst weit vorgebildeten Blütenknospen vermögen auch ohne Schneeschutz zu überwintern. Gleich im ersten Frühling, wenn ringsum noch Schnee liegt, erscheinen die anfangs goldgelben, später weißlich ausbleichenden Blüten. Sie sind »knospenvorweibig«, das heißt, die reife Narbe ragt aus einer kleinen Öffnung an der Knospenspitze millimeterweit hervor und kann in diesem Zustand auch schon bestäubt werden. Bei günstiger Witterung kommt es zu Fremdbestäubung, bei schlechtem Wetter ist Selbstbestäubung möglich. Der Nektar wird von Honigdrüsen am Grunde der Blütenblätter ausgeschieden; vor allem Fliegen (meist Schwebfliegen) und Falter naschen daran.

Der verlängerte Fruchtstand ist ein »Wintersteher«, dessen Früchte erst im Winter nachreifen. Die winzig kleinen, leichten Samen werden vom Wind verbreitet; bei nassem Wetter aber verschleimt ihre Oberhaut, sie werden klebrig, können an vorbeistreifende Tiere angeheftet werden oder sich an Felswände ankleben.

Spinnweben-Hauswurz
Sempervivum arachnoideum

Dickblattgewächse – *Crassulaceae*

K 5–12 cm hoch; Blattrosette halbkugelig mit spinnwebenartigem Überzug. Rosettenblätter dickfleischig, graugrün, an der Spitze braunrot. ▪ Blütenstand 5–18blütig. Einzelblüten 1–1,5 cm im Durchmesser, leuchtend karminrot. ▪ Blütezeit: Mai bis September.

S Felsspalten, Felsfluren, Felsschutt, Rohböden; meist auf kalkarmem Gestein. Zwischen 1000 und 2600 m.

V Mittel- und südeuropäische Gebirge.

Der lateinische Gattungsname *Sempervivum* heißt wörtlich »immer lebendig«, und unglaublich lebenszähe ist in der Tat die kleine Rosettenpflanze! Dank ihrer Fähigkeit, in den fleischigen Blättern Wasser zu speichern, kann sie vor allem lange Trockenperioden unbeschadet überstehen. Die ökologische Gruppe dieser »Blattsukkulenten« ist eigentlich selten in der Alpenflora, ihre Hauptverbreitung hat sie in den Wüsten und Halbwüsten, an deren Trockenheit diese Lebensform speziell angepaßt ist. Bei den Hauswurz-Arten befinden sich im Inneren der Blätter Wassergewebe, die durch eine derbe Oberhaut und eingesenkte Spaltöffnungen vor Verdunstung geschützt sind. Bei der Spinnweben-Hauswurz wird der Verdunstungsschutz noch durch lange, weiße Wollhaare verstärkt.

Aus der Blattrosette schickt die Pflanze einen kräftigen Blütentrieb; nach der Blüte stirbt die Rosette ab und vegetativ entstandene Seitenrosetten wachsen weiter. Oft lösen sich auch kleine, kugelige Rosettchen ab, rollen weg und wurzeln anderswo wieder ein; manchmal werden sie auch über die gefrorene Schneedecke weithin vom Wind verfrachtet. Alle Hauswurz-Arten überwintern mit nackten, offenen, meist rötlich überlaufenen Blattrosetten. Der Gattungsname »Hauswurz« bezieht sich auf den Brauch, eine verwandte Art, die Dach-Hauswurz *(Sempervivum tectorum)*, zum Schutz vor Blitzschlag auf Hausdächer zu pflanzen. Eine weitere verwandte Art ist die wesentlich seltenere Gelbe Hauswurz *(Sempervivum wulfeni)* mit sternförmig ausgebreiteten Rosetten und gelben Blüten. Sie kommt ausschließlich in den Ostalpen vor.

Rauhblättriger Steinbrech
Saxifraga aspera

Steinbrechgewächse –
Saxifragaceae

K 10–20 cm hoch; lockerrasige Kissen bildend. Nicht blühende Sprosse kriechend, entfernt beblättert, mit kleinen Achselknospen. Blätter lineal-lanzettlich, steif bewimpert, in eine Grannenspitze auslaufend. ■ Blühende Sprosse aufrecht, reich beblättert, mehrblütig. Kelch mit häutigem Rand und stachelspitzig; Blumenkrone sternförmig, gelblichweiß. ■ Blütezeit: Juli, August.

S Verbreitet und häufig an schattigen Felsen, auf Sturzblöcken, im Ruhschutt; ausschließlich auf kalkfreiem Gestein. 1400–2200 m.

V Pyrenäen, Apenninen, Alpen.

Beim Rauhblättrigen Steinbrech ist der untere Teil des Fruchtknotens fleischig angeschwollen und sondert den Nektar ab. Die einzelnen Staubblätter entwickeln sich nacheinander, wobei das jeweils reife sich zur Blütenmitte bewegt. Wenn alle Staubblätter verblüht sind, entwickeln sich

Moos-Steinbrech (*S. aspera* ssp. *bryoides*)

auch die Narben. Dadurch wird spontane Selbstbefruchtung ausgeschlossen. In seinen Bestäubungseinrichtungen ist die Pflanze ganz auf Fliegen eingestellt: Der Nektar wird in der Blüte offen dargeboten; kleine gelbe Tüpfelflecke auf den Blumenkronblättern fungieren als Saftmale. Während der Rauhblättrige Steinbrech vorwiegend in der Nadelholzstufe vorkommt, gehört seine hochalpine Unterart, der Moos-Steinbrech, *Saxifraga aspera* ssp. *bryoides* zu den höchststeigenden Blütenpflanzen der Alpen und wächst auf dem Matterhorn in 4200 m Höhe. Selbst auf schneefrei geblasenen, windexponierten Graten und Kämmen kann er unbeschadet überwintern. An die extremen Umweltbedingungen ist er hervorragend angepaßt: Seine niedrigen, flachen Polster schließen dicht zusammen und bieten dem Wind keinen Widerstand. Die abgestorbenen, äußeren Rosettenblätter bleiben eine Zeitlang erhalten, schließen sich kugelig und schützen das lebendige Innere der Rosette. Reißt der Wind oder Steinschlag einen Teil des Polsters ab und verfrachtet ihn, so kann dieser auf geeigneten Stellen sogar wieder einwurzeln. Auf nicht völlig ruhenden Schutthängen bildet die Art lange Ausläufer, mit denen sie sich von Felsabsatz zu Felsabsatz ausbreitet.

Roter Steinbrech

Saxifraga oppositifolia

Steinbrechgewächse –
Saxifragaceae

$\boxed{\text{K}}$ 2–5 cm hoch; lockere Rasen oder dichte, flache Polster bildend. Stämmchen niederliegend, kriechend, dicht 4zeilig beblättert. Blätter immergrün, etwas fleischig, starr, gegenständig, spitz. ■ Blüten relativ groß, 1–2 cm im Durchmesser, einzeln, endständig, anfangs rosa bis purpurn, später violett bis blau. ■ Blütezeit: Mai bis Juli.

$\boxed{\text{S}}$ In Felsspalten, auf Felswänden, auf Graten und im Geröll, im Moränengrus und Wildbachgeröll, im offenen Pionierrasen und in steinigen Triften; auf jeder Unterlage, unabhängig von der Gesteinsart. Zwischen 1800 und 3500 m.

$\boxed{\text{V}}$ Er besiedelt mit seinen Unterarten ein riesiges Gebiet, das zirkumpolar von der Sierra Nevada über Grönland, Island, die europäischen Gebirge bis nach Skandinavien, Lappland, Sibirien, Alaska, Altai und Kaschmir reicht.

Unter »Nivalflora« werden jene Pflanzen verstanden, die ganzjährig ober-

halb der Schneegrenze inmitten des ewigen Eises leben. Der Rote Steinbrech, wohl der schönste unserer alpinen Steinbrech-Arten, gehört zum Grundstock dieser Nivalflora.

An die Unbilden dieser Hochlagen ist er bestens angepaßt: Unempfindlich gegen Temperaturextreme ertragen seine immergrünen Blätter unbeschadet −40 °C, sie färben sich dann oft kräftig purpurn bis braunrot. Um gleich beim ersten warmen Sonnenstrahl bereit zu sein, legt er seine Blüten schon im Spätsommer oder Herbst für das nächste Jahr an und schützt die Knospen durch die obersten Laubblätter. Zwischen meterhohen Schneewänden entfaltet er oft auf sonnigen Felswänden seine weithin leuchtenden Blüten, die, dicht an dicht, oft das ganze Polster bedecken.

Die Blüten sondern reichlich Nektar ab und werden von Fliegen, Hummeln und Faltern besucht.

Die Früchte kommen selbst noch in den höchsten Lagen zur Reife; die winzigen, nur 0,0001 g schweren Samen werden vom Wind verweht. Während die Pflanze in exponierten Hochlagen dichte Polster bildet, strecken sich auf tiefer gelegenen Standorten ihre Stämmchen und überziehen dann ausläuferartig den Schutt. Durch Steinschlag oder Lawinen abgerissene Pflanzenteile können an geeigneten Stellen wieder einwurzeln.

Bursers-Steinbrech

Saxifraga burseriana

Steinbrechgewächse –
Saxifragaceae

K 3–15 cm hoch; bildet ausdauernde, harte, halbkugelige Polster.
Stämmchen dicht dachziegelartig
beblättert. Blätter 3 kantig, starr,
graugrün; in eine lange, stechende
Spitze verschmälert; am Rande
durch Kalkporen weiß gepunktet.
Stengelblätter und die rötlichen
Stengel drüsig klebrig. ■ Blütenstand auf eine einzige, relativ große,
auffällige Blüte (1–1,5 cm Durchmesser) reduziert. Blüte weiß, rötlich ge-
adert; Blumenkronblätter vorne abgerundet. Fruchtkapsel kugelig. ■
Blütezeit: März bis Juni.

S In Felsfluren und Felsrasen, auch
mitunter herabgeschwemmt im Flußgeröll. Nicht häufig; kalkliebend.
1500–2500 m.
V Nur in den Ostalpen.

Der Habitus des Bursers-Steinbrech, mit den harten, halbkugeligen
Polstern und den starren, stechen-
den Blättern weist darauf hin, daß

sich diese Pflanze auf extremen
Standorten gegen Wind und Frost
wappnen muß. Selbst das mörderi-
sche Sand- und Schneegebläse
kann dieser kleinen, pflanzlichen Festung nichts anhaben: Mit der Halb-
kugelform verringert die Pflanze die
Oberfläche und damit nicht nur die
Angriffsfläche, sondern sie setzt
auch die Verdunstung herab. Die
starren Blätter sind unempfindlich
gegen mechanische Verletzung;
durch dachziegelartige Anordnung
schützen sie einander noch zusätzlich.
Die Blüten sind vorweibig, das heißt,
die Narben entwickeln sich vor den
Staubblättern. Der Nektar wird von
den unteren Teilen der Staubblätter
und den Blumenkronblättern über-
wölbt, wo ihn die Blütenbesucher –
vorwiegend Bienen – aufzuspüren
wissen.
Bursers-Steinbrech kommt in 2 Varietäten vor, wobei auf trockeneren
Standorten mehr kleinblütige Pflanzen wachsen, auf feuchteren hingegen die großblütige Varietät. Letztere
ist eine beliebte Steingartenpflanze,
die auch sehr viel zu Züchtungen von
attraktiven Gartenformen verwendet
wird.
Der Artname *burseriana* geht auf den
Arzt und Botaniker Joachim Burser
(1583–1649) zurück, der im Jahre
1620 das Herzogtum Salzburg berei-
ste und die Pflanze in den Radstäd-
ter Tauern entdeckte.

Dolomiten-Fingerkraut

Potentilla nitida

Rosengewächse – *Rosaceae*

K 2–5 cm hoher Spalierstrauch, der dichte, silbergraue Teppiche bildet. Grundständige Blätter 3zählig, durch beidseitige Behaarung silbergrau schimmernd; Nebenblätter geöhrt. Stengel 2–5 cm hoch, meist 1blütig. ▪ Blüten 2–3 cm groß, hell- bis dunkelrosa, selten weiß; Kronblätter breit verkehrt-eiförmig, doppelt so lang wie die Kelchblätter; Staubblätter 20, rot mit dunkelpurpurnen Staubbeuteln. Blütenboden und Früchte behaart. ▪ Blütezeit: Juni bis August.

S Selten, aber oft größere Flächen bedeckend; an sonnigen Felswänden, in Felsspalten, an Felsbändern und in Geröllfeldern; streng an Kalk- und Dolomitenfelsen gebunden. Oft in Gesellschaft anderer Spaliersträucher wie Silberwurz oder Bärentraube. 1700–3100 m.

V Nur in den südlichen Kalkalpen und zwar in 2, durch die Vergletscherung zerstückelten Arealen: Von Slowenien über die Dolomiten bis zum Comer See und von der Dauphiné bis Savoyen und Piemont. Außerhalb der Alpen nur in den Apenninen.

Von den 25 im Alpengebiet vertretenen Fingerkräutern ist das Dolomiten-Fingerkraut zweifellos das schönste. In der Landschaft der Dolomiten, auf seinen unwirtlichen Felsstandorten wird eine Begegnung mit ihm zum Erlebnis. Mit einem dicken, verholzten und ästigen Erdstock wurzelt es in den Felsspalten und bezieht aus großer Tiefe die lebensnotwendige Feuchtigkeit. Seine seidig schimmernden Blätter schmiegen sich eng dem Felsen an, durch ihre dichte Behaarung gut geschützt gegen Verdunstung und Sonneneinstrahlung. Zu diesem silbrigen Hintergrund stehen die unverhältnismäßig großen, rosa Blüten mit den purpurnen Staubbeuteln in auffallendem Kontrast und geben den Blütenbesuchern ein weithin sichtbares Signal.

In ihrem Blütenbau weist die Art altertümlichen Charakter auf, was die Annahme bestätigt, daß sie auf den heutigen Standorten (Nunatakkern) die Eiszeiten überdauert hat. Dafür spricht auch ihre endemische Verbreitung in kleinen, scharf umgrenzten Gebieten.

Alpen-Fingerkraut

Potentilla clusiana

Rosengewächse – *Rosaceae*

K 5–10 cm hohe Halbrosettenstaude mit schwach rasenbildendem Erdstock. Grundständige Blätter meist 5zählig gefingert, lang gestielt; Blättchen verkehrt-eiförmig, Unterseite seidenhaarig, mit 5 ungleichen, nach vorne gerichteten Zähnen. Blütenstengel aus der Achsel der Rosettenblätter entspringend, kurz aufsteigend, dann aufrecht, abstehend behaart. ▪ Blütenstand eine armblütige Doldentraube. Blüten groß, 2 cm im Durchmesser; Kelchblätter rot überlaufen; Kronblätter gelblichweiß, ausgerandet. Blütenboden langzottig; Staubfäden und Griffel rot überlaufen. ▪ Blütezeit: Juni bis August.

S In Kalkfelsspalten und Kalkschutt; bevorzugt sonnige, trockene Steinböden. Ausschließlich auf Kalk- und Dolomitgestein. 1400–2200 m.

V In Deutschland nur an wenigen Stellen in den Bayerischen und Salzburger Alpen. In Österreich in den nordöstlichen und den südöstlichen Kalkalpen. Außerdem noch in den Illyrischen Gebirgen von Dalmatien, Bosnien, Herzegowina und Montenegro.

Die rund 300 Arten zählende Gattung der Fingerkräuter hat ihren Namen nach den meist 5zählig gefingerten Blättern. Sie ist in der nördlich gemäßigten Zone und in der kalten Zone zirkumpolar verbreitet, davon kommen auf die Alpen etwa 25 Arten. Viele endemische Arten besitzen eng begrenzte Areale in den Gebirgen von Eurasien und Nordamerika. Der Gattungsname *Potentilla* kommt vom lateinischen »Potentia« = die Macht; Macht nämlich, um Krankheiten zu heilen. Einzelne Arten, wie das Gold-Fingerkraut oder das Gänse-Fingerkraut sind ja altbewährte Heilpflanzen.

Verschiedene großblütige, attraktive Arten der Gattung werden auch als Zierpflanzen kultiviert, sind eingeschleppt und verwildert.

Vielstengeliges Fingerkraut

Potentilla caulescens

Rosengewächse – *Rosaceae*

K 10–30 cm hohe Halbrosetten-staude mit Erdstock und verholzten Ästen, welche die grundständige Blattrosette tragen. Blätter gefingert, 5zählig, vorne gestutzt und ungleich gezähnt, behaart und am Rande bewimpert. Stengel seidig zottig behaart, meist vielblütig, oft überhängend. ▪ Blüten bis zu 2 cm breit; Kronblätter eiförmig, gestutzt oder ausgerandet, weiß, innen oft rötlich; Staubblätter 20, dicht behaart; Früchte langhaarig. ▪ Blütezeit: Juli bis September.

S Ziemlich verbreitet an steilen Felswänden, Spalten und Runsen; auf kalkreichem Gestein. Zwischen 900 und 2400 m.

V Vom Atlas und den Gebirgen Spaniens über die südeuropäischen Gebirge und die Alpen bis zu den Balkan-Gebirgen.

Die Art ist eine klassische Kalkspaltenpflanze, an der vor allem ihr Wurzelsystem bemerkenswert ist: Von einer bis zu 1 cm dicken Grundachse senkt sie ihre Wurzeln in kaum millimeterbreite Spalten ein, wobei die anfangs zylindrische Wurzel sich der Form der Spalte anpaßt und bandförmig verbreitert. Nach wenigen Zentimetern verästelt sich das Wurzelband in einer Ebene, so daß aus den verfilzten Fasern ein stoffartiges Gewebe entsteht, das sogenannte Wurzeltuch. In haarfeinen Spalten vermögen solche Fasern weiter einzudringen und ein netzartiges System von getrennten Wurzeltüchern nebeneinander zu bilden. Die Form der Wurzeln wechselt dabei, sobald sich die Spalte verbreitert, wird aus dem papierdünnen Band sogleich wieder ein Zylinder. Da die Spalten stets feucht und voller Regenwurmkot sind, fehlt dem Vielstengeligen Fingerkraut eine spezielle Anpassung an Trockenheit.

Als Keimpflanze ist es sehr genügsam; in winzigen Spalten auf senkrechten Wänden kann es Fuß fassen, wenn diese in Verbindung mit tieferen Fugen und wassergefüllten Hohlräumen stehen. Man nimmt an, daß es sogar imstande ist, den Felsen im Inneren der Spalte anzuätzen. Namengebende Art der Kalk-Felsspaltengesellschaft.

Schweizer Mannsschild

Androsace helvetica

Primelgewächse – *Primulaceae*

K 2–5 cm hohes, graufilzig schimmerndes, halbkugelige Polster bildendes Pflänzchen mit säulenförmigen, dicht dachziegelartig beblätterten Sprossen. Blätter nur 3 mm lang, lanzettlich, dicht behaart. ▪ Blüten kurz gestielt, einzeln, endständig, weiß bis rötlich, mit einem gelben Schlund. ▪ Blütezeit: Mai bis Juli.

S Auf sonnigen, schneefreien Felsspalten und Ritzen der alpinen Stufe. Ausschließlich auf Kalkgestein. 1600–3500 m; selten unterhalb der Baumgrenze.

V Nur in den Alpen (endemisch alpin). Lückenhaft in den Westalpen, verbreitet in den Nordwest- und Nordalpen, stellenweise in Südtirol.

Der Schweizer Mannsschild ist geradezu das Schulbeispiel für den Polsterwuchs bei alpinen Pflanzen. Mit seinen dichtgedrängten Kissen fügt er sich in kleine Felsnischen und Klüfte der Schneeregion, wächst auf stets schneefreien Felsgraten und überlebt die stärkste Trockenheit und den härtesten Frost. Von dem

scharfen Sand- und Schneegebläse wird er oft richtiggehend angefressen, wobei dann immer noch die tote Luvseite als Windschirm für die lebendige Leeseite fungiert.

Mit einer starken Pfahlwurzel ist er tief in der Felsspalte verankert und bildet an glatten Wänden halbkugelige, feste Polster. Wenn aber ein Stein herausbröckelt und so das Polster freilegt, rundet er sich, ausschließlich an der Pfahlwurzel hängend, zur vollständigen Kugel ab. Damit hat er die vollendetste Anpassung einer Alpenpflanze an den extremen Standort erreicht: Mit der Kugelgestalt bietet er dem Wind die kleinstmögliche Oberfläche dar, setzt damit die Verdunstung auf ein Minimum herab; seine kleinen und behaarten Blätter sind resistent gegen Kälte, Wind und Trockenheit.

Die Polster wachsen nur sehr langsam und erreichen maximal einen Durchmesser von 15 cm, können aber 50–60 Jahre alt werden. Zur Blütezeit sind sie mit den bald rosaroten, bald weißen, hübschen Blümchen bestickt. Die Fruchtkapseln öffnen sich erst spät im Jahr und streuen die Samen im Winter aus, welche erst nach kräftigem Durchfrieren keimfähig werden.

Auf seinen heutigen Standorten hat der Schweizer Mannsschild die Eiszeiten überdauert, weil diese auch damals wegen ihrer Steilheit und Windexposition schneefrei geblieben waren.

Aurikel

Primula auricula

Primelgewächse – *Primulaceae*

K 5–25 cm hoch; Blätter fleischig mit Knorpelrand, verkehrt-eiförmig, mehlig bereift. ■ Blütendolde 4- bis 12blütig; Blüten hell-goldgelb, stark duftend. ■ Blütezeit: April bis Juli.

S In Felsspalten und Klüften, in steinigen, offenen Matten; nur auf basischem, kalkreichem Gestein.

V Die Art hat während der Eiszeiten Zuflucht in tieferen, geschützten Lagen gefunden. An einigen Reliktstandorten ist sie bis heute erhalten geblieben; so in den bayerischen Mooren, in der Donauenge bei Weltenburg, am Ufer des Traunsees und in den Felswänden der Klausen bei Mödling, unweit von Wien. Allgemein in den nördlichen und südlichen Kalkalpen, Nordjura, Schwarzwald, Apenninen, Illyrien und Karpaten.

Die prächtige Aurikel ist eine ausgesprochene Felsenblume, die mit einem kräftigen Wurzelstock tief in den Kalkspalten verankert ist. In ihren fleischigen, knorpelig berandeten Blättern kann sie bei Regen das Wasser speichern, das ihr dann bei Trockenheit zur Verfügung steht. Mit vielen anderen auffallenden Alpenblumen teilt sie auch deren bedrohtes Schicksal; 3fache Verlockung geht von ihren Blüten aus: Schönheit der Form, leuchtende Farbe, intensiver Duft. Bestäubende Insekten sollen dadurch angelockt werden. Die Natur hat aber anscheinend nicht mit der Unvernunft des Menschen gerechnet, als sie einzelnen Pflanzen ihre Gaben derart verschwenderisch zuteilte, denn die ursprüngliche Bevorzugung verkehrt sich ins Gegenteil: Trotz strenger Schutzbestimmungen ist die größte und schönste alpine Primel schon betrüblich selten geworden.

In den Zentralalpen wird sie auf ähnlichen Standorten von der lila blühenden Klebrigen Primel *(Primula glutinosa)* ersetzt. Wo beide Arten benachbart wachsen, entstehen wunderschöne Bastarde *(Primula pubescens),* in allen Farben von samtviolett über braun, goldgelb, rosa bis feuerrot leuchtend: Die ganze Farbenpracht der späteren Garten-Aurikel *(Primula hortensis)* entdeckte schon Ende des 16. Jahrhunderts der in Wien lebende Botaniker Carolus Clusius in unseren Alpen. Später nahmen sich holländische und englische Züchter dieses dankbaren Objektes an und züchteten daraus die vielen Sorten der Gartenprimeln.

Himmelsherold

Eritrichium nanum

Rauhblattgewächse – *Boraginaceae*

K 2–5 cm hohe Polsterstaude mit starker, verholzter Pfahlwurzel. Das Stämmchen sehr verzweigt und dicht beblättert. Blätter rosettig gehäuft, mattgrün, lanzettlich, beiderseits mit seidig glänzender, oft zottiger Behaarung. ■ Blüten vergißmeinnichtähnlich, in 3–6blütigen Wickeln, prächtig himmelblau, mit 5 goldenen Schlundschuppen, duftend. ■ Blütezeit: Juli, August.

S Selten; in Felsspalten, auf Graten, Kämmen und Kuppen; auf saurem, kalkarmem Gestein. Zwischen 2500 und 3390 m.

V Alpen; jedoch nur in den zentralen und südlichen Ketten und auch hier in weiten Teilen fehlend; fehlt gänzlich in den Nordalpen, Karpaten, Kaukasus. Das lückige Vorkommen in den Alpen läßt darauf schließen, daß die Art das Gebiet schon vor den letzten Eiszeiten besiedelte und diese auf den eisfreien Gipfeln und Kammlagen überdauert hat.

Der Himmelsherold ist eine ausgesprochen hochalpine Nivalpflanze, die zu den letzten Vorposten des pflanzlichen Lebens inmitten der Fels- und Eiswüste zählt. Eine Begegnung mit diesem »zur Erde gefallenen Stückchen Himmelsblau« auf den exponierten Gipfeln und Graten, gehört zu den unvergeßlichen Bergsteigererlebnissen.

An seine extremen, auch im Winter schneefrei geblasenen Standorte ist er vorzüglich angepaßt: Mit seiner langen, starken Pfahlwurzel ist er tief in der Felsspalte verkrallt; die kleinen, rosettig gehäuften Blätter sind beiderseits von einem dichten, seidig glänzenden bis zottigen Haarmantel umgeben, der sie vor Verdunstung schützt; die stark verästelten Stämmchen schmiegen sich eng aneinander, schützen sich gegenseitig und bilden ein wind- und wetterfestes Polster, dem kein Schneesturm etwas anhaben kann.

Die Pflanze wird bis zu 30 Jahre alt, wobei sie unter den ungünstigen klimatischen Bedingungen natürlich nur sehr langsam wächst. Alle Lebenskraft scheint sich in den leuchtend blauen Blüten zu konzentrieren, die einen feinen, primelähnlichen Duft verströmen.

Von einem Vergißmeinnicht unterscheidet sich der kleine Gipfelstürmer durch die seidig-wollige Behaarung und durch die schüsselförmigen Nüsschen, die mit Hilfe ihrer fast flügelartigen Kanten und fransigen Zähne besonders flugtüchtig sind.

Blaues Mänderle

Paederota bonarota

Rachenblütler – _Scrophulariaceae_

K̲ 8–15 cm hohe Pflanze mit aufrechtem Stengel und eiförmigen bis runden, kurz gestielten, grob gesägten, dunkelgrünen Blättern. ■ Blüten in kurzen, endständigen Trauben. Tragblätter linealisch spitz, wie die Kelchblätter purpurrot. Krone trichterförmig, langöhrig, 2lippig, blaulila; die 2 Staubblätter ebenso wie der Griffel weit aus der Krone herausragend. ■ Blütezeit: Juni bis August.

S̲ Selten; in Spalten und Klüften, auf steilen, oft schattigen Felswänden. Nur auf Kalk- und Dolomitgestein. Von den Tälern bis auf 2500 m.

V̲ Nur in den südlichen Kalkalpen, von den Bergmasker Alpen bis in die Julischen Alpen. Einzelfunde in den nördlichen Kalkalpen und in Siebenbürgen. Südalpiner Endemit.

Das Blaue Mänderle ist eine ausgesprochene Seltenheit der südalpinen Kalk- und Dolomitklüfte. Die wenigen Vorkommen in den Nordalpen werden als Überbleibsel aus dem Tertiär gedeutet, als das Areal der Pflanze wahrscheinlich bedeutend größer war als heute.

Die lebhaft blauvioletten, leicht nickenden Blütentrauben stehen in den Felsspalten oft wie aufgefädelt nebeneinander und locken mit ihren kontrastreichen Blüten von weitem die Blütenbesucher an. An der Schauwirkung sind dabei auch die purpurroten Tragblätter und die ebenso gefärbten Kelchblätter beteiligt. Kommt es zu keiner Fremdbestäubung, so strecken sich die Staubfäden und bestäuben die Narbe selbst.

Eine nahe verwandte Art ist das Gelbe Mänderle _(Paederota lutea)_ mit schmäleren, scharf gesägten Blättern und gelben Blüten in einseitswendiger, meist nickender Traube. Es ist ebenfalls eine Felsspaltenpflanze und wie seine blaue Schwester ein exklusiver Endemit. Sein Verbreitungsgebiet sind die südöstlichen Kalkalpen von den Vicentiner Alpen bis Krain.

Der Volksname »Mänderle« ist die Verkleinerungsform des Gattungsnamens Gamander _(Teucrium),_ mit dem man im 16. Jahrhundert auch die Gattungen _Veronica_ und _Paederota_ bezeichnete.

Gelbes Mänderle _(Paederota lutea)._

Herzblättrige Kugelblume

Globularia cordifolia

Kugelblumengewächse –
Globulariaceae

K 3–10 cm hoher, immergrüner, ästiger, rasenbildender Spalierstrauch mit niederliegenden, bis zu 30 cm langen Ausläufern und wurzelnden Sprossen. Blätter verkehrteiförmig, gegen den Stengel zu spatelig verschmälert, vorne sehr stumpf und herzförmig ausgerandet, ledrig, steif. Stengel aufrecht, blattlos oder auch mit kleinen, schuppenförmigen Hochblättern. ▪ Blütenstand kugelig-kopfig; Blüten 2seitig symmetrisch, die 4 Staubblätter weit aus der Krone herausragend. Blütenfarbe zumeist hellblau bis lila, selten rosa bis weiß. ▪ Blütezeit: Mai bis August.

S Häufig und verbreitet auf sonnigen Felsbändern, in Kalkfelsspalten, auf steinigen Matten und trockenen Schutthalden, im Geröll. Als Pionier auch auf Flußschottern. Nur auf Kalkgestein. Von den Tälern bis auf 2800 m.

V Zentralmassiv, Jura, Alpen, Westkarpaten, Apenninen und vereinzelt bis Illyrien; dort bald durch die nahe verwandte Kugelblume *(Globularia meridionalis)* ersetzt.

Die spaltenbewohnende Art bildet als Spalierstrauch ein teppichartiges Geflecht, das wie eine Reuse den vom Felsen herabrieselnden Humus sammelt. Ihre bogig gekrümmten Blätter sind so elastisch, daß sie nach dem Bestreuen von oben gleich wieder emporschnellen und den Humus zwischen dem Netzwerk der niederliegenden Zweige bewahren. Auch Ritzen und Felsvorsprünge nutzt die Pflanze optimal, und sie schlägt mit ihrem dichten Rasen alle Konkurrenten aus dem Feld.

So spezialisiert sie in ihren Standortsansprüchen auf Kalkfelsen ist, so indifferent ist sie bezüglich der Höhenlage, wobei sie von der hochalpinen Region bis in die Täler herabsteigt. So wird sie in den bayerischen Kalkalpen mit den Flüssen bis zur Donau verschleppt (dealpin und höhenstufenvag); mit der zunehmenden Regulierung dieser Flüsse ist sie jedoch wieder im Rückgang. Vermutlich ist die Herzblättrige Kugelblume noch eine recht »junge« Art, die erst nach den Eiszeiten entstanden ist.

In den lebhaft blau gefärbten Blüten reifen die Narben vor den Staubblättern; als Bestäuber fungieren Tag- und Nachtfalter, Hummeln und Fliegen.

Felsen-Baldrian

Valeriana saxatilis

Baldriangewächse – *Valerianaceae*

K 5–30 cm hohe Pflanze mit faser-schopfigem Wurzelstock und einfachem, kahlen, blattlosen oder nur mit einem Blattpaar in der Mitte versehenem Stengel. Blätter meist grundständig, ganzrandig bis schwach gezäht, kahl, deutlich 3–5nervig; die grundständigen, langgestielten Stengelblätter lineal. ■ Blüten in end- bis blattwinkelständigen, ziemlich armblütigen Trugdolden. Blüten nur 2–4 mm lang, weiß. Früchte 3 mm lang, mit Haarkranz. ■ Blütezeit: Juni bis August.

S Stellenweise häufig und truppweise in Felsspalten und Felsschutt, auf Geröllhalden und offenen Matten; auf basischem, kalkreichem Gestein. 1100–2500 m; oft viel tiefer herabgeschwemmt bis auf 300 m.

V In den östlichen Alpen und Voralpen ziemlich allgemein verbreitet, jedoch nur in den kalkreichen Zügen; sonst noch im Karstgebirge, Ostkarpaten und Illyrien.

Die Gattung Baldrian umfaßt 170 Arten, die teils in den gemäßigten Gebieten der Alten Welt, teils in Südamerika zu Hause sind. In Mitteleuropa sind nur 11 Arten und gar in den Alpen nur 5 davon verbreitet. Der mittelalterliche Name *Valeriana* leitet sich vermutlich vom lateinischen »valere« = kräftig sein, sich wohl befinden, ab und bezieht sich auf die Heilkraft der Pflanze. Sämtliche Baldrian-Arten enthalten nämlich in allen Teilen, besonders aber in der Wurzel ein ätherisches Öl, das bekannte Baldrianöl, das in starker Verdünnung angenehm aromatisch, konzentriert jedoch unangenehm durchdringend riecht. Speziell der Felsen-Baldrian strömt bei Verletzungen der Pflanze, wie sie schon beim Betreten mit Bergschuhen passieren, einen intensiven Geruch nach Schweißfüßen aus, was in einer Wandergruppe zu Mißdeutungen führen kann. Die unscheinbare Pflanze wird zuletzt verdächtigt!

In den kleinen, weißen Blüten wird der Nektar über dem Grund der Blumenkronröhre in einer kleinen Aussackung abgeschieden und vor allem von Fliegen ausgebeutet. Die Früchtchen besitzen einen Haarkranz, der als Flugorgan dient, und so die Verbreitung durch den Wind erleichtert.

Schopf-Teufelskralle

Phyteuma comosum

Glockenblumengewächse –
Campanulaceae

K 5–15 cm hohe Pflanze mit locker
beblättertem Stengel und verkehrt-
eiförmigen bis länglich-lanzettlichen
Blättern. ■ Blüten zu 8–20 in endständiger, von Hüllblättern umgebenen, kopfiger Dolde. Die Kronen, am
Grunde hellrosa-hellviolett und aufgeblasen, verengen sich nach oben
zu einer engen, dunkelvioletten Röhre, aus der der Griffel herausragt. ■
Blütezeit: Juli bis August.

S Diese Kostbarkeit der Südalpen
wächst nur sehr selten in feuchten
Kalk- und Dolomitfelsspalten, besonders in den Schluchten der
Alpentäler. Keineswegs hochalpin,
sondern nur ausnahmsweise bis in
die alpine Stufe aufsteigend. Von der
Talsohle bis auf 2000 m.

V Ausschließlich auf das Gebiet
zwischen Julischen und Gailtaler Alpen im Osten, Brennergebiet im Norden und Comer See im Westen beschränkt.

Die auffallende und attraktive Art ist
ein uraltes Tertiärrelikt, das in den
feuchten Felsspalten der Südalpen
die Eiszeiten überdauert hat. Auf diesen geschützten Standorten, ohne
wesentliche Konkurrenz von anderen, dem heutigen Klima besser angepaßten Arten, konnte sie sich auch
bis zur Gegenwart behaupten. Die
Südalpen waren in den Eiszeiten
überhaupt bevorzugte Zufluchtstätten von wärmeliebenden Pflanzen
aus dem Tertiär (im Tertiär herrschte
in Mitteleuropa ein subtropisches
Klima). Deshalb sind die damals weniger vergletscherten Südalpen auch
heute noch auffallend reich an Reliktarten, wohingegen die Nord- und
Zentralalpen vergleichsweise aus-
geräumt und artenarm erscheinen.
Bei der Schopf-Teufelskralle bewirkt
das Zusammendrängen der einzelnen, relativ kleinen Blüten zu einer
kugeligen Scheindolde, daß die
»Blume« als Ganzes an Auffälligkeit
gewinnt und um so mehr verschie-
denartige Besucher anlockt. Die Blüten sind duftlos; die 16 mm lange,
unten bauchig erweiterte Blumenkrone, aus der der Griffel bis zu
15 cm weit herausragt, bleibt bis zum
Verwelken geschlossen. Der Nektar
ist nur langrüsseligen Insekten zugänglich. Der Name »Teufelskralle«
leitet sich übrigens von den krallen-
förmig gekrümmten Blüten ab.

Echte Edelraute

Artemisia laxa

Asterngewächse – *Asteraceae*

K̲ 10–30 cm hoher, kurzrasiger Halbstrauch oder Halbrosettenstaude mit blühenden und nichtblühenden Trieben. Alle Sprosse anliegend, seidig behaart, silberglänzend, aromatisch duftend. Blütentragender Stengel aufrecht; Blätter gestielt, handförmig geteilt; Rosettenblätter doppelt 3teilig. ▪ Blütenknöpfchen eikugelig, 5–6 mm lang, 12–15blütig. Blüten gelb, Hüllblätter seidig filzig. ▪ Blütezeit: Juli bis September.

S̲ Zerstreut und vereinzelt an sonnigen Felsbändern, Felsspalten und Wandklüften, selten auf Schutt- und Schwemmböden, meist auf neutralem Substrat. 1600–3700 m; auf Schwemmböden wesentlich tiefer herabsteigend.

V̲ Alpen (vorwiegend im zentralen Teil), Pyrenäen, Apenninen.

Die Edelrauten sind – wie fast alle Arten der Gattung *Artemisia* – reich an Bitterstoffen und ätherischen Ölen und wurden wahrscheinlich schon in vorchristlicher Zeit als Heil- und Gewürzpflanzen geschätzt. In der Antike waren sie als Heilpflanzen längst bekannt; der Name *Artemisia* soll auf die Göttin Artemis, die Geburtshelferin, zurückgehen. Auch der deutsche Name Edelraute deutet auf die hohe Wertschätzung hin, die der Art zuteil wird. Leider drückt sich diese Wertschätzung vor allem in übertriebenem Sammeln aus, so daß die sowohl als Schmuck- wie Heilkraut begehrte Pflanze in vielen Gegenden bereits recht selten geworden ist oder gar ausgerottet wurde. Die Bergbauern verwendeten sie als Hausmittel gegen Fieber, Lungen- und Rippenfellentzündung, als magenstärkendes Mittel, außerdem zum Würzen von Likör.

Die sehr ähnliche Schwarze Edelraute, auch Gletscher-Raute oder Kees-Raute *(Artemisia genipi)*, mit mehr graufilziger Behaarung wächst sehr oft mit der Echten Edelraute zusammen. Der Artname *genipi* soll vorindogermanischen Ursprungs sein und ist in der schweizer und französischen Mundart zu »Schenipi« bzw. »Dzenipi« verschliffen. »Dzenipi Likör« erinnert an die Verwendung der Schwarzen Edelraute zur Likörbereitung.

Schutthalden

Von weitem sehen die großen Schutthalden, die von den zerschrundeten Gipfeln unserer Alpen talwärts fließen, öde und vegetationslos aus. Aus der Nähe aber entpuppen sie sich oft als ein einziger, blühender Steingarten. Die Schutthalden sind nämlich gar kein so ungünstiger Lebensraum, wie es den Anschein hat: Die lose Stein-Luft-Schichte bewahrt die darunter liegende Feinerde vor Austrocknung, so daß sogar feuchtigkeitsliebende Pflanzen hier gedeihen können. Unter der locker bewachsenen Oberfläche aber tobt ein heftiger Konkurrenzkampf im Wurzelraum, weil hier jedes Gewächs einen weiten Einzugsbereich braucht.

Das Hauptproblem der Schuttbewohner rührt daher, daß ihnen das bewegliche Material unentwegt »unter den Füßen« davonrutscht. Dazu kommt, daß Regengüsse die Feinerde ausschwemmen und daß Steinschlag die Keimpflanzen vernichten kann.

Schutthaldenbewohner haben spezifische Lebensformen entwickelt: So etwa die Schuttüberkriecher, die mit lockeren, biegsamen Teilen dem feuchten und feinen Rieselschutt aufliegen und damit das bewegliche Material immer wieder überwachsen. Oder die Schuttwanderer, die sich mit einer Pfahlwurzel in der Tiefe verankern, während ihre oberirdischen Ausläufer durch das nachrutschende Gestein beharrlich zum Licht streben. Anders die Schuttdecker, die eine Rasendecke aus bewurzelten Zweiglein ausbreiten und inmitten des losen Bodens feste Inselchen bilden. Wieder anders die Schuttstrecker, die ihre Stämmchen zwischen den Schutt hindurchzwängen, ohne ihm dabei nennenswerten Widerstand entgegenzusetzen. Wirklich aktiven Widerstand leisten aber die Schuttstauer, die sich mit festen Horsten gegen den strömenden Schutt stemmen und ihn erfolgreich zum Stillstand bringen.

Schild-Ampfer

Rumex scutatus

Knöterichgewächse – *Polygonaceae*

K 20–50 cm hoch; Wurzelstock spindelförmig, verholzend, ausläufertreibend. Stengel unterwärts meist strauchig verzweigt; Blätter langgestielt, spießförmig oder rundlichherzförmig, grasgrün, oft bläulich bereift. ■ Blütenstand locker rispenartig; Blüten klein, zwittrig, rötlich überlaufen. ■ Blütezeit: Mai, Juni.

S Meist gesellig in offenen, sonnigen Steinschuttgesellschaften, Geröllhalden, beweglichen Grobschutthalden; auch in Felsspalten und herabgeschwemmt selbst im Flußgeschiebe. Nicht häufig. Von gebirgsnahen Tallagen bis auf 2700 m ansteigend.

V Gebirge Mittel- und Südeuropas sowie Südwestasiens.

Die Art ist ein typischer Schuttwanderer, die aus einer tief verankerten Grundachse zahlreiche wandertriebähnliche, sehr fest gebaute, verholzende Stengel durch den Grobschutt und das Geröll sendet. Wenn diese Stengel von beweglichem Schutt überdeckt werden, verlängern sie sich (vergeilen) und bohren sich wieder zum Licht. Wo sie mit Feinerde in Berührung kommen, bilden sie meist Wurzeln, so daß von einem einzigen Samen ausgehend ein weitverzweigtes, den Schutt durchspinnendes Individuum entstehen kann.

Die Pflanze liefert ein hervorragendes Wildgemüse; ihre wohlschmeckenden Blätter werden vielerorts als Suppenwürze, Salat und Spinat verwendet. Deshalb wurde sie auch früher als »französischer Spinat« kultiviert und ist so als Gartenflüchtling an manchen Stellen in der Ebene verwildert. Die frische Pflanze ist reich an Vitamin C und Kalziumoxalat. Sie war früher unter dem Drogennamen »Herba romana« offizinell. Der Name »Schild«-Ampfer bezieht sich auf die annähernd schildförmige Gestalt der Blätter.

Breitblättriges Hornkraut

Cerastium latifolium

Kreuzblütler – *Brassicaceae*

K 3–8 cm hohes, lockerrasiges, borstenhaariges Kraut mit langen niederliegenden bis aufsteigenden blühenden Zweigen und wenigen, nicht blühenden, unfruchtbaren Trieben; die blütentragenden Stengel 4–15 cm hoch; Blätter eiförmig, zugespitzt, mit breitem Grunde sitzend. ■ Blüten weiß, 2,5–3,5 cm im Durchmesser; Kronblätter 2spaltig; Staubblätter 10, Griffel 5. ■ Blütezeit: Juli, August.

S Verbreitet und gesellig auf beweglichem Grobschutt; Charakterart der alpinen Steinschuttgesellschaften zusammen mit dem Rundblättrigen Täschelkraut. Auf sickerfeuchten, kalkreichen Steinschuttböden. 1500–3500 m.

V Nördliches und zentrales Gebiet der mittleren Alpen bis in die Südwestalpen. Nordöstlich bis zum Inn. In Bayern im Allgäu, Wetterstein und Karwendel. Nördliche Apenninen.

Das Breitblättrige Hornkraut ist ein typischer Bewohner der beweglichen Steinschutthalden. Mit seiner bis zu 80 cm langen Pfahlwurzel ist es tief im Geröll verankert. Von einer unterirdischen Grundachse gehen zahlreiche Triebe aus, die unbewurzelt als »Schopftriebe« oder bewurzelt als »Wandertriebe« durch den Schutt kriechen. Auch die oberirdischen Teile, die dem Schutt aufliegen, können sich noch als »Wandertriebe« bewurzeln. Die Pflanze vereint also die Eigenschaften von Schuttdeckern, Schuttwanderern und Schuttüberkriechern. Die lockeren Polster der hübschen Pflanze sind oft völlig von ihren großen, schneeweißen Blüten bedeckt. Der Nektar wird in der glockenförmig geöffneten Blüte von einem die Staubblätter am Grunde ringförmig umschließenden Nektarium abgesondert. Als Bestäuber fungieren zumeist Fliegen, doch ist im Notfall auch spontane Selbstbestäubung möglich. Die Frucht ist eine hornförmig gekrümmte Kapsel, auf die sich auch der Name Hornkraut bezieht. Die kleinen Samen, durch eine lockere Umhüllung besonders leicht, werden durch den Wind verbreitet.

Eine nahe verwandte Art ist das Einblütige Hornkraut *(Cerastium uniflorum)* mit dicht beblätterten Stengeln, spateligen, zottig behaarten Blättern und meist etwas kleineren Blüten. Es vertritt das Breitblättrige Hornkraut auf Silikatböden (vikariierende Art) und wächst in Felsspalten, Windecken und feuchten Moränen. Seine Verbreitung reicht von den Alpen bis zu den Westkarpaten und zum Dinarischen Gebirge.

Rotes Seifenkraut
Saponaria ocymoides

Nelkengewächse – *Caryophyllaceae*

K 10–35 cm hohe Kriechstaude, die flache und locker polstrige Rasen bildet. Sprosse liegend, an der Spitze aufsteigend, kurzhaarig; Blätter elliptisch. ■ Blütenstand ebensträußig rispig, klebrig, duftend. Kelchblätter drüsig klebrig; Kronblätter intensiv rosa bis rot, mit 2zähnigen Nebenkrönchen. ■ Blütezeit Mai bis Oktober.

S Gruppenweise; oft Pionier auf ruhendem Schutt und in Felsritzen, auf trockenen, feinerdigen Steinschutthalden, im Kalkgeröll von Flußschottern, an Erdabrissen und Straßenböschungen, in lichten Föhren- und Latschenwäldern. Von den Tälern bis auf 2000 m ansteigend.

V In den Bergländern der west-, zentral- und submediterranen Region. Von den südlichen Alpen bis in den Schweizer Jura und in die wärmeren Täler der nördlichen Alpen vordringend.

Das Rote Seifenkraut gehört zur Lebensform der Schuttdecker. Es liegt mit oft weit kriechenden, biegsamen Sprossen dem ruhenden Schutt auf, während es mit einer kräftigen Hauptwurzel im Untergrund verankert ist. Von dieser Hauptwurzel aus entspringen die zahlreichen, mehrjährigen Sprosse, die manchmal wie ein Wurzelstock im Substrat eingebettet liegen und dann auch weitere sproßbürtige Wurzeln bilden.

Die Art wird wegen ihrer auffallend rot blühenden Polster gerne in Steingärten kultiviert und könnte auch gut zum Abdecken neuangelegter Straßenböschungen verwendet werden. Die lebhaft gefärbte Blüte sondert aus fleischigem Anhängsel am Grunde der Staubblätter den Nektar ab. Der Blüteneingang ist durch Zusammenneigen der Kelchzipfel so verengt, daß nur die dünnen Rüssel der Schmetterlinge die Honigquelle bequem erreichen. Tatsächlich sind die roten Blütenteppiche auf Schutthalden an sonnigen Tagen beinahe unablässig von Faltern umflattert.

Gletscher-Hahnenfuß

Ranunculus glacialis

Hahnenfußgewächse –
Ranunculaceae

K 4–15 cm hoch; Wurzelstock zwiebelartig verdickt; grundständige Blätter 3teilig, Abschnitte wiederum tief zerteilt. ■ Stengel 1- bis mehrblütig; Kelchblätter dunkelrostbraun behaart (sonst bei keiner anderen Hahnenfuß-Art!). Blüte groß, 1–3 cm breit, weiß, außen meist rötlich überlaufen. Kelch und Krone bleiben bis zur Fruchtreife erhalten. ■ Blütezeit: Juli, August.

S Stellenweise häufig; auf feuchtem Felsschutt, von Schmelzwasser berieselten Schutthalden, in Moränen und Geröll. 2000–4000 m.

V Sierra Nevada, Pyrenäen, Alpen (besonders in den Zentralalpen, in Bayern nur im Allgäu), Karpaten, nördliches und arktisches Europa, Island, Ostgrönland.

Die Art gehört zu den höchststeigenden Blütenpflanzen der Alpen und wächst auf dem Finsteraarhorn noch in 4275 m Höhe. Trotz dieser extrem frostgefährdeten Standorte weisen ihre glänzend grünen, saftigen Blätter keinerlei Anpassung an die Unbilden des hochalpinen Klimas auf. Nur ihre Blüten, die vom strahlendsten Weiß bis zum dunklen Rosenrot variieren, sind von einem dunkelbraunpelzigen Kelch eingehüllt. Wie die Pflanze es fertigbringt, in diesen unwirtlichen Höhen zu leben und sogar zu blühen, bleibt vorläufig ihr Geheimnis. Möglicherweise handelt es sich um eine erblich bedingte Frostresistenz des Protoplasmas.

Sichtbar gut angepaßt ist der Gletscher-Hahnenfuß hingegen an seinen Standort auf beweglichem Schutt: Sein knollig verdickter Wurzelstock ist mit zahlreichen Faserwurzeln verankert; die Büschel langgestielter Grundblätter sind durch scheidige, weit übereinandergreifende Niederblätter geschützt. Sein liegender Stengel kann den Schutt überkriechen oder auch sich hindurchzwängen. So stemmt er sich gegen das Geschiebe und bringt es zum Stillstand (Schuttstauer).

Blütenbesucher, die den Nektar aus der Honiggrube ausbeuten wollen, müssen sich zwischen den Staubblättern hindurchzwängen. Selbst in großen Höhen werden die Blüten noch von zahlreichen Fliegen, Holzwespen und Faltern besucht.

Nach der Blüte bleiben Kelch- und Kronblätter bis zur Fruchtreife rascheldürr erhalten; damit unterscheidet er sich von allen anderen Hahnenfuß-Arten.

Alpen-Gänsekresse

Arabis alpina

Kreuzblütler – *Brassicaceae*

K 10–40 cm hoch; aus einer Grundblattrosette steigen die blühenden und auch nichtblühenden Stengel auf. Stengelblätter mit herzförmigem Grund stengelumfassend sitzend, geschweift, gezähnt, sternhaarig. ■ Blüten weiß, ca. 2 cm im Durchmesser. Die Frucht ist eine 2–6 cm lange, oft waagrecht abstehende Schote. ■ Blütezeit: Mai bis September.

S Im ruhenden Grobschutt und in feuchten Felsspalten, im frischen Steinschutt, im Geröll oder an feuchten Felsen. Auch an Quellen oder in Schneeböden, in tiefen Schluchten und auf Flußschottern. Kalkliebend. 400–3200 m.

V Gesamte Arktis und europäische Gebirge.

Die Art gehört zu den Schuttüberkriechern, die mit schlaffen, oberirdischen Teilen dem Schutt aufliegen. Ihre bogig aufstrebenden, beblätterten Schopftriebe ertragen eine Steinüberschüttung jedoch sehr schlecht, sie bevorzugt deshalb Steinschutthalden, die schon zur Ruhe gekommen sind. Mit Bächen und Flüssen gelangt sie als Alpenschwemmling auch in tiefere Lagen, wo sie gelegentlich auf Flußschotterfluren gefunden werden kann. Ebenso finden wir Relikte dieser eher kälteliebenden Art in tieferen Lagen in kühlfeuchten Schluchten. In Höhlen und Halbhöhlen wachsen hingegen Schattenformen von charakteristisch aufgelockertem Habitus.

Die Blüte der Alpen-Gänsekresse scheidet aus 2zipfeligen Honigdrüsen an der Basis der Staubblätter den Nektar aus, der sich in sackförmigen, seitlichen Kelchblättern sammelt. Der Zugang zur Nektarquelle wird aber durch die Staubbeutel versperrt, die sich bei Sonnenschein quer legen. Blütenbesuchende Insekten, in der Regel Fliegen, müssen erst diese Barriere passieren und sich mit Pollen behaften, wodurch die Bestäubung gesichert erscheint. Bei trübem Wetter kehren sich die Staubbeutel den Narben zu, so daß bei ausbleibendem Insektenbesuch Selbstbefruchtung möglich wird.

Die Pflanze legt ihre Blütenknospen schon sehr bald an, so daß es keine Seltenheit ist, wenn sich an einem föhnigen Wintertag vereinzelt ihre schneeweißen Blüten öffnen. Sie ist ein Wintersteher und streut ihre geflügelten Samen erst über die gefrorene Schneedecke aus.

Rundblättriges Täschelkraut

Thlaspi rotundifolium

Kreuzblütler – *Brassicaceae*

K 5–15 cm hoch; mit kräftiger, bis 40 cm tief verankerter Pfahlwurzel, von der viele blütentragende und nicht blühende Triebe ausgehen. Grundständige Blätter rosettig, bläulichgrün, kahl; Stengelblätter am Grunde breit geöhrt, stengelumfassend. ▪ Blüten in reichblütiger, halbkugeliger Doldentraube; Blumenkrone hellviolett mit dunklen Adern. Stark duftend! Fruchtstiele waagrecht abstehend, Schötchen verkehrt-eiförmig. ▪ Blütezeit: Juni bis September.

S Häufig und herdenbildend auf Steinschutthalden der alpinen Stufe; auf sickerfeuchten, bewegten, feinerdearmen, kalkreichen Grobschuttböden. Zwischen 1400 und 3400 m.

V Nur in den Alpen; vor allem in den nordöstlichen und südlichen Kalkalpen häufig.

Das Rundblättrige Täschelkraut ist namengebende Charakterart der Steinschuttgesellschaften und gehört zur ökologischen Gruppe der Schuttwanderer. Es ist ein Frostkeimer, dessen Samen in den spärlichen Sandhäufchen, die sich zwischen dem Geröll ansammeln, zur Keimung kommen. Eine lange Hauptwurzel, besetzt mit kurzen Saugwurzeln, sorgt für Verankerung und Ernährung. Von dieser Hauptwurzel gehen zahlreiche unbewurzelte Triebe aus, die durch den Schutt kriechen und an ihrem Ende dichte, überwinternde und blühende Schöpfe bilden, die alle zu einem Pflanzenindividuum gehören. Reißt die Verbindung zur Hauptwurzel, gehen die Tochterpflanzen zugrunde. Schuttfluren sind nur locker bewachsen; trotzdem findet im Wurzelraum ein heftiger Konkurrenzkampf zwischen den einzelnen Bewohnern statt, da die Feinerde zwischen den Gesteinsbrocken nur lückenhaft verteilt ist. Wurzeln von Pflanzen, die meterweit voneinander entfernt sind, bilden in der spärlichen Feinerde dann ein dichtes Geflecht.

Die Blütenanlagen werden schon im Herbst vorgebildet, die Pflanze blüht deshalb gleich nach dem Ausapern. Besonders bei Sonnenschein verströmt sie einen süßen, schweren, an Levkojen erinnernden Duft. Die rundlichen, glänzenden Blätter haben einen aromatischen, kresseartigen Geschmack und werden von den Gemsen gerne gefressen (daher der Name Gemskreß).

Weißer Alpenmohn

Papaver sendtneri

Mohngewächse – *Papaveraceae*

K 5–20 cm hoch; Stengel 1blütig, mit gelben Haarborsten besetzt; grundständige Blätter einfach fiederteilig mit gelappten Zipfeln, graugrün. ■ Blüten groß, bis 4 cm im Durchmesser, duftend. Kelch beim Aufbrechen abfallend, schwärzlich behaart; Blütenblätter rein weiß, manchmal am Grunde gelblich bis schwärzlich; Staubblätter zahlreich; Kapsel verkehrt-eiförmig. ■ Blütezeit: Juli, August.

S Zerstreut, aber meist gesellig; in Schutthalden, Geröllhängen und Karfluren, im bewegten Grobschutt. Nur auf Kalk und Dolomit. Zwischen 2000 und 2800 m.

V Kommt nur in den nördlichen Kalkalpen vor.

Der Weiße Alpenmohn ist, ebenso wie sein gelber Bruder, eine charakteristische Art der Schuttflora, der die kahlen Schutthalden mit seinen duftig-zarten, von jedem Windhauch bewegten Blüten schmückt. In dem beweglichen Material ist er mit einer kräftigen Pfahlwurzel verankert, die er zwischen die Steine hindurch in die Tiefe sendet; nach oben zu sichert er sich mit hangaufwärtsziehenden Wurzelfasern. Von der Hauptwurzel entspringen zahlreiche aufstrebende Seitensprosse, die durch den Schutt kriechen und in einer Rosette grundständiger Blätter münden. Diese dichtgedrängten Blattbüschel bilden kräftige, polsterförmige Horste. Fungiert die Pfahlwurzel als Anker, so ziehen die von ihr ausgehenden, verzweigten Seitenwurzeln in den Untergrund bis in die stets feuchte und feinerdreiche Tiefe und dienen als Nährwurzeln. Zwischen den Blattbüscheln erheben sich auf dünnen, schwankenden Stielen die charakteristisch nickenden Knospen und die flachen, schalenförmigen Blüten.

Verbreitung der beiden Alpenmohn-Arten in den Ostalpen. Während der Weiße Alpenmohn (blaue Flächen) auf die nördlichen Kalkalpen beschränkt ist, besiedelt der Gelbe Alpenmohn (gelbe Flächen) die südlichen Teile der Alpen. Nicht dargestellt ist die Verteilung der verschiedenen Unterarten im jeweiligen Verbreitungsareal.

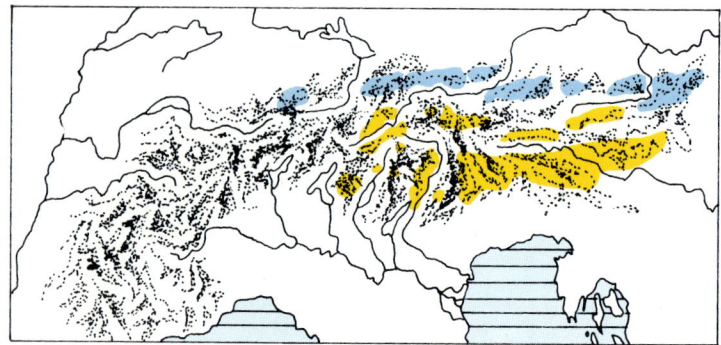

Gelber Alpenmohn

Papaver rhaeticum

Mohngewächse – *Papaveraceae*

K 5–15 cm hoch; Stengel 1blütig, steifhaarig; Laubblätter einfach fiederteilig mit breiten Zipfeln. ▪ Kelchblätter beim Aufblühen abfallend, dunkelbraun behaart; Kronblätter goldgelb. Kapsel verkehrt-eiförmig, borstig behaart. ▪ Blütezeit: Juli, August

S Zerstreut, aber gesellig; auf Geröllhalden, Schuttfluren, Moränenhügeln, Bachgeröll und selbst auf Flußschottern. Nur auf kalkreichem Gestein. 1800–3040 m.

V In den südlichen Kalkalpen, den Südwestalpen und den östlichen Pyrenäen.

Der Gelbe Alpenmohn ist in seinen Standortsansprüchen und in seiner Wuchsform mit dem nahe verwandten Weißen Alpenmohn völlig identisch. Auch er ist ein typischer Schuttstauer, der wesentlich dazu beiträgt, die rutschenden Grobschuttfluren zu festigen.

Wie bei allen Mohn-Arten sind die Kelchblätter nur an der Knospe vorhanden und fallen schon beim Aufblühen ab. Die auffallenden, duftenden Blüten sondern keinerlei Nektar ab, gleichen diesen Mangel aber durch einen Überfluß an Pollen aus, der pollenfressende Zweiflügler anlockt. Bei schlechtem Wetter bleiben die Blüten halb geschlossen und können sich auch selbst bestäuben. Die ganze Pflanze strömt einen intensiven Duft aus, der aus Moschusgeruch, dem Nelkenduft der Blüten und dem spezifischen Mohnduft gemischt ist.

Die beiden Alpenmohn-Arten spalten in 4 Unterarten, von denen die weißblütigen in den nördlichen Kalkalpen, die gelbblütigen in den südlichen Kalkalpen verbreitet sind. Ihre Systematik ist etwas schwierig; einerseits werden sie nach Blütenfarbe weiß oder gelb, andererseits nach dem Blattschnitt (einfach oder gefiedert) eingeteilt. Um die Verwirrung vollständig zu machen, überkreuzen sich die Merkmale paarweise. Innerhalb der beiden Alpenmohn-Arten ist eine weitere geografische Trennung festzustellen: Wächst bei der weißblühenden Art die schmalblättrige Rasse in den nordöstlichen Kalkalpen, so wächst bei der gelbblühenden Art eine schmalblättrige Rasse in den südöstlichen Kalkalpen.

Die Gattung Mohn zählt etwa 100 Arten, von denen sich nur 6 bis in die Alpen gewagt haben. Die meisten leben als Ackerunkräuter im Mittelmeerraum und zeichnen sich durch die bekannte rote Blütenfarbe aus.

Dunkler Mauerpfeffer

Sedum atratum

Dickblattgewäche – *Crassulaceae*

K 2–8 cm hoch; 1jährig überwinternd; dunkelpurpurn bis rotbraun überlaufen oder gelbgrün. Blätter klein, dick, zylindrisch, gegen den Stengelgrund einander genähert. ▪ Blütenstand ein wenigblütiger, ebensträußiger Wickel. Blüte meist 5zählig, weißlich, grünlich oder rötlich, knapp 1 cm im Durchmesser; Kelch- und Kronblätter spitz. ▪ Blütezeit: Juli, August.

S Auf Felsschutt, Kies, Grus; in den Kalkalpen häufig. 1500–2800 m.

V Pyrenäen, Südjura, Alpen, Karpaten, Apenninen und Balkan-Gebirge.

Mit dem Dunklen Mauerpfeffer haben wir eine der wenigen, 1jährigen Hochgebirgspflanzen vor uns. Daß diese Lebensform mit der Höhenlage zunehmend seltener wird, hängt mit dem kurzen Alpensommer zusammen, der den Pflanzen nicht genügend Zeit läßt, ihren Lebenszyklus in einer einzigen Vegetationsperiode abzuwickeln. Während in der Ebene noch 33% aller Pflanzen 1jährig sind, wachsen über 1800 m nur mehr 6% 1jährige Pflanzen, in der Nivalstufe fehlen sie schließlich ganz.

Es ist einleuchtend, daß Reservespeicher in den unterirdischen Organen im Gebirge von Vorteil sind: Sie ermöglichen ein rasches Treiben und Blühen im Frühling. Schlechte Jahre können auch ohne Fruchtansatz überdauert werden. Deshalb bleibt der Dunkle Mauerpfeffer auch winzig klein, um keine Kraft zum Aufbau der vegetativen Organe verschwenden zu müssen; nur die Blüte bleibt relativ groß. Er gibt den Samen reichlich Reservestoffe mit, um ihnen einen guten Start zu ermöglichen.

Schließlich schlägt er der Natur noch durch einen Trick ein Schnippchen: Seine Samen keimen schon im Herbst und überwintern als Keimlinge unter der Schneedecke. Wobei er allerdings das Risiko in Kauf nehmen muß, daß bei Ausbleiben der Schneedecke die zarten Keimlinge verdorren und erfrieren.

Der ähnliche Alpen-Mauerpfeffer *(Sedum alpestre)* besitzt gelbe Blüten.

Moschus-Steinbrech

Saxifraga moschata

Steinbrechgewächse –
Saxifragaceae

K 2–10 cm hoch; polsterförmige
Rasen bildend. Stämmchen locker
rosettig oder dachziegelig beblättert;
blühender Stengel 1–12 cm hoch,
drüsig-klebrig, nach Harz duftend.
Blätter lanzettlich, manchmal vorne
3–5zähnig. ■ Blütenstand armblütig
oder nur 1 Blüte vorhanden; rispig-
trugdoldig. Blüten grünlich-gelb, gelegentlich orange oder purpurrot,
duftend. ■ Blütezeit: Juli, August.
S Auf Kalkschutt, ruhendem Felsschutt, in steinigen Magerrasen;
nicht häufig. 1500–4000 m.
V Pyrenäen, Auvergne, Alpen- und
Karpatengebiet bis in die Sudeten;
Nordapenninen und Gebirge der
Balkanhalbinsel, Kaukasus. Außerdem im Altai und dem Sajan-Gebir-
ge.

Der Moschus-Steinbrech gehört zu
den höchststeigenden Blütenpflanzen der Alpen, der auf dem Finsteraarhorn noch in einer Höhe von
4000 m blühend angetroffen wurde.
An seine hochalpinen Standorte ist
er durch seine flachen, rasenbilden-
den Polster, die sich dem Gestein
anschmiegen, bestens angepaßt.
Häufig ist er Pionierpflanze auf Windecken und in offenen Zwergstrauchheiden.
Er ist eine ungewöhnlich vielgestaltige Art, die sich in geografische Rassen aufzuspalten beginnt. Diese sind
jedoch durch Übergänge miteinander verbunden und daher nicht immer deutlich zu unterscheiden.
Die Gattung Steinbrech ist sehr artenreich, allein in Mitteleuropa kommen an die 40 Arten, vorwiegend in
den Alpen, vor. Der Gattungsname
»Steinbrech« bezieht sich übrigens
nicht auf die felsigen Standorte die-

ser hochalpinen Pflanzenfamilie,
sondern auf den Knöllchen-Steinbrech *(Saxifraga granulata)*, dessen
Kraut und Blüten sowie die kleinen
Brutzwiebeln in den Blattachseln als
Heilmittel gegen Blasensteine verwendet werden.
Der Knöllchen-Steinbrech wächst
übrigens gar nicht auf »Steinen«,
sondern in Wiesen und Wäldern. Die
Signaturenlehre sah in den sehr harten, steinchenähnlichen Brutzwiebeln einen Hinweis für die Heilwirkung bei »Steinleiden«. Immerhin
enthält die Pflanze eine Reihe von
Gerb- und Bitterstoffen. In einem mittelalterlichen Kräuterbuch heißt es
von ihr: »Steinbrech in Wein gesot-
ten, fördert den Harn, reinigt die Nie-
ren und treibt die Blasensteine heraus.«

Kriechende Nelkenwurz

Geum reptans

Rosengewächse – *Rosaceae*

K 5–15 cm hoch; Grundblätter rosettig, unterbrochen gefiedert, unterseits behaart. Aus den Blattachseln entspringen erdbeerähnliche Ausläufer, die bis zu 1 m lang werden können und an ihrem Ende festwurzelnde Tochterpflanzen tragen. ■ Blüten auffallend groß, 3–4 cm breit, leuchtend goldgelb, einzeln auf dem behaarten, oft rötlich gefärbten Stengel. Die zahlreichen Früchtchen bilden mit ihren federhaarigen, bis zu 30 cm langen Griffeln eine gedrehte, rötlich schimmernde, seidig behaarte Fruchtperücke. ■ Blütezeit: Juli, August.

S Pionierpflanze in Schutthalden; auf kalkarmen, rohen, lockeren Grob- und Feinschuttböden, aber auch auf Ruhschutt. 2100–3400 m; ausgesprochen hochalpine Nivalpflanze.

V Alpen, Karpaten; Dinarische Alpen und Albanien.

Die Art ist ein äußerst lebenstüchtiger Spezialist für Schutthalden, ein Schuttwanderer. Dazu befähigen sie einerseits ihre langen Ausläufer, mit denen sie den Schutt überkriecht,

andererseits der kräftige Wurzelstock, der im beweglichen Material verankert ist und bei Überschüttung unbegrenzt weiterwachsen kann. Als Schutz gegen Steinschlag dienen die abgestorbenen Blattbasen, die erhalten bleiben und wie ein Kissen die inneren, lebenden Teile vor Verletzung schützen.

Die prächtigen Blüten wachsen im Verlauf des Blühens noch weiter, dergestalt, daß sie zuerst eine halbkugelige Schale, später eine ausgebreitete goldgelbe Scheibe darstellen, deren Blumenkronblätter zusätzlich noch an Länge zunehmen. Beim Öffnen der Blüten sind die sehr zahlreichen (60–100) Stempel bereits mit völlig entwickelten Narben versehen, die Staubblätter jedoch noch alle geschlossen. Längst ehe die Staubbeutel der Reihe nach von außen nach innen aufspringen, fangen die Narben zu schrumpfen an, so daß Selbstbestäubung in der Regel vermieden wird.

Nach dem Verblühen verlängern sich die Griffel und wachsen – ähnlich wie bei der Silberwurz oder den Kuhschellen – zu der charakteristischen, seidig behaarten Fruchtperücke aus. Die Früchtchen reifen auch noch über der Schneegrenze. Der Fruchtstand löst sich bei der Reife auf, und die einzelnen Früchtchen werden an den Griffeln hängend vom Wind weggetragen.

Langsporn-Veilchen
Viola calcarata

Veilchengewächse – *Violaceae*

K 4–10 cm hohe Staude mit ästigem, Ausläufer treibendem Erdstock. Stämmchen fadenförmig; Stengel 1blütig, am Grunde locker beblättert; Laubblätter eiförmig bis lanzettlich, gekerbt; Nebenblätter häufig fiederspaltig. ■ Kelch mit großem Anhängsel; Blüten groß, dunkelviolett, manchmal auch gelb, selten weiß oder gescheckt. Sporn 8–15 mm lang, so lang wie die Kronblätter. ■ Blütezeit: Juni, Juli.

S Auf Felsschutt, in kurzrasigen, steinigen Weiden, auf steilen, sonnigen Abhängen; auf basischen bis neutralen Böden. 1500–2800 m.

V Alpen, vor allem Westalpen (von den Seealpen bis ins Lech- und oberste Etschgebiet); Südjura.

Diese großblumige Veilchen-Art ist ein ganz typischer Schuttwanderer, mit ihren blauen Blüten ein wahrer Schmuck der sonst öden Schutthalden. Ganz selten findet man auch gelbe Exemplare. Von den wildwachsenden Formen des gewöhnlichen Stiefmütterchens unterscheidet sie sich durch ihre großen Blüten und durch den engen Sporn.

Mit langen, unterirdischen Ausläufern durchspinnt die Pflanze den Felsschutt und streckt an deren Ende büschelweise ihre Blätter ans Licht. Diese Wandertriebe können unbegrenzt weiterwachsen, bis zu 40 cm lang werden, sind anfangs zart und zerbrechlich, später derb verholzt.

Die schönen, samtblauen Blüten stehen auf gebogenen Stielen in den Blattachseln und wenden sich flach ausgebreitet der Sonne zu. Die Art ist – im Gegensatz zu den meisten Veilchenarten des Tieflandes, die von Bienen bestäubt werden – eine ausgesprochene Falterblume. Das ist schon aus ihrem Blütenbau mit dem engen Blüteneingang und dem langen, dünnen Sporn ersichtlich. Die Spornlänge schwankt allerdings innerhalb der Art beträchtlich; es gibt kurzspornige Formen mit 13 mm langen Spornen bis hin zu Formen mit 25 mm langen Spornen. Dem entspricht auch ein sehr gemischter Besucherkreis aus verschiedensten Tag- und Nachtfaltern, darunter auch das Taubenschwänzchen. Letzterer fungiert am erfolgreichsten bei der Bestäubung; es konnte ein Tier beobachtet werden, wie es innerhalb von 4 Minuten frei schwebend über 100 Blüten besuchte! Dabei war sein Rüssel so dicht mit Pollen bepudert, daß man es aus mehreren Schritten Entfernung sehen konnte.

Gold-Primel

Vitaliana primuliflora

Primelgewächse – *Primulaceae*

K 5–20 cm hohes, locker rasenbildendes Pflänzchen mit tiefgehender Pfahlwurzel und niederliegenden, ästigen, blattlosen Zweigen. Stämmchen, Blütenstiele, Blattrand und Kelch sind von angedrückten Sternhaaren weichhaarig. Blätter schmal lineal, rosettig, meist dachziegelartig angeordnet. ▪ Blüten einzeln, kurz gestielt; Kelch röhrig, glockig; Blumenkrone röhrig-tellerförmig mit 5 ausgebreiteten Kronlappen, intensiv gelb. Kapselfrucht mit 2–3 Samen. ▪ Blütezeit: Mai bis August.

S Zerstreut auf schmelzwasserdurchtränkten, steinigen Böden; Pionierpflanze auf offenem Grus und Erdreich, in niedrigen Rasen, auch auf Fels. 1700–3100 m.

V Fehlt in Deutschland; häufig in Südtirol, vor allem im Schlerngebiet; in der Schweiz im Wallis. In mehreren Rassen in den Spanischen Gebirgen, Pyrenäen, Alpen und Abruzzen verbreitet. Süd- und mitteleuropäische Gebirgspflanze.

Die Gold-Primel ist, wie die Aurikel, eines der wenigen, gelb blühenden Primelgewächse des Hochgebirges. Sie wurde früher zur Gattung *Primula* gerechnet und im deutschen Namen ist diese Stellung auch beibehalten; im lateinischen Namen gilt sie als eigene Gattung mit oft wechselnden Namen *(Douglasia, Gregoria, Aretia, Primula, Androsace)*.

Mit der Gattung *Primula* hat sie unter anderem auch den heterostylen Blütenbau gemeinsam, bei dem es zweierlei Arten von Blüten gibt: solche mit kurzen Staubblättern und langem Griffel und solche mit langen Staubblättern und kurzem Griffel. Eine verblüffend einfache Einrichtung, die Fremdbestäubung sichert. Obwohl gelb eigentlich eine bevorzugte Bienenfarbe ist, wird die Gold-Primel in erster Linie von Schmetterlingen bestäubt, was wohl auf die hochgelegenen Standorte zurückzuführen ist, wo Bienen kaum mehr, Falter aber um so häufiger auftreten. Der Samen der Gold-Primel muß unbedingt längere Zeit durchfrieren, um überhaupt keimen zu können. Ihr typischer Standort ist im Winter mit Schnee bedeckt, zur Blütezeit von Schmelzwasser durchtränkt, im Sommer hingegen häufig trocken.

Gletscher-Mannsschild

Androsace alpina

Primelgewächse – *Primulaceae*

K 2–5 cm hohes, lockerrasiges, Polster bildendes Pflänzchen. Ganze Pflanze mit verzweigten Sternhaaren besetzt. Blätter lanzettlich, am Ende der Triebe rosettig gehäuft. ▪ Blüten einzeln, endständig, deutlich gestielt; Krone rosenrot oder weiß mit gelbem Schlund. ▪ Blütezeit: Juli, August.

S Verbreitet und gesellig auf kalkarmem, feuchten Feinschutt, auf Rohschutt und Moränenböden, selten auf Fels. Fast ausschließlich in der nivalen Stufe. 1950–4200 m.

V Der Gletscher-Mannsschild ist ein ausgesprochener Endemit der zentralen Alpenkette, mit einem begrenzten Areal von der Dauphiné bis Kärnten und Steiermark. Fehlt in Bayern.

Die Art ist eine der höchststeigenden Blütenpflanzen in den Alpen, ein ausgesprochener Gipfelstürmer: Blühende Exemplare wurden auf den Schultern des Matternhorns noch auf 4200 m aufgefunden; die Pflanze geht selten unter 2270 m herunter. Ihre blütenübersäten, weißen bis rosaroten, flachen Polster verwandeln die feuchten, toten Schutthalden noch auf den unwirtlichsten Höhen, in denen kaum mehr Blütenpflanzen gedeihen können, in wahre »Steingärten«.

Im Herbst entstehen an den Zweigenden dichte Blattrosetten, die immergrün überwintern und bis zum nächsten Herbst erhalten bleiben. Sie schützen die stets fortwachsende Endknospe, die im nächsten Jahr die Blüte trägt.

Der Nektar wird in der Blüte an der Oberfläche des Fruchtknotens abgesondert, wobei die auffallend orangegelben Schlundschuppen als Saftmale fungieren. Blütenbesucher sind vor allem Fliegen, von denen die kleinen Flachpolster geradezu übersät sein können. Wenn auf den klimatisch unwirtlichen Standorten bei Schlechtwetter kein Blütenbesucher zu erwarten ist, so kann es auch zur Selbstbestäubung kommen.

Die ausgesprochen hochalpine, ja nivale Pflanze fruchtet auch auf ihren höchstgelegenen Standorten noch reichlich. Im Winter allerdings genießt sie zumeist Schneeschutz und meidet die windgefegten Kanten und Grate.

Die Art ist etwas veränderlich und spaltet in verschiedene Varietäten auf, nicht selten bastardiert sie auch mit dem Schweizer Mannsschild und anderen verwandten Arten.

Alpen-Leinkraut

Linaria alpina

Rachenblütler– *Scrophulariaceae*

K 5–15 cm hohes, kahles Pflänzchen mit zahlreichen, niederliegenden bis aufsteigenden Trieben. Meist
2jährig; oft kleine, lockere Polster
bildend. Blätter schmal-lanzettlich,
dick, blaugrün, zu 3–4 in Quirlen sitzend. ■ Blüten in kurzer, endständiger Traube. Krone blauviolett mit langem Sporn und safrangelbem oder
ziegelrotem Unterlippenwulst, der
den Schlund völlig verschließt. ■
Blütezeit: Juni bis September

S Häufig auf offenen, sonnigen, bewegten Schutt- und Geröllhalden,
die im Winter von Schnee bedeckt
sind; auf Flußschottern und Kiesbän-
ken. Kalkliebend. 1200–3400 m.

V Gebirge der Pyrenäenhalbinsel,
Jura, Alpen, Apenninen, westliche
Gebirgszüge der Balkanhalbinsel,
Hohe Tatra.

Die Pflanze ist ein typischer Schuttüberkriecher, die, von einem unterirdischen Stamm ausgehend, bis zu
60 unbewurzelte Triebe aussenden
kann. Die biegsamen Stengel durch-
dringen den Grobschutt oder liegen
dem Feinschutt lose auf. Als ausgeprägte Schuttpflanze besiedelt sie
weder Rasen noch Fels.

Der Nektar wird in der Blüte von einer fleischigen Unterlage des Fruchtknotens abgeschieden und füllt den
Sporn millimeterhoch. Als Bestäuber
kommen vor allem Erdhummeln in
Frage, die hervorragend an den Blütenbau des Alpen-Leinkrautes angepaßt sind: Ihr Rüssel ist gerade so
lang wie der Sporn, der Hohlraum
der Blumenkrone eben weit genug,
um einen Hummelkopf durchzulas-
sen. Das orangegelbe Saftmal bildet
zu der blauvioletten Blumenkrone einen blendenden Farbkonstrast. Der
Nektar ist nur für Hummeln und kräftige Bienen zugänglich, die imstande
sind, das »Löwenmäulchen« durch
Herabdrücken der Unterlippe zu öffnen.

Die ausgesprochen hübsche Pflanze
wird gern in Steingärten kultiviert. Sie
ist auch ein altes Zauberkraut, das
zur Gruppe der Beruf- (unberufen)
oder Beschreikräuter gehört und
magisch vor dem Verschreien schützen soll.

Eine Abart ohne Gaumenfleck
kommt in Tirol häufig vor; ebenso
gibt es rein blaue oder rosenrote
Blüten mit und ohne Gaumenfleck,
selten auch weiße oder rein gelbe.

Kahler Alpendost

Adenostyles glabra

Zichoriengewächse – *Cichoriaceae*

K 30–80 cm hohe, üppige Staude mit fein gerilltem, entfernt beblättertem, nach oben zu filzig-flaumigem Stengel. Blätter sehr groß, herz- bis nierenförmig, gestielt, tief ausgebuchtet, grob gezähnt, unterseits mit deutlich hervortretendem Adernetz, meist kahl oder an den Nerven flaumig behaart. Stengelblätter 3–4, nach oben zu allmählich kleiner werdend, alle gestielt; Blattstiel am Grunde ohne Öhrchen. ■ Blütenköpfchen 3–4blütig, zahlreich zu einer endständigen Doldentraube vereinigt. Blüten röhrig, blaßrot bis rotlila, Haarkrone rauhhaarig. ■ Blütezeit: Juli, August.

S In Schutthalden und Geröll, in Karfluren und Bachbetten, in Berg- und Schluchtwäldern. Kalkliebend. 800–2500 m; an Bächen auch tiefer.

V In den Alpen der Schweiz, Bayerns und Österreichs allgemein, jedoch nur auf Kalk verbreitet; sonst im Jura, im Illyrischen Gebirge und auf Korsika.

Der Kahle Alpendost hat armblütige Körbchen, die sich aus gleichartigen Röhrenblüten zusammensetzen. Erst durch das massenhafte Zusammentreten der Körbchen zu einer dichten Doldentraube wird die für die Insektenanlockung notwendige Auffälligkeit erreicht. Jede der kleinen Einzelblüten besteht aus einem 3 mm langen Röhrchen und einem nur wenig längeren Glöckchen, das sich in 4–6 leicht auseinanderklaffende Zipfel spaltet. Der Griffel wächst aus der Staubblattröhre heraus, spaltet sich in 2 Äste und ragt weit aus der Blüte heraus. In dieser, für die Fremdbestäubung günstigen Stellung verharrt er längere Zeit, und erst gegen Ende der Blütezeit krümmen sich die

Narbenäste soweit zurück, daß sie auch mit eigenem Pollen in Berührung kommen und sich selbst bestäuben können. Als Bestäuber kommen vor allem Tagfalter in Frage, die bei sonnigem Wetter die Blüten reichlich umflattern.

Die großen Blätter der stattlichen Pflanze gaben Anlaß zu vielen,

Grauer Alpendost *(Adenostyles alliariae).*

manchmal nicht ganz salonfähigen Namen wie Scheißblattl, Stoanpletschen, Waldblern, Schinderchrut.

Ein naher Verwandter ist der Graue Alpendost *(Adenostyles alliariae),* dessen Blätter unterseits spinnwebig-flockig behaart sind und deshalb grau erscheinen.

Moschus-Schafgarbe

Achillea moschata

Asterngewächse – *Asteraceae*

K 7–20 cm hohe Pflanze mit einfachen, aufrechten, unten kahlen, oben drüsig behaarten Stengeln. Blätter grün, dicht drüsig punktiert, einfach fiederteilig mit kammförmig angeordneten, linealen Fiedern. ■ Blütenköpfe 1–1,5 cm breit, zu 2–25 in einem Ebenstrauße vereinigt. Hüllblätter grün, braun bis schwarz berandet. Zungenblüten 6–8, weiß, ansehnlich; Scheibenblüten 20–25, weißlich. ■ Blütezeit: Juli bis September.

S Trockene Abwitterungshalden, Gerölle, Schuttfluren, Moränen, Felsblöcke und Flußanschwemmungen. Kalkmeidend. 2000–2700 m.

V Zentral- und Südalpen, Apenninen, Thessalien.

Die ganze Pflanze verströmt einen <u>aromatisch-würzigen Duft,</u> der auf den Gehalt von Bitterstoffen wie Ivain, Moschatin, Achillein, Harzsäure sowie auf das stark aromatische, pfefferminzähnliche Ivaöl zurückgeht.

Die Volksheilkunde verwendet das zur Blütezeit gesammelte Kraut von alters her als Anregungsmittel bei Appetitlosigkeit, bei Erkrankungen des Magens, des Darmes und der Leber, sowie bei Nervenschwäche, äußerlich auch als Wundmittel. In der Schweiz wird daraus seit mehr als 100 Jahren ein Alpen-Kräuterlikör hergestellt, der bekannte Ivabitter. Die Bezeichnung »Iva«, der romanische Volksname der Pflanze, leitet sich vom lateinischen »abigere« = abtreiben her, und deutet auf eine Verwendung der Pflanze auch als Abortivum hin. Weitere Volksnamen sind Jochkamille und Frauenraute.
Eine nahe verwandte, sehr ähnliche Art, ist die <u>Schwarze Schafgarbe</u> *(Achillea atrata)*, die sich durch niemals deutlich punktierte Blätter unterscheidet. Sie wächst auf ähnlichen Standorten wie die Moschus-Schafgarbe, jedoch ausschließlich auf Kalk. Dieses Artenpaar, das einander auf Kalk- bzw. auf Silikatboden vertritt, gilt allgemein als Schulbeispiel von <u>»vikariierenden Arten«,</u> ähnlich wie die Behaarte Alpenrose und die Rostblättrige Alpenrose oder Breitblättriger Enzian und Stengelloser Enzian.
Beide Arten gehören zur ökologischen Gruppe der <u>Schuttwanderer.</u>

Großblütige Gemswurz

Doronicum grandiflorum

Asterngewächse – *Asteraceae*

K 10–50 cm hohe, kräftige Pflanze mit aufrechtem, hohlen, behaarten, drüsigen, in der Regel 1köpfigen, selten 2–5köpfigen Stengel. Grundblätter eiförmig stumpf, grob buchtig gezähnt, wie die Stengelblätter dünn, behaart und drüsig. Stengelblätter eiförmig-lanzettlich, gezähnt, halbstengelumfassend. ▪ Blütenköpfe 4–6 cm breit, einzeln, langgestielt, goldgelb. Zahlreiche, 2 cm lange Zungenblüten umgeben eine Vielzahl von röhrigen Scheibenblüten. ▪ Blütezeit: Juli, August.

S Gesellig und verbreitet auf beweglichem und ruhendem Felsschutt, Geröll; selten auf steinigen Matten und Felsspalten. Auf lange mit Schnee bedeckten Kalkböden. 1800–2120 m.

V Alpen: selten in den Zentralalpen und nur auf Kalk; fehlt im Sengsengebirge, Ötscher, Veitsch, Rax und Schneeberg. Sonst Pyrenäen und Hochgebirge Korsikas.

Da die Pflanze von den Gemsen so gerne gefressen wird, und diese bekanntlich schwindelfrei sind, erhofften sich zumindest Gemsjäger, Wilderer und Dachdecker vom Verzehr der Wurzel Schwindelfreiheit. Sie sollte darüber hinaus sogar noch kugelsicher machen, wenn sie an einem Freitag bei Neumond und vor Sonnenaufgang gegraben würde. Als Mittel gegen Schlaflosigkeit müsse sie hingegen bei zunehmendem, gegen Schlafsucht bei abnehmendem Mond gegraben werden.

Eine nahe verwandte Art ist die Zottige Gemswurz *(Doronicum clusii)*, die vorwiegend auf Kristallin wächst.

Die Großblütige Gemswurz gehört zum Typus der Schuttstrecker, die sich durch das lose Material hindurcharbeiten, ohne ihm jedoch erheblichen Widerstand zu leisten. Die kräftige, mit zahlreichen Befestigungswurzeln verankerte Grundachse endet mit einer Blattrosette; aus dieser treibt der Blütenstengel, der nach der Fruchtreife abstirbt. Die Fortsetzung der Grundachse übernimmt eine Seitenknospe.

Kraut, Wurzelstock und die Blüten enthalten einen Süßstoff, weshalb die Pflanze gern von Gemsen, Hirschen und Ziegen gefressen wird (Volksnamen: Gamswurz, Hirschwurzen, Zigerschrut!). Die Sennen verwenden das Kraut zum Würzen des Kräuterkäses.

Alpenrebe

Clematis alpina

Hahnenfußgewächse –
Ranunculaceae

K 1–2 m hohe Schlingpflanze; Blätter gegenständig, langgestielt, mit Blattstielen rankend. ■ Blüten einzeln, langgestielt, glockig zusammenneigend, groß, leuchtend blau bis violett. Frucht mit verlängertem, fedrig behaartem Griffel. ■ Blütezeit: Mai bis Juli.

S Lichte Zirben-, Lärchen- und Fichtenwälder, im Latschengestrüpp und Alpenrosengebüsch, in Schutthalden auch Felsen überwachsend, gerne in Schluchten. Nicht häufig. 1000–2400 m.

V Die Art hat ein merkwürdig zerstückeltes Areal: Sie kommt einerseits in den Pyrenäen, Alpen und Apenninen vor, andererseits in den Karpaten, in Nordasien und Nordamerika. Die Verbreitungslücken gehen auf die Eiszeiten zurück.

Die exotisch anmutenden, großen, blauen Blütenglocken dieser hübschen Pflanze hängen bald im Al-penrosengebüsch, bald leuchten sie von Fichten herunter oder umspinnen einzelne Felsen. Wie die nachstehende Alpen-Heckenrose, ist auch die Alpenrebe keine ausgesprochene Schuttpflanze und wird nur hier erwähnt, weil sie häufig im auslaufenden Grobschutt zusammen mit der Latsche vorkommt, an der sie sich gerne hochrankt. Sie ist die einzige Liane des Hochgebirges, ist doch das Alpenklima für die Ausbildung der rankenden Lebensform eher ungeeignet. Die ökologischen Faktoren, die Lianen begünstigen sind Luftfeuchtigkeit und Lichtmangel, weshalb sie ihr Optimum im tropischen Regenwald und bei uns im Auwald haben.

Der Blütenbau der Alpenrebe ist ganz auf Insektenbesuch eingestellt: Die blauen Blütenblätter dienen als Schauapparat, die zu Staminodien umgewandelten Staubblätter sondern in einer Rinne stark zuckerhaltigen Nektar ab. Anfliegende Bienen und Hummeln können die Nektarquelle an der hängenden Blüte nur von unten erreichen; dazu müssen sie vorher die Staubblätter auseinanderdrängen und sich mit dem Pollen beladen. Die grausilbernen Fruchtschöpfe lösen sich bei der Reife in einzelne »Federschweifflieger« auf, die vom Wind weithin vertragen werden.

Alpen-Heckenrose

Rosa pendulina

Rosengewächse – *Rosaceae*

K Niedriger, höchstens 1 m hoher, schwach verästelter Strauch mit meist stachellosen Zweigen (nur die jungen Schößlinge mit borstenartigen Stacheln), unpaarig gefiederten, 7–11zähligen Laubblättern und schmalen, drüsig gesägten Nebenblättern. Teilblättchen dünn, länglich-elliptisch, kahl, doppelt gesägt. ▪ Blüten lanzettlich; 5 Kronblätter, 2–2,5 cm lang; Staubblätter zahlreich. Scheinfrucht kugelig bis flaschenförmig, oft nickend. ▪ Blütezeit: Juni bis August.

S In lichten Bergwäldern, an felsigen, buschigen Hängen, in auslaufenden Schutthalden, in Hochstaudenfluren und Bachschluchten. Auf frischen, nährstoffreichen Böden über jeder Unterlage. Zwischen 500 und 2600 m.

V Gebirge in Süd- und Mitteleuropa.

Die Alpen-Heckenrose ist unsere höchststeigende Rosenart und zugleich die einzige »echte« Gebirgsrose – sind doch die beiden sogenannten Alpenrosen (Rhododendren) keine Rosen, sondern Heidekrautgewächse. Sie ist außerordentlich vielgestaltig und spaltet in zahlreiche Varietäten auf, die sich nach Behaarung, Drüsigkeit der Blätter und Form der Früchte unterscheiden. Auch in ihren Standortsansprüchen ist sie variabel: Einmal schmücken ihre zierlichen rosa Blüten Lesesteinhaufen und steinige Stellen, dann tritt sie mitten in Weiden- oder Grünerlengebüschen auf. Ihre orangenen Hagebutten finden zahlreiche Liebhaber unter der Tierwelt: Kolkraben, Krähen, Seidenschwänze, Tannenhäher und Birkhühner sorgen für ihre Verbreitung. Angeblich soll sogar der Fuchs sie nicht verschmähen. Außer durch Samen vermehrt sich die Alpen-Heckenrose noch durch vegetative Schößlinge, so daß oft größere Kolonien von einer einzigen Pflanze ausgehen.

Die Volksnamen Helfenstüde und Frauenrose deuten auf ihre Verwendung als Heilpflanze hin: Ihre Hagebutten sind reich an Vitaminen und organischen Säuren; sie werden als Stärkungsmittel für stillende Mütter und Rekonvaleszenten verwendet. Der Tee aus den Früchten wirkt harntreibend, ohne die Niere zu reizen.

Alpine Rasen

Oberhalb der Gehölzgrenze liegt das Reich der alpinen Rasen, die ohne menschliches Zutun entstanden sind: Während im Tiefland die meisten Wiesentypen anstelle gerodeter Wälder stehen und ihr Dasein ausschließlich der Mahd verdanken, handelt es sich bei den alpinen Rasen um echte Urwiesen, die in Höhenlagen wachsen, in denen aus klimatischen Gründen ein Baumwuchs nicht mehr möglich ist. Eine Ausnahme bilden nur die Matten, die auf tiefgründigen Böden stocken und durch Rodung oder Schwendung des Latschengürtels, der Zwergstrauchheiden oder sogar des Fichtenwaldes gewonnen wurden.

Zu der übergeordneten Formation »alpine Rasen« werden eine Reihe sehr verschiedener Pflanzengesellschaften auf sehr unterschiedlichen Standorten zusammengefaßt. Letztlich entwickelt sich in der alpinen Stufe jede Pflanzengesellschaft zum Rasen, der hier die End- oder Klimaxgesellschaft darstellt. Unterschiede innerhalb der alpinen Rasen ergeben sich durch den Chemismus des Gesteins (Kalk- oder Silikat-Klimax), durch die Geländeform (Grate, Kämme), durch die menschliche Bewirtschaftung (Beweidung, Mahd) und Übernutzung (Weidedegradation).

Im Gegensatz zu den Fels- und Schuttfluren handelt es sich bei den alpinen Rasen meist um geschlossene Formationen, bei denen die beherrschenden (dominanten) Arten aus den großen Familien der Gräser und Riedgräser stammen.

Monte Baldo-Segge

Carex baldensis

Sauergräser – *Cyperaceae*

K 15–24 cm hoch, graugrün, bildet lockere Horste. Stengel schwach 3kantig; Blattspreiten starr, am Rande rauh. ■ Blütenstand aufrecht; die Ährchen sind zu einem auffallend weißen Köpfchen vereinigt. ■ Blütezeit: Juni bis August.

S Auf Kies und Geröll, steinigen Weiden, mageren Grasböden; selten. 1800–2400 m.

V Hauptsächlich in den Südalpen zwischen Luganer See und Valsugana; sehr selten in den Zentralalpen und Nordalpen.

Die Monte Baldo-Segge, eine der schönsten Seggen, unterscheidet sich von allen anderen dieser Gattung durch ihren <u>weißen Blütenschopf</u>, der – als große Ausnahme unter den Gräsern – teilweise von <u>Käfern bestäubt</u> wird. Die Art ist damit von der ursprünglichen Windbestäubung sekundär auf Insekten übergegangen.

Beim Erblühen ragen aus den Blüten die Narbenäste und Staubbeutel.

Ihren Namen hat sie nach dem wegen seiner Flora berühmten <u>Monte Baldo am Gardasee,</u> wo diese Segge sogar bis in die Region des Ölbaumes hinabsteigt. Die eigenartige Verbreitung deutet, ebenso wie die

isolierte systematische Stellung, auf ein sehr hohes Alter dieser wahrscheinlich tertiären Art.

Die Familie der Sauergräser unterscheidet sich von den echten Gräsern durch den 3kantigen Halm, die geschlossenen Blattscheiden und die von nur 1 (statt 2) Spelzen umgebenen Blüten. Die Sauergräser sind meist schlechte Futterpflanzen und wachsen häufig auf nassen (fälschlich »sauren«) Wiesen und in Sümpfen. Von der mit über 500 Arten ausgesprochen formenreichen Gattung *Carex* (Segge oder Riedgras) gibt es jedoch auch eine Reihe von Trockenpflanzen, 30 Arten sind sogar hochalpin.

Der Name Segge stammt aus dem Niederdeutschen und geht auf die indogermanische Sprachwurzel »sek« = schneiden zurück, was sich auf die scharfen, meist schneidenden Blätter der meisten Seggen-Arten bezieht. Die einzelnen Arten dieser Gattung sind manchmal sehr schwierig zu bestimmen; oft sind Stengel- und Blattquerschnitte erforderlich, die dann erst im Mikroskop Aufschluß über die Zugehörigkeit der Pflanze geben.

Trichterlilie

Paradisia liliastrum

Liliengewächse – *Liliaceae*

K 30–50 cm hoch; Blätter grasartig flach. ■ Blüten groß, bis 5 cm lang, schneeweiß, 5–20 auf blattlosem Schaft in meist einseitswendiger Traube. Stark duftend. ■ Blütezeit: Juni, Juli.

S Auf fetten Wiesen und Weiden, in lichten Gebüschen, auf sickerfeuchten Böden von Grünerlenbeständen. Kalk- und wärmeliebend; selten! 1700–2400 m.

V West-, Zentral- und Südalpen; Pyrenäen, Jura, Apenninen.

Die Trichterlilie ist eine der kostbarsten Zierden unserer montanen bis subalpinen Fettwiesen. Ihre milchigweißen, ätherisch duftenden Blüten, die besonders nachts ihren schweren Wohlgeruch verströmen, werden von Nachtfaltern bestäubt. Der Nektar wird in spaltenförmigen Höhlen des Fruchtknotens abgesondert und sammelt sich am Grunde des Trichters. Die weit aus der Blüte heraushängenden Staubblätter und Griffel dienen den bestäubenden Nachtfaltern als Anflugstangen.

Die wunderschöne Lilie ist die einzige Art ihrer Gattung, was auf ihr hohes Alter schließen läßt. An Hand dieser Art läßt sich ein wesentliches Naturschutzproblem verdeutlichen: Sie fehlt in Deutschland gänzlich, kommt in Österreich nur an wenigen Standorten in Kärnten vor, hingegen etwas häufiger in Südtirol und in der Schweiz. Dort kann sie stellenweise sogar massenhaft auftreten, so daß blumenpflückende Touristen nicht begreifen können, daß es sich hierbei um eine kostbare, schutzbedürftige Seltenheit handelt. Massenhaftes Auftreten an einzelnen Standorten schließt nämlich eine allgemeine Gefährdung der Art durchaus nicht aus. Wird nämlich dieser eine Standort, etwa durch Straßenbau, Skipisten oder dergleichen, vernichtet, so ist gleich das ganze Vorkommen erloschen.

Die Trichterlilie kann mit der etwas kleineren, astlosen Graslilie *(Anthericum liliago)* verwechselt werden, die sich aber durch ihre strahlig ausgebreiteten Blüten unterscheidet.

Der lateinische Name *Paradisia* geht auf den Grafen Giovanni Paradisi zurück (1760–1826), einem Gönner des italienischen Botanikers Mazzucato, welcher die schöne Pflanze nach ihm benannt hat.

Kugel-Orchis
Traunsteinera globosa

Orchideengewächse – *Orchidaceae*

K 15–50 cm hoch; Knolle länglich, ungeteilt; Laubblätter ungefleckt, an der Unterseite durch einen dichten Wachsüberzug bläulichgrün. ■ Blütenähre anfangs kurz pyramidenförmig, bei Vollblüte kugelig; pro Blütenstand 80–120 kleine, hellrosa bis schmutziglila, selten rein weiße Einzelblüten. Blütenlippe länglich, 3lappig gespornt, von dunklen Punkten übersät. Die Blüte strömt einen schwachen Baldrianduft aus. ■ Blütezeit: Mai bis August.

S Auf feuchten, humosen Bergwiesen, an kräuterreichen Abhängen der Alpen, besonders im Kalk- und Schiefergebirge. Nicht häufig, doch meist gesellig wachsend. 700–2500 m.

V Das Areal der Kugel-Orchis ist ungemein geschlossen. Von den Bergen Aragoniens über die Pyrenäen, Alpen, Jura, Schwäbische Alb, Schwarzwald, Vogesen, Apenninen, Balkan-Gebirge bis zum Kaukasus; mit Ausstrahlungen ins Mittelgebirge (Riesengebirge, Erzgebirge), wo sie gelegentlich tief hinabsteigt. Diese Tiefenvorkommen, auch im Schwarzwald, werden als Reliktstandorte aus der Eiszeit gedeutet.

Beim flüchtigen Hinsehen könnte man die rosa Blütenkugel inmitten der langhalmigen Bergwiesen beinahe für gewöhnliche Witwenblumen halten. Erst beim genauen Betrachten merkt man, daß es sich tatsächlich um eine der wenigen alpinen Orchideen handelt.

Der Gattungsname *Orchis,* der der ganzen Familie den Namen gab, bezieht sich übrigens auf die kugeligen Knollen, mit denen die Pflanzen in der Erde überwintern. Bei unseren heimischen Knabenkräutern sind die Knollen meist paarig: alljährlich wird in der Achsel eines Niederblattes eine neue gebildet, während die alte erschlafft und abstirbt, aber noch den heurigen Blütenstengel trägt. Dioskorides glaubte in diesen paarigen Knollen eine Ähnlichkeit mit den männlichen Keimdrüsen zu finden und benannte die Pflanze danach (griechisch *Orchis* = Hoden). Deshalb auch der Name »Knaben«kraut. Die Knollen wurden aus dem mittelalterlichen Analogiezauber als Aphrodisiaka verwendet und heißen in manchen Gegenden heute noch »Liebeswurz« oder »Nachlaufwurz«. Eine klassische »Signatura rerum«. Im Orient kochte man aus den Knollen der Knabenkräuter eine Suppe, welche die Lebenskraft steigern sollte. Bei uns waren früher Knabenkräuterknollen als erweichendes und stopfendes Mittel offizinell.

Wohlriechende Händelwurz

Gymnadenia odoratissima

Orchideengewächse – *Orchidaceae*

K 10–40 cm hoch; Knolle handförmig geteilt; Blätter lang, schmal, gekielt. ■ Blütenstand anfangs kegelig, später dicht walzlich. Blüten klein, hellrosa bis weißlich; Sporn fadenförmig, kaum so lang oder kürzer als der Fruchtknoten. Blüte stark nach Vanille und Gewürznelken duftend. ■ Blütezeit: Juni bis August.

S Auf mageren, feuchten Wiesen, überwachsenem Geröll, Fichten- und Föhrenwäldern, Felsschluchten; Kalkliebend. Von der Ebene bis auf 2300 m aufsteigend.

V Die Wohlriechende Händelwurz kommt nur im gemäßigten Europa, die sehr ähnliche Mücken-Händelwurz darüber hinaus auch noch in Kleinasien vor.

Die Familie der Orchideengewächse zählt zu den arten- und formenreichsten der Erde. Trotz ihrer großen Variabilität ist allen Orchideen ein absonderlicher Bauplan der Blüte gemeinsam: Die Blütenhülle besteht aus 6 Hüllblättern, die in 2 Kreisen angeordnet sind. Die 3 Blätter des äußeren Kreises (Sepalen) sind meist gleichförmig gestaltet. Vom inneren Kreis sind 2 Blätter, die Petalen, gleichmäßig ausgebildet, das 3. Blatt ist in eine oft besonders auffallende Lippe umgebildet und meistens mit einem Sporn versehen. Während die nahe verwandte Lilienblüte 6 Staubblätter besitzt, hat die Orchideenblüte nur mehr ein einziges, höchstens 2 Staubblätter. Das Zentrum der Orchideenblüte ist die Griffelsäule, die aus dem mit dem Staubblatt verwachsenem Griffel besteht. Sie setzt sich in dem unterständigen Fruchtknoten fort. Die klebrige Narbe und die beiden Staubbeutel sitzen dicht über dem Sporneingang. Der Pollen ist zu einer klebrigen Masse zusammengeballt.

Die nahe verwandte Mücken-Händelwurz (*Gymnadenia conopsea*) unterscheidet sich durch längeren Sporn und schwächeren Duft von der erstgenannten Art. Beide Arten bastardieren häufig miteinander, aber auch mit Knabenkräutern, und sogar mit Kohlröserl.

Mücken-Händelwurz *(G. conopsea).*

Grüne Hohlzunge

Coeloglossum viride

Orchideengewächse – *Orchidaceae*

K 5–25 cm hoch; Knolle länglich, 2geteilt; Blätter 2–5, kurz, schmal, oval, die unteren stielartig verschmälert; Stengel kantig. ▪ Blütenähre locker, 2–9 cm lang; Blüten klein, grünlich bis gelblich, manchmal rötlich oder bräunlich überlaufen. 5 Perigonblätter bilden ein halbkugeliges Helmchen; Lippe dicklich, anfangs eingerollt, später gestreckt, 3zähnig; Sporn kurz und sackförmig. ▪ Blütezeit: Mai bis Juli.

S Auf Gebirgswiesen und Alpenmatten, kurzrasigen Triften, in Wald-

Grüne Hohlzunge mit einem Eulenfalter als Bestäuber.

lichtungen, Latschengebüsch. Auf Kalk und Silikatgestein. 900–2600 m. V Weit verbreitet im gemäßigten Europa; Kaukasus, Kleinasien, Sibirien, Nordamerika.

Am Lippengrund der Grünen Hohlzunge sind Drüsen eingebettet, die reichlich Nektar absondern. Der schwache Duft lockt Nachtfalter an, an deren Bestäubung die Pflanze an-

gepaßt ist, und die in der für Orchideenblüten typischen Art vollzogen wird. Wie schon umseitig beim Bau der Händelwurzblüte beschrieben, sind in der Orchideenblüte Griffel und Staubblatt zu einem Säulchen verwachsen. In den beiden Fächern des Staubblattes liegt die Pollenmasse zu einem Paket zusammengeballt, den Pollinien. Jedes Pollinium besitzt ein dünnes Stielchen, das oberhalb der Narbe in eine Klebescheibe übergeht. Sobald der Falter seinen Rüssel in den nektargefüllten Sporn senkt, berührt er die keulenförmig gestielten Pollinien; dabei werden die Klebescheiben an den Kopf geheftet. Beim Verlassen der Blüte zieht er daran die beiden Pollenpakete heraus und fliegt – die Stirn geschmückt mit 2 kleinen Hörnchen – zur nächsten Blüte. Die anfangs aufrecht stehenden Hörnchen trocknen im Luftzug rasch ein, schrumpfen und neigen sich so vor, daß der Falter das Pollenpaket bei der nächsten Blüte genau in deren klebrige Narbenhöhle preßt. Diese komplizierte Art der Bestäubung kann gelegentlich auch zu Pannen führen. Durch einen Zufall können die Pollinien dem Insekt auch auf Beine oder Flügel geklebt werden und es flugunfähig machen.

Frühlings-Krokus

Crocus albiflorus

Schwertliliengewächse – *Iridaceae*

K 8–15 cm hoch; Blätter grasartig schmal, mit weißem Mittelstreif, am Rande umgerollt, erst nach der Blüte erscheinend. ■ Blüten groß, durchscheinend weiß, seltener violett oder weiß-violett gestreift, trichterförmig, direkt aus dem Boden ausbrechend. Narben gelbrot. ■ Blütezeit: März, April.

S Frische, nährstoffreiche Wiesen und Weiden; Lägerfluren; oft massenhaft auftretend. 800–2700 m.

V Pyrenäen, Alpen, Karpaten, Apenninen, Balkanhalbinsel.

Die Gattung Krokus ist mit 80 Arten im Mittelmeergebiet verbreitet, von wo auch der Frühlings-Krokus einst eingewandert ist. Die ungewöhnliche Blütezeit ist ein Hinweis dafür, daß sich die Pflanze noch nicht ganz an unser Klima anpassen konnte.

Eine andere Art, der Safran-Krokus, liefert mit seinen Narben ein uraltes Gewürz, das schon in der Bibel erwähnt wird.

Unser Frühlings-Krokus überzieht gleich nach der Schneeschmelze in großen Kolonien die Bergwiesen mit seiner weißen, rasch vergänglichen Blütenpracht. Da um diese Jahreszeit mit Kälterückschlägen zu rechnen ist, kann er sich auch selbst bestäuben. Bei Schlechtwetter öffnen sich seine zarten Blütenkelche erst gar nicht und lassen die Pollenmasse direkt auf die Narbe fallen. Bei Wechseltemperaturen schließen und öffnen sich seine Blüten bis zu 8 mal am Tag und nützen so auch kurzzeitige Erwärmungen aus. Bei Schönwetter füllen sich seine Kelche bis oben hin mit Nektar, der von dem unterständigen Fruchtknoten abgesondert wird. Falter sowie langrüsselige Hummeln fungieren als Bestäuber.

Die Pflanze bildet im Boden kugelige Knollen – jedes Jahr eine neue, die der alten aufsitzt. Durch Kontraktionswurzeln werden die Knollen immer wieder in die Tiefe gezogen, damit sie nicht allmählich aus der Erde herauswachsen. Die Knollen werden oft durch Maulwürfe verbreitet.

Die Frucht ist eine 3klappige Kapsel, die nach der Blüte durch Streckung des Stengels aus der Erde hinausgehoben wird. Sie enthält zahlreiche, kugelige, rosa Samen. Die reifen, trockenen Fruchtkapseln sind für den Bergbauern ein Zeichen, daß die Wiese reif zur Mahd ist. Die Samen werden auch durch die Klauen des Weideviehs verbreitet.

Knöllchen-Knöterich

Polygonum viviparum

Knöterichgewächse – *Polygonaceae*

K 10–25 cm hoch; Wurzelstock dick knollig; Blätter 2–7 cm lang, ledrig, kahl, unterseits bläulich, am Rande knorpelig eingerollt, mit einer häutigen Scheide den Stengel umfassend; Grundblätter gestielt. ■ Blüten klein, weiß oder rosa, gestielt, in dünnwalzlicher, endständig lockerblütiger Scheinähre; diese im unteren Abschnitt Brutknospen, im oberen Blüten tragend. ■ Blütezeit: Juni bis August.

S Frische, humose Bergwiesen und Weiden zwischen 1000 und 3000 m.

V Pyrenäen, Alpen, Jura, Karpaten, Apenninen, Illyrien, Balkanhalbinsel, Kaukasus, Zentralasien, nördliches Eurasien und Nordamerika.

Der Knöllchen-Knöterich ist ein häufiger, anpassungsfähiger, wetterfester Bewohner der verschiedensten

Rasentypen. Seine Blüten setzen nur sehr selten Frucht an. Dafür vermehrt sich die Pflanze ausgiebig durch kleine, eiförmige und stärkegefüllte Knöllchen, den Brutknospen, die anstelle der Blüten den unteren Blütenstand einnehmen und oft noch an der Pflanze auskeimen (lebendgebärend!). Sie fallen sehr leicht ab und werden vom Wind vertragen. Die Knöllchen sind auch die Lieblingsnahrung der Schneehühner, die zur Verbreitung beitragen. Vom Weidevieh wird die Pflanze verschmäht. Sie selbst ist düngerfeindlich und verschwindet bei starker Beweidung.

Der Knöllchen-Knöterich ist eine alte Zauberpflanze, die in erster Linie als Gegenzauber verwendet wurde: Waren die Kühe verhext und gaben keine Milch mehr, so konnte sie die unscheinbare, kleine Pflanze wieder zurückbringen, wenn man sie den Kühen zu fressen gab. Darauf gehen noch die merkwürdigen Volksnamen »Bring ma's wieder« (Bring mir's wieder), »Bringwiederher«, »Verloren-Kehrwieder« oder auch »Wiederkumm« zurück.

Der Knöllchen-Knöterich ist eine alte Glazialpflanze, deren Reste in eiszeitlichen Ablagerungen (den Silberwurz-Tonen) gefunden wurden.

Zwergmiere
Minuartia sedoides

Nelkengewächse – *Caryophyllaceae*

K 4–8 cm hoch; dichte, moosartige Polster bildend. Grundachse ausgebreitet verästelt, mit zahlreichen, meist dicht beblätterten Sprossen. Blätter pfriemlich rinnig, ledrig, glatt, stumpf. ■ Blüten sehr klein, einzeln, endständig, unscheinbar. Kelchblätter hellgrün; Kronblätter meist fehlend, wenn vorhanden, fädlich. ■ Blütezeit: Juli, August.

S Ziemlich verbreitet in verschiedenen alpinen Rasen, auf vegetationsarmen Graten, Windecken; auch im Grus von Schuttfeldern. Auf mäßig saurem bis neutralem Gestein; auf Kalk nur über einer dicken Humusdecke. 1800–3800 m.

V Alpen, Ost- und Zentralpyrenäen, Gebirge Schottlands; Karpaten; auf der Balkanhalbinsel in den Gebirgen von Bosnien und Montenegro.

Die ausgeprägt hochalpine Zwergmiere – sie gehört zum Grundstock der nivalen Flora – bildet prächtige, nach außen völlig glatte, halbkugelige Polster, die unempfindlich sind gegen Winddürre, widerstandsfähig gegen Windschliff und deren Samen während des Winters noch in Höhen von 3100 m reifen. Um dem Wind keine Angriffsfläche zu bieten, sind sogar die Fruchtkapseln in Polster eingesenkt, wobei es rätselhaft bleibt, wie die Samen aus den löchrigen Vertiefungen verbreitet werden.

In die dichten Polster der Zwergmiere nisten sich als »Polstergäste« oft andere Pflanzen ein, mit Vorliebe die kleine Faltenlilie, der Zwerg-Enzian und verschiedene Gräser.

Die Art spaltet in verschiedene Varietäten auf, wobei eine seltene Varietät sogar längliche, weiße Kronblätter besitzt. Bisweilen bildet die Pflanze keine so dichten, sondern aufgelockerte Polster mit Ausläufern, wobei es sich aber um keine echten Varietäten, sondern um Wuchsformen auf feuchteren oder schattigeren Standorten handeln dürfte.

Die dichten Polster der winzigen Zwergmiere schmiegen sich eng dem Untergrund an und bieten der Pflanze so einen optimalen Schutz gegen den heftigen Wind in großen Höhen.

Stengelloses Leimkraut

Silene acaulis

Nelkengewächse – *Caryophyllaceae*

K 1–5 cm hoch; dichte, flache und reichlich mit Blüten besetzte Polster bildend. Blätter schmal lanzettlich, ledrig, am Rande stachelig bewimpert. ■ Blüten einzeln, endständig, nur wenig aus dem Polster herausragend, 1,5–2,5 cm im Durchmesser, lebhaft rot, rosa oder selten weiß. Duftend. ■ Blütezeit: Juni bis September.

S Lückige Kalksteinrasen, steinige Weiden, felsige Hänge, im Geröll, auf Felsabsätzen und Graten. Kalkliebend, düngerfeindlich. 1500–3600 m.

V Die Art spaltet in mehrere Sippen, die auch geografisch getrennt sind. Als Gesamtart besiedelt sie ein sehr großes Areal, das die Pyrenäen, Alpen, Karpaten, Apenninen, Illyrien, die Balkanhalbinsel, den Nordural, das arktische Asien und Amerika einschließt.

Die hübsche Polsterpflanze, von Laien gern als »blühendes Moos« bezeichnet, dringt mit einer bis zu 130 cm langen Wurzel tief in das Gestein ein. Oberirdisch verzweigen sich ihre Triebe streng gesetzmäßig von einem Punkt ausgehend in alle Richtungen, so daß ein flaches bis gewölbtes Kissen entsteht. Die Triebspitzen sind nur an der Oberfläche grün, im Inneren sind die Blätter abgestorben und produzieren so Eigenhumus, der von sproßbürtigen Feinwurzeln durchzogen wird. Die Polster wachsen sehr langsam, können dafür bis zu 100 Jahre alt und auch sehr groß werden. So wurde etwa am Großglockner ein 2 m breites Polster gemessen.

Dank der hohen Keimkraft der Pflanze finden wir sie auch als Pionier auf Schutt- und Erosionsflächen, wie sie überhaupt eine große ökologische Breite besitzt und in den verschiedensten Rasen- und Steingesellschaften vorkommt.

Die Blüten des Stengellosen Leimkrautes leuchten weithin und werden von Faltern, Bienen, Fliegen und Käfern besucht. Die Früchte sind Wintersteher.

Alpen-Nelke

Dianthus alpinus

Nelkengewächse – *Caryophyllaceae*

K 2–20 cm hohe Pflanze mit mehreren grundständigen Blattrosetten, aus denen nur wenige, 1–2blütige Sprosse treiben. Blätter lineal-lanzettlich. ■ Blüten auffallend groß, 2–3 cm breit, duftlos. Kronblätter leuchtend fleischfarben, am Grunde tief purpurn gesprenkelt. ■ Blütezeit: Juni bis August.

S Häufig und gesellig auf steinigen Grasheiden, in Matten und Triften, an felsigen und buschigen Hängen. 1000–2250 m.

V Nur in den Ostalpen; Endemit der nordöstlichen Alpen, vom Toten Gebirge bis zum Wiener Schneeberg; sehr vereinzelt in den Zentralalpen in Osttirol und Kärnten; im Süden zwischen Sexten bis in die Karawanken.

Wie viele Nelkengewächse ist die Alpen-Nelke ausgesprochen lichtliebend. Mit ihrem kurzen Stengel, den unverhältnismäßig großen Blüten und der weithin leuchtenden Blütenfarbe verkörpert sie so recht den Typus einer Alpenpflanze.
In der Blüte wird der Nektar von einer ringförmigen Drüse am Grunde der Staubblätter ausgeschieden. Infolge der langen und engen Kelchröhre ist er nur langrüsseligen Faltern zugänglich. Die dunkel purpurn und weiß gesprenkelten Honigmale weisen den Weg zur Nektarquelle. Die Blüten sind deutlich vormännig, die Staubbeutel reifen vor den Narben, was Fremdbestäubung sichert.
Die attraktive Pflanze wird gerne in Alpengärten kultiviert. Das geringere ultraviolette Licht des Tieflandes bewirkt jedoch, daß sich die Stengel verlängern und die Blütenfarbe an Leuchtkraft verliert, wodurch ihr charakteristischer Habitus verlorengeht.

Eine nahe verwandte Art ist die Gletscher-Nelke *(Dianthus glacialis)*, die dichtrasig wächst und deren Blüten kleiner und einfarbig fleischrot gefärbt sind. Sie besiedelt windexponierte, auch im Winter schneefrei geblasene Standorte, lückige Grasfluren auf schwach sauren Böden in den höheren Zentralalpen.
Beide Arten – der Volksmund unterscheidet sie nicht – werden mit einer Reihe von Volksnamen bedacht: Almnagerl, Kuhdrecknagerl, Miesveigerl, Miesnagerl.

Gletscher-Nelke *(Dianthus glacialis).*

Felsen-Leimkraut

Silene rupestris

Nelkengewächse – *Caryophyllaceae*

K 10–25 cm hohe, kurzlebige Halbrosettenstaude. Pflanze kahl; Stengel aufrecht oder aufsteigend, am Grunde verzweigt; Blätter lanzettlich stumpf, blaugrün; Blütenstand gabelig verzweigt, endständig. ■ Blüten langgestielt, weiß oder auch zartrosa. Kelch stumpfzähnig; Kronblätter ausgerandet, doppelt so lang wie der Kelch. Fruchtkapsel im Kelch eingeschlossen bleibend. ■ Blütezeit: Juli, August.

S Verbreitet in offenen Magerrasen, an trockenen, steinigen Abhängen, in Felsritzen; auf meist sauren, kalkarmen Rohböden. Zuweilen auch auf Sekundärstandorten wie Böschungen und Mauerritzen. 1600–2800 m.

V Spanische und französische Gebirge, Korsika, Alpen, Mittelgebirge, Skandinavien, Sibirien.

Der kurze Bergsommer zwingt die meisten Alpenpflanzen zur Ausbildung langlebiger Überdauerungs-

Sehr ähnlich ist das Kriechende Gipskraut *(Gypsophila repens)*.

organe. Das Felsen-Leimkraut ist jedoch manchmal nur 1jährig; dann stirbt die Pflanze nach der Blüte ab, oder sie treibt seitliche Erneuerungstriebe, die im folgenden Jahr zu weiteren, blühenden Rosetten auswachsen. Mehrmalige Verzweigung führt dann zur Ansammlung von einigen Rosetten; nach 2–3maliger Erneuerung stirbt jedoch der kleine Pflanzenverband ab. Die kleinen Blüten sind zwittrig, manchmal werden auch rein weibliche oder rein männliche Blüten auf getrennten Pflanzenindividuen gebildet. In den zwittrigen Blüten entwickeln sich zuerst die Staubblätter, jedoch überschneiden sich Narbenreife und Reifung der Staubblätter, so daß auch Selbstbestäubung möglich bleibt. Als Bestäuber kommen vor allem Falter, aber auch Hummeln und Fliegen in Betracht.

Die Art fruchtet sehr reichlich, die kleinen gerippt-runzeligen Samen sind Körnchenflieger und weisen eine sehr hohe Keimfähigkeit auf, wodurch die Ausbreitung der Art gesichert wird.

Leicht zu verwechseln mit dem Felsen-Leimkraut ist das Kriechende Gipskraut *(Gypsophila repens)* mit gleichfalls blaugrünen Blättern und weißen bis rosa Blüten. Es unterscheidet sich durch seinen glockigen, stark längsnervigen Kelch, dessen Kelchblätter durch trockenhäutige Streifen verbunden sind.

Korianderblättrige Schmuckblume

Callianthemum coriandrifolium

Hahnenfußgewächse –
Ranunculaceae

K 5–20 cm hoch; Stengel meist 2blütig; Grundblätter bescheidet, unpaarig, 2–3fach gefiedert, blaugrün, kahl. ■ Blüte 1–3 cm groß, weiß bis zartrosa, mit 5 grünlichweißen Kelchblättern und 6–13 größeren, ovalen Blumenkronblättern. Staubblätter und Fruchtknoten zahlreich. Die Früchtchen sind 1samige, geschnäbelte Balgfrüchte. ■ Blütezeit: Juni bis August.

S Selten; auf steinigen Abhängen, etwas feuchten Matten und Triften, zwischen Krummholz; auf meist humosen, neutralen bis schwach sauren Böden. 1600–2800 m.

V Die Art fehlt in Deutschland vollständig, kommt in Österreich zerstreut in den zentralen Alpen von Tirol, Salzburg, Kärnten und Steiermark vor; ferner in Südtirol im Vintschgau und auf der Seiser-Alm; in der Schweiz vereinzelt in Graubünden. Ferner in Spanien, den Pyrenäen und Karpaten verbreitet.

Von der Gattung Schmuckblume *(Callianthemum)* gibt es auf der ganzen Welt 16 Arten, von denen nur 3 – durchwegs alte Reliktarten mit disjunkter Verbreitung – in Europa vorkommen. Die übrigen Arten beschränken sich auf Mittel- und Ostasien. Diese Artenzahl ist sehr gering, wenn man sie mit der nahe verwandten Gattung Hahnenfuß *(Ranunculus)* vergleicht, die mit über 400 Arten verbreitet ist.

Die Schmuckblume unterscheidet sich von der Gattung Hahnenfuß auch nur wenig, nämlich durch hängende, statt aufrechte Samenknospen, durch die große Zahl der Honigblätter und durch die Entwicklung der Blüten vor den Blättern. Die Fruchtstiele krümmen sich bei der Reife zur Erde, so daß die reifen Früchte dem Boden aufliegen.

Die 3 europäischen Schmuckblumen-Arten werden als Frühjahrsblüher gerne in Alpengärten kultiviert, sind aber ziemlich anspruchsvolle Pfleglinge.

Verbreitung der Korianderblättrigen Schmuckblume in den Alpen (blaue Flächen).

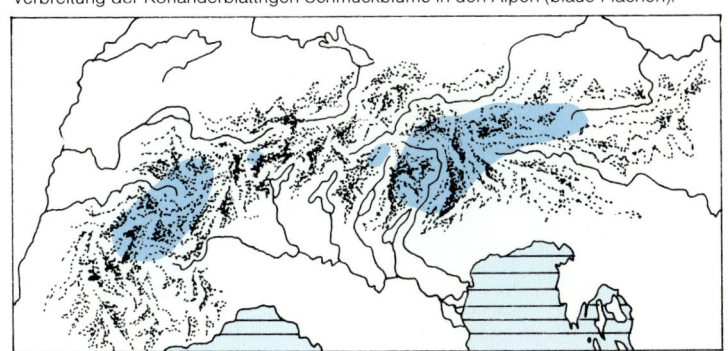

Narzissenblütige Anemone

Anemone narcissiflora

Hahnenfußgewächse –
Ranunculaceae

K 10–50 cm hohe, abstehend behaarte Pflanze. Blätter langgestielt, grundständig, handförmig 3–5teilig. ▪ Blüten 3–8 zu einer Dolde vereinigt. Unter der Blütendolde eine 3teilige, hochblattartige Hülle. Blütenknospen karminrosa; Blüten ausgebreitet, die 5 Blütenblätter weiß, außen oft rosa überlaufen. ▪ Blütezeit: Mai bis Juli.

S In alpinen Rasen und Wildheuplanggen, an Gebüschrändern; auf kalkhaltigen, steinigen, lockeren Lehm- und Tonböden. 1500–2500 m.

V Europa, Asien, Nordamerika.

Die Gattung Windröschen *(Anemone)* unterscheidet sich von der sehr ähnlichen und nahe verwandten Gattung Kuhschelle *(Pulsatilla)* durch das Fehlen der geschwänzten Früchte (Federschweif) und durch kleinere Blüten. Bei der Narzissenblütigen Anemone wird der Schauapparat von den Blütenhüllblättern gebildet, die am Grunde stärker duften als an der Spitze und in Gestalt und Farbe auffallend Apfelblüten ähneln. Die Blüten sondern keinen Nektar ab; als Bestäuber kommen vor allem pollenfressende Käfer, Fliegen und Bienen in Betracht. Sie können sich aber am Schluß der Blütezeit auch selbst bestäuben.

Die Narzissenblütige Anemone ist eine auf Bergwiesen weitverbreitete Matten- und Weidenpflanze, die große Flächen mit ihrem Blütenflor weiß überhaucht.

Wie alle Anemonen ist auch die Narzissenblütige giftig. Sie enthält das glykosidisch gebundene Anemonol, das beim Trocknen und Kochen in das ungefährliche Anemonin umgewandelt wird. Im frischen Futter können Anemonen aber Vergiftungen beim Vieh hervorrufen. Im Mittelalter waren die meisten Anemonen als Heilpflanzen in Gebrauch; später verwendeten sie die Ärzte auch als blasenziehendes und hautreizendes Mittel. Heute wird der aus frischen Pflanzen gepreßte Saft nur mehr in der Homöopathie verwendet.

Alpen-Hahnenfuß

Ranunculus alpestris

Hahnenfußgewächse –
Ranunculaceae

K̲ 5–10 cm hoch; Grundblätter langgestielt mit herzförmigem Grund, 3–5 lappig mit grob gekerbten Zipfeln. Stengel aufrecht, kahl, gefurcht, blattlos oder mit 2 ungeteilten oder 3spaltigen Blättchen; meist 1blütig. ▪ Kelchblätter 5, grün; Kronblätter 5, ausgerandet, weiß. Früchtchen fast kugelig, aufgeblasen. ▪ Blütezeit: Mai bis September.

S̲ Häufig und verbreitet auf frischen, kurzrasigen Triften in der Nähe des Schnees, an von Schmelzwasser durchtränkten Stellen, in offenen Rasen, auf feuchten und erddurchsetzten Schuttböden, auch in Zwergweidenspalieren. 1700–2800 m.

V̲ Kantabrische Gebirge, Pyrenäen, Jura, Alpen, Karpaten, Apenninen. Süd- und mitteleuropäische Gebirgspflanze.

Der Alpen-Hahnenfuß ist auf lange Schneebedeckung eingerichtet: Seine fettig glänzenden, grünen Laubblätter entwickelt er schon unter der Schneedecke und entfaltet sie gleich nach dem Ausapern. Seine schneeweißen, manchmal auch gefüllten Blüten werden vor allem von Fliegen bestäubt. Die Blüten breiten sich zu einer flachen, kreisförmigen Schale auseinander, in deren Mitte das kugelige Köpfchen der Stempel steht, umschlossen von 2 Reihen Staubblättern. Der Nektar wird in einem offenen Grübchen am Grunde jedes Blütenblattes abgesondert, liegt aber nicht völlig frei, sondern versteckt hinter den Staubblättern. Sobald eine Fliege zum Nektar gelangen will, behaftet sie Rüsselklappen, Beine und Unterseite mit Pollen, die sie an den Narben der nächsten Blüte abstreift.

Die Art variiert sehr stark und wird in mehrere Sippen unterteilt, die aber nahezu lückenlos ineinander übergehen, so daß eine Abgrenzung nur schwer möglich ist. Bemerkenswert ist nur eine Varietät mit tief geteilten Grundblättern und schmalen Blattabschnitten *(Ranunculus traunfellneri)*, die in den Südostalpen vorkommt.

Die scharf schmeckenden Blätter der Pflanze werden von Gemsen gerne gefressen und heißen deshalb im Volksmund Gamskreß. Jäger erhoffen sich vom Verzehr der Blätter eine ähnliche Schwindelfreiheit, wie sie den Gemsen zu eigen ist. (Jagerblättle).

Monte Baldo-Anemone

Anemone baldensis

Hahnenfußgewächse –
Ranunculaceae

K 5–12 cm, im Fruchtstand 20 cm hoch; auf flaumhaarigem Stengel ein Quirl aus fiedrig zerteilten Hochblättern, darüber die gestielte, etwas nikkende Blüte. Grundblätter langgestielt, mit gestielten, doppelt 3teiligen Abschnitten. ■ Blüten weiß, bis 4 cm breit; Blütenblätter außen lang behaart. Fruchtköpfchen auf verlängertem Stiel mit zahlreichen, rauhhaarigen Nüßchen. ■ Blütezeit: Juli bis August.

S Zerstreut auf steinigen, trockenen Bergwiesen, Matten, Geröllhalden. Selten! Auf basischen bis schwach sauren Böden. 1800–3000 m.

V Pyrenäen, Alpen, südöstliche Karpaten, Gebirge des pazifischen Nordamerika.

Der Name Anemone geht schon auf die Antike zurück; Plinius bringt ihn mit dem griechischen »anemos« = Wind in Verbindung. So zart diese Blumen erblühen, so rasch vergänglich ist ihre Schönheit. Dazu Ovid: »Doch kurz nur freust Du dich ihrer: locker haftend und allzu leicht zum Fallen geneigt, wird bald von dem Wind, der den Namen ihr gibt, verweht die Blüte«. Nach der griechischen Mythologie sollen Anemonen aus den Tränen der Aphrodite entsprossen sein, als diese den Tod des Adonis beweinte.

Das Monte Baldo-Windröschen ist ein uralter, versprengter Typus mit einer merkwürdigen Verbreitung: So fehlt es in Deutschland ganz, kommt in der Schweiz vereinzelt vor, vor allem in den Südalpen, im Tessin, in den Bergamasker Alpen, Judikarien und in Südtirol. In Österreich relativ häufig in Kärnten, fehlt aber in Oberösterreich und kommt dann völlig isoliert wieder am Wiener Schneeberg und auf der Raxalpe vor.

Man nimmt an, daß die Art im Himalaja entstanden, west- und ostwärts gewandert ist und in der Eiszeit an allen Standorten, bis auf wenige Ausnahmen, vernichtet wurde.

Verbreitung der Monte Baldo-Anemone in den Alpen (blaue Flächen).

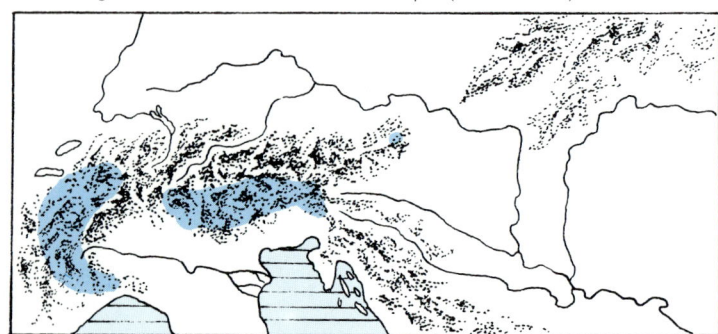

Alpen-Süßklee

Hedysarum hedysaroides

Schmetterlingsblütler – *Fabaceae*

[K] 6–25 (60) cm hohe Staude mit oft meterlanger Pfahlwurzel und kurzem, schuppigem Erdstock, der bis zu 60 cm lange Bodenausläufer treibt. Stengel aufrecht oder aufsteigend, kantig, mit braunschuppigen Niederblättern besetzt. Blätter unpaarig gefiedert; Fiederblättchen 11–19, eiförmig bis eilänglich, ganzrandig, kahl. Blütentraube endständig, reichblütig, einseitswendig. ▪ Blüten purpurrot, nickend. Hülse plattgedrückt, in 1–4 rundliche, pergamentartige Glieder zerfallend. ▪ Blütezeit: Juli, August.
[S] Ziemlich häufig, aber einzeln wachsend; in sonnigen Magerrasen, in hochrasigen Wildheuplanggen, auch an Felsbändern; auf mehr oder weniger kalkhaltigem Gestein (weder auf stark saurer, noch stark basischer Unterlage). 1700–2880 m.
[V] Pyrenäen, Alpen, Sudeten, Karpaten, Kleinasien, Armenien, Kaukasus. Verwandte Sippen in Nordamerika und Mittelasien.

Die auffallende, leuchtend purpurrote Blütentraube des Alpen-Süßklees lockt auch viele Blütenbesucher an, für die ihr tief geborgener Nektar nicht zugänglich ist. Um ihn zu erreichen, ist eine Rüssellänge von 9–10 mm erforderlich. Die Blüteneinrichtung funktioniert einfach: Werden die beiden Flügel, die durch Falten und Einstülpungen mit dem Schiffchen verbunden sind, durch das Gewicht einer anfliegenden Hummel herabgedrückt, so treten Narbe und Staubblätter aus dem oben offenen Schiffchen heraus und drücken gegen die Bauchseite des Besuchers. Fliegen, Falter und Bienen sind meist zu leicht, um die Blüte zu öffnen. Ausschließlich Hummelbesuch sichert die Fremdbestäubung.

Die Frucht ist eine Gliederhülse, die sich nicht öffnet, sondern in ihre abgeschnürten Einzelteile zerfällt.
Der Süßklee ist eine der wertvollsten Alpenfutterpflanzen mit sehr hohem Eiweiß- und Fettgehalt. Obwohl leicht bitter, wird er vom Vieh gerne gefressen, erträgt jedoch starke Beweidung schlecht; besser eignet er sich zur Heugewinnung. Er ist eines der wichtigsten Kräuter der Wildheuplanggen. Wie alle Schmetterlingsblütler verbessert er durch stickstoffbindende Bakterien in seinen Wurzelknöllchen den Boden.

Gelbes Bergveilchen

Viola biflora

Veilchengewächse – *Violaceae*

K 8–12 cm hohe Staude mit weit kriechendem Erdstock, der mehrere Blütenstengel und wenige, grundständige Blätter treibt. Stengel sehr zart, meist 2blütig, selten 1- oder 3blütig. Grundständige Blätter nierenförmig gekerbt; Nebenblätter eiförmig. ■ Kelchblätter spitz; Kronblätter lebhaft gelb mit dunkelgelben Saftmalen und dunkelbraunen Nektarstrichen; Sporn kurz und gerade. ■ Blütezeit: Mai bis August.

S In feuchten, geschützten Lagen, auf humosen Böden, im Bergwald, unter Latschen, in Hochstaudenfluren, auf feuchtem Geröll, in Schluchten; auf jeder Unterlage. Von den Tälern bis auf 3000 m.

V Katalonien, Pyrenäen, Südjura, Alpen, Sudeten, Karpaten, Italien, nördliche Balkanhalbinsel, Kaukasus; asiatische Gebirge; nördliches Eurasien und Nordamerika.

Das Gelbe Bergveilchen ist ein zartes Pflänzchen, das in der rauhen Bergwelt nur an geschützten, feuchten Stellen gedeihen kann. Im Winter braucht es eine dicke Schneedecke gegen Frost, weil es Temperaturen unter −12 °C nicht ertragen kann. Seine Wurzeln entwickeln eine so geringe Saugkraft, daß es in der prallen Sonne sehr schnell zu welken beginnt. Dafür ist allerdings auch sein Lichtbedürfnis nur gering: Es gehört, zusammen mit der Brennnessel, dem Stinkenden Storchschnabel und der Alpen-Gänsekresse, zu den Blütenpflanzen, die sich am weitesten in alpine Kalkhöhlen vorwagen.

Gleich nach der Schneeschmelze entfaltet es seine Blüten, die auf einer relativ niedrigen Entwicklungsstufe stehen. Von allen Veilchen hat es den kürzesten Sporn. Es wird daher hauptsächlich von Fliegen, daneben auch Bienen und Faltern besucht und bestäubt. Stellenweise häufig sind Blüten anzutreffen, die sich überhaupt nicht öffnen und sich selbst schon in der Knospenlage bestäuben (kleistogame Blüten).

Die Samen werden nicht wie bei den meisten Veilchen durch Ameisen, sondern vor allem durch Rehe, Ziegen und Gemsen verbreitet. Sie müssen erst etwas durchfrieren, um keimen zu können.

Eine nahe Verwandte ist das Ostalpen-Veilchen *(Viola alpina)* mit großen, einfarbig violetten Blüten, das Magerwiesen besiedelt. Es ist auf ein kleines Gebiet in den Ostalpen beschränkt, soweit dieses während der Eiszeiten nicht vergletschert war.

Große Sterndolde

Astrantia major

Doldengewächse – *Apiaceae*

K 30–100 cm hohe Pflanze mit dickwalzlicher, holziger, mit schwarzen Fasern besetzter Grundachse. Blätter 3–7teilig; der Mittelabschnitt fast bis zum Grunde frei, die seitlichen untereinander bis mindestens zu einem Drittel verwachsen, verkehrt eiförmig, gegen die Spitze 3lappig, am Rande gesägt. ▪ Eigentliche Dolde klein, von auffallenden weißen bis rötlich überlaufenen Hüllblättern umrahmt. Blüten zahlreich, klein, fast sitzend. Staubblätter weit aus der Blüte herausragend. ▪ Blütezeit: Juni bis August.

S Auf Bergwiesen und in Hochstaudenfluren, in lichten Bergwäldern; auf kalkhaltigem, humosen Boden. Bis auf 2000 m.

V Alpenkette von den Seealpen bis zu den Illyrischen Gebirgen; in den Kalkalpen verbreitet, sonst selten, gebietsweise fehlend. Zentralspanien, Pyrenäen, Zentralfrankreich.

Die Große Sterndolde hat sitzende Einzelblütchen, so daß die weißen, sternförmigen Hüllblätter eine einzige große Blüte vortäuschen. Der Blütenbau ist somit für ein Doldengewächs ganz untypisch; ebenso, daß die kleinen Einzelblüten noch einen deutlichen Kelch besitzen. Innerhalb der Dolde sind die äußeren Blüten männlich, die inneren zwittrig und vormännig. Bei einbrechender Dunkelheit krümmen sich die Doldenstiele nach unten, so daß der Pollen vor Feuchtigkeit geschützt ist.

Der Wurzelstock der Pflanze war früher als »Radix sive nigrae« offizinell und wird auch heute noch in der Volksheilkunde als magenstärkendes Mittel verwendet. Die Sennen mischen ihn auch als appetitanregendes Mittel unter das Viehfutter.

Die hübsche Pflanze wurde von Albrecht von Haller (1729) in seinem berühmten Lehrgedicht »Die Alpen« folgendermaßen beschrieben: »Dort wirft ein glänzend Blatt, in Finger ausgekerbt, auf einen hellen Bach den grünen Widerschein; der Blumen zarter Schnee, den matter Purpur färbt, schließt ein gestreifter Stern in weißen Strahlen ein.«

Der Ähnlichkeit ihrer Blätter mit dem Sanikel verdankt die Art den Volksnamen »Schwarzer Sanikel« (nach dem schwarzen Wurzelstock). Weitere Volksnamen sind Sternblume, Stränze, Moister, Rietdolden und Holznägeli.

Tauernblümchen

Lomantogonium carinthiacum

Enziangewächse – *Gentianaceae*

K 1jähriges, 1–13 cm hohes, kahles Pflänzchen mit von Grund an verzweigtem, vierkantigem Stengel. Grundständige Blätter kurz gestielt, spatelig; obere Blätter sitzend, spitz. ▪ Blüten auf sehr langen Stielen, einzeln, endständig. Kelch und Krone 5teilig; Krone radförmig, blaßblau bis weiß; Kronenzipfel am Grunde mit 2 offenen, tütenförmigen, gefransten Schuppen. Narben an den Rändern des 1teiligen Fruchtknotens saumförmig herablaufend. ▪ Blütezeit: August bis Oktober.

S Sehr selten, aber gesellig; auf kurzrasigen Weiden und Matten, schwach berastem Schwemmland, erdigen, nackten Stellen der ausgetretenen Weiden; auf mäßig feuchten, schwach basischen bis sauren Böden. Zwischen 1400 und 2400 m.

V Hauptsächlich in den Tauern, von wo aus die Art einzelne Vorposten nach Osten und Norden ausschickt. Außer in den Alpen ist sie noch in den Ostkarpaten, asiatischen Gebirgen, vom Kaukasus bis Sibirien und Nordamerika verbreitet.

Das Tauernblümchen, wegen seiner am Fruchtknoten herablaufenden Narbe auch »Saumnarbe« genannt, gehört zu den wenigen 1jährigen Pflanzen der alpinen Flora. Die Vegetationszeit des kurzen Alpensommers reicht für die meisten Pflanzen nicht aus, um ihren Lebenszyklus vom Keimen der Samen bis zur Fruchtreife zu erfüllen. Das Tauernblümchen paßt sich der kurzen Vegetationszeit insofern an, als es sehr spät im Jahr blüht, die warme Zeit zum Treiben und Blühen verwendet und die Fruchtreife und Samenverbreitung in den Winter hineinverlegt. Als 1jährige Pflanze ist es auch auf offene Stellen angewiesen, wo ihre Keimlinge Fuß fassen können, so in ausgetretenen Weiden oder lückigen Rasen.

Der Ursprung der Gattung dürfte in den Gebirgen Zentralasiens liegen, während der Eiszeit gelang dann der Pflanze ein weiteres Vordringen nach Norden und Westen. Die Vorkommen in den Alpen sind sehr lückig, so daß es sich möglicherweise um Neubesiedlungen handeln könnte. Hierfür spricht, daß die winzig kleinen, nur 1millionstel Gramm wiegenden Samen vom Wind leicht verweht werden können. Die späte Blütezeit und die unscheinbaren Blüten mögen dazu beitragen, daß die Pflanze auch oft übersehen wird.

Alpen-Grasnelke

Armenia alpina

Bleiwurzgewächse –
Plumbaginaceae

K 5–30 cm hohe Pflanze mit aufrechtem, kahlen, blattlosen Stengel. Grundständige Blätter rosettig, grasartig borstig, kahl, am Rande bewimpert. ■ Einzelblüten zu wenigen in einem dichten, kugeligen Köpfchen vereinigt, von bräunlich häutigen, oft rötlich berandeten Hüllblättern umschlossen. Blüten mit 5 am Grunde verwachsenen Kronblättern, lebhaft rosarot bis violett. Kelch behaart. ■ Blütezeit: Juli bis Oktober.

S Ziemlich variabel in ihren Standortsansprüchen. Sie kommt sowohl in trockenen, wie in feuchten Magerrasen vor, besiedelt manchmal aber auch feuchten Schutt. Über Dolomit, Kalk und kristallinem Schiefer (bodenvag). Häufig in Gesellschaft des Horstseggenrasens. Luftfeuchtigkeitszeiger. 2200–2700 m.

V Hauptsächlich auf die Süd- und Ostalpen beschränkt, fehlt auf weiten Strecken in den Nordalpen. Ein bemerkenswertes Tiefenvorkommen aus der Eiszeit am Bodensee. Allgemein noch in den Pyrenäen und Ostkarpaten verbreitet.

Die Sippe der Alpen-Grasnelke ist in den Alpen selbst entstanden, wo sie in den Randrefugien der Ost- und Südalpen und vereinzelt auch auf Nunatakkern in den Nordalpen die Eiszeiten überstanden hat. Dazu befähigte sie ihre ausgeprägte Frosthärte, sowie ihre Vorliebe für steile Südhänge.

In der Blüte, die einen zarten Kumaringeruch ausströmt, wird der Nektar an der Spitze des Fruchtknotens abgesondert und von Fliegen, Bienen, Käfern und Schmetterlingen ausgebeutet. Die Fruchtstände sind ganz typische Wintersteher.

Der deutsche Name »Grasnelke« ist etwas irreführend, handelt es sich doch bei der Pflanze weder um ein Gras, noch um eine Nelke, vielmehr um eine der wenigen in unserer Flora verbreiteten Bleiwurzgewächse. Der Volksname »Schwundkraut« hingegen erinnert an ihre Verwendung als Heilpflanze bei Lungenschwindsucht. Der in Südtirol gebräuchliche Name »Schlernhexen« bezieht sich wohl auf ihre im Bergwind raschelnden Fruchtköpfchen. Von den rund 300 Grasnelken-Arten, die meisten leben in Strandwiesen, steigen nur 2 bis in höhere Alpengebiete hinauf.

Deutscher Enzian
Gentiana germanica

Enziangewächse – *Gentianaceae*

K 2jährige, (2)15–30 cm hohe Pflanze. Stengel aufrecht, kahl, oft rot überlaufen, meist ästig und traubig, manchmal doldentraubig. Grundständige Blätter verkehrt-eiförmig, stumpf, zur Blütezeit in der Regel bereits abgestorben. ■ Blüte meist 5zählig; Kelchbuchten spitz, Kelchzipfel von spitzen Papillen rauh; Krone trichterig röhrig, 2–3,5 cm lang; Einzelblüte im Schlund bärtig, violett bis weiß. ■ Blütezeit: Mai bis Oktober, vereinzelt bis Dezember.

S Meist gesellig; auf feuchten, sonnigen Matten, Rainen, ungedüngten Wiesen und Weiden, auch in Flachmooren. 1550–2400 m.

V Mitteleuropa und Schweden.

Der sehr ähnliche Rauhe Enzian *(G. aspera)* besitzt am Rande bewimperte Kelchzähne.

Die meist blau, selten gelb, weiß oder rötlich blühenden Vertreter der Gattung Enzian, die 300–400 Arten umfaßt, besiedeln vorwiegend Gebirge der nördlich gemäßigten Zonen, aber auch die Anden in Südamerika. In den Ebenen und in der Arktis kommen nur wenige Arten vor, in Afrika fehlen sie ganz. In den Gebirgen von Zentralasien und in den Alpen hingegen besitzen sie Entfaltungszentren und gehören zu den höchststeigenden Blütenpflanzen. Die in Mitteleuropa vorkommenden ca. 35 Arten sind zum Großteil auf das Alpengebiet beschränkt.

Systematisch sind die »Enziane«, vor allem die Gruppe um den Deutschen Enzian, eine schwierige Angelegenheit. Die Art ist nämlich äußerst vielgestaltig und wird in 4 Unterarten geteilt. Man unterscheidet dabei die Sektion der Sommerformen mit stumpfen Stengelblättern und die der Herbstformen mit spitzen Stengelblättern. Die sommerblühenden Unterarten sind oft hochwüchsig und schlank, die »Herbstenziane« hingegen büschelig und niedrig, was als Anpassung an die Mahd gedeutet wird. Gerade die »Herbstenziane« sind in ihrem Erscheinungsbild äußerst mannigfaltig: einmal außerordentlich üppig, reich verzweigt und vielblütig (bis zu 100 Blüten); einmal winzig klein, wenigblütig bis 1blütig. Nebeneinandergestellt erscheint es kaum glaublich, daß es sich dabei um ein und dieselbe Art handeln soll. Wie bei fast allen Enzian-Arten schließen sich auch die Blüten des Deutschen Enzians bei bewölktem Himmel und kühler Luft.

Frühlings-Enzian

Gentiana verna

Enziangewächse – *Gentianaceae*

K 3–12 cm hohe Pflanze, kahl, lokkerrasig, mit dichtbeblätterten, blütenlosen und sehr kurzen, meist einblütigen Sprossen. Grundständige Blätter rosettig, elliptisch-lanzettlich, spitz mit deutlichem Mittelnerv. ■ Kelchkanten schmal geflügelt. Krone tiefblau mit 5 eirunden Zipfeln; zwischen ihnen je ein 2spitziges Anhängsel mit weißer Linie. ■ Blüht von Mai bis August, gelegentlich auch im Herbst und Winter.

S Verbreitet und gesellig; auf Magermatten, Weiden, Wildheuplanggen, in Flachmooren, an Felsen und seltener auch auf Schutt. Im Tiefland auf Flußanschwemmungen und in Auwäldern. Auf Kalk und Silikatgestein. Ebene bis 2900 m.

V Spanische und französische Gebirge, Alpen und Alpenvorland, Mittelgebirge, Karpaten, Großbritannien, Norwegen, Abruzzen, Balkan, Kleinasien; asiatische Gebirge vom Kaukasus bis zur Mongolei.

Der hübsche Frühlings-Enzian bildet zuweilen bis zu 8 Quadratdezimeter große, tiefblaue Flecken, die aus einer zusammenhängenden Kolonie bestehen. Die Blütenfarbe kann stark variieren; hellblaue, lila, reinweiße bis dunkelviolette Formen kommen vor. Die Art ist ausgesprochen düngerfeindlich, so daß sie mit der Intensivierung der Landwirtschaft (Kunstdünger) deutlich zurückgeht bis verschwindet. Nach der Mahd im Herbst blüht sie oft noch ein zweites Mal mit wesentlich kleineren Blüten. In milden Wintern kann man blühende Pflanzen an schneefreien Stellen sogar im Dezember und Januar antreffen. Die Bergbauern haben der auffallenden Pflanze viele Namen gegeben, wie Schusternagele oder Himmelsstern. Wer an ihr riecht, soll Sommersprossen bekommen (daher der Name Roßmucken), auf keinen Fall dürfe man sie ins Haus bringen, weil sie den Blitz anziehe (Blitznägele, Hausanbrenner).

Dem Frühlings-Enzian sehr ähnlich ist der Bayerische Enzian (*Gentiana bavarica*), der sich durch seine flach tellerförmig ausgebreitete Krone, für die 2spitzigen Anhängsel zwischen den Zipfeln fehlen, unterscheidet. Eine weitere Art ist der Schnee-Enzian (*Gentiana nivalis*) ein 1jähriges, sehr zierliches Pflänzchen mit verzweigtem Stengel. Seine wie bei allen Enzian-Arten »reizbaren« Blüten schließen sich oft schon bei einer vorüberziehenden Wolke.

Stengelloser Enzian

Gentiana clusii

Enziangewächse – *Gentianaceae*

$\boxed{\text{K}}$ 4–10 cm hoch; Stengel sehr kurz bis fehlend, leicht kantig. Grundständige Blätter leicht ledrig, steif, lanzettlich spitz, in der Mitte oder unter der Mitte (!) am breitesten. ■ Kelch aufrecht, der Krone anliegend; Kelchbuchten spitz (!); Krone glockig, am Grunde trichterig erweitert, dunkel azurblau, außen etwas grünlichblau, sehr groß, 5–6 cm lang. Fruchtstiele stark verlängert. ■ Blütezeit: Mai bis August.

$\boxed{\text{S}}$ Gesellig auf Mäh- und Magerwiesen, auf Weiden; kalkliebend und düngerfeindlich. In den Alpen und Voralpen zwischen 1200 und 2760 m.

$\boxed{\text{V}}$ Zentral- und Ostalpen, Jura, Schwarzwald; in den nördlichen und östlichen Karpaten. Als Eiszeitrelikt in den oberbayerischen Mooren und in den Heidewiesen des Alpenvorlandes; vereinzelt auch herabgeschwemmt auf den Schwemmböden von Flüssen (Mindel, Lech, Isar, Donau).

Die beiden großblumigen Enziane, die »Enziane« schlechthin, wurden früher als Gesamtart zusammengefaßt. Heute werden sie als 2 getrenn-

te Arten geführt, die sich an den Kelchbuchten, Blattbreiten und Honigmalen unterscheiden. Ähnlich wie die beiden Alpenrosen-Arten wachsen auch die beiden großen Enziane räumlich meist getrennt, und zwar der Stengellose Enzian fast nur auf Kalk, der Breitblättrige Enzian hingegen vorwiegend auf kalkarmen Böden. Wenn 2 derart nahe verwandte Arten einander auf verschiedenen Gesteinen ablösen, so spricht man von einem »Vikarismus«, die Arten vikariieren miteinander. Vikarianten gibt es aber auch hinsichtlich der Höhenlage, der geografischen Breite usw.

Beide großblumige Enzian-Arten besitzen vormännige, duftlose Hummelblüten, die sich bei Sonnenschein weit öffnen, bei trübem Wetter aber und in die Nacht schließen und senken. Diese Reizbewegung wird jedoch nicht vom Licht, sondern von der Temperatur ausgelöst. Ebenso bewirken Erschütterungen durch Hagel, Regen und starken Wind ein Schließen der Blüten.

Der Stengellose Enzian war früher in verschiedenen Rasen und Matten geradezu massenhaft anzutreffen. Heute ist er leider durch maßloses Pflücken und Ausgraben, in letzter Zeit aber vor allem durch das Aufbringen von Kunstdünger spärlich geworden, stellenweise sogar ausgerottet.

Breitblättriger Enzian

Gentiana kochiana

Enziangewächse – *Gentianaceae*

K 5–10 cm hoch; im Habitus dem Stengellosen Enzian sehr ähnlich. Unterschiede: Blätter breiter, elliptisch bis eirund, stumpfer und weicher, im oberen Drittel (!) am breitesten. ■ Kelchzipfel von der Krone abstehend, kürzer als die halbe Kelchröhre, Kelchbuchten breit (!) mit weißer Verbindungshaut. Blumenkrone bauchig, azurblau mit grünen Flecken an der Innenseite. ■ Blütezeit: Juni bis August.

S Auf trockenen Matten und Weiden. Mit Vorliebe auf kalkarmen, lehmigen oder torfigen Böden. 1700–3000 m.

V Pyrenäen, Alpen (mehr in den Zentralalpen), Jura, Karpaten, Balkan.

Bei beiden Arten ist der Nektar am Blütengrund in 5 Kammern geborgen, die durch leistenförmig an der Blumenkrone vorspringende Staubfäden getrennt werden. Am Grunde jeder dieser Honigtaschen befindet sich eine dem Fruchtknoten entspringende Honigdrüse, die die Tasche mit Nektar füllt. Um den ganzen Honigvorrat auszubeuten, muß das blütenbesuchende Insekt den Rüssel 5mal eintauchen, wobei der Rücken des Insektes mit Pollen bepudert wird, den es bei der nächsten Blüte auf der gefransten Narbe wieder abstreift. Häufig wird allerdings auch die Krone von räuberischen Hummeln dicht oberhalb des Kelches angebissen und der Honig geraubt. Bei ausbleibenden Blütenbesuchern ist auch Selbstbestäubung möglich.

Die Blütenfarbe kann variieren; außer den normalen, prächtig azurblauen Blüten kommen gelegentlich auch weißblühende, seltener violette oder gelbliche Formen vor. Sehr hübsch sind die manchmal himmelblauen Abarten, ungewöhnlich die blauweiß gestreiften. Auch gefüllte Blüten kann man hie und da finden.

Alpen-Vergißmeinnicht

Myosotis alpestris

Rauhblattgewächse – *Boraginaceae*

K 5–10 cm hohe Pflanze mit aufrechtem Stempel und dichtem, wikkeligen Blütenstand. Ganze Pflanze rauhhaarig. Laubblätter kurz spatelig. ▪ Kelch angedrückt silberweiß behaart; Krone mit kurzer, weißlicher Röhre und leuchtend blauem Saum. Schlund durch 5 ockergelbe Schlundschuppen verengt. ▪ Blütezeit: Juni, Juli.

S Häufig auf feuchten Matten, in Schuttfluren und Blockhalden; sowohl auf basischen als auch auf sauren Böden. Schneeschutzbedürftig. 1600–3000 m.

V Die Art spaltet in viele lokale Rassen auf, die in der alpinen Stufe der Gebirge von Eurasien und Nordamerika verbreitet sind.

Die Blüten des Alpen-Vergißmeinnicht sind meist viel <u>intensiver und dunkler blau</u> gefärbt, als die irgendeiner anderen Vergißmeinnicht-Art in der Ebene. Dieses Erscheinungsbild der intensiv leuchtenden Blütenfarbe, das wir auch bei vielen anderen

Alpenblumen finden, geht auf den hohen Anteil an ultraviolettem Licht zurück, dem die Alpenpflanzen ausgesetzt sind.

Die Blüten des Alpen-Vergißmeinnicht sind beim Aufblühen vorweibig und fliederfarben mit gelbem Saftmal, später himmelblau mit gelbem Saftmal, wobei letzteres beim Abblühen weiß wird. Dieser <u>Farbumschlag</u>, eine Eigenart, die besonders die Rauhblattgewächse auszeichnet (bekanntestes Beispiel dafür ist das Lungenkraut), kommt dadurch zustande, daß der <u>Blütenfarbstoff Anthocyan</u> ähnlich wie Lackmus reagiert: Im anfänglich sauren Zellsaft färbt er die Blüten rötlich, im später alkalischen Zellsaft schlägt er nach blau um.

In der Blüte wird der Nektar von der fleischigen Grundlage des Fruchtknotens abgesondert und ist in der kurzen Röhre so geborgen, daß er auch von kurzrüsseligen Fliegen, Faltern und Bienen erreicht werden kann. Als Bestäuber fungieren an den meist hochgelegenen Standorten des Alpen-Vergißmeinnichts vorwiegend Falter. Der Name *Myosotis* bedeutet griechisch »Mäuseohren« und bezieht sich auf die stumpfen, behaarten Laubblätter der Pflanze.

Alpen-Trauerblume

Bartsia alpina

Rachenblütler – *Scrophulariaceae*

K 5–10 cm hohe Halbschmarotzer-staude. Blätter gegenständig, eiför-mig, mit leicht herzförmiger Basis sit-zend, kerbsägig, kurzhaarig, vor al-lem die oberen violett überlaufen. ■ Blüten endständig, in kurzer, mehr-blütiger Traube. Kelch röhrig-glockig, 4spaltig, drüsig zottig; Krone rachen-förmig, dunkelviolett. Oberlippe un-geteilt, helmförmig; Unterlippe 3lap-pig. ■ Blütezeit: Mai bis August.

S Alle Formen alpiner Wiesen und Quellfluren; auf basischen bis schwach sauren, oft sickerfeuchten und humosen Böden. 930–2950 m.

V 2 getrennte Verbreitungsbezirke: Mitteleuropäische Gebirge von den Pyrenäen bis zum Balkan mit Vorstö-ßen zu den deutschen Mittelgebir-gen und Reliktstandorten im Vor-land; zirkumpolar in Europa, Skandi-navien, Asien und Altai.

Die Trauerblume (auch Alpenhelm genannt) gehört zu den Halbschma-rotzern. Im Frühjahr bildet sie gleich nach der Keimung Saugorgane (Haustorien, vgl. Abb. S. 147) aus, mit denen sie sich an die Wurzeln be-nachbarter Pflanzen heftet; gleichzei-tig jedoch treibt sie oberirdische, grüne Triebe. Sie ernährt sich somit einerseits parasitisch, andererseits durch eigene Assimilation.

In der Blüte ragt die Narbe schon aus der Knospe heraus und ist nach dem Aufblühen empfängnisbereit. Der Nektar wird sehr reichlich aus einer fleischig verdickten Unterlage des Fruchtknotens abgeschieden und füllt den unteren Teil der Blu-menkronröhre. Als Bestäuber fun-gieren zumeist langrüsselige Hum-meln. Häufig beißen auch kurzrüsse-lige Hummeln die Blüten seitlich an, um zum Nektar zu gelangen.

Die Trauerblume ist eine eigenartig dunkle Pflanze, die mit ihrer Farben-zusammenstellung von Schwarz, Violett und Grün völlig aus der Reihe der bunten Alpenblumen fällt. Nicht nur ihr deutscher, auch ihr lateini-scher Name soll an Trauer erinnern: Altmeister Linné benannte die düste-re Pflanze zum Gedenken an seinen Freund, den deutschen Kolonialarzt und Naturforscher Johann Bartsch, der im Alter von 28 Jahren in Suri-nam/Südamerika dem tropischen Klima zum Opfer fiel.

Betonienblättrige Rapunzel

Phyteuma betonicifolia

Glockenblumengewächse –
Campanulaceae

K 20–70 cm hohe Pflanze mit aufrechtem, im oberen Drittel meist blattlosem Stengel. Grundblätter langgestielt, eilanzettlich, an der Basis herzförmig, kerbsägig. Stengelblätter ähnlich gestaltet, nach oben zu immer kleiner und schmäler werdend. ▪ Blüten in zylindrischen Ähren; Hüllblätter klein, borstenförmig; Blüten vor dem Aufblühen fast gerade, blaulila, selten weiß. ▪ Blütezeit: Juni bis September.

S Auf Berg- und Voralpenwiesen, Matten, Felsen, Gebüschen und Waldrändern; mit Vorliebe auf kalkfreien Böden, über Gneis und Glimmerschiefer. Zwischen 600 und 2600 m.

V Nur in den Alpen. In Deutschland nur im Allgäu, in der Schweiz in der ganzen Alpenkette verbreitet, in Österreich in Tirol, Salzburg, in den Zentralalpen und nördlichen Kalkalpen. Fehlt in den östlichen Alpen.

Die Gattung Rapunzel (auch Teufelskralle genannt), die mit 29 Arten aus-

schließlich in Mittel- und Südeuropa heimisch ist, würde man auf den ersten Blick kaum zu den Glockenblumengewächsen zählen. Ihre ursprüngliche Heimat ist wahrscheinlich in den Alpen zu suchen, wo sie schon vor den Eiszeiten reich entwickelt gewesen sein muß.

Die für sich allein kleinen und unscheinbaren Einzelblüten sind zu augenfälligen Blütenständen vereinigt, die reichlich von Insekten besucht werden. Die Gattung nimmt damit einen blütenbiologischen Effekt vorweg, den später die noch höher entwickelten und spezialisierten Korbblütler vollenden: das Unterordnen der Einzelblüten zu einer auffallenden Blume höherer Ordnung.

In der Rapunzelblüte wird der Nektar am Grunde der Blumenkronröhre abgesondert und durch die kuppenartigen Basalteile der Staubfäden so verdeckt, daß nur langrüsselige Insekten ihn ausbeuten können. Der Pollen wird schon in der Knospe nach innen auf die Fegehaare der unreifen Griffel entleert. Die wachsenden Griffel schieben ihn danach nach außen und er kommt an derselben Stelle außerhalb der Blüte zum Vorschein, wo sich später die Narbe entfalten wird. Erst bei geöffneter Blumenkrone teilt sich dann auch die empfängnisbereite Narbe.

Strauß-Glockenblume

Campanula thyrsoides

Glockenblumengewächse –
Campanulaceae

K 2jährige, 10–15 cm hohe Pflanze
mit rübenförmiger Wurzel und aufrechtem, unverzweigten, steifhaari-
gen, kantigen, dicht beblätterten
Stengel. Im 1.Jahr nur eine Blattrosette bildend, im 2.Jahr die dicht kol-
benförmige, durchblätterte Blütenähre. Blätter länglich bis zungenförmig. ■ Blumenkrone walzig-glockig,
gelblichweiß, an den Nerven wollig
behaart. ■ Blütezeit: Juni bis August.
S Zerstreut, aber ziemlich verbreitet; auf ungedüngten Wiesen und
Wildheuplanggen, auf Triften und
buschigen Stellen, an Felsen, auf
Geröll, im Felsschutt; nur auf Kalk
und Schiefer. 1500–2600 m.
V Jura, Alpen, Illyrien, Balkanhalbinsel.

Auch diese prächtige Pflanze ist auf
den ersten Blick gar nicht sogleich
als Glockenblume erkennbar: Als
einzige, gelbblühende und 2jährige
Art fällt sie gänzlich aus der Reihe
der typischen, alpinen Glockenblumen.
Aus dem im Herbst ausgefallenen
Samen treibt im nächsten Jahr eine
dicht dem Boden anliegende Blattrosette, im 2.Jahr schießt daraus der
bis zu 50 cm lange, dicht walzenför-
mige, mächtige Blütenkolben empor.
Das Öffnen der Fruchtkapsel ge-
schieht durch 3 Poren, die sich an
den 3 Seiten der Fruchtkapsel befinden. Sie öffnen sich erst bei vollstän-
diger Reife und schleudern die winzigen, mit einem Flugrand versehenen
Samen heraus, die durch den Wind
verbreitet werden. Bei feuchtem Wetter schließen sie sich wieder.
Die Strauß-Glockenblume besiedelt
besonders gerne die »halbschüri-
gen« Mähder in den Kalkalpen, die

nur alle 2 Jahre gemäht werden und
dadurch ihrem 2jährigen Lebens-
rhythmus entgegenkommen.
Sie ist eine alttertiäre Art der südeuropäischen Gebirge. Ihre Standorte auf offenem Boden sowie ihre
ungleichmäßige Verbreitung lassen
sie nicht als Reliktpflanze, sondern
als Wanderpflanze erkennen.

Windecken

Wo der Wind über Kuppen und Grate mit mörderischer Gewalt dahinfegt, so daß auch im Winter kein Schnee liegenbleiben kann, hat sich eine besonders robuste, kälte- und windharte Pflanzengesellschaft zusammengefunden, der Polsterseggenrasen. Er kommt nur auf Kalk vor; manchmal schaut zwischen den einzelnen Horsten das nackte Gestein heraus, ja, der ganze Rasen ist oft in Steinstreifen und Rasengirlanden aufgelöst. Ursache dieser merkwürdigen Vegetationsverteilung ist das sogenannte Bodenfließen. Es kommt dadurch zustande, daß im Winter auf den schneefrei geblasenen Standorten der Boden bis tief hinab gefriert, um die Mittagszeit aber, besonders in Südlage, oberflächlich auftaut. In Steillagen rutscht dann der breiig aufgetaute Oberboden auf dem gefrorenen Untergrund ab, zerreißt die Vegetationsdecke und löst sie in die genannten Steinstreifen und Girlanden auf.

Die Lebensbedingungen auf diesen ausgesetzten Windkanten und sturmgepeitschten Graten sind ganz besonders rauh: Die ständige Luftbewegung dörrt den Boden aus, Niederschläge fließen wegen der Steillage rasch wieder ab. Im Winter fehlt die schützende und wärmende Schneedecke, so daß hier die tiefsten winterlichen Temperaturen von den Pflanzen ausgehalten werden müssen.

Die Anpassungen der Pflanzen dieses Lebensraumes beziehen sich in erster Linie auf den Wind: So sind die steifen, derben Blätter der Polster-Segge vorzüglich geeignet, Wind, Trockenheit und Frost zu ertragen. Zwischen ihren oft unzusammenhängenden Polstern wachsen eingestreut verschiedene andere niedrige Pflanzen. Mehr als anderswo im Hochgebirge heißt die Devise: ducken, sich dem Boden anschmiegen, dem Wind keine Blöße geben. Häufig anzutreffen ist die bunte Alpenaster, wie der Polsterseggenrasen überhaupt eine Reihe köstlicher und prominenter Pflanzen birgt.

Polster-Segge

Carex firma

Sauergräser – *Cyperaceae*

K 5–20 cm hoch; feste, gewölbte, bis zu 30 cm breite Polster bildend. Blätter kurz, steif, bis 4 mm breit, rosettig ausgebreitet. Stengel aufrecht, stumpf 3kantig, wesentlich länger als die Blätter. ■ Weibliche Ähren meist 2, aufrecht, gestielt, dichtblütig, 5–10 mm lang; männliche Ähren gestielt, dick, eiförmig, bis zu 1 cm lang, oft nickend. ■ Blütezeit: Juni bis August.

S Sehr verbreitet; auf windausgesetzten Kämmen und Graten, auf steinigen Hängen, Feinschutt und Felsbändern. 1500–2900 m.

V Alpen, Pyrenäen, Karpaten und Apenninen.

Die Polster-Segge ist einer der auffallendsten grasartigen Bewohner des Kalkgebirges. An die Trockenheit ihrer windgefegten, wasserlosen Standorte ist sie hervorragend angepaßt: Ihre derben, ledrigen, immergrünen Blätter schließen zu ausgedehnten Polstern zusammen, in denen die Triebe dicht gedrängt nebeneinander liegen. Die Blätter liegen 3zeilig geschindelt übereinander und schützen die zarten jungen Sprosse an der Basis. Der Wechsel

zwischen Frost und starker Erwärmung, wie er auf den ausgesetzten, aber sonnigen Standorten die Regel ist, führt zu frühzeitiger Verfestigung der Gewebe und verzögert deren Verrottung. Ihre abgestorbenen Teile können daher noch größere Mengen Wasser speichern. Inmitten des Polsters finden wir einen von halbverrotteten Trieben, Blattscheiden und Wurzeln durchzogenen Eigenhumus, einen Humusschwamm, der die aufgenommene Feuchtigkeit lange festhält.

Überraschenderweise wurzelt die Polster-Segge nur sehr lose, ihre halbkugeligen Polster lassen sich leicht abheben. Kletterern, die sich daran festhalten wollen, bleibt oft das ganze Polster in der Hand.

An exponierten Stellen entstehen durch Ausfrieren und Windgebläse manchmal richtige »Glatzen« in ihren Rasen, oder diese sind in Ringe, Halbmonde oder wurstförmig gebogene Schnüre aufgelöst. Auf Schutthalden gehört sie zu den wichtigsten Schuttstauern, wo sie sich mit ihren festen Horsten einpflanzt und das bewegliche Material staut. In ihrem Schutze können sich dann auch weniger spezialisierte Pflanzen ansiedeln.

Zwergorchis

Chamorchis alpina

Orchideengewächse – *Orchidaceae*

K 5–10 cm hoch; Knolle ungeteilt; Blätter lang, grasartig. ▪ Blüten klein, grün, oft bräunlich überlaufen. Perigonblätter helmartig gewölbt; Lippe spornlos. Nicht duftend. ▪ Blütezeit: Mitte Mai bis Mitte Juli.

S Kurzrasige, steinige Weiden und Mäder, sowie windgefegte Grate der alpinen Stufe. Kalkliebend; nicht häufig. 1600–2700 m.

V Das Areal der Zwergorchis reicht von den Alpen, Karpaten, Siebenbürgen und dem nördlichen Balkan bis nach Skandinavien; überraschenderweise nicht in die eigentliche Arktis.

Die Familie der Orchideen ist mit mehr als 20 000 Arten über die ganze Erde verbreitet. Obwohl ihre Hauptverbreitung in den Tropen liegt, haben Orchideen Besitz von nahezu jedem Lebensraum ergriffen; ihr Wohngebiet reicht vom Äquator bis nach Grönland, vom Meeresspiegel bis auf fast 4000 m hohe Berge. Die unerhörte Artenzahl der Familie erlaubt es ihr, Spezialisten für jedes Klima, für jeden Standort zu stellen. So ist die kleinfingerlange Zwergorchis die Hochalpinistin dieser wandlungsfähigen Familie, die höchststeigende Orchidee der Alpen. Auf ihren ausgesetzten Standorten, wo sich sonst nur mehr kurze, borstige Gräser halten, fegt eiskalter Wind über sie hinweg; ohne eine schützende Schneedecke läßt der Frost sie beinhart gefrieren, dann wieder sengt sie die strahlende Höhensonne; aber der lebenstüchtigen Pflanze können diese Unbilden des alpinen Klimas nichts anhaben. Welch weiter Bogen spannt sich von den tropischen Orchideen im Urwald bis zu der widerstandsfähigen Alpenpflanze! Große, farbige Blüten bringt sie, wo es bei ihr ums Überleben geht, nicht mehr zustande.

Die Zwergorchis ist unsere kleinste Orchidee, die sich in den harten, kurzen Rasen tief hineinduckt. Ihr kurzer, kräftiger Blütenstengel wird oft von den eigenen, grasartigen Blättern überragt. Die unscheinbaren, kleinen, duftlosen Blüten sondern reichlich Nektar ab, der winzige Fliegen, Schlupfwespen und Käfer anlockt.

Steinschmückel

Petrocallis pyrenaica

Kreuzblütler – *Brassicaceae*

[K] 2–8 cm hohes Pflänzchen; polsterförmig; Blätter rosettig, schmal, vorne spitz 3lappig, bewimpert. Stengel blattlos, feinflaumig behaart. ■ Blüten in wenigblütiger Doldentraube, rosa oder hellviolett, süß duftend. Kronblätter doppelt so lang wie die rotgerandeten Kelchblätter. Fruchtstiel stark verlängert; Schötchen elliptisch, 1samig. ■ Blütezeit: Juni, Juli.

[S] Verbreitet, aber nicht häufig; auf Felsbändern und Windecken, in Felsspalten, Geröllhalden und Steinschuttböden. Nur auf kalkreichem Gestein (kalkstet und felsenstet). 1700–3400 m.

[V] Die Art folgt in den Alpen dem Verlauf der Kalkalpenzone, fehlt in den zentralen Ketten vollständig, strahlt aber in die Pyrenäen, Karpaten, nach Kroatien und Krain aus.

Der Steinschmückel – seine hübschen, hellvioletten Polster schmücken tatsächlich die Felsen – ist eine ausgesprochen hochalpine Pflanze. Die Gattung besteht aus einer einzigen Art und ist völlig isoliert in der europäischen Flora, was auf ein hohes Alter hindeutet. Seine Wuchsform ist den exponierten Standorten auf Felsen und Graten ausgezeichnet angepaßt: Er hat nämlich eine Sonderform des Polsterwuchses entwickelt, ein sogenanntes »Hohlkugelkissen«. Mit seinem holzigen Stämmchen, das bis zu 4 mm dick werden kann, steckt er in den Felsspalten oder Geröll; von dort gehen die strahlig angeordneten, bis zu 12 cm langen, wurzelnden Äste aus. Gestauchte Partien mit rosettigen Blättern wechseln dabei mit gestreckten Partien ab, in denen die Blätter entfernt sitzen. Die Blattscheiden bleiben nach dem Verwittern der Blätter erhalten, so daß das Polster außen von einer dichten »Rinde« bedeckt, innen aber hohl, von dünnen Stämmchen durchzogen ist. Durch die harte Rinde wird ein hervorragender Schutz vor Winddürre, Sand- und Schneegebläse erreicht, während im Inneren des Hohlkissens Feuchtigkeit gespeichert werden kann. Auf diese Art hat der Steinschmückel die Kalkalpen wahrscheinlich schon vor den Eiszeiten besiedelt und sie auf eisfreien Gipfeln und windgefegten Graten (den sogenannten Nunatakkern) auch überdauert. Das erklärt, daß er in den Tälern der Zentralalpen, die während der Eiszeiten stärker vergletschert waren, heute fehlt.

Trauben-Steinbrech

Saxifraga paniculata

Steinbrechgewächse –
Saxifragaceae

K 5–30 cm hoch; Blätter immergrün, starr, fleischig, am Rande knorpelig gesägt mit weißrandigen Zähnen (kalkausscheidende Grübchen), gegenständig, in halbkugeligen, 1–6 cm breiten Rosetten. Blütenstengel rispig verzweigt, meist drüsig behaart. ▪ Blüten weiß oder gelblich-weiß, oft purpurn gepunktet, 1–1,5 cm im Durchmesser. ▪ Blütezeit: Mai bis August.

S In sonnigen Felsspalten und trockenen Felsabsätzen; gerne in Moospolstern keimend; mit Vorliebe auf im Winter schneefrei geblasenen Stellen. Kalkliebend. Bis auf 3400 m.

V Weit verbreitet in den Alpen und den meisten europäischen Gebirgen; darüber hinaus rund um den Pol – vom arktischen Nordamerika über Grönland bis zum Kaukasus.

Der Trauben-Steinbrech ist eine überaus trockenresistente und frostharte Pflanze, die in ihrem Habitus geradezu klassische Anpassungen einer Alpenpflanze an die extremen Bedingungen ihres Standortes aufweist: Die immergrünen Blätter lassen ihn jeden Sonnenstrahl, sogar sonnige Wintertage, auf seinen oft schneefreien Standorten zur Assimilation ausnützen. Der Wasservorrat in seinen fleischigen Blättern macht ihn bei Trockenheit unabhängig vom Nachschub aus dem Boden. Zum Schutz dieses Wasservorrates dient eine dicke Oberhaut, wie überhaupt die kleinen Blattflächen die Transpiration vermindern. Gegen zuviel Kalk im Boden ist er befähigt, mit Hilfe kleiner Drüsen am Blattrand den Überschuß auszuscheiden. Damit an diesen Stellen kein Wasserverlust eintritt, sind die kleinen Grübchen mit Kalkschüppchen bedeckt. Eine angeborene Frosthärte läßt ihn tiefste Temperaturen ohne Schneeschutz und ohne Knospenschutz seiner Blätter ertragen.

Über 90 Insektenarten, vorwiegend Fliegen, kommen als Bestäuber in Frage. Seine winzig kleinen Samen werden durch den Wind verfrachtet. Eine nahe verwandte Art ist der Blaugrüne Steinbrech *(Saxifraga caesia),* der harte, blaugrüne, moosähnliche Polster bildet. Seine kleinen Blätter scheiden ebenfalls am Rande Kalk aus und sind oft mit einer hellgrauen Kalkschicht überzogen.

Blaugrüner Steinbrech *(Saxifraga caesia).*

Silberwurz

Dryas octopetala

Rosengewächse – *Rosaceae*

K 2–10 cm hoher, am Boden kriechender Zwergstrauch mit bis zu 2 m langen Trieben. Blätter elliptisch, ledrig, immergrün, gekerbt, am Rande leicht eingerollt, unterseits weißfilzig. Blütenstiele einzeln in den Achseln der Laubblätter entspringend, drüsig behaart. ■ Blüten 2–4 cm im Durchmesser, weiß; Kelch- und Kronblätter 8–9, auch gefüllte Blüten sind nicht selten. Fruchtstiel bis zur doppelten Länge des Blütenstieles weiterwachsend; Fruchtstand eine haarschopfartige Fruchtperücke, die aus den verlängerten, fedrig weiß behaarten, anfangs schraubig gedrehten Griffeln gebildet wird. ■ Blütezeit: Juni, Juli.

S Meist sehr gesellig; auf Gesteinsschutt, Felsköpfen, windexponierten Graten, Geröll und Moränen; kalkliebend. In den Alpen zwischen 1200 und 2500 m.

V In 2 weit auseinanderliegenden Arealen: in allen mitteleuropäischen Gebirgen von den Pyrenäen bis zum Kaukasus, mit einer Lücke im nördlich gemäßigten Klimagebiet; wieder rund um den Pol, wo sie auf Island große geschlossene Heiden bildet oder in Nordschweden zusammen mit Moosen und Flechten die Hauptvegetation der Tundren stellt.

Die Verteilung der Art auf 2 weit auseinanderliegende Gebiete gibt deutliche Hinweise auf ihre Verbreitungsgeschichte: Zweifellos wanderte die Silberwurz während der Eiszeit zwischen den Gebieten. Aber ebenso wie sie sich in den Alpen von konkurrenzkräftigeren Pflanzen verdrängen läßt, ließ sie sich auch aus den tieferen Lagen von Mitteleuropa wieder verdrängen, sobald das Klima milder wurde und anspruchsvollere Pflanzen gedeihen konnten. Nur auf den unwirtlichen Standorten der Hochgebirge und der Arktis konnte sie sich behaupten.

Die Silberwurz ist der markanteste Typus eines »Spalierstrauches«, der

Verbreitung der Silberwurz in Alpen, Jura und Pyrenäen (blaue Flächen).

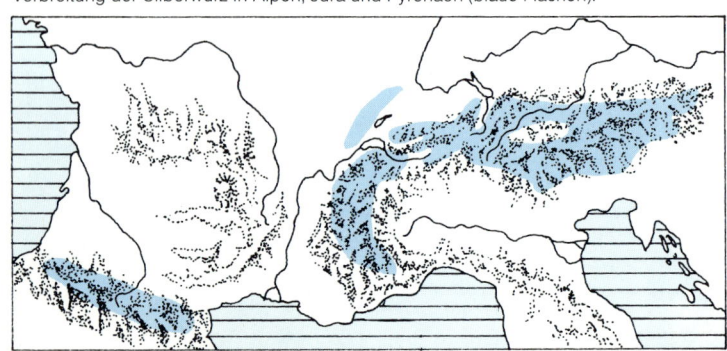

von einem kräftigen, verholzten Stamm aus sein reich verzweigtes, horizontales Astwerk über den Boden breitet, wobei sich Ästchen und Zweige wieder bewurzeln. Die Blätter der Silberwurz sind derb und ledrig; ihre Spaltöffnungen sind nach innen verlagert und noch zusätzlich durch die weißfilzige Behaarung gegen zu hohe Verdunstung geschützt. Die Trieb- und Blütenknospen werden schon in der vorhergehenden Vegetationsperiode angelegt und sind – ohne Knospenschuppen – nur durch die Blattscheiden der älteren Blätter geschützt. Mit einem kräftigen, reich verzweigten Wurzelsystem ist die Pflanze tief im Boden verankert. Die Wurzeln sind immer verpilzt, ein symbiotischer Pilz umgibt sie mit einem dichten Mantel aus fest verflochtenen Pilzfäden, was die Wasseraufnahme erleichtert.

Charakteristisch sind die Fruchtperücken, die aus den Griffeln gebildet werden.

Diese merkwürdige, fingerlange Holzpflanze kann immerhin bis zu 100 Jahre alt werden, wie sich aus den oft nur 0,1 mm breiten Jahresringen ablesen läßt. Der Stamm ist eigentümlich exzentrisch, die Unterseite dicker als die Oberseite, das Holz weiß, weich und sehr elastisch. Alle diese Anpassungsvorteile ermöglichen es der Silberwurz, als Pionierpflanze ihre verholzten Rasen auf beweglichem Schutt zu breiten und auf ausgesetzten Kämmen und Graten dem scharfen Schnee- und Dolomitsandgebläse zu trotzen.

Die Vegetationsorgane dieser robusten Art widerstehen aber nicht nur den gegenwärtigen Witterungsunbilden, sondern sie eignen sich auch ausgezeichnet für fossile Erhaltung: Blüten, Früchtchen und Pollen der Silberwurz haben in eiszeitlichen Tonablagerungen Zigtausende von Jahren überstanden. Man spricht von Silberwurzzeit, von Silberwurzflora und von Silberwurztonen.

Alpen-Spitzkiel

Oxytropis campestris

Schmetterlingsblütler – *Fabaceae*

K 5–15 cm hohe Rosettenstaude mit kräftiger Pfahlwurzel, dickem Erdstock und kurzen, Blattrosetten und Blütenstände tragenden Ästen. Laubblätter und Blütenstände grundständig. Laubblätter graugrün und behaart; unpaarig gefiedert mit 10–12 Fiederblattpaaren. ▪ Blütenköpfe langgestielt, 10–18blütig, meist gelblich-weiß; Kelch röhrig, mit kurzen schwärzlichen und langen weißen Haaren besetzt. Schiffchen oft beiderseits mit violettem Fleck, gekrümmt, lang bespitzt. Hülsen aufrecht, aufgebläht. ▪ Blütezeit: Juli und August.

S Verbreitet und stellenweise häufig; in offenen Magerwiesen, auf windexponierten Kämmen und Graten, auf trockenen Weiden, ruhendem Kalkschutt; auf basischen bis schwach sauren Böden. Als Alpenschwemmling mit den Flüssen herabsteigend. 1800–2800 m.

V Pyrenäen, Alpen (fehlt in Bayern, in den Nordalpen bis zum Lech), Illyrien, Karpaten; Nordeuropa, Nord-

asien (südlich bis Transkaukasien und zum Altai), boreales Nordamerika.

Der Alpen-Spitzkiel – der Name bezieht sich auf die deutlich abgesetzte Spitze des Schiffchens, durch die er sich von allen anderen Schmetterlingsblütlern unterscheidet – ist eine ausgesprochen trockenheitsliebende, gegen Temperaturgegensätze unempfindliche, bodenvage Pflanze. Er meidet nur nasse, lange mit Schnee bedeckte und saure sowie gedüngte Böden. Der Alpen-Spitzkiel ist eine wertvolle Futterpflanze mit hohem Eiweiß- und Fettgehalt, die auch vom Vieh gerne gefressen wird, regelmäßige Beweidung und Mahd jedoch schlecht verträgt.

Der Nektar ist in der Blüte so tief geborgen, daß nur langrüsselige Hummeln und Falter ihn ausbeuten können. Immer wieder beißen auch kurzrüsselige Hummeln und Ohrwürmer die Kelche an und rauben den Honig, ohne zu bestäuben.

Eine nahe verwandte Art ist der Berg-Spitzkiel *(Oxytropis montana)* mit blauvioletten Blüten und ebenfalls zahnartigem Spitzchen am Kiel. Während sonst alle alpinen Schmetterlingsblütler beliebte Futterpflanzen sind, ist der Berg-Spitzkiel die einzige Art, die vom Weidevieh verschmäht wird.

Berg-Spitzkiel *(Oxytropis montana)*.

Alpen-Sonnenröschen

Helianthemum alpestre

Zistrosengewächse – *Cistaceae*

K Niedriger, 3–15 cm hoher, dicht rasiger Halbstrauch mit bogig aufsteigenden Zweigen. Blätter lanzettlich, gegenständig, kahl oder borstig. ▪ Blüten in 2–6blütigen Wikkeln, bis 2 cm im Durchmesser, leuchtend gelb; Staubblätter zahlreich. Die Frucht ist eine 3klappige, vielsamige Kapsel. ▪ Blütezeit: Juni bis August.

S Häufig auf sonnigen, steinigen Matten, in Geröllhalden und auf Felsbändern; als Pionier im offenen, windexponierten Rasen und auf ruhenden Schutthalden. 1000–2900 m.

V Pyrenäen, Alpen, Apenninen, nördliche Balkanhalbinsel.

Die Gattung »Sonnenröschen« gehört zu der vorwiegend im Mediterrangebiet beheimateten Familie der Zistrosengewächse. Diese zeichnen sich durch aromatisch duftende Harze aus, welche viele Arten an den Blättern und Zweigen abscheiden. Diese Harze wurden medizinisch verwendet. Andere Vertreter der Gattung *Helianthemum* besiedelten schon die späteiszeitlichen Tundren und wachsen auf ähnlichen Standorten heute noch auf der schwedischen Insel Öland.

Das Alpen-Sonnenröschen bevorzugt hingegen die schneefrei geblasenen Windecken oder liegt in lokkeren Büschen dem Kalkgeröll auf, wo es manchmal sogar bestandbildend werden kann. Seine goldgelben Blütenblätter breiten sich bei Sonnenschein zu einer der Sonne zugewandten Scheibe aus und schließen sich bei Dunkelheit und Nässe. Die Staubfäden stehen, vom Griffel leicht überragt, dicht in der Blütenmitte beisammen; sobald ein Insekt sie berührt, bewegen sie sich rasch und aktiv nach außen. Obwohl die Blüten nektarlos sind, werden sie wegen ihrer auffallenden Erscheinung nicht nur von pollenfressenden Insekten, sondern häufig auch von Faltern besucht. Bei schlechtem Wetter und ausbleibendem Insektenbesuch kommt es in der geschlossenen, nickenden Blüte zur Selbstbestäubung. Die Laubblätter färben sich im Winter an schneefreien Standorten leuchtend rot.

Ebenfalls in den Alpen verbreitet ist die großblütige Sippe des Gemeinen Sonnenröschens (*Helianthemum nummularium*).

Das Gemeine Sonnenröschen (*H. nummularium*) unterscheidet sich durch den Besitz von Nebenblättern.

Zwerg-Mannsschild

Androsace chamaejasme

Primelgewächse – *Primulaceae*

K 2–4 cm hohes Pflänzchen mit niedrigem, lockerrasigem Wuchs. Sprosse bis 4 cm lang, steif, blattlos; eine grundständige, flach ausgebreitete Blattrosette tragend. Blätter lanzettlich, am Rande gewimpert; Blütenschaft aus der Blattrosette entspringend, flaumig-zottig behaart, die 2–8blütige Blütendolde tragend. ■ Kelch glockenförmig mit spitzen Zipfeln; Krone weiß oder rötlich mit gelbem Schlund. Kapselfrucht länglich mit sehr wenigen Samen. ■ Blütezeit: Juni und Juli.

S In Windecken und mageren, trockenen Weiden, in verschiedenen alpinen Rasen, gelegentlich auch auf gefestigtem Schutt. Meidet lange Schneebedeckung. Kalkliebend. Zwischen 1600 und 3000 m.

V In den Nordalpen vom Genfer See bis zum Schneeberg; allgemein in den eurasiatischen Hochgebirgen, im Kaukasus, Himalaja; Felsengebirge Nordamerikas.

Die Gattung »Mannsschild« zählt an die 100 Arten, die in allen Gebirgen besonders befähigt erscheinen, extreme Hochgebirgsformen zu erzeugen. Zu den Anpassungen an das hochalpine Klima gehört neben Halbkugel- oder Vollkugelpolster auch der Zwergwuchs, wie ihn der Zwerg-Mannsschild aufweist.

Das winzige Pflänzchen ist ausgesprochen wind- und kälteresistent, so daß es mit grünen Blättern und ausgebildeten Blütenknospen auf schneefrei geblasenen Graten Temperaturen von −30 °C und Windstärken von 40 m pro Sekunde überleben kann. Obwohl kalkliebend, wurzelt die Art selten direkt im Gestein, sondern bevorzugt den dicken, schwarzen Alpenhumus. Sie scheint also mehr die Wärme des Kalkbodens, als seine basische Eigenschaft zu suchen.

Die Blüten sondern den Nektar nur bei günstigem Wetter ab, dann aber sehr reichlich, so daß der von einem ringförmigen Wall umgebene Fruchtknoten im süßen Saft beinahe schwimmt. Die kurze Blumenkronröhre ist gegen den Eingang zu abgeschnürt und verengt, so daß das große Heer der zufälligen Blütenbesucher, die auf offen dargebotenen Honig »fliegen«, einmal ausgeschaltet ist. Als Bestäuber fungieren Falter, Bienen und blumenstete Fliegen, die durch die gelben Saftmale zur Nektarquelle geleitet werden. Die Blüte wechselt nach der Bestäubung die Farbe, und zwar werden die gelben Saftmale karminrot, die weißen Kronenzipfel verfärben sich rosenrötlich.

Geschnäbeltes Läusekraut

Pedicularis rostrato-capitata

Rachenblütler – *Scrophulariaceae*

K 5–20 cm hohe Pflanze mit aufsteigendem, wenigblättrigem Stengel. Blätter lanzettlich, doppelt fiederteilig, farnähnlich, etwas kraus. ▪ Blüten in kurzen, endständigen, 3–12blütigen Trauben. Kelch röhrigglockig, mit blattähnlich gekerbten Zipfeln; Krone fleischfarben bis purpurn, selten weiß. Oberlippe sichelförmig, in einen geraden Schnabel herabgezogen; Unterlippe breit, am Rande gewimpert. ▪ Blütezeit: Juni bis August.

S Einzeln oder truppweise in Gesteinsfluren, auf steinigen Matten, locker berasten Geröllhalden; mit Vorliebe in Polsterseggenrasen, auf kalkreichen, schwach basischen Böden. 1140–2870 m.

V Ostalpen (westlich bis Unterengadin, östlich bis zum Wiener Schneeberg), Illyrien, Ostkarpaten.

Alle Läusekräuter sind ‚Halbschmarotzer, die sich mit Saugorganen (Haustorien, vgl. Abb. S. 147) an den Wurzeln benachbarter Wirtspflanzen festsaugen und diesen Wasser und mineralische Nährsalze entziehen. Als »Halb«-Schmarotzer werden sie deshalb bezeichnet, weil sie nicht alle Nahrung vom Wirt beziehen, sondern mit ihren grünen Blättern selbst assimilieren. Da alle Läusekräuter vom Vieh gemieden werden, sind sie in 2facher Hinsicht Weideunkräuter.

In ihrem Blütenbau sind die alpinen Läusekräuter ganz an Hummeln angepaßt. Die Blüte ist 2lippig, die fast geschlossene Oberlippe schützt die Staubblätter, die Unterlippe dient als Anflugplatz. Während die Hummel den Kopf in den Blütenschlund hineinsteckt, wird ihr Rücken mit Pollen bepudert, den sie bei der nächsten Blüte an der aus der Oberlippe hervorragenden Narbe abstreift. Die Blüten des Geschnäbelten Läusekrautes (»geschnäbelt« nach der zu einem Schnabel ausgezogenen Oberlippe) verströmen einen starken, an Gartenwicke oder Phlox erinnernden Duft mit einer Beimischung von Zitrone.

Gleichfalls ein fleischfarbenes Läusekraut mit ähnlichem Blütenbau ist das Ährige Läusekraut *(Pedicularis rostrato-spicata)*, dessen Blüten in einer verlängerten, oberwärts weißwolligen Ähre stehen. Die stattliche Pflanze kann bis zu 40 cm hoch werden.

Kahles Berufkraut

Erigeron polymorphus

Asterngewächse – *Asteraceae*

K 5–30 cm hohe Pflanze mit aufrechtem, einfachem oder oberwärts 2–6köpfigem, am Grunde kahlem Stengel. Blätter zerstreut behaart, am Rande bewimpert; die grundständigen länglich-spatelig, in den Blattstiel verschmälert; Stengelblätter lanzettlich. ▪ Blütenköpfchen 1,5–2 cm breit, einzeln, endständig oder in 2–6köpfiger, lockerer Traube; Zungenblüten schmal lineal, rötlich-lila, bis 5 mm lang; Scheibenblüten zwittrig, gelb oder rötlich. Haarkranz der Früchte weiß oder rötlich. ▪ Blütezeit: Juli bis September.

S Verbreitet und häufig; in trockenen Grasgesimsen, auf kurzrasigen Wiesen, an steinigen Stellen, an Felsen. Nur auf kalkreichem Gestein. Zwischen 1000 und 2500 m; mit Bächen oft auch tiefer herabgeschwemmt.

V Pyrenäen, Alpen, Jura, Apenninen, Karst, Gebirge der Balkanhalbinsel, Kleinasien.

Die Berufkräuter gleichen in ihrem Habitus sehr den Astern oder vielmehr verkümmerten Astern, mit denen sie im jungen Zustand leicht verwechselt werden können. Sie unterscheiden sich jedoch von diesen durch ihre mehrreihigen, schmalen Strahlenblüten.

Der Name »Berufkraut« geht auf die altertümliche Verwendung der Pflanze als Zauberkraut zurück (unberufen). Die Berufkräuter, dazu rechnet man noch eine ganze Reihe anderer Pflanzen (wie etwa das Johanniskraut oder die Gundelrebe), wurden als Gegenzauber gebraucht, um vor dem Verhexen, Verzaubern, Beschreien und Bereden zu schützen. Besonders kleinen Kindern legte man es in die Wiege, es sollte aber auch vor Wetterschäden bewahren und das Vieh vor Hexen schützen. Dazu mischte man es unter das Futter, gab es in das Trinkwasser oder steckte es an die Stalltür.

Eine nahe verwandte Art ist das Einblütige Berufkraut *(Erigeron uniflorus)*, eine gleichfalls frostharte Hochgebirgspflanze, die in mageren, hochgelegenen Weiden und Rasen wächst, jedoch besonders in den Ostalpen den Kalk meidet und daher hier und in den nördlichen Kalkalpen nur sehr zerstreut vorkommt.

Alpen-Aster

Aster alpinus

Asterngewächse – *Asteraceae*

K 5–20 cm hohe Pflanze mit aufrechtem, fast immer einköpfigem, beblättertem und behaartem Stengel. Blätter ganzrandig, flaumig behaart, 3nervig; grundständige länglich-spatelig, in den kurzen Stiel verschmälert; Stengelblätter lanzettlich, sitzend. ▪ Blütenköpfe auffallend groß, 3,2–4,5 cm breit; Zungenblüten einreihig, violett; Scheibenblüten goldgelb. Haarkrone der Früchte borstig. ▪ Blütezeit: Juli bis August.

S Nicht selten; auf trockenen, sonnigen Weiden, Magermatten, an Felsen und Windecken; kalkliebend. 1400–3100 m.

V In verschiedenen Rassen weit verbreitet: Pyrenäen, Alpen, deutsche und böhmische Mittelgebirge, Karpaten, Balkanhalbinsel, Vorderasien, Kaukasus, Nordrußland, Ural, Altai, Sibirien, Nordamerika.

Die prächtige Pflanze, die häufig zusammen mit dem Edelweiß wächst, erhöht ihre Auffälligkeit für Insekten durch den Kontrast zwischen den tiefvioletten Strahlenblüten und den goldgelben Scheibenblüten. Aus den weiblichen Randblüten ragen die empfängnisbereiten Narben schon Tage vor dem Reifwerden des Pollen in den zwittrigen Scheibenblüten hervor. Als Besucher wurden vor allem Schmetterlinge beobachtet, seltener Käfer und Fliegen.

Die Pflanze ist ein »Wintersteher«, der seine Früchte erst im Winter nachreifen läßt. Auf den schneefrei geblasenen Standorten der Windecken werden diese dann weithin verbreitet. Noch in Höhen von 2400 m gelingt es der frost- und windharten Art, keimfähige Samen zu erzeugen. Die ausgesprochen attraktive Pflanze wird gerne in Steingärten kultiviert. Die Bergbauern bringen sie übrigens – wie viele Alpenblumen – in Zusammenhang mit Gemsen und nennen sie »Blaue Gamsblüh«.

Die Gattung Aster umfaßt im weiteren Sinn ungefähr 1000 Arten, die einander sehr ähnlich und daher äußerst schwierig zu bestimmen sind. Die meisten von ihnen sind jedoch in Nordamerika zu Hause, bis in die Alpen wagen sich überhaupt nur 4 Arten.

Eine Reihe von Arten wird kultiviert, andere wurden auch eingeschleppt und sind teilweise massenhaft verwildert. Natürlich haben sich auch Gärtner in aller Welt dieser bildsamen Gattung angenommen und daraus die Farben- und Formenpracht unserer Gartenastern gezüchtet.

Edelweiß

Leontopodium alpinum

Asterngewächse – *Asteraceae*

K 5–20 cm hohe weißfilzige Pflanze. ▪ Mehrere Blütenköpfchen pro Stengel, zusammen von weißfilzigen Blättern sternförmig umgeben, bilden eine Scheinblüte. ▪ Blütezeit: Juli bis September.

S Felsbänder, Windecken, magere Wiesen und steinige, trockene Halden; kalkliebend. 1800–2800 m.

V Pyrenäen, Alpen, Karpaten, Illyrische Gebirge, Balkanhalbinsel; nahe verwandte Arten auch in den Apenninen und in Zentralasien.

Der fremdartig schöne Blumenstern der wohl bekanntesten Alpenblume ist eine Scheinblüte! Die eigentlichen Blüten, winzige Röhrenblütchen, sitzen zu vielen Hunderten in den 4–5 gelbgrünen Blütenköpfchen inmitten des Sterns beisammen. Die blütenblattähnlichen, weißfilzigen Zacken des Sternes aber sind Hochblätter, welche die Blütenköpfchen sternförmig umschließen. Der blendend weiße Schimmer auf den Hochblättern entsteht dadurch, daß tausende kleiner Luftbläschen an dem vielfach durcheinander gewirkten, krausen Haar das einfallende Licht reflektieren.

Die filzige Behaarung erfüllt einen doppelten Zweck: Zum einen entsteht zwischen den Haaren rund um die Spaltöffnungen eine stehende Luftschicht, ein unbewegter Luftmantel, der die Verdunstung vermindert – eine typische Anpassung an Trockenheit und Wind. Zum anderen wirken die lichtreflektierenden weißen Hochblätter als Signal für honigsuchende Insekten. Auch die Laubblätter des Edelweiß sind weißfilzig behaart, jedoch im Gegensatz zu dessen Hochblättern nicht oberseits, sondern unterseits stärker.

Das Edelweiß blüht erst spät im Jahr, Ende Juli, August. Seine lange, individuelle Blütezeit erreicht es dadurch, daß seine Blütenköpfchen von außen nach innen nacheinander aufblühen. Es fruchtet reichlich, auch in großen Höhen sind seine Samen noch keimfähig. Die Fruchtstände sind sogenannte Wintersteher, die über die Schneedecke hinausragen, und deren Samen erst im Winter vom Wind verbreitet werden.

Gelegentlich finden sich abnorm große Blütensterne (von maximal 6–12 cm Durchmesser), die in der Sagenwelt dann als zauberkräftige »Edelweißkönige« erscheinen. Auch gefüllte und verzweigte Pflanzen kommen als Abnormitäten manchmal vor. An besonders günstigen Standorten können von einem Stock bis zu 60 Blumenstengel entspringen.

Das vielgerühmte Edelweiß ist übrigens durchaus nicht so exklusiv, daß es nur auf ausgesetzten Felswänden wachsen würde, es bewohnt zwischen 1800 und 2800 m die verschiedensten Lebensräume: Wildheuplanggen und Grasbänder an steilen, sonnigen Halden; es ist aber auch eine Zierde der Blaugrashalden und wächst, besonders in den Südalpen, sogar auf nur schwach geneigten Mähdern. Dank der eigenartigen Faszination, die es seit jeher auf Bergsteiger ausübt, wurde es an den leicht zugänglichen Standorten meist ausgerottet und konnte nur an unzugänglichen Stel-

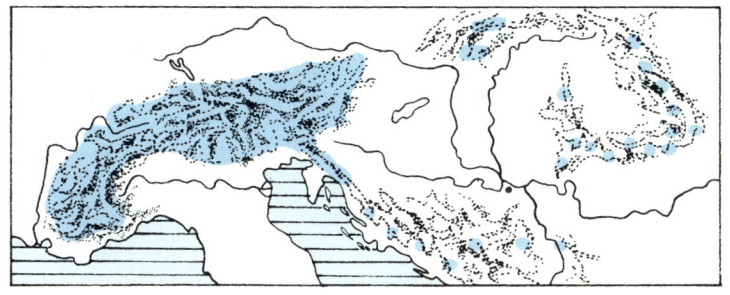

Verbreitung des Edelweiß in den Alpen, Karpaten und Illyrien (blaue Flächen).

len überleben. Aber auch dort ist die vielbegehrte Blume keineswegs vor Nachstellungen sicher: Ein hoher Anteil der tödlichen Bergunfälle ereignet sich beim Edelweißpflücken! Frühzeitig hat man versucht, das Edelweiß aus Samen zu ziehen. Das geht auch recht gut, nur verlieren die Blumen in tiefen Lagen ihr typisches Aussehen, werden höher – wodurch der Blütenstern relativ klein wirkt –, vergrünen und vergeilen. Ursache dieser Degeneration ist das Fehlen des hohen Anteils an UV-Licht, der im Hochgebirge die Wuchsstauchung und die damit verbundene starke Behaarung bewirkt.

Unser Edelweiß – das Symbol der Alpen schlechthin – ist durchaus keine alteingesessene Alpenpflanze, sondern ein Zuwanderer aus den sibirischen Steppen und erst in der letzten Eiszeit zu uns gekommen. Auch die weißfilzige Behaarung entstand nicht als Anpassung an das rauhe Alpenklima, sondern an die Trockenheit des Steppenstandortes und hat sich erst viel später als Wind- und Kälteschutz in den Alpen bewährt. Das Verbreitungsschwergewicht der Gattung liegt auch heute noch in Asien, seine nächsten Verwandten sind am Himalaja und in China zu Hause.

Somit wendet sich die »Edelweiß-Mode«, die der kleinen Pflanze gar nicht gut bekommt, keiner »echten« Alpenpflanze zu, sondern einem relativ jungen Einwanderer! Wie populär das Edelweiß aber auch bei den Bergbauern ist, spiegelt sich in seinen vielen Volksnamen wieder, wie Wollblume, Irlweiß, Almsterndl, Federweiß, Bauchwehbleamal. Der letzte Name geht auf seine frühere Verwendung als Heilkraut zurück, weil es, mit Milch und Honig gekocht, gegen Bauchschmerzen gebraucht wurde. Aber auch für Liebeszauber wurde es verwendet.

Steinraute

Achillea clavenae

Asterngewächse – *Asteraceae*

K 10–25 cm hohe, weiß-seidig-filzige Pflanze mit einfachem, oberseits locker beblättertem Stengel. Untere Blätter langgestielt, tief fiederspaltig mit gezähnten bis fiederspaltigen Abschnitten; obere sitzend, einfach fiederspaltig. ■ Blütenköpfchen 1–18 cm breit, langgestielt, zu 2- bis vielköpfigen, endständigen Ebensträußen vereinigt. Hüllblätter eiförmig, schwarz berandet. Zungenblüten 5–9, weiß; Scheibenblüten schmutzig bis weiß. ■ Blütezeit: Juli bis September.

S Truppweise auf Felsbändern und Graten, auf steinigen Weiden, auf

Schutthalden; auf basischen, meist kalkreichen Rohböden. Zwischen 1500 und 2500 m.

V Alpen (östliche und südliche Kalkalpen), Illyrien.

Wie die meisten Schafgarbe-Arten enthält auch die Steinraute ätherische Öle und die Bitterstoffe Achillein und Moschatin. Dem blauen ätherischen Öl verdankt sie ihren aromatisch-würzigen Duft. Den Älplern ist die hübsche, auffallend weißfilzige Pflanze gut bekannt und sie benennen sie, wie andere Alpenblumen auch, »Speik« oder »Weißer Speik«. Wegen ihres bitter-würzigen Geschmackes wird sie auch Almwermut genannt. Etwas weniger als die Moschus-Schafgarbe wird auch die Steinraute als Heilkraut bei Magen-, Darm- und Leberleiden sowie als Wundkraut verwendet.

Als Zauberpflanze steht sie hingegen in hohem Ansehen: Die Älpler räuchern damit ihre Almhütten und Ställe aus, um sie vor den Hexen zu schützen. In manchen Gegenden binden die Sennen auch Kränze aus Steinraute, Greisenkraut und Alpenrosen und schmücken damit das Vieh zum Almabtrieb. In den französischen Alpen legt man Kindern Steinrautenblätter auf die Augen, um ihnen einen friedlichen Schlaf und schöne Träume zu sichern.

Der lateinische Name *Achillea* geht übrigens auf den griechischen Sagenhelden Achilleus, einem gelehrigen Schüler des heilkundigen Chiron zurück. Er beträufelte mit dem Saft einer Schafgarbe die Wunde des Telephos, des Königs der Muser, und heilte damit die, jeder anderen Behandlung trotzende, eiternde Verletzung.

Zottiges Habichtskraut

Hieracium villosum

Zichoriengewächse – _Cichoriaceae_

K 10–35 cm hohe, gedrungene, ganz mit langen, weißen Haaren bedeckte Pflanze. Stengel dicklich, 1- bis mehrköpfig, beblättert. Blätter bläulichgrün; Grundblätter länglich-lanzettlich, in den Grund verschmälert; Stengelblätter halbumfassend, eiförmig, nach oben zu kleiner werdend. ▪ Äußere Blütenhülle kugelig bauchig, reichlich weich und weiß behaart; Hüllblätter zugespitzt, die äußeren breit, abstehend, die inneren schmäler. Alle Blüten zungenförmig, hellgelb. Haarkrone der Früchte schmutzig-weiß, zerbrechlich. ▪ Blütezeit: Juli, August.

S Häufig und verbreitet; auf steinigen, grasigen Abhängen, auf Felsbändern und Graten, in Geröllhalden; gerne im Polsterseggenrasen und in Silberwurzspalieren. Nur auf kalkhaltigem, basischem Gestein. 1300–2700 m.

V Alpen (fehlt in den Silikat-Massiven). Jura, Karpaten, Apenninen, Illyrien, Balkanhalbinsel.

Sind schon gelb blühende Korbblütler bei den meisten Amateurbotanikern nicht sehr beliebt, weil es so viele und so schwer zu unterscheidende Arten davon gibt, so verzweifeln an der Gattung der Habichtskräuter selbst versierte Botaniker vom Fach. Mit ihren 750 Arten und einer Riesenmenge von Unterarten, Varietäten und Formen, von denen ständig noch neue hinzukommen, gehört sie zu den formenreichsten und daher kritischsten Gattungen unseres Pflanzenreiches. Dazu kommt, daß viele Arten anscheinend ihre stammesgeschichtliche Entwicklung noch gar nicht beendet haben und immer noch neue Formen hervorbringen. Andere Arten belieben miteinander zu bastardieren, um die Verwirrung noch heilloser zu machen.

Vergleichsweise harmlos gibt sich in diesem Zusammenhang das Zottige Habichtskraut, das durch seine stark zottige, weißliche Behaarung zu den auffallenden Erscheinungen der alpinen Fels- und Schuttflora zählt und einigermaßen unverwechselbar aus dem Meer der verwandten Arten herausragt. Das dichte Haarkleid schafft einen unbewegten Luftmantel, der die Verdunstung herabsetzt: eine Anpassung an die Trockenheit seines Standortes. Die gelben Blütenköpfchen werden von Hummeln, Faltern und Fliegen besucht.

Blaugrashalden

Sie besiedeln steile, sonnige, kalkreiche Hänge, Grasbänder und Wildheuplanggen, die frühzeitig schneefrei werden. Blaugrashalden gehören zu den buntesten Wiesen der Alpen; ihr lockerer Rasen ist durchwirkt von zahllosen farbenprächtigen Blumen, zu denen auffallend viele Schmetterlingsblütler zählen. Sie strömen einen charakteristischen aromatischen Duft aus, der selbst von der wenig empfindlichen Menschennase, um so mehr von den Blütenbesuchern aus dem Insektenreich wahrgenommen wird.

Das Blaugras selbst ist mit einem weitausgedehnten, zähen Wurzelwerk tief im Boden verankert und eignet sich daher besonders als Pionier auf nachrutschendem Gestein. Blaugrashalden sind durch ständige Rutschungen auf dem steilen Gelände oft treppig gestuft, in Bändern und Leisten aufgelöst. Schaut man so einen Steilhang hinauf, so erscheint er grün, weil man von unten die Grasrasen sieht, welche die vertikalen Stufenwände bilden, schaut man von oben herab, so erscheint der Hang aus lauter Schuttstreifen mit schmalem, grünem Saum zu bestehen. Die reizvolle Blumengesellschaft auf diesem kargen Standort ist überaus düngerfeindlich: eine einzige Düngergabe und der bunte Flor verschwindet.

In der alpinen Stufe wurden Blaugrashalden früher meist als Wildheuplanggen genutzt. Dieses Wildheu ist überaus kräftig, würzig und eiweißreich. Deshalb wird es niemals rein, sondern nur als Zugabe büschelweise verfüttert. Nach Erfahrung der Älpler erspart sein hoher Anteil an Heilpflanzen den Tierarzt. Wie so vieles andere, hat heute diese Art der Nutzung fast gänzlich aufgehört.

Kalk-Blaugras

Sesleria varia

Gräser – *Poaceae*

K 10–50 cm hoch; lockere Horste bildend; am Grunde von vorjährigen Blattscheiden umgeben. Tiefgehendes Wurzelsystem. Blätter 3–4 mm breit, am Rande etwas rauh, in eine sehr kurze Stachelspitze zusammengezogen. ■ Ährchenrispe zylindrisch bis fast kugelig; Ährchen meist 2blütig, violett bis stahlblau, selten weißlich bis strohgelb. ■ Blütezeit: März bis August.

S Auf steilen, sonnigen Bergabhängen, an Felsen, Grasbändern, Wildheuplanggen, in lichten Föhrenwäldern. Von der Ebene bis auf 3000 m (höhenstufenvag).

V Weit verbreitet in Europa, nördlich bis Island und England, fehlt jedoch in der Arktis.

Das hübsche Blaugras trägt seinen Namen nach der auffallend stahlblau überlaufenen Ährchenrispe. Es ist der Frühlingsbote unter den Gräsern, beginnt es doch in tieferen Lagen schon Mitte März zu blühen. Es wächst ausgesprochen gesellig, ein sozialer Rasenbildner, namengebend für den Rasentyp der Blaugrashalde.

An die Trockenheit seines Standortes ist es mit ganz speziellen Einrichtungen angepaßt: Wie bei vielen Gräsern sind auch seine Blätter bei feuchter Witterung flach ausgebreitet, bei trockener hingegen falten sie sich der Länge nach zusammen. Auf diese Art wird die Verdunstung gleich in 2facher Hinsicht herabgesetzt: Die Spaltöffnungen befinden sich auf der Blattoberseite; beim Zusammenfalten werden sie in einer geschlossenen, windstillen Rinne geborgen; zusätzlich wird die verdunstende Oberfläche durch das Zusammenfalten der Blätter auf die Hälfte herabgesetzt. Schließlich ist die nach außen gewendete Blattunterseite ohne Spaltöffnungen, mit einer dicken Oberhaut überzogen und glänzend, so daß sie sich schwächer erwärmt, weil sie die Sonnenstrahlen reflektiert.

Eine weitere Anpassung an die Trockenheit ist die »Strohtunika«. Das sind die alten, verwitterten Blattscheiden, die am Halmgrund lange erhalten bleiben und eine dichte Schicht übereinanderliegender Häute bilden, die als Wasserspeicher fungieren. Schließlich ist das Blaugras mit seinem tiefgehenden Wurzelsystem im beweglichen Geröll verankert, wo es Wasser und Nährstoffe aus der feuchten und feinerdereichen Tiefe holt.

Immergrüne Horst-Segge

Carex sempervirens

Sauergräser – *Cyperaceae*

K 10–40 cm hoch; bildet große, feste Horste. Blatt- und Triebscheiden glänzend dunkelrot, auffasernd. Stengel stielrund (eine Ausnahme unter den Sauergräsern). ■ 1 männliche und 2–4 weibliche nickende, braune Ähren. ■ Blütezeit: Juni bis August.

S Auf steilen, trockenen, sonnigen Abhängen, auf mageren Triften und Schutthalden; sowohl auf Kalk wie auch auf Silikatgestein vorkommend. 1700–3040 m.

V Jura, Alpen, Karpaten, Apenninen, nördliche Balkanhalbinsel.

Die trockenresistente Horst-Segge tritt oft als Pionier auf felsigen Halden auf oder bildet an steilen Wänden vereinzelte, mächtige Polster. Auf Schutthalden trägt sie maßgeblich dazu bei, das bewegliche Material zu festigen. Analog zu den Blaugrastreppen und Polsterseggentreppen können so auch Horstseggentreppen entstehen. Bei nicht zu steiler Neigung, etwa unter 40 Grad, schließen sich die Polster zu einem geschlossenen Horstseggenrasen zusammen, der ungemein bunt und blumenreich ist. Die mächtigen Horste erreichen ein hohes Alter; mit ihren vom Schmelzwasser und Schneedruck gleichmäßig hangabwärts gekämmten Blättern sehen sie Schafrücken nicht unähnlich.

Als Anpassung an die Trockenheit des Standortes entwickelt die Horst-Segge, wie viele andere alpine Gräser und Sauergräser auch, eine sogenannte »Strohtunika«.

Im Gegensatz zur Polster-Segge ist die Horst-Segge fest verankert und bietet Kletterern sicheren Halt. Wirtschaftlich gesehen ist sie ein wichtiger Bestandteil des Wildheues, das reich an Eiweiß und Fett ist.

Die Verteilung verschiedener Pflanzengesellschaften auf einem Bergrücken.

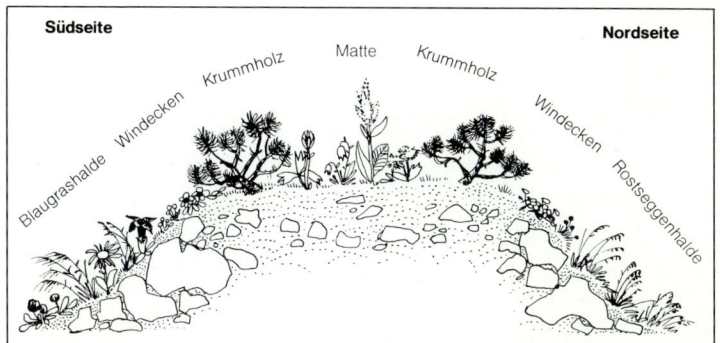

Feuer-Lilie

Lilium bulbiferum

Liliengewächse – *Liliaceae*

K 20–90 cm hoch; Stengel aufrecht, dicht wechselständig beblättert, rot oder schwarz gefleckt, im oberen Teil flockig, wollig. Blätter lineal, bis 10 cm lang, mit Brutzwiebeln in den Blattachseln. ■ Blütenstand 1- bis mehrblütig; Blüte groß, trichterförmig, leuchtend feuerrot, innen dunkel gefleckt. ■ Blütezeit: Mai bis Juni.

S Felsige Orte, warme, trockene Abhänge, sonnige Bergwiesen. Ziemlich selten. Von den Tälern bis auf 2300 m aufsteigend.

V Italien, Korsika, Alpen (in den Nordketten seltener), europäische Mittelgebirge. Vielfach verwildert.

Eine der auffallendsten und prächtigsten Blumen der Alpen, die – als Ausnahme unter den sonst stark duftenden Lilien – gänzlich duftlos ist. Sie gehört zu den Tagfalterblumen, wird aber, trotz ihrer weithin leuchtenden Blüten, nur von wenigen Faltern besucht. Selbstbestäubung ist bei ihr nicht möglich, sie ist vollkommen selbststeril. Mit den Brutzwiebeln, die als kleine, dunkle

Knöllchen in den Blattachseln sitzen, sich nach dem Abfallen bewurzeln und zu neuen Pflänzchen auswachsen, kann sie sich immerhin vegetativ vermehren.

Die Feuer-Lilie gehört von alters her zu den Gartenschätzen; aus Klostergärten ist sie vielleicht manchmal entschlüpft und in der Umgebung verwildert. Mit dem Dung kam sie wohl auch aus Bauerngärten in Getreidefelder und hat sich dort an manchen Orten (Kärnten) häufig wie ein Unkraut vermehrt. Das ist allerdings lange vorbei, die Herbizide haben ihr schnell den Garaus gemacht. Ihre Brutzwiebeln wurden auch oft herabgeschwemmt – das erklärt ihr gelegentliches Vorkommen in den schottrigen Flußauen.

Die Wilde Gilge, Goldrose oder Donnerblume soll man nicht ins Haus bringen, weil sie den Blitz anzieht. Anlaß zu diesem Aberglauben gab wohl die feuerrote Blütenfarbe. Andererseits ist sie auch Bestandteil des »Sonnwendbüschels«, wo sie zusammen mit anderen Zauberkräutern ins Johannisfeuer geworfen wird, um Unwetter fernzuhalten.

Außer der Feuer-Lilie kommt noch eine Verwandte vor, *Lilium croceum*, bei der die Knöllchen in den Blattachseln fehlen.

Schwarzes Kohlröserl

Nigritella nigra

Orchideengewächse – *Orchidaceae*

K 5–20 cm hoch; Knolle 2teilig oder handförmig gespalten; Stengel kantig; Laubblätter fast grasartig, rinnig. ■ Blütenstand sehr dicht, anfangs kegelförmig, später kugelig. Blüten klein, schwarzpurpurn (selten rosa oder weiß), intensiv nach Vanille duftend. ■ Blütezeit: Mitte Juni bis Ende Juli.

S Auf ungedüngten Wiesen und Weiden, Wildheuplanggen. Kalkliebend; 1700–2500 m.

V Das Schwarze Kohlröserl kommt in fast allen europäischen Hochgebirgen bis hinauf nach Skandinavien vor; das Rote Kohlröserl ist auf die Ostalpen und Karpaten beschränkt.

Der Bekanntheitsgrad dieser kleinen Bergorchidee spiegelt sich in ihren vielen Volksnamen wieder: Schwärzlein, Brändele, Brunelle, Blutrösli, Blutströpfli, Mohrenköpfli, Schokoladenblümli, Vanillebluemli usw. Nicht zuletzt wegen ihres würzigen Vanilleduftes ist die kleine Pflanze so beliebt, so gefährdet und stellenweise ausgerottet. Aber nicht nur »grasende« Touristen bedrohen das duftende Kleinod in seiner Existenz, ganze Vorkommen werden durch die intensive Landwirtschaft ausgelöscht, denn das Kohlröserl ist extrem düngerfeindlich. So kann ein einmaliges Aufbringen von Kunstdünger ein ganzes Vorkommen vernichten, allen Naturschutzgesetzen zum Trotz!
Das Weidevieh allerdings meidet die duftende Pflanze. Wird sie versehentlich doch aufgenommen, färbt sie die Milch blau und Butter und Käse riechen nach Vanille.
Nahe verwandt mit dem Schwarzen Kohlröserl ist das Rote Kohlröserl (*Nigritella miniata*), das sich durch rubinrote Blüten, einen größeren,

länglichen Blütenstand und eine etwas frühere Blütezeit unterscheidet. Es kommt auf denselben Standorten vor wie das Schwarze Kohlröserl, nur noch seltener. Oft findet man auch Bastarde von beiden Arten, die dann in Blütenfarbe und Form in der Mitte zwischen den Eltern stehen. Beide Arten werden von einer Vielzahl von Insekten (53 Arten, davon 48 Falter) besucht und bestäubt.

Rotes Kohlröserl *(Nigritella miniata)*.

Weiße Händelwurz

Leucorchis albida

Orchideengewächse – *Orchidaceae*

K 10–30 cm hoch; Knolle bis zum Grunde in dünne, rundliche Abschnitte gespalten, mit langen, fleischigen Nebenwurzeln. Blätter lebhaft grün, meist 4–5; die unteren verkehrt eiförmig, die oberen lanzettlich spitz. ▪ Blüten klein, glöckchenartig zusammenneigend, weißlich bis gelblich-grün; mit kurzem, walzlichem Sporn; in einer schlanken, vielblütigen Ähre. Schwach duftend. ▪ Blütezeit: Mai bis September.

S Zerstreut auf Bergwiesen und Triften; bevorzugt auf kalkfreien, sauren Böden. 1500–2500 m.

V Alpen, Schwarzwald, Bayerischer Wald, Fichtelgebirge, Spessart, Erz- und Riesengebirge; in Niederungen zerstreut; in ganz Nordeuropa bis Island und Grönland.

Die Weiße Händelwurz wird von Nachtfaltern bestäubt. Die Frucht ist, wie bei den meisten Orchideen, eine trockene Kapsel und enthält eine Unmenge winzig kleiner, leichter Samen, die vom leisesten Windhauch

vertragen werden. Diese außerordentliche Kleinheit der Samen ist eine Spezialität der Orchideen. Nicht selten sind die Samen nur 1viertel Millimeter groß und 1millionstel Gramm schwer! Orchideensamen sind ferner nur schwer benetzbar und brauchen vor der Keimung 2–3 Monate, bis der Samen gequollen ist. Infolge ihres Fettgehaltes können sie jahrelang im Boden liegenbleiben, ohne zu faulen. Auf verwüsteten Standorten kann es sein, daß nach Jahren oder sogar Jahrzehnten die scheinbar ausgerotteten Orchideen wieder auftreten.

Die Kleinheit des Orchideensamens – einerseits ein Vorteil, weil sehr viele, leicht verbreitbare Samen gebildet werden – birgt aber auch einen großen Nachteil: Der Same hat so gut wie keine Nährstoffe mitbekommen. Deshalb ist er bei der Keimung auf die Hilfe von Wurzelpilzen angewiesen, die ihn so lange mit Nährstoffen versorgen, bis der Keimling selbst in der Lage ist, zu assimilieren. Von der Keimung bis zur 1.Blüte vergehen dann immer noch viele Jahre – bei der Gattung Orchis 7–9 Jahre, beim Frauenschuh gar 15–17 Jahre!

Kriechendes Gipskraut

Gypsophila repens

Nelkengewächse – *Caryophyllaceae*

K 5–25 cm hohe Kriechtriebstaude mit tief gehender Hauptwurzel und reich verzweigten, liegenden, oft verholzten Sprossen. Blühende und sterile Triebe locker beblättert, grün überwinternd. Blätter lineal, bläulich bereift, unbenetzbar. ■ Blüten klein, sehr zart, weiß bis hellrot. Kelch glockig, mit trockenhäutigen Längsstreifen. ■ Blütezeit: Mai bis August.

S Steinige Halden, Kalk-Geröllfelder, Schotterfluren von Alpenflüssen; als Alpenschwemmling bis in schottrige Auen; vor allem auf sonnigen, trockenen Standorten. 1800–2700 m; mit den Flüssen oft weit hinabgeschwemmt.

V Pyrenäen, Apenninen, Alpen, Jura, vereinzelt in Mitteldeutschland und Polen, Karpaten.

Das Kriechende Gipskraut gehört zum Typus der Schuttdecker: Von der kräftigen, reichverzweigten Pfahlwurzel entspringen zahlreiche, oft verholzte Zweige, die sich nach dem Abfallen der Blätter bewurzeln und zu liegenden Wurzelstöcken werden. Von ihnen erheben sich die aufrechten, zarten Triebe mit den duftigen Blüten.

Obwohl die Einzelblüten klein sind, wirkt doch die große Fülle der Blüten, die zudem reichlich Nektar in ihrem becherförmigen Kelch bergen, auf viele Insekten anziehend, so daß die Fremdbestäubung gesichert ist. Die Pflanze ist ein »Wintersteher«, ihre Samen reifen und keimen auch noch auf 2300 m. Sie wird gerne als Zierpflanze in Steingärten kultiviert. Die verschiedenen Arten der Gattung Gipskraut – der Name rührt daher, daß die Art auch auf Gipsgestein wächst – enthalten in ihren Wurzeln reichlich Saponine und wurden früher als Feinwaschmittel, speziell für Wolle, verwendet. Das auch als Zierpflanze sehr beliebte Schleierkraut *(Gypsophila paniculata)* wurde deshalb in vielen Gegenden kultiviert und ist von dort an Bahndämmen, Böschungen und Mauern verwildert. Seine Wurzel war als »weiße oder levantinische Seifenwurzel« im Drogenhandel. Auch medizinisch fand die Wurzel Beachtung; man verwendete Auszüge davon als auswurfförderndes und harntreibendes Mittel. Heute wird das Schleierkraut sogar in Glashäusern gezogen, weil es sich besonders gut zum Einbinden von Blumensträußen und für Trockengestecke eignet.

Alpen-Kuhschelle

Pulsatilla alpina

Hahnenfußgewächse –
Ranunculaceae

K 15–30 cm hoch; grundständige Blätter 3zählig, doppelt fiederschnittig, zerstreut behaart. ■ Blüten groß, 3,5–5,5 cm im Durchmesser; außen bläulich bis violett überlaufen, innen weiß; zottig behaart, flach ausgebreitet. Hüllblätter meist 3, gestielt, laubblattähnlich. Früchte mit langem, fedrig behaartem Griffel. Giftig! ■ Blütezeit: Juni bis August.

S Ziemlich häufig auf alpinen Naturwiesen, auf steinigen Matten und Triften; stets auf kalkreichem Boden (die kleinblütige Verwandte, *Pulsatilla alba,* auf Silikat). Zwischen 1500 und 2800 m.

V Pyrenäen, nördliche und südliche Kalkalpen, Südjura, Apenninen.

Frühlings-Kuhschelle *(Pulsatilla vernalis).*

Die Gattung Kuhschelle *(Pulsatilla)* unterscheidet sich von der nahe verwandten Gattung Windröschen *(Anemone)* durch die haarige, zerzauste Fruchtperücke, zu der die Griffel bei den Kuhschellen auswachsen. Bei der Reife löst sich diese charakteristische Fruchtperücke in einzelne »Federschweifflieger« auf, der Griffel wird somit zum Flugorgan umfunktioniert. Diese Feder-

schweifflieger vermögen nicht nur über beachtliche Strecken zu fliegen; ihre scharfen Spitzen, an denen die Früchtchen hängen, bohren sich durch hygroskopische Bewegungen noch tief in den Boden ein.

Auf die haarige Fruchtperücke beziehen sich viele originelle Volksnamen: Petersbart, Teufelsbart, Haarige Männle, Haar im Arsch, Wilde Männle, Grantiger Jager, Strublbuabn, Bocksbart, Hexenbesen usw.

Mit der Alpen-Kuhschelle verwandt ist die Schwefel-Kuhschelle *(Pulsatilla sulphurea),* die sich durch schwefelgelbe Blüten unterscheidet und ausschließlich auf sauren Böden wächst.

Alle Kuhschellen-Arten sind lichtliebend und bevorzugen trockenen Magerrasen. Sie verschwinden schlagartig bei Düngung, vor allem durch Kunstdünger. Die Blätter enthalten Anemonol, das beim Trocknen seine Wirkung verliert. Die Homöopathie stellt aus dem frisch gepreßten Saft der Kuhschellen ein sehr wirksames Mittel bei verschiedensten Erkrankungen her.

Eine verwandte Art ist die Frühlings-Kuhschelle *(Pulsatilla vernalis),* die sich in der alpinen Region gleich nach der Schneeschmelze auf den karg begrasten Abhängen oft in Tausenden von Exemplaren entfaltet. Ihre Blüten sind anfangs nickend, später aufrecht; sie überwintert mit ledrig grünen Blättern.

Alpen-Wundklee

Anthyllis vulneraria ssp. _alpestris_

Schmetterlingsblütler – _Fabaceae_

K 10–20 cm hohe Halbrosetten-staude mit kräftiger Pfahlwurzel. Stengel kurz, gedrungen; Blätter kahl, fleischig, meist ungefiedert; Hochblätter fingrig. ■ Kelch häutig, zottig, weißlich mit rötlicher Spitze, nach der Blüte bauchig anschwellend. Blüten in Köpfchen, fast sitzend, weißlich bis goldgelb; Hülse 1samig, im Kelch eingeschlossen bleibend. ■ Blütezeit: Mai bis August.

S Verbreitet und häufig auf trockenen bis frischen Bergwiesen, besonders auf kalkreichen Böden; auch auf Geröll und Felsen. 1200–3000 m.

V Nur in den Alpen. Gesamtart _(Anthyllis vulneraria)_ in den Ebenen von Süd- und Mitteleuropa.

Die Blüte des Alpen-Wundklees ist eine honiglose Pollenblume, die nach dem Prinzip der »Nudelpumpe« funktioniert: Schiffchen und Flügel sind durch Falten so miteinander verbunden, daß sie durch das Gewicht eines anfliegenden Insektes nur gemeinsam herabgedrückt werden können. Dabei tritt der klebrige Pollen und die lange Narbe an der Spitze des Schiffchens heraus. Sie wird von Hummeln und Faltern bestäubt. Die Früchtchen bleiben in dem aufgeblasenen, trockenhäutigen Kelch und werden vom Wind weggetragen.

Die Art gehört zu den wichtigsten Rohbodenfestigern, die als Pionier auf Erdabrissen, Lawinenanrissen und Straßenböschungen vielfach angebaut wird. Die Tieflandform ist auch eine gute Futterpflanze und wird sogar als Zwischenfrucht in das Getreide eingesät.

Der Alpen-Wundklee ist ferner eine beliebte Heilpflanze, die in der Volksmedizin vor allem als Wundkraut (Name!) dient. Verwendet werden die Blüten, die Saponine, Gerbstoffe, Schleim und Farbstoffe enthalten. Der frische Blütenabsud dient zum Reinigen von Wunden und schlecht heilenden Geschwüren bei Mensch und Vieh. Als Tee getrunken, wirkt er leicht abführend, magenstärkend und blutreinigend.

Die Pflanze ist auch ein altes Zauberkraut, das in die Gruppe der Berufoder Beschreikräuter gehört (unberufen). Kleinen Kindern legte man es in die Wiege, um sie vor dem »Verschreien« zu schützen (Schreiklee). Der Bekanntheitsgrad der Pflanze spiegelt sich in ihren vielen Volksnamen: Schöpfli, Wollklee, Bärenpratzen, Hasenklee, Katzenklee, Katzenbratzerl, Muttergottes-Schühlein, Frauenkapperl, Taubenkröpferl usw. Der Alpen-Wundklee ist eine Unterart des auch in der Ebene verbreiteten Wundklees _(Anthyllis vulneraria)_.

Alpen-Tragant

Astragalus alpinus

Schmetterlingsblütler – *Fabaceae*

K 7–25 cm hoch; Stengel niederliegend bis aufsteigend, locker beblättert; Laubblätter 4–8, unpaarig gefiedert, mit 7–13 Fiederpaaren; Nebenblätter eiförmig, häutig. ▪ Blüten in 5–10blütigen, oft fast doldenförmigen Trauben. Einzelblüten sonderbar weiß-violett gescheckt, zart duftend. Kelch glockig, grün, oberseits rötlich überlaufen, dunkelbraun behaart. Fahne und Schiffchen gleich lang, meist violett; Flügel etwas kürzer und weiß. Hülse länglich, hängend, anfangs zottig behaart, später verkahlend. ▪ Blütezeit: Juli, August.

S Verbreitet auf Magerwiesen und Weiden, auf kalkhaltigen, sonnigen Steinböden; oft im lückigen Rasen von Blaugrashalden, auf Graten und Kämmen. Als Alpenschwemmling im Flußgeröll und Moränenschutt. Zwischen 1500 und 2800 m.

V Alpen, Pyrenäen, Karpaten, Kaukasus, Himalaja, subarktisches und arktisches Eurasien.

Die Blüten des Alpen-Tragants fallen durch den bunten Wechsel von violett, blau und weiß schon von weitem

auf. Sie sind nur lose und leicht zusammengefügt, so daß anfliegende Insekten die Blütenteile ohne Schwierigkeit auseinanderbiegen können. Das erleichtert den in höheren Lagen häufigen Faltern, zum Nektar zu gelangen. Die Samen werden durch Wiederkäuer und Vögel verbreitet.

Die Art ist eine gute Futterpflanze, die vom Vieh gerne gefressen wird und unter der Beweidung weniger leidet als die meisten anderen Tragant-Arten.

Die Gattung Tragant ist mit 1600 Arten über den größten Teil der nördlichen Halbkugel verbreitet. Mindestens 12, meist in Vorderasien beheimatete Arten liefern den Tragant-Gummi, der in der Industrie, vor allem aber in der Medizin verwendet wird. Der Gebrauch als Heilmittel war schon im Altertum, später bei den Arabern, z.B. bei Augen- und Brustleiden, bekannt. Heute wird er vor allem als Bindemittel für Pillen und Klistiere, aber auch gegen Husten, Nieren- und Blasenleiden verwendet.

Eine nahe verwandte Art des Alpen-Tragant ist der Gletscher-Tragant, auch Gletscher-Linse (*Astragalus frigidus*), mit gelblich-weißen Blüten, der ähnliche Standorte besiedelt.

Drachenmaul

Horminum pyrenaicum

Lippenblütler – *Lamiaceae*

K̄ 10–25 cm hohe Pflanze mit einfachem, 4kantigem, etwas drüsig behaartem Stengel und großen, verkehrt-eiförmigen, gestielten und gekerbten Grundblättern. Stengelblätter viel kleiner, ganzrandig, sitzend; Hochblätter ähnlich wie die Stengelblätter. ▪ Blüten in 2–6blütigen Scheinquirlen in endständiger, einseitswendiger Scheinähre. Kelch röhrig-trichterig, nach der Blüte vergrößert; Krone violett (selten auch weiß). ▪ Blütezeit: Juni bis August.

S̄ Zerstreut, aber meist sehr gesellig; auf trockenen, alpinen Magerrasen, in Blaugrashalden, kurzrasigen Matten, auf offenen Halden und in lichten Zirbenwäldern. 400–2450 m.

V̄ Pyrenäen, zerstreut in den ganzen Südalpen, sehr selten auch in den Nordalpen.

Das Drachenmaul ist die einzige Art seiner Gattung. Obwohl die Pflanze den lateinischen Namen *pyrenaicum* trägt, ist sie vermutlich nicht in den Pyrenäen, sondern in den Alpen entstanden. Die Art variiert kaum. Diese Tatsache, ihre systematische Stellung und ihre geografische Verbreitung sprechen für ihr hohes Alter.

Wo sie vorkommt, wächst sie meist sehr gesellig, so daß ihre einseitswendigen Blütentrauben oft ganze Berghänge blauviolett färben. Der Nektar wird von einer ungewöhnlich großen Honigdrüse derart reichlich abgesondert, daß er den unteren Teil der Blumenkrone füllt. Der Blüteneingang steht weit offen, Hummeln können mit dem ganzen Kopf, Bienen sogar mit Kopf und Brustteil in die Blumenkrone kriechen. Sie behaften sich dabei an jungen Blüten, bei denen zuerst die Staubbeutel reifen, mit Pollen, den sie an den Narben älterer Blüten abstreifen.

Die Art wird auch als Heilkraut ähnlich wie der Salbei verwendet.

Verbreitung des Drachenmauls in den Alpen (blaue Flächen).

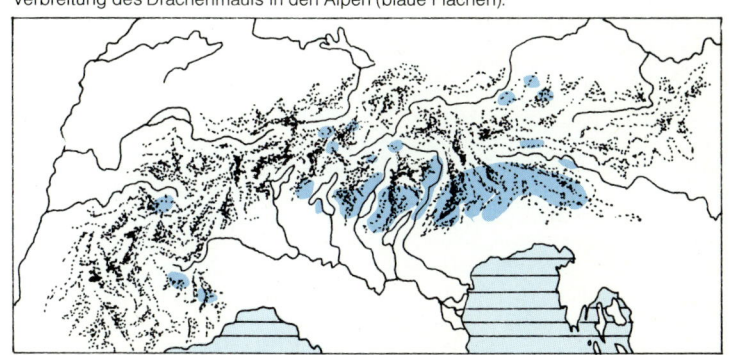

Alpen-Steinquendel

Calamintha alpina

Lippenblütler – *Lamiaceae*

K 10–30 cm hohe Staude mit am Grunde niederliegendem, später aufsteigendem, schwach behaartem Stengel. Blätter eiförmig, kurz gestielt, an der Spitze gesägt. ▪ Blüten meist 6, in 3–6 Scheinquirlen übereinander. Krone meist lebhaft violett, selten rosa oder weiß, bedeutend länger als der Kelch. Ganze Pflanze aromatisch duftend. ▪ Blütezeit: Juni bis August.

S Häufig und verbreitet an sonnigen, trockenen und steinigen Abhängen, in Blaugrashalden, auf Schutt und Anschwemmungen, in Magerwiesen und lichten Wäldern. Häufig entlang von Alpenflüssen bis in die Hügelstufe absteigend. Von den Tälern bis auf 2550 m.

V Atlasländer, Iberische Halbinsel, Pyrenäen, ganzes Alpengebiet, als Relikt auf der Bayerischen Hochebene und im Südjura, Apenninen, Illyrien, Südkarpaten, Balkanhalbinsel, Ägäis, Kleinasien.

Der Alpen-Steinquendel ist in seinen Standortsansprüchen wenig spezialisiert. Er scheint wohl offene Rasen und Grashalden mit neutralen Böden zu bevorzugen, wächst aber auch auf alkalischen Böden und meidet selbst saure nicht.

Auf getrennten Stöcken kommen großblumige Zwitterblüten und kleinblumige, rein weibliche Blüten vor. Als Anlockungsmittel dient der Blume nicht nur ihre blauviolette Blütenfarbe, sondern – vermutlich noch wirksamer – ihr starker, pfefferminzähnlicher Duft. Bestäuber sind Bienen, Hummeln und Falter.

Die Art spaltet in verschiedene Rassen auf und bastardiert häufig mit anderen Steinquendel-Arten. Eine nahe Verwandte ist das Bohnenkraut *(Calamintha hortensis)*, eine aus dem Mittelmeergebiet stammende Gewürz- und Heilpflanze, die von alters her bei uns in Gärten kultiviert wird. Ihre wirksamen Inhaltsstoffe, hauptsächlich ätherische Öle, enthält auch der Alpen-Steinquendel, wenn auch in geringerem Ausmaß. Gelegentlich gebrauchen ihn die Älpler noch zum Würzen von Käse oder in der Volksmedizin als magenstärkendes und nervenstimulierendes Mittel.

Felsen-Ehrenpreis

Veronica fruticans

Rachenblütler – _Scrophulariaceae_

K 5–15 cm hohe Pflanze mit verholztem, vom Grunde an verzweigtem Stempel und aufsteigenden Ästen. Blätter elliptisch, dicklich, glänzend, schwach gekerbt, oft bewimpert. ▪ Blüten in einer endständigen, armblütigen, flaumig behaarten Traube. Einzelblüten 1–1,5 cm breit, leuchtend azurblau, mit auffallendem, rotem bis dunkelpurpurnem Schlundring. ▪ Blütezeit: Juni bis August.

S Verbreitet auf steinigen, trockenen Hängen, auf sonnigen Felsgesimsen, in Felsspalten, Blaugrashalden; auf basischem bis saurem Gestein. 1200–2800 m.

V Alpen (häufiger in den Kalkalpen als in den Urgesteinszügen), zuweilen durch Bäche tief in Täler hinabgeschwemmt. Pyrenäen, Vogesen, Schwarzwald, Schottland, Karpaten, Korsika, Apenninen, Illyrien, Altai, arktisches Europa, Grönland.

Der Blütenbau weicht mit nur 4 Kronblättern und nur 2 Staubblättern vom Schema der meist 5zähligen Zweikeimblättrigen etwas ab. Die leuchtend blauen Blüten werden durch Bienen, Schwebfliegen und Käfer bestäubt, denen der rote Schlundring als Saftmal dient. Auch Selbstbestäubung kommt häufig vor.
Die Gattung Ehrenpreis _(Veronica)_ ist mit 250 Arten in den gemäßigten und kalten Gebieten beider Erdhälften verbreitet, zählt viele Gebirgspflanzen und hat in Neuseeland sogar baumartige Formen entwickelt, mit bis zu 1 m Stammdurchmesser. Eine nahe verwandte Art, die in den Alpen auf ähnlichen Standorten, jedoch nur auf kalkreichen Böden wächst, ist der Strauchige Ehrenpreis _(Veronica fruticulosa)_ mit hellroten, dunkel geäderten Blüten, die leicht abfallen. Gleichfalls eine Alpenpflanze ist der winzige, nur 3–8 cm hohe Blattlose Ehrenpreis _(Veronica aphylla)_, der wie der Erstgenannte gerne in Blaugrashalden, Felsritzen und steinigen Rasen vorkommt. »Blattlos« ist allerdings nur der Stengel; die Blätter stehen in einer grundständigen Blattrosette, während der langgestielte Blütenstand 2–5 lila bis sattblaue, dunkelgestreifte Blüten aufweist. In der Blüte reifen die Narben vor den Staubblättern, als Bestäuber kommen vorwiegend Fliegen in Betracht.

Blattloser Ehrenpreis _(Veronica aphylla)._

Nacktstengelige Kugelblume

Globularia nudicaulis

Kugelblumengewächse –
Globulariaceae

K̲ 10–30 cm hohe, ausdauernde Rosettenstaude mit verholzendem Wurzelstock. Stengel über dem Boden unverzweigt; Blätter wintergrün, ledrig, beinahe so lang wie der Blütenstengel, länglich-zungenförmig, allmählich in den kurzen Stiel herablaufend, ganzrandig, gestutzt. Stengel nur mit wenigen schuppenförmigen Hochblättern besetzt. ▪ Blütenkopf relativ groß, 1,5–3,5 cm breit. Krone blauviolett. ▪ Blütezeit: Mai bis August.

S̲ Auf Alpenmatten und Weiden, im ruhenden Felsschutt, in Blaugrashalden und Alpenrosengebüsch; kalkliebend. 800–2460 m.

V̲ In den Alpen weit verbreitet, nur in den Südalpen seltener; sonst in den Hochgebirgen Spaniens, Pyrenäen, Ligurischer Apennin.

Die Blüten der Art sind in großer Zahl zu einem kugeligen Köpfchen vereinigt; erst die massenhafte Häufung der kleinen, unscheinbaren Einzelblüten erzielt die Signalwirkung für die Bestäuber. Der Nektar wird aus einer fleischigen Unterlage des Fruchtknotens abgeschieden und am Grunde der sehr engen Blumenkronröhre geborgen, so daß ihn nur Falter mit ihren dünnen Rüsseln erreichen.

Die relativ kleine Gattung der Kugelblumen umfaßt 24 Arten, die von den Kanarischen Inseln und Madeira bis Vorderasien, Südarabien und Somaliland streuen. Nur 4 Arten davon dringen auch bis Mitteleuropa vor. Mit Ausnahme einer einzigen Art des Hohen Atlas mit gelben Blüten, blühen alle Arten blau. Verschiedene Arten der Gattung, darunter auch heimische, lassen sich leicht in Steingärten auf kalkhaltigem Gestein und in sonnigen Lagen kultivieren.

Das Kraut aller *Globularia*-Arten hat einen bitteren Geschmack und wird vom Weidevieh deshalb gemieden. Es enthält – neben einer Reihe anderer Glykoside – das chemisch noch unerforschte Glykosid Globularin, das für die giftigen Nebenwirkungen verantwortlich gemacht wird. Bezeichnend ist ferner das Vorkommen von Aucubin, welches ein Schwarzwerden der Pflanzen beim Trocknen bewirkt. Außerdem werden Zimtsäure und Mannit gespeichert.

126

Glänzendes Krätzkraut

Scabiosa lucida

Kardengewächse – *Dipsacaceae*

K 10–50 cm hohe, fast kahle Pflanze mit gegenständigen Blättern. Untere Blätter sowie Blätter an nicht blühenden Trieben gestielt, eiförmig, gekerbt; obere Blätter fiederspaltig, mit linealen Zipfeln. ■ Blüten in einem großen, 2–4 cm breiten Köpfchen vereinigt. Außenkelch der Einzelblüten trockenhäutig mit 5 glänzend purpurschwarzen Kelchborsten. Krone ungleich 5zipfelig, rotlila; randständige Blüten größer und strahlend. ■ Blütezeit: Juli bis September.

S An steinigen, buschigen Hängen, an Felsen und in Felsschutt, in Blaugrashalden, an Waldrändern und in Bergwiesen; auf lockeren, kalkreichen Böden. 1000–2450 m.

V Pyrenäen, Jura, Alpen, Vogesen, Karpaten, Illyrien.

Die den Korbblütlern in ihrem Blütenbau sehr ähnliche Familie der Kardengewächse unterscheidet sich von diesen durch das Fehlen des zu einem Körbchen verbreiterten Blütenbodens. Die Gattung Krätzkraut *(Scabiosa)* hat ihren Namen nach der medizinischen Verwendung einer Art gegen Krätze = Scabies. Diese Großgattung wurde allerdings inzwischen geteilt in Witwenblume *(Knautia)* und Krätzkraut *(Scabiosa)*, wobei das offizinelle Acker-Krätzkraut unglücklicherweise zu den Witwenblumen gezählt wurde. Die Gattung Witwenblume unterscheidet sich durch 4 Blumenkronzipfel gegenüber 5 bei den Krätzkräutern.

Beim Glänzenden Krätzkraut wird die Auffälligkeit der Blume durch die großen, strahlenden Randblüten noch besonders erhöht. In diesen reifen zuerst die Narben und hängen weit aus den Blütchen heraus, während im zentralen Teil des Köpfchens Staubblätter und Stempel ungefähr gleichzeitig reifen. Bleibt die Fremdbestäubung aus, so kann ein darüberkriechendes Insekt mit blumeneigenem Pollen die Bestäubung vermitteln. Der Nektar ist auch kurzrüsseligen Insekten zugänglich.

Bei den Früchtchen wirkt der verbleibende, trockenhäutige Außenkelch mit den 5 waagrecht abspreizenden Kelchborsten als Fallschirmchen, so daß die Früchtchen durch Wind und Luftströmungen vertragen werden.

Zweifarbiger Alpenlattich

Homogyne discolor

Asterngewächse – *Asteraceae*

K 10–25 cm hohe Pflanze mit kurzer, wollig beschuppter Grundachse und 1köpfigem, meist blattlosem, wolligem Stengel. Blätter grundständig, ledrig, rundlich, nierenförmig gekerbt, oberseits kahl, dunkelgrün, unterseits graufilzig bis weiß. ■ Blütenköpfchen breit-eiförmig, mit zahlreichen hellpurpurnen bis blaßrötlichen Scheibenblüten. Haarkrone der Früchte schmutzigweiß. ■ Blütezeit: Juni bis August.

S Gesellig und verbreitet; auf steinigen Matten, in Blaugrashalden und Zwergstrauchheiden; auch in Schneetälchen und auf Kalkschutt. Nur auf kalkhaltiger Unterlage. 1400–2400 m.

Gemeiner Alpenlattich *(Homogyne alpina)*.

V Nur in den Ostalpen; von Bayern durch die österreichischen Alpenländer bis Venetien.

Die unscheinbare Pflanze wird von der modernen Alpwirtschaft als Unkraut betrachtet, weil ihre kleinen, ledrigen Blätter nur geringen Ertrag und wenig Futterwert besitzen. Früher glaubte man jedoch, daß sie ein Stimulans beinhalten, das die Milchleistung steigere und die Milchqualität erhöhe, worauf der Volksname »Rahmplätschen« noch hindeutet. Vielleicht kann einmal eine genaue Inhaltsanalyse die alte Erfahrung bestätigen.

In den Blütenköpfchen sind 30–40 Einzelblüten vereinigt, wobei die Randblüten rein weiblich, honiglos und mit verkümmertem Kronsaum ausgestattet sind; die Scheibenblüten jedoch sind zwittrig und ausgeprägt vorweibig, so daß eine Selbstbestäubung wenig wahrscheinlich erscheint. Als Besucher wurden in großer Zahl Falter, Fliegen und Hummeln festgestellt.

Eine nahe verwandte Art ist der kalkmeidende Gemeine Alpenlattich *(Homogyne alpina)*, der sich durch beiderseits grüne Blätter unterscheidet. Er besiedelt oft scharenweise lichte, moosige Bergwälder sowie feuchte, humose Weiden. Er steigt jedoch auch höher in die alpinen Rasen bis auf 3250 m empor. Selbst wenn die beiden einander so ähnlichen Arten gelegentlich nebeneinander wachsen, kommt es nur ganz selten zu einer Bastardierung.

128

Orangerotes Habichtskraut

Hieracium aurantiacum

Zichoriengewächse – *Cichoriaceae*

K 20–50 cm hohe Pflanze; Stengel dünn, ober- und unterirdische Ausläufer treibend, schwärzlich und drüsig behaart. Grundblätter 2–4, rosettig; Stengelblätter nach oben kleiner werdend, rauhhaarig. ▪ Blütenköpfchen in rispigen bis doldentraubigen Blütenständen. Köpfchen 2–12; alle Blüten zungenförmig, feuerrot, seltener orange. Hüllblätter stumpf, flockig, schwarzdrüsig. ▪ Blütezeit: Juni bis August.

S Auf Magerrasen und Wildheuplanggen, in Zwergstrauchheiden; auf humosen, sauren, tonigen bis neutralen Böden. 1500–2600 m.

V Alpen, Auvergne, Jura, deutsche Mittelgebirge, Ost- und Westkarpaten, Siebenbürgen, Bosnien, Mittelbaltikum.

Die Befruchtung der auffallend gefärbten Blüten erfolgt von Pflanze zu Pflanze, sicher aber auch innerhalb des Blütenköpfchens. Als Pollenüberträger fungieren Käfer, Schmetterlinge und Mücken. Wie beim Gold-Pippau (vgl. S. 140) werden die orangeroten Blüten dieses Habichtskrautes mit Vorliebe von ähnlich gefärbten Schmetterlingen besucht, vor allem vom Kleinen Fuchs, dem Dukatenfalter und dem Perlmutterfalter. Alle Habichtskräuter neigen sehr zur Bastardierung, wobei die Bastarde voll fruchtbar sind. Merkwürdigerweise entwickeln aber auch unbefruchtete Blüten oder solche mit geschlossenen Kronröhren, verkümmerten Staubblättern oder gar Pflanzen mit erfrorenen Blüten auf ungeschlechtlichem Weg reichlich keimfähige Früchte. Die Nachkommen sind dann genau identisch mit der Mutterpflanze.

Das Orangerote Habichtskraut ist durch seine abweichende Blütenfarbe von den übrigen in den Alpen wachsenden, durchwegs gelb blühenden Habichtskräutern gut zu unterscheiden.

Weitere Vertreter sind das Alpen-Habichtskraut *(Hieracium alpinum)* mit schaftartigem, 1 köpfigem Stengel und schmutziggrünen, zottigen Blättern, das Weißliche Habichtskraut *(H. intybaceum)* mit drüsig-klebrigem Stengel oder das Behaarte Habichtskraut *(H. piliferum)* mit weichseidiger Behaarung.

Matten

Außer den natürlichen hochalpinen Rasen, die an Standorten und in Höhenlagen wachsen, wo keine Holzgewächse mehr lebensfähig sind, gibt es überall im Alpenbereich menschlich geschaffene Wiesen und Weiden anstelle des ehemaligen Waldes und Krummholzes! Diese Rodungen, um Almweiden zu gewinnen, gehen zumeist schon auf das Mittelalter zurück, wo die Waldgrenze stellenweise deutlich herabgedrückt wurde: Wildbach- und Lawinenkatastrophen waren die Folge.

Je nach Höhenlage, Gesteinsgrund, Neigung und Gründigkeit des Bodens finden wir verschiedene Wiesentypen, die sich in ihrer Artenzusammensetzung deutlich unterscheiden. Da ist einmal die Bergfettwiese zu nennen, die nach Rodungen auf tiefgründigen, geneigten Hängen entsteht und regelmäßig gemäht und gedüngt wird. Sie ist eine sehr bunte, blumenreiche Pflanzengesellschaft aus saftigen Gräsern und Kräutern.

Tritt anstelle der Mahd eine regelmäßige Beweidung, so entsteht auf ähnlichen Standorten die Milchkrautweide. Sie ist die typische saftiggrüne Almweide, in der die würzigen, eiweißhaltigen Kräuter die Gräser überwiegen. Bei Überweidung allerdings tritt das Vieh horizontal zum Berg verlaufende Steige, die sogenannten »Weidegangeln« aus, auf denen die Grasnarbe zerstört wird. Unter dem Einfluß von Regen- und Schmelzwasser passiert es besonders auf Steillagen häufig, daß die Grasbrücken zwischen den einzelnen Weidegangeln durchreißen und Teile des Hanges oder manchmal sogar der ganze Hang abrutscht. Diese völlig vegetationslosen Steilflächen, die »Blaiken«, auf denen die nackte Erde herausschaut, lassen sich nur sehr schwer wieder begrünen.

Alpen-Rispengras

Poa alpina

Gräser – *Poaceae*

[K] 5–50 cm hoch; meist dichte, feste Horste bildend; Blattscheiden lange erhalten bleibend, die Halme beinahe zwiebelig umschließend. Blätter grasgrün bis graugrün, fleischig, glatt. ■ Ährchen bräunlich, oft violett überlaufen, in einer lockeren Rispe angeordnet. ■ Blütezeit: Mai bis September.

[S] Sehr verbreitet auf Fettweiden, Alpenmatten; rund um Sennhütten, Schafläger; am Rande von Alpenstraßen. 1400–3000 m.

[V] Europäische Gebirge, Kleinasien, Kaukasus, Nordasien, Nordamerika.

Das Alpen-Rispengras gehört zu den wertvollsten Futterpflanzen der Alpen. In seiner Größe ist es sehr variabel. Neben fast kniehoher Massenvegetation auf gedüngten Matten und Weiden, finden wir auch winzige Zwergformen der Nivalstufe. Die chemische Analyse des Heus ergibt einen hohen Gehalt an Rohprotein und Rohfett. Das Weidevieh frißt die saftigen Blätter dieses Grases geradezu gierig, läßt aber – wie bei den meisten Gräsern – die zähen Halme stehen. Die Steifheit der Halme – eine Voraussetzung, um die Blüten-

und Fruchtrispe zu tragen – wird somit indirekt zur Schutzvorrichtung gegen Viehfraß und fördert Fruchtansatz und Verbreitung.

Das Alpen-Rispengras kommt in 2 Formen, der samentragenden und der lebendgebärenden vor. Bei letzterer wandelt sich das Ährchen mit seinen Spelzen in junge Pflänzchen um; anstelle von Frucht und Same werden auf rein vegetativem Weg Brutknospen gebildet, die sich bei der Reife an einer anatomisch vorgebildeten Trennschicht loslösen, zur Erde fallen und bewurzeln. Durch das Gewicht der Brutknospen legen sich manchmal auch die Halme mit der Rispe um, die Brutknospen bewurzeln sich, und rund um die Mutterpflanze entsteht ein Kranz von Tochterpflanzen.

Sinn und Ursache des »Lebendgebärens« sind noch nicht restlos geklärt. Die Pflanze erspart sich damit die mühsame und zeitraubende Arbeit der Befruchtung und Samenbildung, was im kurzen Alpensommer sicher einen Selektionsvorteil bedeutet. Dafür spricht auch, daß die lebendgebärende Form in Hochlagen gehäuft auftritt, in der Nivalstufe fast ausschließlich.

Braunklee

Trifolium badium

Schmetterlingsblütler – *Fabaceae*

K 10–25 cm hohe, mehrjährige Pflanze mit niederliegendem bis aufsteigendem, stielrundem, angedrückt behaartem Stengel. Blätter 3zählig mit 2 Nebenblättern, langgestielt; Blättchen eiförmig, vorne abgerundet, gezähnelt. ▪ Blütenköpfe einzeln oder zu zweit, meist endständig, langgestielt, anfangs kugelig, später oval. Einzelblütchen während der Blüte goldgelb und aufrecht, später lebhaft braun verfärbend und herabgeschlagen. ▪ Blütezeit: Juni bis August.

S Sehr häufig und verbreitet; auf Fettwiesen und in Lägerfluren, auf Erdabrissen und überdüngten Milchkrautweiden, in offenen Halden; auf frischen, nährstoffreichen, basischen bis neutralen Böden. 1100–2200 m.

V Pyrenäen, Südjura, Alpen (vor allem in den Kalkzügen), Karpaten, Apenninen. In einer abweichenden Rasse auch in Illyrien und in den nördlichen Balkanländern.

Beim Braunklee sind gegen 60 winzige, kaum 8 mm lange, goldgelbe Blütchen zu einem Köpfchen vereinigt, wodurch die Schauwirkung der Blume als Ganzes wesentlich gesteigert wird. Ihre Auffälligkeit nimmt noch dadurch zu, daß sich die Fahnen der Schmetterlingsblüte nach dem Verblühen bedeutend vergrößern und braun werden, so daß ein Farbkontrast zwischen den goldgelben, noch jungen Blütchen im oberen Teil des Köpfchens und den kastanienbraunen alten Blüten im unteren Bereich zustande kommt. Als Bestäuber fungieren Hummeln und viele Tag- und Nachtfalterarten. Die Blumenblätter bleiben auch weiter bis zur Fruchtreife erhalten; vergrößert und trockenhäutig geworden, dienen sie der Pflanze als Verbreitungshilfe der Samen durch den Wind.

Der Braunklee als düngerliebende Art gehört zu den wenigen Alpenpflanzen, die durch die Intensivierung der Landwirtschaft im Gebirge zugenommen haben. Vor allem auf kunstgedüngten Fettwiesen breitet er sich oft geradezu massenhaft aus und bildet auf langhalmigen Matten eine zweite, niedrige Etage unter den hochwüchsigen Gräsern. Für die Alpwirtschaft ist er eine wertvolle Futterpflanze, die nicht nur vom Vieh gerne gefressen wird, sondern sich auch dank ihrer starken Besamung auf sonst unfruchtbaren Flächen, wie Bachalluvionen, Abrutschstellen und offenen Plätzen, ansiedelt.

Berg-Hahnenfuß

Ranunculus montanus

Hahnenfußgewächse –
Ranunculaceae

K 8–15 (50) cm hohe Pflanze, in der Größe sehr wechselnd. Grundständige Blätter 3–5spaltig mit verkehrt-eiförmigen Abschnitten, schwach behaart; Stengel rund, voll, mit 1–2 sitzenden Stengelblättern, 1–3blütig. ■ Kelch fein behaart; Kronblätter tiefgelb, glänzend; Blütenstiel stielrund, ungefurcht. Früchtchen mit deutlich abgesetztem Schnabel. ■ Blütezeit: April bis August.

S Sehr häufig und gesellig auf Fettwiesen und Weiden, auf Lägern und in Karfluren. Auf frischen bis mäßig feuchten, nährstoffreichen Böden auf jeder Gesteinsunterlage und in fast allen alpinen Rasengesellschaften. 1000–2800 m.

V Im gesamten Alpenbereich weit verbreitet, in den nördlichen und mittleren Voralpen häufig herabgeschwemmt. Die Gesamtverbreitung reicht von den Westalpen durch die nördlichen und inneren Alpenketten bis nach Niederösterreich und Krain; seltener in den Südalpen; ferner Karpaten, Jura und selten im Schwarzwald.

Der sehr vielgestaltige Berg-Hahnenfuß wird heute von der Wissenschaft nicht als einzelne Art, sondern als ganze Artengruppe aufgefaßt, die sich in zahlreiche Kleinarten mit unterschiedlichen ökologischen Ansprüchen unterteilen läßt. Er unterscheidet sich von dem nahe verwandten und sehr ähnlichen Scharfen Hahnenfuß *(Ranunculus acer)*, der gleichfalls hoch ins Gebirge steigt, durch seinen soliden Stengel (beim Scharfen Hahnenfuß hohl) und durch seinen behaarten Blütenboden.

Der Berg-Hahnenfuß breitet seine goldgelben, innen lackglänzenden Blumenblätter zu einer flachen Schale auseinander. Der Glanz wird dabei durch Öltropfen in der äußersten Oberhaut bedingt, unter der eine leuchtend weiße, mit Stärke gefüllte Schicht liegt, die das Licht reflektiert. Die Blütenblätter sondern aus einer fleischig angeschwollenen Schuppe, die unter den Staubblättern versteckt liegt, den Nektar ab. Wollen die Blütenbesucher daran saugen, müssen sie unweigerlich mit dem Pollen in Berührung kommen. An die 50 Insektenarten wurden an den Blüten beobachtet.

Die auffallende Pflanze wird mit vielen Volksnamen bedacht: Tschappelblümli, Sengerbleamal, Gelbes Besengeblüh.

Wiesen-Frauenmantel

Alchemilla vulgaris

Rosengewächse – *Rosaceae*

K 10–50 cm hohe, kräftige Halbro-settenstaude; Blätter etwas gefaltet, lappig halbkreisförmig, ringsum ge-zähnt. ■ Blüten in dichten Knäueln, unscheinbar, gelbgrün. ■ Blütezeit: Mai bis November.,

S Sehr verbreitet auf frischen bis feuchten Fettwiesen und Weiden, auf Schutt und in Lägern; auf kalkarmer, als auch auf kalkreicher Unterlage. Von der Ebene bis auf 2790 m.

V Fast ganz Europa, Asien, Kauka-sus, Sibirien, Grönland, östliches Nordamerika.

»Taumantel« ist einer der vielen Volksnamen dieser bekannten Pflan-ze, und er bezieht sich auf den silber-glänzenden Tropfen, der oft am Mor-gen in den gefalteten Blättern steht. Die Alchemisten (daher der lateini-sche Name *Alchemilla*) sammelten diese Tropfen als »ein Wasser, das vom Himmel kam« und schrieben ihm die Kraft zu, unedles Metall in Gold zu verwandeln. Dabei handelt es sich um gar keine Tautropfen, sondern der Frauenmantel scheidet an den Blatträndern aus großen Wasserspalten diese Tropfen beson-ders in schwülen Nächten aus, um den Saftstrom in Gang zu halten. Nach dem lateinischen Wort »gut-ta« = Tropfen heißt dieser Vorgang Guttation. Wegen seines Gehaltes an Gerb-stoffen wirkt der Frauenmantel zu-sammenziehend und wird deshalb in der Volksmedizin gegen Darmblu-ten, Durchfall, bei Frauenleiden und als Wundkraut erfolgreich angewen-det. Im Mittelalter glaubte man sogar, daß ein Bad in Frauenmanteltee verlorengegangene Jungfräulichkeit wieder herstellen könne. Er ist auch ein altes Zauberkraut, das

besonders gegen das Verwünschen von Vieh wirksam sein sollte. Bei den Germanen galt er der Göttin Freya geweiht, in Island gilt er noch heute als heilige Pflanze. Das Christentum hat die kultische Bedeutung dieser Pflanze übernommen und auf die Muttergottes übertragen (Liebfrauen-mantel).

Eine nahe verwandte Art ist der Al-pen-Frauenmantel *(Alchemilla alpi-na)* mit schmalen, straffen, tief geteil-ten Blättern, der nur auf kalkarmen Böden, vorwiegend in den Zentralal-pen wächst. In der Volksmedizin gilt er als noch heilkräftiger als der Wie-sen-Frauenmantel. Die Älpler trauen ihm auch die Kraft zu, das Gewitter abzuwehren.

Gold-Fingerkraut

Potentilla aurea

Rosengewächse – *Rosaceae*

K 4–35 cm hohe Halbrosettenstaude. Von einem Erdstock ausgehende, zahlreiche, am Grunde wurzelnde Äste. Stengel aufsteigend, wenigblütig, behaart. Grundständige Blätter gefingert, 5zählig; Blättchen verkehrt eiförmig, im vorderen Drittel scharf gesägt, oberseits fast kahl, hellgrün, unterseits auf den Nerven und am Rande mit langen, silberglänzenden Haaren besetzt. ▪ Blüten 1,5–2 cm im Durchmesser, goldgelb mit orangenem Grund. ▪ Blütezeit: Juni bis September.

S Häufig und verbreitet auf verschiedenen alpinen Rasentypen, auf kurzrasigen Wiesen und steinigen Weiden, auf kalkarmem Substrat; auf sauren, humosen Lehmböden. Zwischen 1300 und 2600 m.

V Nordmediterrane Gebirge; von Nordspanien und den Pyrenäen über die Alpen und Apenninen bis zu den Sudeten und Karpaten; ebenso Balkan-Gebirge und Kleinasien.

Gegenüber allen anderen Fingerkräutern unterscheidet sich das Gold-Fingerkraut durch seine silberhaarig umsäumten Teilblättchen. Es zeigt eine gewisse Vorliebe für lange mit Schnee bedeckte Stellen, ohne eine eigentliche Schneebodenpflanze zu sein. Es überwintert mit grünen Blättern und treibt schon unter der Schneedecke junge Blätter. Auf den Weiden wird es vom Vieh gerne gefressen, seine Samen werden auch durch Weidetiere und Gemsen verbreitet.

Die sattgelben, der Sonne zugewandten Blütenschalen sondern den Nektar aus einem fleischigen Ring an der Basis der Staubblätter ab. Die Bestäubung erfolgt zumeist durch Fliegen, die den leicht zugänglichen Nektar ausbeuten.

Das Gold-Fingerkraut ist eine alte Heilpflanze, die früher vor allem gegen Durchfall verwendet wurde. In der Volksmedizin gilt es heute noch als sicheres Mittel gegen Zuckerkrankheit, wird aber auch als krampflösendes Mittel für den Magen-Darmtrakt sowie bei Muskelkrämpfen angewandt. Als Gurgelwasser heilt es Halsentzündung und Zahnfleischbluten und als Badezusatz schlecht heilende, infizierte Wunden. Es enthält vor allem Gerbsäure, Glykoside, Tormentol, ätherische Öle, Gummi, Stärke und Harz.

Alpen-Mutterwurz

Ligusticum mutellinum

Doldengewächse – *Apiaceae*

K 10–50 cm hohe Pflanze; kahl, ge-würzhaft duftend. Grundachse walz-lich, schwarzbraun; Stengel wenig-ästig; Blätter 3eckig, 3fach gefiedert; grundständige Blätter mit häutiger Scheide. ■ Dolden klein, 7–10strah-lig; Döldchen reichblütig; Kronblätter weiß, öfter rosa. ■ Blütezeit: Juni bis August.

S Häufig und gesellig auf frischen, tiefgründigen Milchkrautweiden und Matten (Mutternwiesen); auch in Schneetälchen und ruhenden Fein-schutthalden; auf nährstoffreichen, mild humosen, meist kalkhaltigen Böden. 1500–2800 m.

V Auvergne, Alpen, deutsche Mit-telgebirge, Karpaten, Balkanhalbin-sel, Südungarn und Siebenbürgen. Süd- und mitteleuropäische Ge-birgspflanze.

Die Art gehört zu den besten und be-liebtesten Futterpflanzen der Alpen. Besonders in jungem Zustand ist die »Muttern« überaus reich an Roh-eiweiß und Fetten und wird wegen ihres aromatischen Duftes vom Wei-devieh geradezu begierig gefressen. Noch im Heu strömt sie einen balsa-mischen Duft aus. Für das Vieh ist sie gleichzeitig Nahrungs- und Heil-pflanze: Sie fördert sowohl Milchlei-stung wie Milchgüte, wirkt darüber hinaus im Darm erwärmend, hilft bei Koliken und schützt vor Erkältungen durch nasses Futter.

Die intensiv aromatische Wurzel wird in der Volksmedizin bei Blähungen, Verstopfungen, Leber-, Nieren- und Blasenleiden sowie bei zahlreichen Frauenerkrankungen verwendet. Ein Absud des Krautes gilt als magen-stärkend; die würzigen Blätter wer-den in der Küche im frischen Zu-stand ähnlich wie Petersilie ge-braucht sowie zum Würzen von Käse genommen. Der Extrakt der Wurzel ist fester Bestandteil von zahlreichen Alpenkräuterlikören.

In den Alpensagen und Almsegen-sprüchen findet die Bedeutung der Pflanze ihren Niederschlag, ebenso in den vielen Volksnamen wie Mut-teli, Mutteri, Mutterkraut, Gamskraut, Bärenfenchel.

Die einfach gebauten Blüten mit dem offen dargebotenen Nektar werden vor allem von Fliegen, aber auch von Käfern und Faltern besucht.

Die Pflanze gliedert sich in 2 Unterar-ten und zahlreiche Rassen, wovon eine westliche Abart meist saure Substrate besiedelt.

Quirlblättriges Läusekraut

Pedicularis verticillata

Rachenblütler – *Scrophulariaceae*

K 5–30 cm hohe Pflanze mit mehreren, unverzweigten, behaarten Stengeln. Blätter tief fiederspaltig, in Quirlen zu 3–4 an den Stengeln. ■ Blüten in kopfigen Trauben. Kelch aufgeblasen, purpurn überlaufen, an den Nerven behaart, 5zähnig; Krone purpurrot; Oberlippe fast gerade, ungeschnäbelt abgestutzt. ■ Blütezeit: Juni bis August.

S Verbreitet und häufig auf steinigen Weiden und feuchteren Magerrasen; auf basenreichen, kalkhaltigen, mild humosen Böden. 1400–2400 m.

V Arktische Gebiete Europas, Asiens und Nordamerikas, innerasiatische Gebirge, gesamte Alpen, Karpaten, Balkan-Gebirge, Apenninen, Sierra Nevada.

Das Quirlblättrige Läusekraut – ein Halbschmarotzer wie alle Arten dieser Gattung – parasitiert mit Vorliebe auf Blaugras, dem es aber kaum zu schaden scheint. Es entnimmt diesem hauptsächlich Wasser und kann deshalb auch auf trockenen Stand-

orten gedeihen, obwohl es selbst keinen Verdunstungsschutz entwickelt hat. Beim Pflücken welkt es daher ungewöhnlich rasch.

Bei den Bergbauern gilt die hübsche Pflanze als Weideunkraut, weil es ein wenig beliebtes Futter liefert, jedoch anderen wertvollen Weidepflanzen den Platz wegnimmt.

Die Blüten des Quirlblättrigen Läusekrautes werden von Hummeln besucht, Selbstbestäubung ist nicht möglich. Die Samenverbreitung erfolgt merkwürdigerweise durch den Regen: Von diesem durchfeuchtet, klaffen die federnd gestielten Früchte. Die aufprallenden Regentropfen lassen dann die Samen hinausschnellen.

Der Name Läusekraut geht auf die Verwendung des Sumpf-Läusekrautes *(Pedicularis palustris)* als Mittel gegen Läuse bei Mensch und Vieh zurück.

Außer den beschriebenen Läusekräutern wachsen in den Alpen noch eine Reihe weiterer Arten dieser Gattung von unterschiedlicher Wuchshöhe, deren Blütenfarben von gelb, über rosa und fleischrot, bis dunkelpurpurn und braunrot reichen. Die Gattung Läusekraut ist die artenreichste Gattung der Rachenblütler.

Scheuchzers Glockenblume

Campanula scheuchzeri

Glockenblumengewächse –
Campanulaceae

K̲ 10–40 cm hohe, lockerrasige
Pflanze mit kriechendem Wurzelstock und aufrechtem, ganz kahlem
Stengel. Grundblätter rundlich, nierenförmig, zur Blütezeit bereits ver-
trocknet; Stengelblätter lineal-lanzettlich, sitzend, nach oben schmäler
werdend, am Grunde bewimpert. ■
Blüten einzeln, endständig oder in
2–6blütiger Traube. Blüten gestielt,
Knospen nickend; Blumenkrone relativ groß, 18–26 mm weitglockig, zu
einem Viertel ihrer Länge in eiförmige, bespitzte Zipfel gespalten, dunkelblauviolett. Kelchzipfel etwas länger als die halbe Krone. ■ Blütezeit:
Juli bis September.
S̲ Häufig auf Wiesen und Weiden,
in Matten und Mähdern, an felsigen
Stellen, in Felsschutt. Von 1400 (nicht
selten auch tiefer) bis 3100 m.
V̲ Pyrenäen, Alpen, Jura, Schwarzwald, Böhmerwald, Sudeten, Karpaten und Apenninen; in Zentralasien
und in der Arktis.

Die Art ist eine überaus anmutige
Vertreterin dieser vorwiegend blau
blühenden Gattung. Als Schauapparat dient auch hier die tiefblaue Glok-
ke der Blüte, in deren Blütengrund
der Nektar abgesondert wird. Die
Basen der Staubblätter wölben sich
als Saftdeckel derart darüber, daß in
die Spalten dazwischen wohl die
Rüssel der bestäubenden Insekten
eindringen können, nicht aber honigraubende, ankriechende Ameisen.
Wie bei allen Glockenblumen weisen die Blüten verschiedene Stadien
auf: Im ersten, männlichen Stadium
sind die Narbenäste aneinandergeal-
legt; die Staubbeutel haben ihren
Pollen auf die Fegebürste des Grif-

fels geschüttet und der Pollen wird
den Insekten auf der Griffelbürste
dargeboten. Im zweiten Stadium
stülpen sich die steifen Haare der
Fegebürste wie Handschuhfinger
ein, der restliche Pollen fällt herab,
und erst jetzt öffnen sich die Narbenäste und werden empfängnisbereit.
Durch diese zeitliche Verschiebung
von Pollen- und Narbenreife wird
Fremdbestäubung gesichert.
Eine nahe verwandte Art ist die Zierliche Glockenblume (*Campanula
cochleariifolia*) mit einseitswendigen
Trauben. Sie bildet oft große, dichte
Rasen.

Zierliche Glockenblume *(Campanula
cochleariifolia).*

Gold-Pippau

Crepis aurea

Zichoriengewächse – *Cichoriaceae*

K 5–30 cm hohe Pflanze; Stengel blattlos, einfach, 1köpfig, unten kahl, oberwärts schwarzzottig. Grundständige Blätter rosettig, kahl, länglich, verkehrt-eiförmig, buchtig gezähnt. ■ Alle Blüten zungenförmig, orangegelb bis feuerrot. Blütenhülle mehrreihig, schwarzzottig. Haarkrone der Früchte weiß, weich biegsam. ■ Blütezeit: Juni bis September.

S Gesellig; auf feuchten, kurzrasigen Matten und Weiden, an steinigen Hängen; auf neutralen bis schwach sauren Böden. Gelegentlich im Kies der Bäche herabgeschwemmt. 1200–2900 m.

V Gesamte Alpenkette, Schweizer Jura, Apenninen bis Kalabrien, Illyrische Gebirge bis Serbien.

Von den vielen gelb blühenden, oft schwer zu unterscheidenden Korbblütlern ist der Gold-Pippau mit seinen leuchtend goldroten Blütenköpfen eine auffallende, unverwechselbare Art der Alpen. Sein Vorkommen gilt als Zeichen guten Bodens. Über 100 Einzelblüten sind oft zu

Gold-Pippau mit gleichfarbigem Dukatenfalter als Bestäuber.

einem Blütenkörbchen vereinigt, das sich bei sonnigem Wetter auf einen Durchmesser von 4–6 cm ausbreitet, bei trübem Wetter aber schließt. Aus der Blumenkronröhre ragt zuerst die Staubblattröhre 6–7 mm weit heraus; im zweiten Blühstadium wächst aus dieser der Griffel heraus und überragt sie um weitere 5,5 mm. Gegen Ende der Blütezeit krümmen sich die Griffeläste bogenförmig einwärts und können so auch Selbstbestäubung herbeiführen.

Die Blüten werden – möglicherweise aus Tarnungsgründen – mit Vorliebe von ähnlich gefärbten Schmetterlingen, wie dem Kleinen Fuchs, dem Dukatenfalter und dem Perlmutterfalter, besucht.

Die leuchtende Blütenfarbe des Gold-Pippau ist ein Musterbeispiel für die durch den hohen UV-Lichtanteil in großen Höhen verursachte intensivere Färbung der Blüten. In der Schweiz werden die Blüten heute noch gelegentlich zum Färben von Butter und Käse verwendet.

Die Goldfarbe hat der Gold-Pippau mit dem Orangeroten Habichtskraut (*Hieracium aurantiacum,* vgl. S.129) gemeinsam, mit dem er deshalb verwechselt werden könnte.

Rauhes Milchkraut

Leontodon hispidus

Zichoriengewächse – *Cichoriaceae*

K 15–30 cm hohe Pflanze; Stengel 1köpfig, manchmal mit 1–2 schuppenartigen Hochblättern besetzt, sonst nackt. Grundständige Blätter rosettig, länglich, verkehrt-eiförmig, buchtig gezähnt, in den Blattstiel verschmälert; Größe und Behaarung sehr variabel. ▪ Blütenköpfe relativ groß, vor der Blüte nickend. Einzelblüten alle zungenförmig, gelb. Haarkrone der Früchte schmutzig weiß. ▪ Blütezeit: Juni bis Oktober.

S In verschiedenen Unterarten allgemein verbreitet und häufig; auf Wiesen, Weiden, Schutthalden und Flußgeröll; in Milchkrautweiden und Hochstaudenfluren; auf nährstoffreichen, mildhumosen Böden. Von den Tälern bis 2700 m.

V Europa von Irland bis Karelien; im Süden mehr in den Gebirgen, von Spanien bis Nordpersien.

Das Rauhe Milchkraut ist überaus häufig auf allen Bodenarten und in allen Höhenlagen, von den fetten Talwiesen bis hinauf zu den ausgesetzten Wildheuplanggen, zu finden. Es wird vom Vieh sehr gerne gefressen, wobei erstaunlicherweise die Zunge der Rinder die angedrückte Blattrosette mitnehmen kann, den zähen Blütenschaft jedoch meist stehen läßt. Im Heu ist es wenig ergiebig.

Die Wurzel enthält Inulin und wird in Kriegs- und Notzeiten ähnlich wie Zichorie als Kaffee-Ersatz verwendet. Die Art ist sehr veränderlich und formenreich und gliedert in zahlreiche, morphologisch und ökologisch verschiedene Varietäten auf.

Verwandt ist der zartere Schweizer Löwenzahn *(Leontodon helveticus)* mit schwärzlichen Hochblattschuppen, der nur auf sauren Böden wächst.

Krummseggenrasen

Der Krummseggenrasen ist die End- oder Klimaxgesellschaft der hochalpinen Stufe, zu dem sich mit der Zeit alle anderen Rasen entwickeln, wenn nicht Steinschlag, Rutschungen, Quellen, lange Schneebedeckung oder starke Windexposition diese Entwicklung immer wieder aufhalten. Im Silikatgestein ist der Krummseggenrasen noch häufiger, obwohl er im gesamten Alpenbereich weit verbreitet ist. Die Krumm-Segge ist nämlich kalkfeindlich, um auf Kalkgestein Fuß fassen zu können, muß sich erst eine dicke, kalkfreie Humusschicht bilden, die das Grundgestein isoliert.

Die Krummsegge bildet dichte, feste Horste, die oft große Flächen mit ihrem eintönigen Rasen überziehen, in dem sich nur wenige, bunte Blumen mischen. Mosaikartig mit dem Krummseggenrasen verzahnt, finden wir häufig kleinflächige Bestände der Kraut-Weide, wobei die winzige Kraut-Weide die Mulden besiedelt, in denen der Schnee lange liegen bleibt, die Krumm-Segge jedoch die Wölbflächen, von denen der Wind den Schnee wegweht, und die dadurch auch früher ausapern.

Krumm-Segge

Carex curvula

Sauergräser – *Cyperaceae*

K 5–15 cm hoch; dichte, feste Horste bildend. Die einzelnen Triebe sind fest zusammengepackt und von vielen Lagen schwer verwitternder Scheidenreste älterer Blätter umgeben. Blätter 1–2 mm breit, charakteristisch gegen den Boden gekrümmt, an der Spitze meist abgestorben und bräunlich gefärbt. ▪ Mehrere Ähren zu einem kleinen, dunkelbraunen Köpfchen zusammengeschlossen; in der Ähre die unteren Blüten weiblich, die oberen männlich. ▪ Blütezeit: Juli, August.

S Auf kalkarmen, leicht geneigten Flächen; von der Baumgrenze bis auf 3000 m.

V Pyrenäen, Alpen, Karpaten, Banat, Balkan; fehlt in Niederösterreich.

Die Krumm-Segge ist ein ausgesprochen geselliger Rasenbildner, der in den Zentralalpen auf stundenweiten Strecken alle nicht zu feuchten, nicht zu steilen und nicht zu windexponierten Flächen in seinen fahlen, bräunlich-grünen Farbton hüllt. Diese merkwürdige Farbe, die schon in voller Vegetation einen vergilbenden Rasen vortäuscht, rührt von den frühzeitig absterbenden, lockenförmig gekrümmten Blattenden her, die der Pflanze auch den Namen gaben (»Krumm«-Segge!). Nur beim ersten Austreiben nach der Schneeschmelze ist die ganze Pflanze grün; wenig später werden die Blattspitzen von einem Schlauchpilz befallen. Dabei ist ungeklärt, ob der Pilz erst die abgestorbenen Spitzen besiedelt, oder ob er sie, was wahrscheinlicher ist, zum Absterben bringt.

An den hochalpinen Standort ist die Krumm-Segge ausgezeichnet angepaßt: Mit kräftigen, tiefgehenden Wurzeln ist sie im Erdreich verankert. Ihre abgestorbenen Triebe bleiben noch lange als Scheidenpaket erhalten, halten Niederschläge und angewehten Staub fest und bilden schließlich noch einen pflanzeneigenen Humus. Allerdings ist sie windempfindlich und wird an exponierten Standorten von windharten Seggen vertreten. Sie meidet Kalkböden und Naßstellen, und ist düngerfeindlich. Sie braucht auch im Winter eine schützende Schneedecke, verlangt aber 3 bis 4 Monate Aperzeit.

Der wirtschaftliche Nutzen der Art ist gering; die ausgedehnten Flächen, die von der Krumm-Segge bedeckt werden, sind als Großviehweide zu karg und können nur als magere Ziegen- und Schafweide extensiv genutzt werden.

Zwerg-Seifenkraut

Saponaria pumila

Nelkengewächse – *Caryophyllaceae*

K 2–10 cm hoch; flachpolstrige, dichte Rasen bildend. Blätter lineal, stumpf, in dichten Rosetten. Stengel 1blütig. ■ Blüten groß, 2 cm im Durchmesser, in den Rasen eingesenkt. Kelch aufgeblasen, kurzzottig, oft rot überlaufen; Kronblätter ausgerandet, hellrot bis rosa, mit 2spitzigen Krönchen. ■ Blütezeit: Juli bis September.

S Zerstreut, aber gesellig; in lockeren Alpenrasen, besonders im Krummseggenrasen und in Zwergstrauchheiden; auf sauren, kalkarmen, humosen Böden. Zwischen 1700 und 2600 m.

V In den zentralen Ostalpen, in den östlichen Südkarpaten.

Das Zwerg-Seifenkraut zeigt in eindrucksvoller Weise die Anpassung an das hochalpine Klima: Mit einer starken Wurzel ist es tief im Boden verankert; sein niedriger, gedrängter Wuchs läßt es die Bodenwärme optimal ausnützen, schützt vor Austrocknung durch den ständig wehenden Bergwind ebenso wie vor Beschädigung durch Sand- und Schneege-bläse und nutzt die Schneedecke als Frostschutz. Die kleinen Blattflächen geben an ihrer Oberfläche nur wenig Wasser ab; sie stehen so dicht beisammen, daß sich zwischen ihnen windstille, wärmehaltende Hohlräume bilden. Schließlich demonstriert diese Art das schönste Erscheinungsbild der alpinen Flora: die bei niedrigem Wuchs unverhältnismäßig großen, leuchtend gefärbten Blüten. Die Gattung »Seifenkraut« ist mit etwa 30 Arten im mediterran-orientalischen Raum vertreten, davon erreichen nur 2 die Alpen. Alle Arten enthalten, besonders in den Wurzeln, Saponine, das sind organische Stoffe, die im Wasser schäumen. Besonders das Gemeine Seifenkraut *(Saponaria officinalis)*, eine hochwüchsige Art des Tieflandes, wurde in der Vergangenheit anstelle von Seife verwendet (»Seifen«kraut!).

Klebrige Primel
Primula glutinosa

Primelgewächse – *Primulaceae*

K 2–7 cm hoch; Wuchs oft dichtrasig; Oberfläche der grünen Pflanzenteile durch zahlreiche Drüsenhaare sehr klebrig. Blätter steif, matt glänzend, an der Oberseite dunkel punktiert, vorne meist gezähnt, nach der Spitze zu knorpelig berandet, länglich-lanzettlich. ■ Blütendolde 1–7blütig; Blüten fast sitzend, stark duftend, sehr klebrig, zuerst dunkelblau, später violett bis lila. Same deutlich geflügelt. ■ Blütezeit: Juli, August.

S Auf mageren Almwiesen und Weiden, im Krummseggenrasen; auf

Behaarte Primel *(Primula hirsuta).*

lange schneebedeckten, wasserdurchtränkten, neutralen bis sauren Böden. Schneeschutzbedürftig. Zwischen 1500 und 3050 m.

V Alpen: zentrale bis südöstliche Ostalpen. Mittelbosnien.

Wie die meisten Primel-Arten bastardiert auch die Klebrige Primel leicht, und zwar mit der Zwerg-Primel *(Primula minima),* mit der sie oft zusammen wächst. Der Bastard ist voll fruchtbar, kreuzt wieder untereinander und auch mit den Eltern, wodurch viele, oft schwer zu bestimmende Zwischenformen entstehen können, die bald vereinzelt, bald häufig (z.B. am Brenner) auftreten.

Es fällt auf, daß bei unseren heimischen Primel-Arten die Ebenenformen, wie Stengellose, Echte und Hohe Schlüsselblume, durchwegs gelb blühen, während die alpinen Primeln, mit einer einzigen Ausnahme – der Aurikel – rosa, rotviolett bis blau blühen. Das wird als eine Anpassung an ihre Bestäuber gedeutet: Die in der Ebene häufigen Bienen bevorzugen die gelbe Blütenfarbe, während die im Gebirge in Überzahl vorkommenden Falter auf Rot, Violett bis Blau eingestellt sind.

Die Klebrige Primel, auch Blauer Speik genannt, gilt in Tirol als Zauberpflanze: Kleinen Kindern unter das Kopfkissen gelegt, soll diese schwindelfrei machen.

Eine nahe verwandte Art, die gleichfalls klebrige Behaarte Primel *(Primula hirsuta),* wächst häufig in Felsspalten und Klüften auf saurem Gestein. Ihre radförmig ausgebreiteten, duftenden Blüten sind rosa mit weißem Kronenschlund.

Das Drüsensekret der verschiedensten Primel-Arten kann bei empfindlichen Personen unangenehme Hautallergien verursachen.

Kleinster Augentrost
Euphrasia minima

Rachenblütler – *Scrophulariaceae*

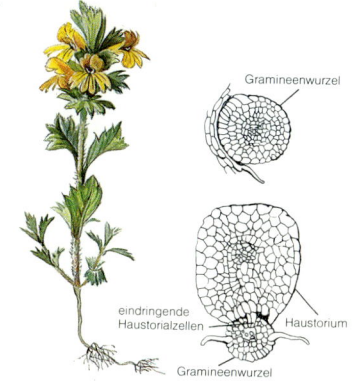

K 1jähriges, 1–10 cm hohes, zierliches Pflänzchen mit aufrechtem, meist unverzweigtem Stengel. Blätter sitzend, stumpf, gekerbt, mit 2 grannenlosen Zähnen; Blätter und Tragblätter behaart. ■ Blumenkrone relativ groß, weiß, gelb, lila oder mehrfarbig mit dunklen Längsstreifen und gelbem Saftmal. ■ Blütezeit: Juli bis September.

S Gruppenweise oder einzeln eingestreut in mageren, trockenen Rasen und Zwergstrauchheiden; auf sauren, tonig-sandigen Lehmböden. Über Kalk wächst die Art nur, wenn diesen eine dicke Humusschicht isoliert. Eine Charakterpflanze des Krummseggenrasens. 1200–3300 m.

V Pyrenäen, Alpen, Vogesen, Rhön, Thüringen, Sudeten, Karpaten, Apenninen, Balkan, Kleinasien.

Kleinster Augentrost mit Querschnitt durch ein Haustorium; erste Anlage (oben) und bereits funktionierend (unten).

Der Kleinste Augentrost ist ein Halbschmarotzer, der die Wurzeln anderer Pflanzen befällt, um ihnen Wasser und Nährsalze zu entziehen. So klein er ist, kann er bei massenhaftem Auftreten den Weideertrag ganz beträchtlich mindern. Andererseits kann er, im Gegensatz zu anderen Halbschmarotzern, wie etwa den Läusekräutern, notfalls auch leben ohne zu parasitieren.

Diese winzige Pflanze ist eine der wenigen 1jährigen des Hochgebirges. Man sieht ihr deutlich an, in welch kurzer Zeitspanne sie mit ihrer Lebensaufgabe fertig werden muß: Auf niedrigem Stengel sitzt eine unverhältnismäßig große Blüte. Je höher sie steigt, je kürzer der Sommer, desto kleiner wird die Pflanze, auf hochalpinen Standorten oft nur 5 mm! Die ganze Kraft wird in die Fortpflanzungsorgane gelegt. Um den Keimpflanzen einen guten Start

zu ermöglichen, gibt die Mutterpflanze den Samen noch einen großen Prozentsatz ihrer Stoffproduktion mit. Der Name Augentrost geht auf eine Verwendung als Heilpflanze zurück. Der griechische Name *Euphrasia* bedeutet Freude, Frohsinn und bezieht sich möglicherweise auf das fröhlich-bunte Blumengesicht, vielleicht auch auf die Heilwirkung. Volksnamen wie Woaddiab und Millidiab beziehen sich auf den Parasitismus, der den Weideertrag und damit die Milchleistung schmälert.

Halbkugelige Rapunzel

Phyteuma hemisphaericum

Glockenblumengewächse –
Campanulaceae

K 4–10 cm hohe Pflanze mit aufrechtem, dünnen, oft hin- und hergebogenen, spärlich beblätterten Stengel. Grundständige Blätter linealisch-grasartig; Stengelblätter schmal lineal. ■ Blüten in einem endständigen, kugeligen, 12–20 mm breiten, vielblütigen Köpfchen. Hüllblätter eiförmig zugespitzt;. Blüten dunkelviolett, selten weißlich; Krone vor dem Aufblühen röhrig, später sich in 5 Zipfel zerteilend, die jedoch an der Spitze verbunden bleiben. ■ Blütezeit: Juli, August.

S Auf mageren Matten und Weiden, in Geröll- und Schutthalden; auf kalkarmen, ausgelaugten Böden. Häufig im Krummseggen- und Borstgrasrasen. 1700–3600 m.

V Spanische und französische Gebirge, Pyrenäen, Alpen (von den Seealpen bis Steiermark und Salzburg).

Der Gattung Rapunzel (auch Teufelskralle genannt) sieht man die Zuge-

hörigkeit zur Familie der Glockenblumengewächse nicht so ohne weiteres an. Ähnlich wie bei den Korbblütlern sind auch hier viele kleine Einzelblüten zu einer Blume höherer Ordnung vereinigt.

Die kieselholde Halbkugelige Rapunzel ist, von ihrer Vorliebe für saures Substrat abgesehen, in ihren Standortsansprüchen wenig spezialisiert und daher in den verschiedensten alpinen Wiesentypen, vor allem der Zentralalpen, zu finden.

Der Gattungsname »Rapunzel« leitet sich von dem lateinischen »rapunculus«, d. h. Rübchen, ab, weil die Wurzeln der meisten Arten rübenartig verdickt und fleischig sind und ebenso wie die jungen Blätter früher gerne als Wildgemüse gegessen wurden. Der in Österreich gebräuchliche Name Zwangskräutel erinnert an die vormals übliche Verwendung der Pflanze als Heilkraut gegen Stuhlzwang.

Eine nahe verwandte Art ist die Armblütige Rapunzel *(Phyteuma globulariifolium)* mit gleichfalls kugeligen, jedoch nur 2–7blütigen, tief blauvioletten Blütenköpfchen. Sie unterscheidet sich außerdem durch zungenförmige, verkehrt-eiförmige Grundblätter und breit-rundliche Hüllblätter. In ihrer Verbreitung ist sie ausschließlich auf die Ostalpen beschränkt.

Echter Speik

Valeriana celtica

Baldriangewächse – *Valerianaceae*

K 2–15 cm hohe Pflanze mit walzenförmigem Wurzelstock und durchdringendem Baldriangeruch. Stengel aufrecht, gefurcht, kahl, mit 1–2 Blattpaaren besetzt. Blätter kahl, glänzend dunkelgrün; die grundständigen verkehrt-eiförmig bis keilig-länglich; Stengelblätter lineal. ■ Blüten in armblütigen, gegenständigen, sitzenden oder kurzgestielten Trugdolden, die eine walzliche Traube bilden. ■ Blütezeit: Juli, August.
S Zerstreut, aber gesellig; auf tiefgründigen Matten, besonders im Krummseggenrasen; auf meist sauren, kalkfreien oder ausgelaugten Böden. 2000–2800 m.
V Ausschließlich in den Ostalpen.

Der Name »Speik« geht auf eine alte Benennung der Pflanze, »spica celtica«, zurück; *celtica* = im Lande der Kelten. Außer den Echten Speik werden auch noch andere Alpenpflanzen als »Speik« bezeichnet, so etwa die Klebrige Primel als Roter Speik oder die Bittere Schafgarbe als Weißer Speik.
Die Wurzeln des Echten Speiks fanden schon von alters her besondere Beachtung wegen ihres intensiven Duftes, der auf einen hohen Anteil des ätherischen Baldrianöls zurückgeht. Noch bis zur Jahrhundertwende wurden Speikwurzeln massenhaft gegraben und vor allem in den Orient exportiert. Sogar ein eigenes Grabwerkzeug, das »Speikkramperl« gab es dafür. Die Speikböden, Alpenmatten, auf denen die Pflanze zahlreich auftrat, wurden regelrecht bewirtschaftet, wobei man auf eine ausgiebige Nutzung jahrelange Schonzeiten folgen ließ, damit der Bestand sich wieder erholen konnte. Speikgräber war ein eigenes Gewerbe, das Recht des Grabens oft nur dem Landesherrn vorbehalten. Die durchdringend riechenden Wurzeln wurden auf besonderen Trockenböden gelagert, das Einsperren darin galt als empfindliche Strafe für bestimmte Vergehen (Speiksitzen), wobei man den Übeltäter noch lange Zeit später am Geruch erkannte.
Mit dem Extrakt der Wurzel parfümierte man Seifen (Speikseife); er wurde aber auch als Räucherwerk, zum Würzen von Wein und Salben, sowie zum Vertreiben von Motten verwendet. Als Heilmittel war der keltische Baldrian unter dem Drogennamen »Radix Valeriana celtica« offizinell.

Krainer Greisenkraut

Senecio carniolicus

Asterngewächse – *Asteraceae*

K 5–15 cm hohe, zunächst seidig grau behaarte, später verkahlende Pflanze mit aufrechtem, spärlich beblättertem, mehrköpfigem Stengel. Blätter verkehrt-eiförmig, kerbig eingeschnitten oder fiederlappig; die unteren langgestielt; die oberen weniger geteilt und sitzend. ■ Blütenköpfchen 13 mm breit, zu mehreren in einem kurzen Ebenstrauß vereinigt. Blüten lebhaft dottergelb; Zungenblüten 3–5, wenig länger als die Scheibenblüten. ■ Blütezeit: Juli bis September.

S Meist truppweise oder einzeln in mageren alpinen Trockenrasen, namentlich im Krummseggenrasen, in nährstoffarmen Weiden, Moränengrus und Zwergstrauchheiden; kalkmeidend. 1800–3265 m.

V Alpen: vom Rhein an ostwärts; in den Nordalpen nur im Allgäu und Oberösterreich. Karpaten.

Gemswurz-Greisenkraut *(Senecio doronicum).*

Die hübsche Pflanze mit dem weißfilzigem Laub und den dazu kontrastierenden, leuchtend orangegelben Blüten hat wohl schon im Tertiär die Alpen besiedelt. Sie wurde während der Eiszeiten verdrängt, hat sich aber danach wieder eingefunden. Die weißfilzige Behaarung der Laubblätter, mit der die Pflanze die Verdunstung herabsetzt, ist eine wirksame Anpassung an die Trockenheit des Standortes.

Die Herkunft des deutschen Namens, der einmal mit Greisenkraut, das andere Mal mit Kreuzkraut angegeben wird, ist umstritten. So soll Greisenkraut eine Übersetzung des lateinischen *Senecio* (senex = der Greis) sein und sich auf die graue Haarkrone des Gemeinen Greisenkrautes *(Senecio vulgaris)* beziehen, vielleicht auch auf die nach dem Ausfallen der Früchte halbkugeligen und nackten, an Glatzköpfe erinnernden Blütenböden. Die andere Version deutet den Namen Kreuzkraut damit, daß die Abschnitte der fiederspaltigen Blätter beim Gemeinen Greisenkraut kreuzartig angeordnet sind.

Eine nahe verwandte Art ist das Gemswurz-Greisenkraut *(Senecio doronicum).* Es unterscheidet sich durch seine ungeteilten, spinnwebig-wolligen Blätter.

Einblütiges Ferkelkraut

Hypochoeris uniflora

Zichoriengewächse – *Cichoriaceae*

K 15–50 cm hohe Pflanze mit kräftigem, wenig beblättertem, unter dem Blütenkopf keulig verdicktem, steif behaartem Stengel. Grundblätter rosettig, keilförmig-länglich, ausgeschweift gezähnt, beiderseits steifhaarig, lebhaft grün, mit starkem Mittelnerv. ▪ Blütenkopf bis 4 cm breit; äußere Hüllblätter zerrissen gefranst, schwärzlich kraushaarig. Nur Zungenblüten; diese blaß-goldgelb, doppelt so lang wie die Hüllblätter. Haarkrone der Früchtchen weiß, aus fedrigen Borsten bestehend. ▪ Blütezeit: Juli bis September.

S Einzeln oder auch gruppenweise auf sonnigen, humosen Matten, auf trockenen Magerwiesen, in Zwergstrauchheiden und Alpenrosengebüsch; auf meist sauren, humusreichen Böden. 1500–2700 m.

V Alpen: von den Seealpen und Savoyen über die Schweiz, Oberitalien, Bayern und Österreich bis Salzburg, Steiermark und Krain; fehlt in den Nordalpen im Gebiet östlich des Lech. Sudeten, Karpaten.

Die großen, weithin leuchtenden Blütenköpfe des Einblütigen Ferkelkrautes stellen einen charakteristischen Bestandteil der hochgelegenen Bergwiesen dar. Bis zu 200 Einzelblüten mit nach außen gebreiteten, bandförmigen Fahnen sind in den großen Blütenkörben vereinigt, die ausgebreitet 5–7 cm messen können. Aus der Blumenkronröhre ragt die 5–6 mm lange Staubbeutelröhre vollständig hervor, aus dieser wiederum wächst noch einmal so lang der Griffel heraus. Als Bestäuber fungieren Käfer, Fliegen, Bienen und Falter; nur bei ausbleibendem Insektenbesuch biegen sich die Griffeläste so weit nach außen zurück, daß sie mit dem eigenen Pollen in Berührung kommen.

Der wissenschaftliche Name geht auf Theophrast, einem Schüler von Aristoteles, zurück: griechisch »choiros« = Ferkel. Ob der Umstand, daß Schweine die Wurzel der Pflanze gerne fressen, ihn dazu veranlaßt hat, sie danach zu benennen, bleibt ungewiß. Der deutsche Name Ferkelkraut ist jedenfalls nur eine Übersetzung. Nicht nur Ferkel finden die Pflanze wohlschmeckend, die jungen Pflanzen werden auch gerne als Salat und Spinat verwendet.

Der Bürstlingrasen

Alpwirtschaftlich weit weniger beliebt als Fettwiese und Milchkrautweide ist der Bürstlingrasen, der auf mageren, oberflächlich versauerten Hängen oft große Flächen bedeckt, manchmal mosaikartig verzahnt mit dunkelgrünem Alpenrosengebüsch oder olivgrüner Besenheide. Wir finden ihn auf ungedüngten Weiden und Mähwiesen zwischen 900 und 2100 m, vor allem auf steinigem, magerem, flachgründigem Gneis und Granitgestein. Er ist kieselliebend, fehlt jedoch auch in den Kalkalpen nicht vollständig, wenn der Kalk aus der Humusschicht herausgewaschen wurde. Seinen artenarmen, eintönigen Rasen beleben nur die Bärtige Glockenblume und manchmal sogar massenhaft die als Heilpflanze geschätzte Arnika mit ihren großen Blütensonnen.

Außer diesem primären und natürlichen Bürstlingrasen finden wir sehr häufig noch den sekundären Bürstlingrasen, der seine Entstehung der Überweidung verdankt, weil das Vieh seine harten, borstigen Blätter verschmäht. Oft findet man auf dem eintönigen Rasen zahlreiche entwurzelte, in der Sonne gebleichte Grasbüschel, die das Vieh versehentlich herausgerissen und dann wieder fallengelassen hat. Der Bürstling ist daher ein ausgesprochenes Weideunkraut, der große Flächen almwirtschaftlich ertraglos macht. Dabei ist der sekundäre Bürstlingrasen keine einheitliche Pflanzengesellschaft, sondern eine Weidedegradation, die aus den verschiedensten Gesellschaften hervorgehen kann, am häufigsten jedoch aus der Milchkrautweide. Durch Düngung, Kalkung und Aussetzen der Weide kann der ertraglose Bürstlingrasen wieder in eine bessere Pflanzengesellschaft überführt werden. Wie auch bei der Entstehung von Weidegangeln und Blaiken (vgl. S. 131) führt die Übernutzung nicht nur zu keinem höheren Ertrag, sondern auf lange Sicht sogar zu einem Verlust an Weidefläche.

Borstgras oder Bürstling

Nardus stricta

Gräser – *Poaceae*

K 10–30 cm hoch; von einer unterirdischen Grundachse entspringen dichtgedrängt die umscheideten Laub- und Blütentriebe, dichte feste Horste bildend. Stengel steif, nur am Grunde beblättert; Blätter borstenförmig hart, an den Rändern rauh, stechend spitz; die unteren auf weißlich strohgelbe Schuppen reduziert. ■ Ährchen in lockerer, meist einseitswendiger Traube stehend, anfangs schiefergrau, später gelb verfärbend. ■ Blütezeit: Mai, Juni.

S Auf mageren Weiden, ungedüngten Mähwiesen, auf trockenen Hochflächen, auf moorigen Wiesen. Oft über weite Flächen in zusammenhängenden Beständen auf nährstoffarmen, kalkarmen Böden. Von der Ebene bis auf 2800 m.

V Ganz Europa (im Süden nur in den Hochgebirgen), Kleinasien, Nordasien, Kaukasus, Grönland.

Die Bürstlingrasengesellschaft besiedelte ursprünglich die subalpinen Schneeböden und Moorränder, wo anspruchsvollere Arten fehlten. Erst durch die menschlich bedingte Entwaldung und Beweidung konnte sie sich auch in der montanen und kollinen Stufe ausbreiten.

In seinem ganzen Habitus ist der Bürstling ein typischer Xerophyt, d. h. eine Pflanze, die an Trockenheit angepaßt ist. Dafür sprechen seine dichten Horste, die eingerollten, sehr derben Blätter und die Strohtunika. Tatsächlich ist der Bürstling sehr trockenresistent und verschwindet oft bei Bewässerung, um üppigen Alpenkräutern Platz zu machen. Anderseits – und das paßt gar nicht in dieses Schema – besiedelt er auch ausgesprochen feuchte und nasse Stellen. Sein Verschwinden bei Bewässerung könnte daher auch auf die Zufuhr von Mineralstoffen, vor allem von Kalk, zurückgehen. Allem Anschein nach handelt es sich um eine überaus anpassungsfähige Art, die dank ihres xerophytischen Baues die Trockenheit wohl erträgt, sie aber nicht unbedingt braucht, sondern auf den verschiedensten Standorten gedeihen kann. Einen gewissen Humusgehalt im Boden scheint sie allerdings zu verlangen; was sie hingegen absolut nicht erträgt, ist die Düngung. Die Sennen drücken das sehr anschaulich aus: Der »Nätsch« (Volksname für das Borstgras) fürchtet den Mist, wie der Teufel das Weihwasser.

154

Bärtige Glockenblume

Campanula barbata

Glockenblumengewächse –
Campanulaceae

K 10–40 cm hohe Pflanze mit aufrechtem, steifhaarigem, wenig beblättertem Stengel und einseitswendigem, traubigem Blütenstand. Grundblätter rosettig, länglich-lanzettlich, in den Blattstiel verschmälert, fast ganzrandig; Stengelblätter länglich spitz. ■ Kelch zottig behaart, mit umgeschlagenem Anhängsel in den Buchten der Zipfel. Blumenkrone glockig, bis 3 cm lang, mit bärtigen Zipfeln, in der Farbe sehr variabel, von weiß über himmelblau bis dunkelblauviolett. ■ Blütezeit: Juni bis August.

S Auf Weiden und Matten, in lichten Wäldern, in Humuspolstern; kalkmeidend. Von der Talsohle bis auf 2800 m.

V Alpen (in den Kalkalpen nur lückenhaft), Karpaten; Norwegen.

Von den mehr als 300 Glockenblumen-Arten sind im Alpengebiet immerhin noch 34 Arten vertreten; eine Unterscheidung, vor allem der vielen kleinwüchsigen Arten, ist daher manchmal schwierig. Die Bärtige Glockenblume macht uns das Erkennen allerdings durch ihre zottig behaarten Blüten leicht. Die bis zu 5 mm langen Haare an den Lappen der Blumenkrone werden übrigens als Abwehr gegen honigraubende, ankriechende Insekten, wie Ameisen oder Ohrwürmer, gedeutet. Die Art ist eine ausgesprochen kalkfeindliche Humuspflanze, bezeichnend für die Wiesen und Matten der Zentralalpen.

Nicht nur in der Blütenfarbe, auch in der Blütengröße ist die Bärtige Glockenblume sehr veränderlich: Neben einer 60 cm hohen, reich verzweigten, kleinblütigen Form, die im Tessin wächst, gibt es auch eine niedrige, nur 10 cm hohe, 1blütige Varietät mit großer, fast bartloser Blüte. Die nicht selten vorkommende, rein weißblütige Mutante heißt in Kärnten »Mähderkraut« und gilt auf dem Hut der Mähder als Zeichen besonderer Tüchtigkeit. Die auffallende, hübsche Blume wird von den Älplern überhaupt mit besonders vielen Volksnamen bedacht, so Kuhglocken, Himmelsglöckle, Muttergottesglöckle.

Die Alpen-Glockenblume *(Campanula alpina)* mit längeren Kelchzipfeln.

Arnika

Arnica montana

Asterngewächse – *Asteraceae*

K 20–50 cm hohe Pflanze; Stengel meist unverzweigt, drüsenhaarig; mit 2–3 gegenständigen (!), sitzenden Blattpaaren (eine Ausnahme unter den Korbblütlern). Grundständige Blätter rosettig, dem Boden anliegend, eiförmig bis verkehrt-eiförmig, mit 5–7 Längsnerven, ganzrandig, kurzhaarig, hellgrün, wie die ganze Pflanze aromatisch duftend. ■ Blütenköpfe groß, meist einzeln, seltener bis zu 3, orange- bis dottergelb; Randblüten 2–3 mm länger als die Scheibenblüten. Frucht kurzhaarig mit Haarkrone. ■ Blütezeit: Juni bis August.

S Verbreitet und gesellig auf mageren Weiden und humosen Waldwiesen, auf Heiden und austrocknenden Mooren; besonders häufig im Bürstlingrasen. Auf mageren, sauren, trockenen Humusböden, sandigen Lehmböden oder Torf; kalkmeidend. Von der Bergstufe bis auf 2830 m.
V In Europa weit verbreitet; nördlich bis Skandinavien, im Süden nur in höheren Lagen. Eurasiatischer Ubiquist der montanen und subalpinen Stufe; in den Alpen bis in die alpine und nivale Stufe steigend.

Von den 30–32 Arten der Gattung Arnika, die meist in Asien zu Hause sind, ist die bekannte Heilpflanze der einzige Vertreter in unseren Breiten. Trotzdem wird sie oft mit anderen, gelb blühenden Korbblütlern verwechselt oder auch verfälscht, so etwa mit der Ringelblume *(Calendula)*, dem Rindsauge *(Buphthalmum)* oder der Gemswurz *(Doronicum)*. Die Arnikablüte unterscheidet sich jedoch von allen übrigen, ähnlichen Korbblütlern durch die 5–12 deutlich sichtbaren Nerven, welche die zungenförmigen Strahlenblüten der Länge nach durchziehen, und durch ihren aromatischen, harzig würzigen Duft, der bei der getrockneten Pflanze noch stärker hervortritt. Der Geschmack ist bitter und scharf, auf der Zunge kratzend. Auch die Wurzel wird manchmal mit der wie abgebissen erscheinenden Wurzel des Teufelsabbiß *(Succisa pratensis)* verfälscht.
Arnika enthält den Bitterstoff Arnicin, ätherisches Öl, Gerbsäure und ein flüchtiges Alkaloid. Die Blüten, in Alkohol angesetzt, ergeben eine scharfe Tinktur, mit der der Älpler

eine ganze Reihe von Krankheiten und Gebrechen kuriert. Sie ist beinahe eine Universalmedizin, die noch auf den entlegensten Bergbauernhöfen zu finden ist. Die Pflanze ist in erster Linie ein Wundkraut. Sie wirkt schmerzstillend, desinfizierend und heilungsfördernd, ganz besonders angezeigt bei Abszessen, Nagelbetteiterungen und infizierten Wunden. Nicht minder hilfreich bei Quetschungen, Verrenkungen und Verstauchungen. In der Volksmedizin gilt sie auch als wirksames Mittel gegen rheumatische Beschwerden, besonders Hexenschuß. Da die Tinktur bei wiederholtem Gebrauch hautreizend wirkt, ist sie mit Vorsicht zu gebrauchen.

Noch mehr Vorsicht ist bei innerlichem Gebrauch angezeigt! Der Teeaufguß ist ein Reizmittel bei Kreislaufstörungen, er wird auch bei Arterienverkalkung, Gefäßkrämpfen und schlechter Herzdurchblutung angewandt; da er aber bei empfindlichen Personen oder in Überdosis zu Magenkrämpfen, Schluckbeschwerden, Durchfall und Kopfschmerzen führen kann, sollte die innerliche Anwendung dem Arzt vorbehalten bleiben. Arnika ist auch ein ganz großes Mittel in der Homöopathie, bei der das Risiko einer Überdosierung ausscheidet, die Heilwirkung aber verstärkt wird. Schließlich ist Arnika auch noch eine beliebte Schnupftabak- oder Niesblume und wird gelegentlich als Färbekraut gebraucht. Diese vielseitige Pflanze ist, wie die meisten Heilpflanzen, auch ein altes Zauberkraut. Unter das Dach gelegt, in der Stube aufgehängt, ans Fenster oder an die Ecken der Felder gesteckt bewahrt sie vor Blitzschlag, Hagel und Hexen.

Ihre große Volkstümlichkeit spiegelt sich in zahlreichen Volksnamen wieder: In Westfalen heißt sie »Sto up und go hen«; in Österreich und der Schweiz Mutterblum oder Mägdeblum, nach ihrer Verwendung bei Frauenleiden; Bruchkraut oder Schodnblume als Heilmittel bei Verletzungen; Blutblum, weil sie Blutergüsse zerteilt; Nießblum, weil sie zum Niesen reizt, und Sonnwendblum nach ihrer Blütezeit.

Durch die gegenwärtige Heilpflanzenmode, die zu einem vermehrten Sammeln wildwachsender Kräuter geführt hat, ist die früher häufige Pflanze an manchen Stellen sehr zurückgegangen. Vor allem in ihren Randvorkommen steht sie, obwohl inzwischen unter Naturschutz, bereits vor ihrer Ausrottung. Das großflächige Düngen von Magerwiesen und Weiden läßt weitere Vorkommen irreversibel verschwinden.

So häufig wie auf diesem Bild findet man die Arnika heute nur noch selten.

Berg-Nelkenwurz

Geum montanum

Rosengewächse – *Rosaceae*

K̲ 10–30 cm hohe Halbrosettenstaude. Grundblätter unterbrochen-
leierförmig gefiedert; blühender
Stengel dicht behaart. ▪ Blüte
2–3 cm breit, lebhaft gelb; manchmal
auch mehr als 5 Blumenkronblätter.
Die fedrig behaarten Griffel anfangs
schraubig gedreht, sich bei der Reife
bis auf 3 cm verlängernd und einen
haarschopfartigen Fruchtstand bildend. ▪ Blütezeit: Mai bis Juli, gelegentlich ein 2. Mal im Herbst.
S̲ Häufig auf Wiesen und Weiden,
Magerrasen und Wildheuplanggen.
Liebt saure, nährstoffarme und kalkfreie Steinböden, geht aber über Hu-
musauflagen auch auf Kalk und Dolomit. 1000–3000 m.
V̲ Mittel- und südeuropäische Gebirge.

Die Berg-Nelkenwurz unterscheidet
sich von der Kriechenden Nelkenwurz *(Geum reptans)* durch das Fehlen der Ausläufer, durch kleinere Blüten und leierförmige Blätter. Sie
überwintert mit grünen Blattrosetten.
In ihren Standortsansprüchen ist sie
nicht so spezialisiert wie die Schuttpflanze. Sie ist empfindlich gegen
Austrocknung durch Wind und Frost
und meidet daher windausgesetzte
und winters schneefrei geblasene
Standorte. In den Blüten entwickeln
sich die Narben vor den Staubblättern, die Narben bleiben jedoch sehr
lange frisch, so daß Selbstbestäubung möglich ist. Die häufigsten Blütenbesucher sind Fliegen. Neben
Pflanzen mit zwittrigen Blüten kommen auch solche mit nur männlichen
Blüten und solche mit männlichen
und zwittrigen Blüten vor.
Der Wurzelstock der Berg-Nelkenwurz enthält Eugenol (Nelkenöl) und
Gerbstoffe und wurde früher, offizinell unter dem Namen »Radix Caryo-
phyllatae«, als Gewürznelkenersatz
ebenso verwendet wie die Echte
Nelkenwurz *(Geum urbanum)*. Die
Blätter der Berg-Nelkenwurz enthalten hauptsächlich Gerbstoffe und
waren unter dem Drogennamen
»Gei alpini« offizinell. In der Volksheilkunde verwendete man sie gegen Ruhr und Blutharnen. Darauf beziehen sich die Volksnamen Ruhr-
wurz und Trüebchrut (Trüeb = Blutharnen) oder Wasser-Bergwurz
(Wasser = Harn). Nach den haarigen
Fruchtschöpfen heißt sie auch Petersbart.

Alpen-Klee

Trifolium alpinum

Schmetterlingsblütler – *Fabaceae*

[K] 5–20 cm hohe Pflanze mit kräftiger Hauptwurzel. Blätter 3zählig, langgestielt, kahl; Blättchen lineallanzettlich, spitz, frischgrün; Nebenblätter am Blattstiel zu einer Scheide verwachsen. ▪ Blütenköpfchen 3–12blütig, locker, 3–5 cm im Durchmesser. Einzelblüten groß, 2 cm lang, fleischrot bis purpurn, stark duftend. Die Blumenkronen bleiben nach dem Verblühen erhalten und dienen als trockenhäutige Flügel für die 1–2samige Hülse. ▪ Blütezeit: Juni bis August.

[S] Häufig und verbreitet auf kalkarmen, tiefgründigen, humusreichen Alpenmatten und Weiden. Zwischen 1600 und 3600 m.

[V] Die Art ist in unserer Flora der einzige Vertreter einer sonst asiatisch-amerikanischen Gruppe. Sie ist nur auf die Alpenketten, Pyrenäen, Apenninen und asturischen Berge beschränkt.

Der Alpen-Klee ist die auffallendste und schönste unter den alpinen Klee-Arten. Wenn er bestandsbildend auftritt, erfüllt er vor allem bei Sonnenschein die Luft mit dem balsamischen Wohlgeruch seiner fleischroten Blüten. Bemerkenswert an ihm ist seine meterlange, außerordentlich zähe, von braunen Fasern umgebene Pfahlwurzel, die süßlich schmeckt. Ein Absud davon wird in der Volksmedizin gegen Brustbeschwerden verwendet. Der Nektar ist tief in der Blüte geborgen und ausschließlich langrüsselige Hummeln vollziehen die Bestäubung. Langrüsseligen Faltern gelingt es zwar auch, seinen Honig zu erbeuten, sie kommen jedoch nicht mit den Staubblättern in Berührung. Almwirtschaftlich gesehen ist der Alpen-Klee eine sehr nährstoffreiche, aromatische Futterpflanze, die um so wertvoller ist, als er für die eintönigen, öden Borstgrasweiden oft das einzige gute Futterkraut bedeutet. Im Gegensatz zu den meisten übrigen Klee-Arten verträgt er auch das Abweiden gut und erneuert sich immer wieder aus seinem kräftigen, unterirdischen Erdstock. Nicht nur bei Kühen und Schafen ist er beliebt, auch Gemsen und Murmeltiere fressen ihn sehr gerne.

Seine hartschaligen Samen keimen nur sehr langsam; erst im 2. und 3. Jahr gelangen die jungen Pflanzen zur Blüte; dafür erreichen sie aber auch ein sprichwörtlich hohes Alter (»alt wie der Alpenklee«).

Schneeböden

Auf ganzjährig überaus kalten Standorten, wo der Schnee länger als 8 Monate liegen bleibt, in schattigen Mulden und Vertiefungen, in denen sich das Schmelz- und Regenwasser sammelt und fruchtbare Feinerde zusammenschwemmt, wächst wohl die seltsamste Pflanzengesellschaft der Alpen, die Schneebodengesellschaft. Ganz besonders angepaßt müssen die Bewohner dieses Lebensraumes sein, um in den wenigen Wochen zu treiben, zu blühen und zu fruchten. Der Frühling beginnt für sie im Juli oder August – manches Jahr vielleicht überhaupt nicht – und spätestens im Oktober ist wieder Winter für sie, sind sie zugedeckt für die Winterruhe.

Ihr Geheimnis, um hier zu überleben aber liegt darin, daß sie eben nicht ruhen! Wenn nach der langen Winternacht endlich auch ihnen wieder die Sonne scheint, müssen Knospen und Blüten fix und fertig sein, um gleichzeitig mit der Schneeschmelze blühen zu können. Ein ganz typischer Bewohner, das Eisglöckchen, blüht sogar schon unter dem Schnee! Noch im Hochsommer säumt es mit zartvioletten Girlanden den Schmelzsaum der letzten Schneeflecken. Um diese Jahreszeit ist die Luft schon relativ warm, die Sonneneinstrahlung stark, die Tage sind lang. Dadurch können die Schneebodenpflanzen rasch aufholen, was sie bisher versäumten. Trotzdem heißt es für sie haushalten: Reserveorgane sind unumgänglich, einjährige Pflanzen fehlen daher völlig. Die ganze Kraft wird für die Blüte und Frucht verwendet, das vegetative Wachstum tritt zurück, die Pflanzen bleiben klein. Diesen ausgesprochenen Zwergwuchs finden wir sogar bei Holzpflanzen, den Zwergweiden. Wo keine Blütenpflanzen mehr möglich sind, bilden noch Moose und Flechten dichte Teppiche.

Kraut-Weide
Salix herbacea

Weidengewächse – *Salicaceae*

K Dicht am Boden kriechender Zwergstrauch mit größtenteils unterirdischem Stamm, der nur die krautigen Zweiglein aus der Erde hervorstreckt. Blätter kurz gestielt, fast kreisrund, am Rande fein gezähnt, beiderseits hell grün. ▪ Kätzchen gleichzeitig oder nach den Blättern erscheinend; die männlichen köpfchenförmig, bis 6 mm lang; die weiblichen fast kopfig, bis 1 cm lang. ▪ Blütezeit: Juni bis August.

S Auf feuchten, humosen, kalkfreien, lange mit Schnee bedeckten Stellen (Schneetälchen); häufig. Zwischen 1800 und 3300 m.

V Alpen, Pyrenäen, Apenninen, Sudeten, Karpaten, Balkan-Gebirge; arktisches Europa von Island bis Nordrußland, Grönland und Nordamerika.

»Minima inter omnes arbores«, der Kleinste unter allen Bäumen, nennt Altmeister Linné diesen Weidenknirps, der die vollendetste Anpassung eines Holzgewächses an die hochalpinen Lagen aufweist. Mit Stamm, Ästchen und Zweigen ist er ganz in die Erde hineingekrochen, so daß nur die kleinfingerlangen Triebspitzen mit oft nur 2 glänzend grünen Blättchen herausragen. Dabei können sich Äste und Zweige bis weit hinauf bewurzeln und sind mit schlafenden Augen reichlich besetzt. Im Alter stirbt der Hauptstamm oft ab, zerfällt, und die bewurzelten Seitenstämmchen entwickeln sich zu getrennten Individuen. Die Triebspitzen bilden einen teppichartigen Rasen, auf dem wir dahinschreiten, ohne zu ahnen, daß wir eigentlich durch einen »Weidenwald« gehen. Ihre Weidennatur verrät die Kraut-Weide am ehesten, wenn sie blüht: Ihre wenigblütigen Kätzchen sind zwar klein und unscheinbar, aber doch unverkennbar Weidenkätzchen. Männliche und weibliche Blüten sind sehr nektarreich und werden von Insekten reichlich besucht. Die Art ist wahrscheinlich arktischer Herkunft. Fossil wird sie häufig in den Silberwurztonen gefunden.

Netzblättrige Weide

Salix reticulata

Weidengewächse – *Salicaceae*

K Niederliegender Spalierstrauch mit sparrigen Ästen, bis 15 cm hoch. Blätter oval bis kreisrund, bis 4,5 cm lang, ganzrandig, stark netzadrig, oberseits trübgrün, unterseits grünlichweiß, anfangs zerstreut langseidig behaart. ■ Männliche Kätzchen dünn zylindrisch, 1,5–3,5 cm lang, lang gestielt, Staubblätter vor dem Aufblühen intensiv rot gefärbt; weibliche Kätzchen zylindrisch, etwa 2 cm lang, dichtblütig, mit zierlichen roten Narben. Wie bei allen Gletscherweiden sind die Kätzchen endständig. ■ Blütezeit: Juli, August.

S Lange von Schnee bedeckte, felsige Stellen und Schutthalden; auf durchfeuchtetem, mild humosem, kalkreichem Gestein; ziemlich häufig. Zwischen 1700 und 3000 m.

V Arktisches Europa und Asien, arktisches Nordamerika, Rocky Mountains, alle europäischen Hochgebirge.

Die niederliegenden Spalierweiden, zu denen auch die Kraut-Weide, die Netzblättrige und die Stumpfblättrige Weide gehört, faßt man als »Gletscherweiden« zusammen. Sie sind allesamt hochalpin und wachsen bis an die Gletscherränder heran. Ihre Kätzchen stehen – im Gegensatz zu allen anderen Weidenarten – endständig an beblätterten, knospentragenden Kurztrieben.

Vermutlich mit der kurzen Vegetationszeit hängt die frühe Knospenanlage der Gletscherweiden zusammen: So kann man in einer Winterknospe noch 2 weitere Knospengenerationen finden; demnach wird eine Knospe schon 2½ Jahre vor ihrer Entfaltung angelegt.

Die Netzblättrige Weide liegt mit knorrigem, vielfach gewundenem, überall wurzelndem Stämmchen dem Boden auf.

Unendlich langsam wachsen alle diese Weidenzwerge! Immerhin können sie bei nur mikroskopisch sichtbarer Jahresringbreite 40 Jahre und noch älter werden.

Eine nahe Verwandte ist die Stumpfblättrige Weide *(Salix retusa)* mit sehr kleinen, kurz gestielten, ovalen, beiderseits dunkelgrünen, oberseits noch glänzenden Blättern. Ähnlich wie die Netzblättrige Weide wächst sie gerne auf kalkreichen Schneeböden, bildet mit ihr zusammen das Gletscherweidenspalier, vermag aber auch sehr wirksam losen Schutt zu stauen, oder sie überwächst Felsen. Ihre sommergrünen Blätter färben sich im Herbst goldgelb und verströmen dabei einen eigenartig intensiven Geruch, an dem die Pflanze schon aus der Entfernung kenntlich wird.

Alpen-Gelbling

Sibbaldia procumbens

Rosengewächse – *Rosaceae*

K Niedrige, meist 2–4 cm hohe, rasenbildende Halbrosettenstaude. Grundständige Blätter ungestielt, 3zählig; Blättchen verkehrt-eiförmig, vorne 3zähnig, oberseits graugrün, unterseits hellgrün. ■ Blütenstand eine armblütige Trugdolde. Blüten klein und unscheinbar; Kelchblätter 3–4 mm lang; Kronblätter 1–2 mm lang, gelbgrün, hinfällig. ■ Blütezeit: Juni bis August.

S Verbreitet auf lange mit Schnee bedeckten Flächen (Schneetälchen), auf frischem, kalkarmen Fein- und Grobschutt; auch in Felsspalten, auf feuchten Lägern. 2000–3300 m.

V Pyrenäen, Apenninen, Alpen (vor allem in den zentralen Teilen), Südjura, Vogesen, Kaukasus, subarktisches und arktisches Europa, Grönland, Sierra Nevada.

Das unscheinbare Pflänzchen ist ein typischer Bewohner lange mit Schnee bedeckter, vom Schmelzwasser überschwemmter Vertiefungen. Die Keimpflanze treibt zunächst nur ungeteilte Laubblätter; erst in

einigen Jahren folgen die blühenden Sprosse nach. Diese langsame Entwicklung hat ihre Ursache in der kurzen Vegetationszeit, die der Pflanze zur Verfügung steht. In jeder Vegetationsperiode entstehen 3–7 Laubblätter, von denen einzelne überwintern, andere auch schon unter dem Schnee gebildet werden. Bald nach der Schneeschmelze entfalten sich die stark reduzierten Blüten, die den Nektar aus einer fleischigen, die Stempel umfassenden Scheibe absondern. Trotz ihrer Kleinheit und der unscheinbaren Blütenfarbe fallen die Blütenstände schon aus größerer Entfernung ins Auge, weil sie oft dem nackten, dunklen Boden aufliegen, von dem sie sich gut abheben. Der offen dargebotene Nektar wird von Fliegen und Ameisen ausgebeutet. Selbstbestäubung kann ausgeschlossen werden, weil die kurzgestielten Staubblätter von den Narben so weit abstehen, daß ihr Pollen diese kaum erreichen kann. Die Fruchtstände bleiben als Wintersteher erhalten, die Samen werden aber weniger durch den Wind, vielmehr durch Gemsen, Schafe und Rinder verbreitet.

Die Pflanze kann sich auch vegetativ vermehren, indem sich Teile der Grundachse von der Primärwurzel ablösen und wieder bewurzeln. Das ist auf diesen, oftmals nur 3 Monate im Jahr schneefreien Standorten für die Pflanze überlebenswichtig, weil es in ungünstigen Jahren zu keinem Fruchtansatz mehr kommt.

Kleines Eisglöckchen

Soldanella pusilla

Primelgewächse – *Primulaceae*

K 2–10 cm hohes, zierliches Pflänzchen mit grundständigen, rundlich-nierenförmigen Blättern; diese unterseits punktiert mit breiter Basalbucht. ■ Blütenschaft 1–2blütig; Blüte nickend; Blumenkrone röhrig-glockenförmig, rötlich-violett, bis auf ein Viertel der Länge zerschlitzt. Zur Fruchtzeit Fruchtstiel gestreckt; Zahnkapsel vielsamig. ■ Blütezeit: Mai bis August.

S Häufig; auf humosen, kalkarmen, von Schmelzwasser durchtränkten Böden der Hochalpen; besonders in Schneetälchen. 1800–3100 m.
Alpen, östliche Karpaten, östliche Gebirge der Balkanhalbinsel.

Das zarte Eisglöckchen gehört zu den eindrucksvollsten Blumengestalten der Alpen, weil es sich auf seinen lange mit Schnee bedeckten Standorten oft schon durch die dünne Winterschneedecke hindurchschmilzt. Das Durchschmelzen beruht dabei weniger auf der durch Atmung erzeugten Eigenwärme der Pflanze, als auf der Absorption der Sonnenwärme durch die rotgefärbten Knospen und Blütenstiele.
Die Gattung *Soldanella* reicht bis ins Tertiär zurück und ist in den Alpen entstanden (alpigen). Aus ursprünglichen Waldprimeln entwickelten sich im Laufe der Erdgeschichte unsere hochalpinen Soldanellen.
Innerhalb der Gattung, die mit 7 Arten in den Alpen vertreten ist, unterscheiden wir 2 Artengruppen. Die erste mit röhrenförmigen, relativ seicht zerschlitzten Blumenkronen auf hochalpinen Standorten, zu der 3 geografisch vikariierende Arten gehören: Davon wächst das Österreichische Eisglöckchen (*Soldanella austriaca*) in den nordöstlichen Kalkalpen, das Kleinste Eisglöckchen (*Soldanella minima*) in den südlichen Kalkalpen und dazwischen, im kristallinen Zentralalpenbereich, das Kleine Eisglöckchen (*Soldanella pusilla*). Alle 3 Arten sind sehr klein und einander so ähnlich, daß sie nur der Kenner unterscheiden kann.
Zur zweiten Artengruppe zählen die Arten mit trichterförmigen, tief zerschlitzten Blüten, die durchwegs größer gewachsen sind. Dazu gehört das Echte Alpenglöckchen (*Soldanella alpina*), das häufig und gesellig auf feuchten Alpenmatten und Weiden wächst, und das Wald-Alpenglöckchen oder Bergglöckchen (*Soldanella montana*), eine ansehnliche, reichblütige Pflanze tieferer Lagen, vorwiegend der Bergwälder.

Echtes Alpenglöckchen (S. alpina).

Clusius-Primel

Primula clusiana

Primelgewächse – *Primulaceae*

K 2–10 cm hoch; Blätter hellgrün, oberseits glänzend, unterseits blaugrün, mit schmalem, weißen Knorpelrand. Blattränder, Schaft, Hüllblätter und Kelch dicht mit kleinen, farblosen Drüsenhaaren besetzt. ■ Blütendolde 2–5blütig; Kelch weißlich-grün; Krone rosarot, beim Aufblühen lila, zart duftend; Kronzipfel tief 2spaltig; Schlund der Röhre weißlich; Kronensaum weit trichterförmig. ■ Blütezeit: Mai, Juni.

S In lange mit Schnee bedeckten Mulden, an Schneeflecken, überrieselten Felsen, auf mageren, kurzrasigen Humusböden; auf basischen bis neutralen, mild humosen Steinverwitterungsböden; kalkliebend. Zwischen 1700 und 2200 m, oft tief (bis 600 m) herabsteigend.

V In Deutschland nur in Bayern; in Österreich selten in Salzburg, häufig in Niederösterreich (Rax, Schneeberg, Ötscher) und Oberösterreich, isoliert in den Niederen Tauern. Endemische Art der nordöstlichen Kalkalpen.

Der Name *Primula* bedeutet auf Latein »die Erste«: Tatsächlich gehören sämtliche heimischen Primeln zu den Frühblühern, die bald nach der Schneeschmelze ihre Blüten entfalten. Auf die Clusius-Primel trifft »die Erste« besonders zu, gehört sie doch zur Flora der Schneerandgesellschaften und ziert mit ihren rosaroten Girlanden die schmelzwasserdurchtränkten Schneeränder.

Der Name Clusius-Primel geht auf Charles Écluse (1526–1609), latinisiert »Clusius«, zurück, der Botanikprofessor in Leiden und Wien war, viele neue Arten beschrieben hat, und dem zu Ehren eine Reihe von Alpenpflanzen benannt wurde.

Die Gattung *Primula* ist mit etwa 300 Arten vor allem in den Hochgebirgen des östlichen Himalaja und in Tibet und dem sich anschließenden Westchina verbreitet. Immerhin schmücken auch an die 17 Arten dieser bezaubernden Pflanzengattung unsere Alpen.

Alle alpinen Primeln sind ausdauernde Pflanzen mit blattlosem Blütenschaft und bodenständiger Blattrosette. Sie erneuern sich, indem aus der Achsel des obersten Rosettenblattes eine Seitenknospe zu der nächsten Rosette auswächst, während das erhalten bleibende Sproßglied einen meist kräftigen Erdstock bildet.

Zwerg-Primel

Primula minima

Primelgewächse – _Primulaceae_

K 1–4 cm hoch; Blätter steif, glänzend, kahl, keilförmig, ohne Knorpelrand, vorne abgestutzt, mit 3–9 großen Sägezähnen. Blütenschaft sehr kurz, meist 1blütig. ■ Blüten leuchtend rosa, zart duftend, beim Abblühen ausbleichend. Kronröhre 5–11 m lang, weißlich; Schlund weiß, drüsig-zottig. ■ Blütezeit: Juni, Juli.
S Verbreitet und häufig; auf kalkarmen, humusreichen Böden; in Schneetälchen oder auch feuchten Krummseggenrasen. 1500–3000 m.
V Ostalpen, fehlt in der Schweiz; Riesengebirge, Karpaten, Balkanhalbinsel.

Die Zwerg-Primel gehört in den Ostalpen zu den verbreitetsten Pflanzen, deren Blüten nach der Schneeschmelze erscheinen und die oft zu dichten, rasigen Beständen zusammenschließen. Dazwischen gibt es immer wieder Lücken in ihrer Verbreitung; so kommt sie z. B. auf dem Wiener Schneeberg häufig vor, fehlt hingegen auf der benachbarten Rax. Die Vorfahren unserer alpinen Primeln haben schon im jüngeren Tertiär als Waldpflanzen im Gebiet der heutigen Alpenketten, von den Karpaten bis zu den Pyrenäen, gelebt. Durch die Eiszeiten wurde diese tertiäre Waldflora größtenteils ausgerottet, nur wenige Pflanzen sind in die Vorgebirge hinabgestiegen und konnten dort die Katastrophe überdauern. Unter ihnen die kleinste Vertreterin der Gattung, die Zwerg-Primel. In Anpassung an die in Hochlagen häufigere Falterbestäubung änderte sich die Blütenfarbe der alpinen Primeln von der gelben »Bienenfarbe« der Tieflandprimeln zu der rotblauen »Falterfarbe« der Alpenprimeln.

Bei der Zwerg-Primel können wir – wie bei den meisten anderen Primeln auch – zweierlei gestaltete Blüten finden: Kurzgriffelige Blüten, bei denen die Narbe tief in der Kronröhre steht, während die Staubblätter oberhalb, am Rande der Kronröhre plaziert sind, und langgriffelige Blüten, bei denen die Narbe im Kronensaum, die Staubblätter hingegen am Grunde der Kronenröhre stehen. Diese Erscheinung, auch Heterostylie genannt, dient der Fremdbestäubung, weil die blütenbesuchenden Insekten – bei den alpinen Primeln durchwegs Falter – einmal zuerst mit den Staubbeuteln, das andere Mal zuerst mit der Narbe in Berührung kommen.
Die Bergbauern benennen die lieblich kleine Pflanze mit dem rührenden Namen »Hab mich lieb«.

Dunkle Glockenblume

Campanula pulla

Glockenblumengewächse –
Campanulaceae

K 5–15 cm hoch; zierliches Pflänzchen mit dünnem, unterirdische Ausläufer treibendem Wurzelstock und
aufsteigendem, oft hin- und herge-
bogenem Stengel. Blätter kahl, etwas glänzend; die grundständigen
rundlich-spatelig, stumpf; Stengelblätter lanzettlich, sitzend. ■ Blüten
einzeln, endständig, langgestielt, nik-
kend; Kelch mit linealen, spitzen,
kahlen, aufrechten Zipfeln; Blumenkrone dunkelviolett, sehr selten auch
rein weiß. ■ Blütezeit: Juli, August.

S An grasigen, moorigen Stellen,
an Schneefeldern, Rinnsalen, im
feuchten Felsschutt; auf basischen
bis neutralen, kalkreichen Unterla-
gen. 1500–2200 m, zuweilen auch tief
herabgeschwemmt.
V Ausschließlich in Österreich in
den Ostalpen (besonders in den
Nord-, vereinzelt auch in den Zentralalpen), fehlt in den Südalpen.

Mit der Dunklen Glockenblume sei
ein weiteres Beispiel für die vielen
kleinen alpinen Glockenblumen gebracht; sie kann jedoch an ihrer besonders dunklen Blütenfarbe, sowie
an den anderen Merkmalen (Kelchzipfel!), gut unterschieden werden.
Der lateinische Artname *pulla* bedeutet schwarzblau und bezieht sich
auf diese Farbe der Blumenkrone.
Die Gattung der Glockenblumengewächse ist mediterranen Ursprungs
und hat im Mittelmeergebiet ihr Ent-
wicklungszentrum, einige Formen
weisen sogar nach Afrika hin. Nur in
den Hochgebirgen Mittel- und Südeuropas entwickelt die Gattung auch
Gebirgspflanzen, in den Hochgebirgen Asiens fehlt sie. Daher werden
die Glockenblumen zum mediterranen Stamm der Alpenflora gezählt,
mit vorherrschend nördlicher, extra-
tropischer Verbreitung. Die Urheimat
der Artenreihe *pulla,* zu der einige
Kleinarten zusammengefaßt werden,
liegt in den Pyrenäen. Die auffallend
dunkel gefärbte Glockenblume ist
etwas Besonderes, ein Relikt-En-
demit der nordöstlichen Kalkalpen.
Wie bei allen Glockenblumen-Arten
reifen die Staubblätter in der Blüte
lange vor der Narbe. Die 3 Griffeläste
sind anfangs zu einem behaarten
Zylinder zusammengeschlossen, in
den der Pollen abgelagert wird. Die
wachsenden Griffel schieben den
Pollen vor sich her, bis an die Stelle,
wo sich später die Narbenäste entfalten werden.

Zwerg-Ruhrkraut

Gnaphalium supinum

Asterngewächse – *Asteraceae*

K 2–12 cm hohes, ausdauerndes Pflänzchen mit einfachem, dünnem, fast fadenförmigem, weißwolligem Stengel. Blätter kaum über 2 cm lang, lineal-lanzettlich, spitz, beiderseits seidenwollig. Köpfchen 5–6 mm lang, zu 2–6 in endständiger, anfangs gedrungener, später aufgelockerter Ähre. Hochblätter das Köpfchen nicht überragend. ■ Blüten bräunlich; Hülle zur Fruchtzeit sternförmig ausgebreitet. Frucht 1,5 mm lang, kurzhaarig. ■ Blütezeit: Juli bis September.

S Oft herdenbildend in Schneetälchen, auf feuchten, humosen Triften, in Runsen und auf Moränen; mit Vorliebe auf Silikatgestein, jedoch auch auf Kalk nicht ganz fehlend. 1600–3000 m.

V In den Alpen ziemlich verbreitet; sonst in den Pyrenäen, Jura, Schwarzwald, Sudeten, Karpaten, nördliche Balkanhalbinsel, Kaukasus, Arktis.

Das unscheinbare Pflänzchen ist ein naher, wenn auch zwergiger Verwandter des berühmten Edelweiß. Der Name *Gnaphalium* geht auf das griechische »gnaphalon« zurück, bedeutet Wolle, Filz und bezieht sich auf die wollige Behaarung der Gattung. Den deutschen Namen »Ruhrkraut« hingegen verdankt es einem Irrtum der alten Botaniker, die es für das Kraut des Dioskurides gehalten haben, das dieser gegen Ruhr empfiehlt, das aber tatsächlich eine Wegerich-Art *(Plantago carinata)* ist.

Das Zwerg-Ruhrkraut wächst regelmäßig in dichten, gräulichen Scharen, in lange mit Schnee bedeckten Schneetälchenrasen. An die kurze Vegetationszeit ist es mit seinem zwergigen, jedoch ausdauernden Wuchs gut angepaßt. Die wenig attraktiven Blüten, die kaum geeignet sind, Insekten anzulocken, bestäuben sich zumeist selbst; nur gelegentlich Fremdbestäubung durch Bienen und Hummeln.

Die Gattung der Ruhrkräuter umfaßt gegen 120 Arten, die sowohl in der Alten als auch in der Neuen Welt verbreitet sind. Das Zwerg-Ruhrkraut gehört zum Grundstock der nivalen Flora und ist auch ein weit verbreiteter Bestandteil der nordischen Hochgebirgsflora.

Sukzession der Arten am Rande eines Schneetälchens.

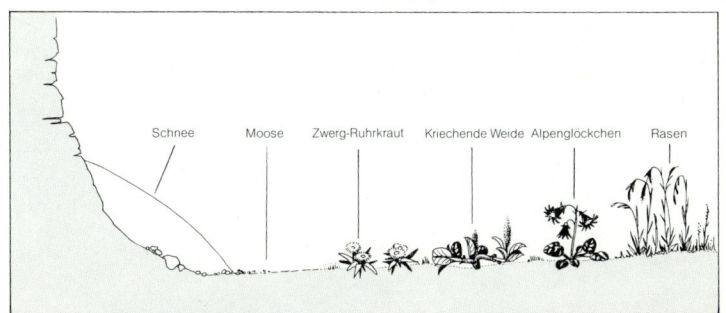

Schnee   Moose   Zwerg-Ruhrkraut   Kriechende Weide   Alpenglöckchen   Rasen

Quellfluren und Moore

Einen ausgesprochenen Spezialstandort besiedeln im Gebirge die Bewohner der Quellfluren. Überall, wo Wasser über Felsen rieselt, eine Quelle sprudelt, wo ein Bach zu Tal schäumt oder ein Wasserfall sprüht, dort stellt sich diese eigenartige Pflanzengesellschaft ein, die gänzlich verschieden ist von der angrenzenden, oft nur wenige Meter entfernten Vegetation. Am eindrucksvollsten sind die smaragdgrünen Moospolster, die sich im Sprühbereich des Wassers richtig breit machen. Dazu kommen lockere Verbände von niedrigen, feuchtigkeitsliebenden Stauden mit meist kahlen, glänzenden Blättern.

Innerhalb der Quellfluren ergeben sich Unterschiede aus dem Chemismus des Wassers: Kalkhaltiges Wasser wird von anderen Pflanzen gesäumt als neutrales bis schwach saures Wasser. Sammelt sich kalkarmes Wasser in nassen Mulden, Tümpeln und kleinen Seen, so bilden sich in den Alpen die ganz charakteristischen Verlandungsmoore, die von der weißschimmernden Alpen-Wollbinse geprägt sind. Bei kalkhaltigem Wasser entstehen auf ähnlichen Standorten die Alpenflachmoore, die in nasse Moorwiesen übergehen.

Scheuchzer's Wollgras

Eriophorum scheuchzeri

Sauergräser – *Cyperaceae*

K 10–35 cm hoch; Ausläufer treibend; Stengel stielrund; grundständige Blätter mit dunkelbrauner Blattscheide. ■ Ähre kugelig, endständig, zur Fruchtzeit 3 cm lang. ■ Blütezeit: Juni bis September.

S An Ufern hochalpiner Seen, im Schlamm kleiner Tümpel, im Verlandungsbereich von Mooren; nur auf sauren Böden. 1500–2900 m.

V Pyrenäen, Alpen (fehlt in Niederösterreich, in Oberösterreich sehr selten), Karpaten, Apenninen, nördliches und arktisches Europa, Nordamerika.

Die Blüte des Wollgrases ist, wie bei fast allen Gräsern und Sauergräsern, unscheinbar grünlich. Nach dem Verblühen allerdings wachsen die fadenartigen Blütenblätter zu langen, schneeweißen Haaren aus, an denen die Früchtchen hängen. Der blendende weiße Schimmer auf den Fruchtperücken entsteht durch totale Reflexion der lufthaltigen Haare, die – unglaublich zart und leicht – als Windfang und Fallschirm für die Früchtchen dienen.

Diese prächtige Pflanze bildet oft dichte, ausgedehnte Bestände, die im schneeigen Glanz ihrer Haarschöpfe den ganzen Alpensommer lang schon von weitem leuchten. Am Ufer von hochalpinen Seen trägt sie durch ihre Ausläufer, die weit ins Wasser vordringen, wesentlich zur Verlandung bei.

Die Fruchthaare wurden früher von den Bergbauern zum Füllen von Polstern verwendet oder ähnlich wie Watte in der Wundbehandlung gebraucht. Der Fasertorf der Blattscheiden wurde manchmal zu Fließpapier verarbeitet. Als Futterpflanzen sind alle Wollgras-Arten wegen ihrer rauhen und kieselsäurehaltigen Blätter ziemlich wertlos.

Die Gattung Wollgras ist in Mitteleuropa mit 6 Arten verbreitet. Durch Trockenlegung von Sümpfen, Entwässern von Mooren und Dränage von Feuchtwiesen wurden die einstmals reichlichen Vorkommen stark dezimiert. Heute sind auch die Bestände der alpinen Arten derart zusammengeschmolzen, daß sie, wie alle anderen Wollgras-Arten auch, unter Naturschutz stehen. Das nützt allerdings wenig, wenn nicht gleichzeitig die Feuchtbiotope erhalten werden.

Die auffallende Pflanze wurde von den Alpenbewohnern mit vielen Volksnamen belegt, die sich zumeist auf ihren Haarschopf beziehen.

Vierzähniger Strahlensame

Heliosperma quadridentatum

Nelkengewächse – *Caryophyllaceae*

K 5–20 cm hoch; ausdauernde, zarte, meist lockerrasig wachsende Pflanze. Vielstengelig; Stengel gabelig verzweigt; Blätter sehr schmal. ∎ Kelch kreiselförmig; Kronblätter schmal, weiß, selten rosa oder lila, 4zähnig, mit kurzem Krönchen. Fruchtkapsel eiförmig, so lang oder länger als der Kelch. Same stark zusammengedrückt, körnig rauh, strahlig bewimpert. ∎ Blütezeit: Juni bis September.

S In kalkreichen Quellfluren, Bachfluren, Bachgeröll, auf sickerfeuchten, schattigen Felsen, im feuchten Felsschutt; nur auf basischem kalkreichem Gestein. Oft auf Moospolstern wurzelnd, manchmal als Alpenschwemmling im Flußkies. 1200–2500 m.

V Pyrenäen, Jura, Alpen (selten in den zentralen Massiven), Korsika, Apenninen, Balkanhalbinsel, Karpaten.

Der Habitus des Vierzähnigen Strahlensamens ist mit einem Wort umschrieben: zart! Zart ist die dünne, reich verzweigte Wurzel, zart ist der aufsteigende, sehr dünne Stengel mit den haardünnen Blütenstielen, zart sind die schmalen, kleinen Blätter und erst recht zart sind die duftigen weißen Blüten. Es liegt nahe, daß so ein fragiles Pflänzchen im rauhen Hochgebirgsklima nur auf besonders begünstigten Standorten gedeihen kann. Wie könnte es den rauhen Winden standhalten, dem mörderischen Schnee- und Sandgebläse, dem klirrenden Frost? Der Alpenraum aber hat auch ökologische Nischen für derart hinfällige Pflänzchen, z.B. die Quellfluren. Hier gibt es Wasser im Überfluß, jeglicher Verdunstungsschutz ist daher entbehrlich, die Stürme blasen über diese geschützten Lagen hinweg und eine dicke Schneedecke bewahrt im Winter vor Frost.

Die flachen Samen des Strahlensamens ähneln mit ihren kammförmigen Wimpern winzigen Sonnen, daher auch der lateinische Name *Heliosperma,* wörtlich Sonnensame. Auch der deutsche Name Strahlensame bezieht sich auf diese Bewimperung, mit der eine Vergrößerung der Oberfläche bei geringerem spezifischen Gewicht erreicht wird.

Bach-Steinbrech

Saxifraga aizoides

Steinbrechgewächse –
Saxifragaceae

K Lockerrasige, ausdauernde Polster, bis 30 cm hoch, mit goldgelben Blüten bestickt; blühender Stengel aufsteigend, reich verzweigt; Blätter abstehend, fleischig, lineal-lanzettlich, am Rande steif bewimpert. ■ Blüten sternförmig, die leuchtend goldgelben Blütenblätter rotgelb getüpfelt. Pollen feuerrot, Nektarium gelb. ■ Blütezeit: Juni bis August.

S In Quellfluren, an Bachufern, auf berieseltem Schutt und Sand, in Flachmooren. Zwischen 800 und 3000 m, entlang der Bäche und Flüsse, oft weit hinabsteigend.

V Pyrenäen, Südjura, Alpen (Tiefenvorkommen an der Isar bis gegen München oder im Rheintal bis zum Bodensee), Karpaten, Apenninen, Illyrien, Balkanhalbinsel. Im Norden auf Spitzbergen, Irland, Britische Inseln, Skandinavien, Westsibirien, Grönland, Westkanada und Nordamerika.

Rieselt Wasser über Felsen, sprudelt eine Quelle oder schäumt ein Bach zu Tal, so stellt sich in nächster Umgebung auch der Bach-Steinbrech ein; am üppigsten wachsen seine triefenden Polster im Sprühbereich von Wasserfällen, sofern das Wasser kalkhaltig ist.

Neben dieser ökologischen Bindung an Wasser ist die Höhenlage zweitrangig, er besiedelt den Gletscherrand ebenso, wie er mit den Flüssen auch weit ins Tiefland hinabsteigt.

Die Blüten des Bach-Steinbrechs zeichnen sich durch besondere Auffälligkeit und reichliche Absonderung völlig offenen Nektars aus. Blütenbiologisch gehört die Art zu den Fliegenblumen. Der ganze Schauapparat seiner flachen Blüten, bei denen die rotgelben Tupfen auf den Blumenkronblättern als Honigmale fungieren, mit den frei zugänglichen, honigproduzierenden Nektarien, ist in erster Linie auf Fliegen ausgerichtet. Von diesen konnten über 85 Arten auch als Bestäuber beobachtet werden. Daneben kommen noch Hummeln, Wespen, Bienen, Tagfalter und Käfer zu den Blüten. Gelegentlich stellen sich auch Ameisen ein, die den Nektar rauben und die legitimen Blütengäste fernhalten.

Selbstbestäubung vermeidet der Bach-Steinbrech durch einen einfachen Trick: Die 10 Staubblätter entwickeln sich nacheinander, erst nach deren Verstäuben spreizen die Griffel und reifen die Narben.

Stern-Steinbrech

Saxifraga stellaris

Steinbrechgewächse –
Saxifragaceae

K 2–30 cm hoch; Blätter fleischig, glänzend grün, keilförmig, vorne gezähnt, oberseits drüsig behaart, in grundständigen Rosetten. Blütenstand eine meist endständige, ebensträußige Rispe. ▪ Blüten weiß, 1 cm im Durchmesser; Kronblätter am Grunde mit orangegelben Punkten. Die Frucht ist eine eiförmige, bauchig aufgeblasene Kapsel. ▪ Blütezeit: Juli, August.

S In Quellfluren, an Bachufern, in Sümpfen, auf überrieselten Felsen und Geröllen. Zwischen 1200 und 3000 m. Schneeschutzbedürftig.

V Von den 4 Rassen der Art sind in Mitteleuropa nur 2 beheimatet. Die Gesamtart ist in Europa auf den Gebirgen weit verbreitet: von Skandinavien bis Portugal, Mazedonien und Bulgarien. Außerdem im arktischen Rußland, in Sibirien, Nordamerika, Grönland, Spitzbergen und Island.

Der Stern-Steinbrech ist eine Charakterart der Quellflur, dessen zartem Habitus und glänzend grünen Blättern man die Abhängigkeit vom Wasser ansieht. So sehr ist er an das Wasserleben angepaßt, daß er völlig untergetaucht in 50 cm Tiefe noch kräftig grüne Rasen bilden kann, die dann allerdings nicht mehr blühen. Seine zierlichen, schneeweißen Blüten sind einmal allseitig symmetrisch, wenn sie auf senkrechten Stielen stehen, oder 2seitig symmetrisch, sobald sie auf nach außen geneigten, eher horizontalen Stielen sich entfalten. Zwar sind die kleinen Blüten, einzeln genommen, nicht besonders auffällig, zu einer reichblütigen Rispe vereinigt erfreuen sie sich jedoch lebhaften Insektenbesuches. Beim Stern-Steinbrech scheidet der oberständige Fruchtknoten an der Basis den Nektar aus, der offen dargeboten wird (Fliegenblume!). Die Staubblätter entwickeln sich nacheinander und noch vor der Narbe, wodurch eine lange Blühdauer erreicht und Selbstbestäubung zumeist vermieden wird. Nur in sehr hohen Lagen kommt es bei ausbleibendem Insektenbesuch auch zu Selbstbefruchtung.

Die Art spaltet in 4 Rassen mit etlichen Varietäten und Formen auf, die sich geografisch auf verschiedene Areale verteilen. Eine davon trägt zusätzlich zu den Blüten oder anstelle der Blüten Brutknospen in den Blattachseln und kann sich auch rein vegetativ vermehren.

Kies-Weidenröschen

Epilobium fleischeri

Nachtkerzengewächse –
Oenotheraceae

K 20–40 cm hoher Halbstrauch mit fleischiger Grundachse und aufsteigenden, buschigen, reich beblätterten Stengeln. Blätter wechselständig, lanzettlich, starr. Blütentrauben endständig, armblütig. ■ Blüten langgestielt und groß, 1,5 cm lang; Kelchblätter tief purpurn; Kronblätter 4, rosenrot. Frucht eine 4klappige Kapsel mit zahlreichen haarschopfigen Samen. ■ Blütezeit: Juli bis September.

S Zerstreut und gruppenweise in Fluß- und Bachkies, im Wildbachgeröll, auf Moränen, als Pionier auf feuchtem Schutt; auf mineralhaltigen, basischen bis sauren Rohböden. Mit den Bächen bis in die Tallagen herabsteigend, im Gebirge auf 2530 m.

V Nur in den Alpen, vor allem den Westalpen. In Bayern nur im Allgäu und in Oberschwaben.

Das Kies-Weidenröschen ist eine ausgesprochene Pionierpflanze auf offenem Geröll. Ihre kleinen, leichten, durch den langen Haarschopf außerordentlich flugtüchtigen Samen lassen die Art besonders geeignet

erscheinen, neue Standorte zu erobern. Ihre zahlreichen Ausläufer befähigen sie, den Standort auch gegen Konkurrenz zu behaupten.

In der Blüte fungiert der oberständige, beckenförmige Fruchtknoten sowohl als nektarabsondernde Drüse, als auch als Nektargefäß, in dem sich dieser sammelt. Die unten verbreiterten, zusammenneigenden Staubblätter und die Griffelhaare dienen als Saftdeckel, so daß der Nektar sehr sorgfältig geborgen ist. Grabwespen, Bienen und Falter wissen ihn trotzdem zu finden.

Die Blüte ist selbststeril, das bedeutet, daß bei eventuell einmal eintretender Selbstbestäubung die Pollenkörner auf der Narbe nicht keimen können. Von allen Einrichtungen der Pflanzen, mit denen sie Selbstbefruchtung vermeiden will, wie anatomische Eigentümlichkeiten oder die Reifung von Narben und Staubblättern zu verschiedenen Zeiten, ist die Selbststerilität die riskanteste. Kommt es nämlich zu keiner Fremdbestäubung, so bleibt die Pflanze überhaupt unfruchtbar. Nur Pflanzen mit sehr auffallenden Blüten (wie das Kies-Weidenröschen), oder Pflanzen mit vegetativer Vermehrung oder zumindest überdauernden Organen, können sich dieses Risiko leisten.

Mehl-Primel

Primula farinosa

Primelgewächse – *Primulaceae*

K 50–30 cm hoch; Blätter in Knospenlage nach hinten eingerollt, oberseits schwach runzelig, verkehrteiförmig bis länglich, auf der Unterseite mit stark mehligem Überzug. ■ Dolden reichblütig; Einzelblüten relativ klein; Krone rotlila bis hellpurpurn, selten weiß, mit intensiv gelbem Schlund. ■ Blütezeit: April bis Juli.

S In Quellfluren und Flachmooren, in sumpfigen Wiesen; im Hochgebirge auch auf trockenen, windexponierten Standorten. Von der Ebene bis 2900 m.

V Weitverbreitetste Art der Gattung: gemäßigte und subarktische Gebiete der nördlichen Halbkugel, südliche Anden und subarktisches Südamerika.

Die Mehl-Primel ist die häufigste der alpinen Primeln; sie ist über die Alpen hinaus auch noch im nördlichen Europa verbreitet. Der Entstehungsherd der Art dürfte jedoch in den asiatischen Gebirgen zu suchen sein, von wo aus sie, bedingt durch eiszeitliche und nacheiszeitliche Wanderungen, ihr Areal bedeutend vergrößern konnte. Möglicherweise besiedelte sie einmal in Mitteleuropa ein geschlossenes Gebiet, das im Gefolge der Wiederbewaldung nach der Eiszeit verkleinert und zerteilt wurde. Heute beschränken sich ihre Standorte im Vorland ausschließlich auf Flachmoore.

Die Pflanzen der Tieflandstandorte wachsen seit vielen Jahrtausenden von den alpinen Formen getrennt und haben in Anpassung an die verschiedenen Bestäuber auffallende Unterschiede im Bau der Blüte entwickelt. Die Mehl-Primel variiert in ihrem ausgedehnten Verbreitungsgebiet beträchtlich: Sie spaltet in 4 Unterarten auf.

Hochstaudenfluren

Wo einst die Gletscher ihre Einzugsbecken hatten, in den Karen, siedelt sich eine reizvolle, hochstengelige Pflanzengesellschaft an: die Hochstaudenflur. Auch im Geröll von Quellbächen, in Runsen und Lücken von Grünerlenbeständen, besonders gerne auf dem Grund von Dolinen finden wir sie, und inmitten der niedrigen, geduckten Gebirgsflora fallen ihre hochwüchsigen Gestalten mit den blattreichen Stengeln und den schattenden Blattflächen ungewöhnlich auf. Ihr Aussehen läßt schon Rückschlüsse auf den Standort zu: Sie ducken sich nicht – also leben sie wohl windgeschützt; sie verzichten auf alle verdunstungshemmenden Anpassungen wie filzige Behaarung, kleine, ledrige Blätter – daher steht ihnen wohl das lebensnotwendige Wasser reichlich zur Verfügung; ihre Stoffproduktion ist gegenüber der Wiese sehr reichlich – so müssen sie wohl auch nicht an Nährstoffen sparen.

Tatsächlich ist der Boden unter der lockeren Hochstaudenflur humusreich und mineralstoffreich, feucht bis frisch. Hochstaudenfluren sind unerhört farbenfroh, eindrucksvoll die leuchtend blauen Herden des Blauen Eisenhutes, gemischt mit Gelbem Eisenhut, Stacheliger Distel und Alpendost. Auch dem wunderschönen Türkenbund können wir hier begegnen.

Der Hochstaudenflur sehr ähnlich ist die Lägerflur: Wo das Vieh sich gerne aufhält, in der Nähe von Tränken und rund um die Almhütten und Ställe, wird der Boden sehr stark überdüngt. Daß des guten auch zuviel sein kann, zeigt uns die Lägerflur, die keineswegs eine besonders ertragreiche Weide, sondern größtenteils unproduktive Dungstätte ist. Auf diesen Flächen macht sich nämlich der Alpen-Ampfer breit, der im Bereich seiner rasch wachsenden, üppigen Blätter alle anderen Gräser und Kräuter verdrängt.

Weißer Germer

Veratrum album

Liliengewächse – *Liliaceae*

K 50–150 cm hohe, kräftige Staude; giftig! Blätter tief längsgefaltet, unterseits flaumig, 3zeilig angeordnet. ■ Blüten sternförmig-trichterig, in einer bis zu 50 cm langen Rispe, besonders bei Sonnenschein aufdringlich duftend. ■ Blütezeit: Juni bis August.

S Auf feuchten, nährstoffreichen Wiesen, Hochstaudenfluren und Lägerfluren sowie im Grünerlengebüsch. In der subalpinen Stufe zwischen 800 und 2000 m.

V Pyrenäen, Alpen, Mittelgebirge, Karpaten, südeuropäische Gebirge; Polen, Finnland, Sibirien, Altai, Japan, Arktis.

Die Art kann ohne Blüten leicht mit dem Gelben Enzian verwechselt werden (s. S. 197), von dem sie sich aber durch die flaumige Behaarung der Blattunterseiten, durch die innen weiße Wurzel (beim Enzian gelb) und durch den unangenehmen Geruch der Wurzel unterscheidet. Da der Weiße Germer stark giftig ist, die Wurzeln des Gelben Enzians jedoch

zum Schnapsbrennen verwendet werden, kann so eine Verwechslung verhängnisvoll sein. Vergiftungserscheinungen äußern sich durch Erbrechen, Durchfall, Muskelkrämpfe, Atemnot, Kollaps und führen ohne ärztliche Hilfe in 3–12 Stunden nach Aufnahme des Giftes zum Tod.

Wegen seiner Giftigkeit ist der Weiße Germer auch bestgehaßtes Weideunkraut, das zwar vom erfahrenen Großvieh stets unberührt bleibt, an dem jedoch immer wieder Kälber, Schafe und Ziegen zugrundegehen. Darüber hinaus raubt er den wertvollen Weidepflanzen Platz und Licht und saugt zudem den Boden noch stark aus. Deshalb bekämpfen die Sennen ihn durch Ausreißen und Ausgraben. Sie nennen ihn Brechwurz, Fieberstellwurz, Lauswurz, weiße Nieswurz.

Diese Volksnamen lassen erkennen, daß er auch eine alte Heilpflanze ist: Sein Wurzelstock liefert die offizinelle Droge »Rhizoma Veratri«. Eine Abkochung wird gegen Ausschläge, Krätzen und Flechten verwendet. Die Volksmedizin bereitet daraus eine Salbe, die auf schlecht heilende Wunden aufgelegt wird, und verwendet ihn gegen alle Art Hautparasiten und Ungeziefer bei Mensch und Tier.

Allermannsharnisch

Allium victorialis

Liliengewächse – *Liliaceae*

K 30–60 cm hohe, stattliche Staude mit 2–3 stengelständigen, länglich-elliptischen, relativ breiten (2–3 cm) Blättern. ■ Die gelblich-weißen Blüten in auffallende, kugelige Scheindolden vereinigt. ■ Blütezeit: Juli, August.

S Auf felsigen Hängen, hochrasigen Matten, meist gesellig wachsend; selten! Zwischen 1700 und 2400 m.

V Pyrenäen, Zentralmassiv, Alpen, Jura, Vogesen, Sudeten, Karpaten, Balkanhalbinsel, Kaukasus, Ural, Altai, Nordamerika.

Der Allermannsharnisch oder die Siegwurz, wie er auch genannt wird, ist ein uraltes Zauberkraut, dessen Zwiebel die Träger hieb- und stichfest machen und zum Siege führen sollte. Anlaß zu diesem Glauben war wohl, daß die Zwiebel von zahlreichen netzig-fasrigen Hüllen umgeben, also geharnischt ist. Sie soll aber auch Blut stillen und den Frauen die Geburt erleichtern. Wer die Zwiebel in der Hosentasche bei sich trägt, braucht die bösen Geister nicht zu fürchten; kreuzweise über die Stalltüre genagelt, bewahrt sie das Vieh vor Hexen, und den Kindern in die Wiege gelegt, schützt sie vor dem »Verschreien«. Ist aber gar der Wurzelstock menschenähnlich geformt, so handelt es sich um ein Glücks-Heinzel oder Galgenmännchen, und wer das um den Hals trägt, ist gefeit gegen alle bösen Einflüsse, hat Glück in der Liebe und im Spiel und bleibt verschont von dem Biß der giftigen Natter.

Man nannte diese absonderlich geformte Wurzelstöcke auch Alraun (die echte Alraune stammt von einer Mittelmeerpflanze), und so eine Allermannsharnisch-Alraune aus dem Besitz von Kaiser Rudolf II. wird noch heute in der Wiener Hofbibliothek aufbewahrt. In der Schweiz erzählt man sich, daß einst Zwerge auf der Alp Selurn gehaust haben. Auf dem Rückzug vor der Zivilisation haben sie sich in das »Wildmannlisloch« geflüchtet und zuletzt in den Wurzelstock des Allermannsharnisch verwandelt.

Die Blüten des Allermannsharnisch sondern reichlich Nektar ab und werden von über 40 verschiedenen Insektenarten besucht.

Türkenbund

Lilium martagon

Liliengewächse – _Liliaceae_

K 30–120 cm hoch; Blätter schmal, quirlähnlich am aufrechten, kräftigen Stengel angeordnet. ▪ Blüten in endständiger, lockerer Traube, groß, bogig herabgekrümmt; Kronblätter von lachsrosa bis purpurn, dunkel punktiert, dickfleischig und nach oben zurückgebogen. Die Staubfäden mit den braunroten Staubbeuteln ragen weit aus der Blüte heraus. Duftend. ▪ Blütezeit: Juli, August.

S Lichte Bergwälder, sonnige Bergwiesen, Waldränder, Gebüsche; auf kalkhaltigem Boden (Kalkzeiger).

V Fast ganz Europa, gemäßigtes Asien, Japan.

Der Name »Türkenbund« dieser stattlichsten, heimischen Lilie leitet sich von der turbanartigen Form der nach außen umgerollten Blütenblätter ab. Besonders abends und nachts verströmen die fremdartig anmutenden Blüten ihren schweren, süßen Duft, der langrüsselige Nachtfalter anlockt, die im Schwebeflug aus der nickenden Blüte den Nektar saugen. Anderen Blütenbesuchern bleibt die Nektarquelle verschlossen, denn der Zugang führt durch sehr enge, 10–15 mm lange Rinnen, die am Grunde jedes Blütenblattes in der Mitte verlaufen. Da den nach unten gerichteten Blüten auch jede Anflugpalette fehlt, sind sie ausschließlich auf Nachtfalter angewiesen. Bleiben diese aus, kommt es zu spontaner Selbstbestäubung: der Pollen fällt einfach auf die Narbe herab.

Die prächtige Pflanze wird mit vielen Volksnamen bedacht, die sich meistens auf die gelbe Zwiebel beziehen: Goldwurz, Goldzwifl, Goldruabn, Goldbölla, Goldapfel, Goldilge. Füttert man Kühe mit den gelben Zwiebeln (!), so soll davon die Butter schön gelb werden. Zahnenden Kindern hängte man die Türkenbundzwiebel als Amulett um den Hals; in der Volksheilkunde wurde sie auch gegen Hämorrhoiden (goldene Ader) gebraucht. Die Alchemisten wieder glaubten, mit Hilfe der Goldwurz unedles Metall in Gold umwandeln zu können.

Aus all diesen Verwendungen geht hervor, daß die heute meist schon beträblich seltene Lilie früher viel häufiger gewesen sein muß.

Frauenschuh

Cypripedium calceolus

Orchideengewächse – *Orchidaceae*

K 20–50 cm hoch; Laubblätter groß, kräftig, gerippt, mit feinen Härchen besetzt. ■ Blüten 5–8 cm groß, mit holzschuhartig aufgeblasener, gelber Unterlippe; äußere Blütenblätter lanzettlich, purpurn. Nach Aprikosen duftend. ■ Blütezeit: Mai, Juni.

S In Lichtungen von Bergwäldern, im Steingeröll der Hänge, an steinigen, buschigen Stellen. Vereinzelt von der Ebene bis über 1600 m in die Latschenregion steigend. Besonders auf Kalk. Sehr selten!

V Nordeuropa, Mitteleuropa, nördliche Mittelmeerländer, Kaukasus, Nordasien.

Der Frauenschuh ist wohl die bekannteste heimische Orchidee, die ihren tropischen Verwandten in Blütengestalt und Größe am meisten nahe kommt. Sie ist durch eine eigenartige Blütenbiologie ausgezeichnet, die sich im Blütenbau widerspiegelt: Die pantoffelförmige Unterlippe ist nach oben weit offen, ihre Ränder sind nach innen umgeschlagen. Verschiedene kleine Fliegen und andere Insekten, die, angelockt durch den Duft und den Farbenkontrast der Blüte, durch den bequemen Eingang in das Innere des Schuhes kriechen wollen, gleiten ab und stürzen in die »Kesselfalle«, aus der sie so schnell nicht wieder herauskommen. Die Innenwände des Schuhes sind nämlich durch ölartige Überzüge derart glatt, daß selbst Insektenfüße daran keinen Halt finden. Immerhin bietet der Frauenschuh seinen unfreiwilligen Gästen eiweiß- und zuckerhaltige Futterhaare, die sie abweiden. Den Durchschlupf zur Außenwelt finden sie, wenn sie einigen durchscheinenden, lichten Stellen im Hintergrund der Höhle zustreben. Dabei müssen sie sich zwischen den engen Wänden an der Narbe vorbeizwängen und beschmieren sich mit klebrigen Pollen, womit die Bestäubung gesichert ist.

Die meisten Bergwanderer kennen den Frauenschuh nur mehr von Bildern auf den Naturschutztafeln. Durch vandalisches Sammeln und Ausgraben ist diese Kostbarkeit der heimischen Flora so selten geworden, daß nur ganz Eingeweihte oder Glückskinder ihr auch in freier Natur begegnen. Heute ist die schöne Orchidee – leider zu spät – streng geschützt.

Alpen-Ampfer

Rumex alpinus

Knöterichgewächse – *Polygonaceae*

K Bis zu 2 m hohe, ausdauernde Pflanze. Wurzelstock dick, horizontal wachsend; Blätter sehr groß, bis 50 cm lang und fast ebenso breit, lang gestielt, rundlich-herzförmig, mit großer, weißer Scheide. Stengel verzweigt, aufrecht, tiefgefurcht, die blütenreiche Rispe tragend. ■ Frucht durch bleibende Blütenhüllblätter mit 3flügeligem Flugapparat versehen. ■ Blütezeit: Juli, August.

S Viehläger, überdüngte Wiesen und Weiden; Hochstaudenfluren. Meist herdenweise wachsend. Zwischen 1500 und 2500 m.

V Gebirge von Mittel- und Südeuropa. In Schottland und Nordamerika eingebürgert und verwildert.

Der Alpen-Ampfer wächst überall im Gebirge, wo Dung und Jauche hinkommt. Gleich nach der Schneeschmelze treibt er kleine, gelblichgrüne bis kupferrote Blätter, die sehr bald zu den riesigen, typischen Ampferblättern auswachsen und in ihrem Bereich alle anderen Gräser und Kräuter verdrängen. Da er vom Weidevieh wegen seines hohen Oxalsäuregehaltes nicht gefressen wird, gilt er bei den Älplern als lästiges Weideunkraut, obwohl seine Blätter, gekocht und wie Sauerkraut eingemacht, ein wertvolles, eiweißreiches Schweinefutter liefern. Er ist nur schwer auszurotten – einerseits wegen seines widerstandsfähigen Wurzelstocks, andererseits, weil seine Samen im Boden bis zu 13 Jahre keimfähig bleiben.

Die jungen Blätter werden in manchen Gegenden der Zentralalpen auch als Wildspinat gegessen. Seine großen Blätter werden zum Einwickeln der Butterknollen verwendet. Der Wurzelstock wird in der Volksmedizin, ähnlich wie Rhabarber, als Abführmittel gebraucht.

Die auffallende Art wurde mit vielen, manchmal nicht ganz salonfähigen Volksnamen bedacht: Scheißplätschen (nach seinem Standort, wo Mist liegt), Sauplotschen, Butterpletschen, Bergrhabarber.

Schlangen-Knöterich

Polygonum bistorta

Knöterichgewächse – *Polygonaceae*

K 30–100 cm hoch; Wurzelstock dickwalzlich, schlangenförmig gewunden, Ausläufer treibend. Grund- und Stengelblätter länglich-eiförmig, am Grunde gestutzt oder herzförmig, oberseits dunkelgrün, unterseits bläulichgrün; am Stengel über dem Blattansatz eine bräunliche, häutige Scheide. ■ Blüten sehr klein, hell- bis dunkelrosa; stehen in einer end- ständigen, dichten, walzenförmigen Scheinähre. ■ Blütezeit: Mai bis August.

S Häufig herdenbildend auf feuch- ten Wiesen und Hochstaudenfluren; auf nährstoffreichen, humosen Bö- den. Zwischen 800 und 2000 m.

V Arktisches bis gemäßigtes Euro- pa, einschließlich Alaska, Westasien, Nordchina; in den Gebirgen Süd- west- und Zentralasiens.

Der Schlangen-Knöterich trägt sei- nen Namen nach seinem schlangen- förmig gewundenem Wurzelstock. Durch sein massenhaftes Auftreten tönt er im Frühsommer die feuchten, fetten Bergwiesen in sein pfirsichfar- benes Rosa. Das Aufblühen der ein- zelnen Scheinähren erfolgt von un- ten nach oben in 2 Blühwellen. Die kleinen Blüten sondern reichlich Nektar ab und werden von vielen In- sekten besucht.
Sein geselliges Wachstum ist durch die Entwicklung seiner zahlreichen Ausläufer bedingt. Mit dieser aus- geprägten vegetativen Vermehrung steht wohl die schlechte Keimfähig- keit seiner Samen in Zusammen- hang. Der Schlangenknöterich eig- net sich besonders gut als Grünfut- ter, hingegen bringt er kein ergiebi- ges Heu, weil seine Blätter zu stark schrumpfen.
In vielen Gegenden wird er im Früh- ling als Wildsalat und Wildspinat gerne gegessen. Auf der Signaturen- lehre basierend, war die Wurzel lan- ge Zeit als Mittel gegen Schlangen- bisse in Gebrauch. Im Mittelalter wurde sie auch gegen Pest und Blut- krankheiten verwendet. Wegen sei- nes Gehaltes an Gerbstoffen emp- fiehlt ihn die Volksmedizin auch heu- te noch als Mittel gegen Durchfall und als Gurgelwasser bei Entzün- dungen der Mundschleimhaut.
Die auffallende Pflanze wurde mit vielen Volksnamen belegt: Otter- wurz, Otternzunge, Lämmerzunge, Hammelschwanz, Lampenputzer.

Gewöhnliche Akelei

Aquilegia vulgaris

Hahnenfußgewächse –
Ranunculaceae

K 30–80 cm hohe Staude; grundständige Blätter langgestielt, doppelt 3teilig; Stengelblätter kleiner und einfacher. ■ Blüten an langen Stielen, nickend, bis 5 cm im Durchmesser, dunkelblau-violett, selten rosa bis weiß. Die äußeren 5 Blütenhüllenblätter eiförmig, waagrecht abstehend; die inneren 5 Honigblätter kapuzenförmig, jedes davon mit hakenförmig gekrümmtem Sporn. Staubblätter büschelförmig. Nicht selten auch gefüllte Blüten. ■ Blütezeit: Mai bis Juli.

Dunkle Akelei *(A. atrata)* mit Hummel.

S Schattige Wiesen, lichte Wälder, Hochstaudenfluren; gerne auf kalkhaltigen, frischen Lehmböden. Von der Ebene bis auf 2100 m.
V West-, Mittel- und Südeuropa, Nordafrika, gemäßigtes Asien.

Bei der Akeleiblüte entwickeln sich zuerst die Staubblätter und erst später reifen auch die Narben. In ihrer Blütenform ist sie ganz an Bienen und langrüsselige Hummeln angepaßt: Die Blütenbesucher hängen sich von unten an die nickenden Blüten, halten sich mit den Vorderbeinen an der Randöffnung zum Sporn an und dringen mit dem Kopf in den Sporn ein. Bei jungen Blüten berühren sie dabei zuerst die mit Pollen bedeckten Staubbeutel, den sie bei älteren Blüten vom Hinterleib auf die Narbe abstreifen. Nicht selten rauben kurzrüsselige Hummeln den Nektar, indem sie den Sporn an der Umbiegungsstelle anbeißen. Nachfolgende Blütenbesucher benützen dann gleichfalls den »kurzen« Weg; Bestäubung und Fruchtansatz bleiben in diesem Falle aus.

Die auffallende Blütenform gab Anlaß zu vielen Volksnamen, wie Zigeunerglocken, Teufelsglocken, Kaiserglocken, Narrenkappen, Tintenglokken.

Die glänzend schwarzen Samen der Art, die in den Balgfrüchten reifen, enthalten 2 Alkaloide, 1 Nitrilglykosid und Lipasen. Die ganze Pflanze ist giftverdächtig. Wurzeln Blüten und Samen wurden im frühen Mittelalter gegen Geschwüre, Ausschläge und Krebs angewandt, in der Renaissance auch als Aphrodisiakum.

Eine nahe verwandte Art ist die Dunkle Akelei *(Aquilegia atrata)* mit dunkelbraun-violetten Blüten.

Akeleiblättrige Wiesenraute

Thalictrum aquilegifolium

Hahnenfußgewächse –
Ranunculaceae

K 40–120 cm hohe Staude; Stengel aufrecht, verzweigt, Blätter groß, 2–3fach gefiedert, mit kleinen, rundlichen Abschnitten, kahl, bläulich bereift. ■ Blüten in reichblütiger Rispe; Kelchblätter hinfällig; Kronblätter fehlend; Staubblätter sehr zahlreich; Staubfäden keulig verdickt, violettlila oder hell lila. Duftend! ■ Blütezeit: Mai bis Juli.

S Hochstaudenfluren, feuchte Wiesen, Auen. Von den Tälern bis auf 2300 m steigend. Nährstoff- und Feuchtigkeitszeiger.

V Von den Pyrenäen bis an die Wolga, vom Altai bis Ostasien.

Bei der Akeleiblättrigen Wiesenraute – die Blätter ähneln denen der Akelei tatsächlich verblüffend – haben die sehr zahlreichen, auffallend gefärbten Staubblätter die Funktion des Schauapparates übernommen. Diese Art des Blütenbaus ist einmalig in der heimischen Flora, bilden doch in der Regel die lebhaft gefärbten Blumenkronblätter allein oder zusammen mit Kelch, Staubblättern und Stempel, zuweilen auch gefärbte Hochblätter, den Schauapparat, der die bestäubenden Insekten anlocken soll. Im Mediterrangebiet allerdings lockt auch die echte Myrthe mit ihren schneeweißen, zahlreichen Staubblättern die Blütenbesucher, und außerhalb Europas ist es durchaus nichts Ungewöhnliches: Die australischen Eukalypten und die afrikanischen Akazien, bei uns in den Blumenhandlungen fälschlicherweise »Mimosen« genannt, folgen in ihrem Blütenbau dem gleichen Prinzip wie unsere Akeleiblättrige Wiesenraute.

Bei ihren duftigen Blüten funktioniert jedenfalls diese Art der Anlockung ausgezeichnet. Obwohl sie keinen Nektar bietet, wird sie vor allem von pollensammelnden Bienen und pollenfressenden Fliegen und Käfern reichlich besucht.

In den Blättern dieser Art findet sich ein gelber Farbstoff, der gelegentlich zum Färben der Wolle verwendet wurde. Volksnamen wie Kaisertee, Brusttee und Lungenkraut deuten darauf hin, daß die Pflanze vormals auch als Heilkraut in Gebrauch war. Die attraktive Pflanze hat als Zierpflanze auch Eingang in die Gärten gefunden, obwohl ihre Kultur nicht einfach ist. Sie verlangt einen halbschattigen, leicht sauer-humosen, feuchten Standort.

Blauer Eisenhut

Aconitum napellus

Hahnenfußgewächse –
Ranunculaceae

K 50–150 cm hohe Staude mit
schwärzlicher, rübenartiger Wurzel;
giftig! Blätter handförmig 5–7teilig,
mit schmalen, linearen Abschnitten,
oberseits dunkelgrün, unterseits
lichtgrün, glänzend. ▪ Blütenhülle
tiefblau, kronblattartig, 5zählig; das
oberste Blütenblatt, der »Helm«, die
2 langgestielten Honigblätter sturm-
hutartig umschließend. ▪ Blütezeit:
Juli bis September.

S Hochstaudenfluren, Lägerfluren,
Bachufer, auch in Flußauen. Von der
Bergstufe bis auf 3000 m.

V In verschiedenen, geografisch
geschiedenen Rasen in den Gebirgen von fast ganz Europa (besonders Alpen, Karpaten), im Norden bis
Schweden; verbreitet.

Blauer Eisenhut mit Lapplandhummel als
Bestäuber.

Alle Eisenhutblumen sind klassische
Hummelblumen, die derart an Hummeln angepaßt sind, daß sie nur im
Verbreitungsgebiet dieser Insekten
vorkommen.
Die Gattung Eisenhut wird als eine
uralte, arktische Gattung aus dem

Gelber Eisenhut *(Aconitum lycoctonum).*

Tertiär angesehen, die sich von Sibirien aus über Europa, Asien und
Amerika ausgebreitet hat, wobei als
Auslöser der pflanzlichen Wanderung die Eiszeiten gelten.
Alle Pflanzenteile der Eisenhut-Arten,
besonders aber die Wurzelknollen,
sind stark giftig. Sie enthalten die giftigen Alkaloide Aconitin und Napel-
lin. Man verwendete sie schon im Altertum als Pfeil- und Mordgifte. Später, zuletzt noch im Ersten Weltkrieg,
gebrauchte man die giftige Pflanze,
um Schmerzen zu lindern. Heute
noch wird sie in der Homöopathie
als wirksames Mittel bei Erkältungs-
krankheiten, Neuralgien und Ge-
lenkserkrankungen geschätzt.
Eine nahe verwandte, gleichfalls im
Gebirge wachsende Art ist der Gelbe oder Wolfs-Eisenhut *(Aconitum
lycoctonum)* mit blaßgelben Blüten
und walzlichem, an der Spitze aufge-
blasenem Helm. Die Helmspitze findet man häufig von honigraubenden
Hummeln angebissen.
Der Name »Wolfs«-Eisenhut geht auf
seine Verwendung zum Vergiften von
Wölfen und Füchsen zurück, wie
überhaupt auch die Volksnamen auf
die große Giftigkeit der Pflanze hin-
weisen: Hundstod, Ziegentod usw.

Schneerose

Helleborus niger

Hahnenfußgewächse –
Ranunculaceae

K 10–30 cm hoch; giftig! Wurzelstock schwarz; Blätter überwinternd, ledrig, fußförmig, 7–9teilig. ▪ Blüten groß, weiß oder rosa, beim Abblühen grünlich oder purpurn. ▪ Blütezeit: (November, Dezember), Februar und März.

S In subalpinen Buchenwäldern, lichten Kiefernwäldern bis in Hochstaudenfluren; kalkliebend. Bis auf 1800 m.

V Nördliche und südliche Kalkalpen, Voralpen; Provence, Tessin, Krainer Berge, Kroatien, Apenninen.

Dieses hübsche Hahnenfußgewächs ist vor allem wegen seiner extrem frühen Blütezeit bekannt und beliebt. In milden Wintern öffnen sich ihre Blüten an sonnigen, geschützten Stellen schon um die Weihnachtszeit (Christrose), selbst tief unter dem Schnee kann man fast fertige Blüten ausgraben.

Der Schauapparat der großen Blüte wird von den 5 weiß gefärbten Kelchblättern gebildet, die erhalten bleiben, während die 5 Kronblätter in röhrenförmige, nektarabsondernde Honigblätter umgewandelt sind.

Die Samen der Schneerose besitzen einen Ölkörper (Elaiosom), der von Ameisen gerne gefressen wird, die den Samen dabei verschleppen und verbreiten. Dabei fällt die Reifezeit der Samen in den Frühsommer, die Hauptsammelzeit der Ameisen. Auch Schnecken können die Samen verbreiten.

Die Wurzel der Schneerose, früher als »Radix Hellebori nigri« offizinell, enthält das intensiv bittere Diglykosid Helleborin aus der Digitalisgruppe, das stark herzwirksam ist. In der Volksmedizin heißt es davon: 3 Tropfen machen rot, 10 Tropfen machen tot!

Im Altertum galt die Wurzel in Wein gekocht als verläßliches Mittel gegen Geisteskrankheiten. Die Volksheilkunde verwendet sie auch heute noch als Brech- und Abführmittel sowie gegen Wassersucht und Harnverhalten. Wegen ihres hohen Giftgehaltes ist jedoch davon dringend

abzuraten: Bei Vergiftungen treten Schwindel, Schluckbeschwerden, Durchfall und schließlich Kreislaufzusammenbruch auf. Im frischen Zustand riecht der Wurzelstock scharf ranzig und reizt zum Niesen (Nieswurz).

Viele Volksnamen beziehen sich auf die frühe Blütezeit oder auf Heilwirkungen: Christrose, Schneebleamal, Märzenkaibl, Krätzenblum.

Eisenhutblättriger Hahnenfuß

Ranunculus aconitifolius

Hahnenfußgewächse –
Ranunculaceae

K 20–30 cm (in Ausnahmefällen sogar 130 cm) hohe Staude mit aufrechtem, oben verzweigtem Stengel. Grundblätter langgestielt, 3–7teilig, mit tief gesägten Abschnitten, auf der Unterseite zerstreut behaart. ■ Die 5 Kelch- und 5 Blütenblätter weiß; erstere oft rötlich überlaufen und bald abfallend. Blüten 1–2 cm im Durchmesser. ■ Blütezeit: Mai bis Juli.

S In Hochstaudenfluren, an Bächen und Quellen, auf sickernassen Stauwiesen, in lichten Schluchtwäldern; auf feuchten, nährstoffreichen, humosen, sandigen bis lehmigen Böden in feucht-kühler Klimalage. Von den Tälern bis auf 2600 m.

V Spanische und französische Gebirge, Jura, Alpen, isoliert in Jugoslawien, Mittelgebirge von Westfalen bis Böhmen. Fehlt in Großbritannien und Rußland.

Die Blätter des Eisenhutblättrigen Hahnenfußes ähneln tatsächlich den Laubblättern des Eisenhutes, nach dem er seinen Artnamen hat. Er ist giftverdächtig. Vom Weidevieh wird er verschmäht. Gerade deshalb aber breitet er sich auf Wiesen und Weiden aus und wird somit zum lästigen Unkraut, das den wertvollen Futterpflanzen Licht und Nährstoffe wegnimmt. Da er ausgesprochen düngerliebend ist, vermehrt eine Düngung noch das Übel.

Die auffallende Pflanze wird mit vielen Volksnamen belegt: Weißer Hahfuß, Fideritsch, Fideris, Schwalbenkraut, Schwalbenwurzel, Hernskablume. Letzter Name bezieht sich auf seine Verwendung als Heilkraut: Der Saft der Pflanze soll, auf Hornissenstiche aufgetragen, verhindern, daß der Körperteil anschwillt (Hernska = Hornisse).

Die Art variiert sehr hinsichtlich Blattform und Blütengröße, es treten auch ausgesprochene Zwergformen auf, die aber systematisch ohne Bedeutung sind. Hingegen werden manchmal 2 Kleinarten unterschieden, von denen *Ranunculus aconitifolius* oder Eisenhutblättriger Hahnenfuß dicke, behaarte Blütenstiele besitzt und vorwiegend feuchte Wiesen besiedelt, während *Ranunculus platanifolius* oder Platanenblättriger Eisenhut kahle Blütenstiele mit nicht bis zum Grund geteilten Blättern hat.

Trollblume

Trollius europaeus

Hahnenfußgewächse –
Ranunculaceae

[K] 10–60 cm hoch; Stengel unverzweigt mit endständiger Blüte. Blätter handförmig geteilt; Grundblätter langgestielt; Stengelblätter sitzend. ▪ Blüte eine geschlossene, gelbe Kugel von 2–3 cm Durchmesser, von 10 Blumenkronblättern und 5–10 Nektarblättern gebildet; schwach duftend. Giftig. ▪ Blütezeit: Mai, Juni.
[S] Häufig auf frischen, feuchten Fettwiesen, in Flachmooren und Hochstaudenfluren. Von der Ebene bis 3000 m.
[V] Nord-, Mittel- und Osteuropa.

Der Name *Trollius* und Trollblume hat im Althochdeutschen sowie im Lateinischen die gleiche Sprachwurzel: »troll« bedeutet kugelrund, »trulleus« = kugelrundes Gefäß.
Für Insekten ist es nicht ganz einfach, in die rundum beinahe ganz geschlossene Blüte zu gelangen. Nur bei Sonnenschein öffnet sich ein kleiner Zugang oberhalb der Narben, durch den sich die kleinen Fliegen und Käfer ins Blüteninnere hineinzwängen müssen. Dabei laden sie zuerst den mitgebrachten Pollen auf den Narben ab und stäuben sich beim weiteren Vordringen in das Blüteninnere erneut mit Pollen ein. Vor allem in nördlichen Gebieten lebt eine winzige Fliegenart dauernd in den Blüten und fungiert auch als Bestäuber. Oft dienen die Kugelblumen kleinen Insekten auch als geschütztes Nachtquartier.
Die Trollblume ist ausgesprochen höhenvag. Von den Tälern steigt sie bis ins Hochgebirge.

Rosenwurz

Rhodiola rosea

Dickblattgewächse – *Crassulaceae*

K 10–35 cm hohe, verzweigte Staude. Grundachse walzlich, fleischig, nach Rosen duftend. Stengel aufrecht, hellgrün, beblättert; Blätter lanzettlich, fleischig, gesägt, zur Blüte hin gehäuft; Blattspitzen rot überlaufen. ▪ Blüten zahlreich, endständig in Trugdolden, gelb oder rötlich. ▪ Blütezeit: Juni, Juli.

S In Hochstaudenfluren, auf Felsschutt, Moränen, in Schluchten und Gebüschen; auf sickerfeuchten, humusreichen Böden; bevorzugt kalkarmen Untergrund. Eher selten. 1000–3000 m.

V Alpen: vor allem in den Zentral- und Südalpen; in den Nordalpen nur von der Enns ostwärts; Pyrenäen, Vogesen, Sudeten, Balkan-Gebirge; Britische Inseln, Skandinavien, Lappland, Island, Sibirien, Mongolei, China, Grönland, Labrador.

Bei der Rosenwurz verstärken die rot überlaufenen Blattspitzen die Schauwirkung des Blütenstandes. Die wenig auffallenden, rötlich-gelben Einzelblüten sind meist eingeschlecht-

lich, nur selten zwittrig. Im letzteren Fall reifen die Staubblätter vor den Narben, um eine Fremdbestäubung zu gewährleisten. Der Nektar wird von plattenförmigen Honigdrüsen am Grunde des Fruchtknotens abgesondert. Als Bestäuber kommen vor allem Fliegen in Betracht, seltener besuchen auch Ameisen die Blüten.

In ihren Standortsansprüchen zeigt die Art ein sehr verschiedenes Verhalten: So ist sie z. B. in der Schweiz ausgesprochen hochalpin und kalkscheu, in den niederösterreichischen Voralpen hingegen (Dürrenstein) nur auf Kalk in der Latschenregion zu finden.

Der Name Rosenwurz bezieht sich auf die nach Rosen duftende Grundachse, die früher als »Radix Rhodiae« offizinell war. Man verwendete sie innerlich gegen Kopfschmerzen. Die frischen, zerdrückten Blätter werden auch heute noch in der Volksmedizin als schmerzstillendes und kühlendes Mittel gebraucht und auf entzündete Wunden gelegt. In Niederösterreich galt sie wegen ihres Tanningehaltes als bewährtes blutstillendes Mittel; das Bestreichen blutender Wunden mit dem Saft der Pflanze hieß »Blutversiegeln«.

Wegen ihres angenehmen Duftes wurde die Rosenwurz in früheren Jahrhunderten auch gerne in Gärten angepflanzt, besonders in Italien, Frankreich, Holland und England.

Rundblättriger Steinbrech

Saxifraga rotundifolia

Steinbrechgewächse –
Saxifragaceae

K 15–70 cm hoch; Grundblätter rundlich, herz- bis nierenförmig, grob und ungleich gekerbt gezähnt, lang gestielt, weich, kahl bis mäßig behaart. ▪ Blüten in lockerer, reichblütiger Rispe, weiß, 1–2 cm im Durchmesser; 5 Kronblätter, am Grunde mit gelben oder purpurnen Punkten; 10 Staubblätter, fast doppelt so lang wie die Kelchblätter. Die Frucht ist eine eiförmige Kapsel. ▪ Blütezeit: Juni bis September.

S Häufig und gesellig an feuchten und schattigen Stellen, in Bachschluchten, Karfluren und Hochstaudenfluren; oft tief herabsteigend. 1000–2300 m.

V Pyrenäen, Zentralmassiv, Jura, Alpen, Karpaten; südeuropäische Gebirge von Spanien über Sizilien bis Armenien und zum Kaukasus.

Die geschützten Hochstaudenfluren beherbergen eine Reihe von Pflanzen, die dem rauhen Alpenklima auf ausgesetzten Standorten nicht gewachsen wären. Eine solche Art ist auch der Rundblättrige Steinbrech, dem man es an seinem ganzen Habitus ansieht, daß er weder Verdunstungsschutz noch Windschutz braucht. Im Gegensatz zu den hochalpinen Steinbrech-Arten, die meist niedrige Polster bilden, kann er es sich leisten, mehr als 50 cm in die Höhe zu wachsen. Ebenso lassen die weichen, fleischigen Blätter erkennen, daß sie hinreichend mit Wasser versorgt werden. Die Blüten sind ausgeprägt »vormännig«, d. h. die Staubblätter reifen vor den Stempeln, um eine Selbstbestäubung zu vermeiden. Der frei zugängliche Nektar wird in kleinen Tröpfchen an der fleischigen Basis des Fruchtknotens abgesondert. Gelbe und purpurne Punkte weisen als Honigmale den Blütenbesuchern, meist kleinen Fliegen, den Weg.

In der Volksheilkunde wurde der Rundblättrige Steinbrech bei Erkrankungen der Lunge angewendet und heißt deshalb noch in einigen Gegenden der Schweiz »Lungechrut«. In den Stengeln und Blättern wurde Cholin nachgewiesen.

Wegen seiner Ähnlichkeit mit dem Sanikel *(Sanicula europaea)* heißt er auch Bergsanikel oder Alpensanikel.

Wald-Storchschnabel

Geranium silvaticum

Schmetterlingsblütler – *Fabaceae*

K 30–70 cm hohe Halbrosettenstaude mit dickem Erdstock. Ganze
Pflanze oberwärts drüsig behaart.
Laubblätter meist grundständig, in
5–7 gezähnte Lappen geteilt; Nebenblätter lanzettlich, rotbraun. ■
Blütenstand reichblütig; Blüten zu 2,
gestielt, im Knospenstadium nik-
kend, später aufrecht; Krone 5zählig,
3–3,5 cm im Durchmesser, radförmig, rot bis blauviolett. Kelchblätter
frei mit abgesetzter Granne; Staubblätter 10; Griffel mit 5 Narben. Frucht
zerfällt in 5 seidig-zottige Teilfrüch-
tchen mit langem, einrollendem
Schnabel. ■ Blütezeit: Juni bis August.

S In Hochstaudenfluren und Lägern, in kräuterreichen Bergwäldern
und Gebüschen, in Fettwiesen. Von
den Tälern bis auf 2500 m.
V Mittel- und südeuropäische Gebirge und deren Vorländer, Nordeuropa, mittel- und nordasiatische
Gebirge.

Der Name »Storchschnabel« bezieht
sich auf die Gestalt der Frucht, die
zusammen mit dem geraden Fruchtstiel dem vorgestreckten Hals und
Kopf eines fliegenden Storches oder
Kranichs (*Geranium* = Kranich) ähnelt. Der nahe verwandte Reiher-
schnabel hingegen ähnelt mit seinem bogig gekrümmten Fruchtstiel
dem zurückgebogenen Hals und
Kopf eines fliegenden Reihers.
Beim Wald-Storchschnabel werden
die Samen durch einen aktiven
Schleudermechanismus verbreitet.
Dabei krümmt sich der Fruchtschna-
bel mitsamt dem Fruchtlappen ruck-
artig elastisch aufwärts und schleu-
dert dabei die Samen fort.
Die getrockneten Blüten wurden auf
Island schon in vorchristlicher Zeit
zum Blaufärben von Geweben verwendet. Heute werden sie noch in
manchen Gegenden Deutschlands
zum Färben der Ostereier gebraucht.
Der Wurzelstock wurde früher in der
Volksmedizin als blutstillendes Mittel
geschätzt.
Nicht beliebt ist die Art als Weide-
pflanze, wo sie besonders auf feuchten, gedüngten Wiesen zu einem
lästigen Unkraut wird, weil sie durch
ihren starken Wuchs die Futtergräser
verdrängt. Vom Vieh wird die Pflanze
nur im ganz jungen Zustand gefressen, später verschmäht, das Heu ergibt ein geringwertiges Futter.

Alpen-Mannstreu

Eryngium alpinum

Doldenblütler – *Apiaceae*

K 30–80 cm hohe, distelähnliche Pflanze. Aus einer rübenförmigen Grundachse den 1- bis mehrköpfigen, gerillten Stengel treibend. Grundblätter langgestielt, ungeteilt, 3eckig-eiförmig, am Grunde tief herzförmig, ungleich grannig gesägt. ▪ Blütenstand kopfig, bis 5 cm lang, amethystfarben überlaufen. Hüllblätter fiedrig, langborstig stechend, gesägt; Kelchblätter lanzettlich, in eine Dornenspitze auslaufend; Blüten klein, weiß, zahlreich. ▪ Blütezeit: Juli bis September.

S Selten; in Hochstauden- und Karfluren, auf fetten Wildheuplanggen; über kalkreichem Gestein. Zwischen 1500 und 2500 m.

V In den Alpen, vor allem den West- und Südalpen; von den Seealpen und Zentralalpen ostwärts bis zum Rhätikon und Graubünden; Kroatien, Bosnien, Montenegro; französischer Hochjura. Alpin-illyrische Gebirgspflanze.

Dieses prächtige Doldengewächs im Gewand einer Distel bietet ein eindrucksvolles Beispiel für einen extrafloralen Schauapparat. Darunter versteht man, daß nicht die eigentliche Blüte selbst die Anlockung der Insekten übernimmt, sondern außerhalb der Blüte liegende, besonders gefärbte oder gestaltete Hochblätter. Beim Alpen-Mannstreu ist es die fein ausgezackte, amethystfarbene Halskrause aus Hochblättern, die als Schauapparat dient, während die unscheinbaren, kleinen, weißen Blüten dabei kaum beteiligt sind. Die dornige Blütenhülle erfüllt noch 2 weitere Schutzfunktionen: Sie schließt sich bei Nässe und Dunkelheit, und sie wehrt Schnecken, Raupen und natürlich auch das Weidevieh ab.

Die seltene und attraktive Pflanze steht unter strengem Naturschutz. Wer den Alpen-Mannstreu in seinem Garten haben will, kann ihn trotzdem leicht aus Samen ziehen. In manchen Alpengegenden ist er eine Zierde von Bauerngärten und Friedhöfen, besonders ergreifend auf dem Soldatenfriedhof aus dem Ersten Weltkrieg am Plöckenpaß.

Der Gattungsname Mannstreu soll von der Verwendung des nahe verwandten Feld-Mannstreu *(Eryngium campestre)* als verläßlich wirkendes Aphrodisiakum und als Liebeszauberwurzel herrühren.

Schwalbenwurz-Enzian

Gentiana asclepiadea

Enziangewächse – *Gentianaceae*

K 30–70 cm (100 cm) hohe Pflanze, bei der aus verholzter Grundachse mehrere aufrechte oder oft überhängende, unverzweigte, dichtbelaubte und vielblütige Stengel treiben. Blätter eiförmig-lanzettlich, 3nervig, lang zugespitzt, an der Sonne kreuzweise gegenständig, im Schatten kammförmig-2zeilig gedreht. ■ Blüten zu 1–3 in den oberen Blattachseln sitzend, oft nach der gleichen Seite gedreht; Kelch glockig; Krone trichterförmig, keulig-glockig, dunkel azurblau, innen dunkel punktiert, violett, oft weiß gestreift, mit 5 dreieckigen Zipfeln und je 1 stumpfen Zahn dazwischen. ■ Blütezeit: August bis Oktober.

S In Bergwäldern, auf feuchten Wiesen und Weiden, auf staudenreichen Hängen, auf Holzschlägen; meist auf kalkhaltigen, tonigen Lehmböden. Von den Tälern bis 2200 m steigend.

V Gebirge von Süd- und Mitteleuropa, nördlich bis zum Riesengebirge; Karpaten, Südwestpolen, Kaukasusländer.

Der Name Schwalbenwurz-Enzian bezieht sich auf die Ähnlichkeit seiner Blätter mit der Schwalbenwurz. Die Blüten, in denen der Nektar tief am Grunde der Blumenkronröhre vom Fruchtknoten abgesondert wird, werden von langrüsseligen Hummeln bestäubt. Sehr häufig beißen aber auch kurzrüsselige Hummeln ein Loch in die Kronröhre und rauben den Honig.

Der Schwalbenwurz-Enzian ist eine alte Heil- und Zauberpflanze. Dementsprechend zahlreich sind auch seine Volksnamen: etwa Blaue Kreuzwurz, nach den gekreuztgegenständigen Blättern; oder Geiß-Leitern, nach den leiterförmigen Schattenblättern; oder Hirschbrunft-Enzian, nach seiner späten Blütezeit. Wie alle Enzian-Arten enthält die ganze Pflanze, insbesondere aber die Wurzel, bittere Glykoside und wurde ehedem als »Radix asclepiadeae« medizinisch verwendet. In der Volksheilkunde schrieb man dem Schwalbenwurz eine Heilkraft gegen Tollwut zu und gebrauchte ihn bei Hundebiß (Bitzwurzen), in der Tierheilkunde als Mittel gegen Klauenerkrankungen (Kloawurz). Als Zauberkraut mit dem altertümlichen Namen »Dorant« sollte er vor Hexen schützen.

Gelber Enzian
Gentiana lutea

Enziangewächse – *Gentianaceae*

K Stattliche, 45–140 cm hohe, kahle Pflanze mit bis armdicker, wenig verzweigter Pfahlwurzel. Stengel einfach, stielrund, hohl; Blätter sehr groß, elliptisch, blaugrün, stark bogennervig gerippt. ■ Blüten langgestielt, in 3–10blütiger Trugdolde in den Achseln der schalenförmigen Hochblätter sitzend. Kelch häutig, blaßgelb, geschlitzt; Krone radförmig, fast bis zum Grund 5–6teilig, goldgelb. ■ Blütezeit: Juni bis August.

S Auf ungedüngten Mähwiesen, in Karfluren, Hochstaudenfluren, Gebüschen. Von den Tälern bis auf 2500 m aufsteigend.

V Besonders in den West- und Zentralalpen (fehlt östlich des Inn in den Ostalpen), Voralpen, Jura, Vogesen, Schwarzwald, Karpaten, Illyrien, Sardinien, Korsika, Balkan, Kleinasien.

Die Blüte des Gelben Enzians ist im Verhältnis zu den anderen Enzian-Arten sehr einfach gebaut: Der Nektar wird am Grunde der gespaltenen Krone reichlich und für jedermann frei zugänglich dargeboten. Der Bestäuberkreis ist daher gemischt: Fliegen, Hummeln, Falter, Käfer.
Der Gelbe Enzian ist eine alte Heilpflanze, die in ihrer Wurzel den stärksten Gehalt an Bitterstoffen von allen Enzian-Arten aufweist. Er liefert die Droge »Radix Gentianae«, die vor allem als Magenmittel verwendet wird, in der Volksmedizin auch gegen Fieber, Gicht, Hypochondrie, Malaria, Darmparasiten und Alkoholismus. Der Enzian ist das Paradebeispiel für eine Bitterstoffdroge, die noch in einer wäßrigen Verdünnung von 1:200 000 deutlich bitter schmeckt. Diese Tatsache ist auch ein Argument für die Homöopathie, die mit ähnlichen Verdünnungen arbeitet.
Vor allem zur Herstellung des berühmten Enzianschnapses, der aus der vergorenen Wurzel gebrannt wird, wurde er früher massenhaft ausgegraben, so daß er, obwohl früher ausgesprochen häufig, an vielen Stellen schon ausgerottet wurde.
Der Gelbe Enzian wächst sehr langsam, beginnt erst im Alter von 10 Jahren zu blühen, kann dann aber 40–60 Jahre alt werden. Im sterilen Zustand kann er leicht mit dem tödlich giftigen Weißen Germer verwechselt werden (s. S. 180).

Punktierter Enzian

Gentiana punctata

Enziangewächse – *Gentianaceae*

K 20–60 cm hohe Pflanze mit aufrechtem, kantigem, beblättertem, im oberen Teil oft metallisch überlaufenem Stengel. Blätter gegenständig, die unteren gestielt, die oberen sitzend, groß, eiförmig-länglich, zugespitzt. ■ Blüten sitzend, die unteren Quirle arm-, die oberen reichblütig. Kelch glockig; Krone glockenförmig, hellgelb, innen dunkel punktiert, mit 5–8 stumpfen Zipfeln. ■ Blütezeit: Juli bis September.

S Verbreitet und gesellig; auf steinigen Matten und Weiden, Karfluren, Schuttfluren, Moränen und im Alpen-

rosengebüsch; mit Vorliebe auf sauer-humosen Lehm- und Tonböden. In den Alpen zwischen 1400 und 3050 m.

V Alpen und Voralpen (nördliche und mittlere Alpen bis Salzburg und Kärnten), fehlt in den Nordalpen östlich des Tennengebirges; Karpaten, Balkanhalbinsel.

Der Punktierte Enzian besitzt, ebenso wie die anderen hochwüchsigen Enzian-Arten, dicke, bis zu 1 m lange Wurzeln, aus denen der begehrte Enzianschnaps destilliert wurde. Durch diese Nachstellungen sind alle hochwüchsigen Enzian-Arten, obwohl längst völlig geschützt, stellenweise sehr dezimiert bis ausgerottet worden. Zum Glück läßt sich gerade der Gelbe Enzian, der beste Schnapslieferant, sehr leicht kultivieren, so daß das Enziangraben so ziemlich aufgehört hat. Die bitteren Glykoside in allen Pflanzenteilen schützen die Enziane vor Tierfraß, weshalb sie almwirtschaftlich gesehen ein Weideunkraut darstellen.

Als Bestäuber kommen für den Punktierten Enzian 5 Hummelarten, 3 Schmetterlinge, 2 Fliegenarten und 2 Käfer in Betracht. Der Nektar ist in 5 getrennten Saftlöchern am Grunde der Staubfäden so geborgen, daß keine Hummel in die Blütenglocke hineinkriechen kann, ohne mit dem Rücken die Staubbeutel zu streifen. Bei schlechtem Wetter neigen die Kronzipfel zusammen, so daß die Blüte fast ganz abgeschlossen ist; nur die Narbe ragt etwas aus der Kronenöffnung heraus. Die Staubblätter hingegen bleiben selbst bei stärkstem Regen trotz der aufrechten Stellung der Blüten im Inneren völlig trocken.

Purpur-Enzian
Gentiana purpurea

Enziangewächse – *Gentianaceae*

K 20–60 cm hohe Pflanze mit dick-walzlichem Wurzelstock und meter-langen, kräftigen Wurzeln. Stengel aufrecht, kahl; Blätter eilänglich, die unteren gestielt, die oberen sit-zend. ■ Untere Blütenquirle armblü-tig, obere kopfig gehäuft, duftend. Kelch 2teilig, seitlich geschlitzt; Kro-ne glockig, mit 5–8 stumpf ovalen Zi-pfeln, außen purpurrot, innen gelb-lich. ■ Blütezeit: Juli bis September.

S Stellenweise in Hochstauden-fluren, Matten, Weiden; zuweilen auch in Gebüsch. Schneeschutzbe-dürftig. 1600–2750 m.

V Alpen und Voralpen (vor allem in den nordwestlichen Ketten von Hochsavoyen, durch die Schweiz und Oberitalien bis Landeck), Apen-ninen. Ferner noch ein versprengtes Vorkommen im südlichen Norwegen und – noch merkwürdiger – in Kamt-schatka. Dieses zerstückelte Areal deutet auf ein hohes Alter.

Die Blüten dieser Enzian-Art sind durch einen feinen Rosenduft aus-gezeichnet und werden von Hum-meln bestäubt. Die winzigen Samen wiegen nur 0,00048 g und werden vom Wind verbreitet.

Die Wurzel des Purpur-Enzians gilt als die beste für die Erzeugung von Enzianschnaps.

Gleichfalls ein purpurn bis bläulich blühender, hochwüchsiger Enzian ist der Pannonische Enzian (*Gentiana pannonica*), der sich von dem Pur-pur-Enzian durch seinen glockigen, nicht geschlitzten Kelch und durch eine schwarzrote Punktierung der Krone unterscheidet. Seine West-grenze deckt sich mit der Ostgrenze der erstbeschriebenen Art.

Pannonischer Enzian (*G. pannonica*, linkes Bild) und Purpur-Enzian (rechtes Bild).

Kärntner Kuhtritt

Wulfenia carinthiaca

Rachenblütler – *Scrophulariaceae*

K 20–40 cm hohe Pflanze mit verkehrt-eiförmigen, grob gesägten, dunkelgrün glänzenden Rosettenblättern, die auch grün überwintern. Stengel aufrecht, mit wenigen schuppenförmigen Blättern besetzt. ■ Blumenkrone blauviolett, mit bärtigem Grund; Blüten sitzend, in einseitswendiger Traube. ■ Blütezeit: Juli, August.

S Herdenweise auf windgeschützten nördlichen, nordöstlichen oder nordwestlichen Hängen; auf Weiden und Matten; auf lockeren, humosen, offenen Böden. 1000–2000 m.

V In den Alpen nur am Gartner Kofel in Kärnten; außerhalb der Alpen in Montenegro.

Die berühmte Wulfenia (Kärntner Kuhtritt) gibt den Botanikern durch ihre eigenartige Verbreitung allerhand Rätsel auf. Ihr ganzes Areal im Ostteil der Karnischen Alpen, am Gartner Kofel, ist nur 10 km^2 groß, hat die Form eines gleichseitigen Drei-

eckes und liegt in der Zone zwischen dem geschlossenen Wald und der Baumgrenze (Kampfzone). Ein zweites Areal liegt an der Grenze zwischen Serbien und Montenegro. Verwandte Arten kommen erst wieder in Albanien, Syrien, Afghanistan und im Himalaja vor. Die Seltenheit der Art und ihre merkwürdige Verbreitung deuten auf ihr hohes Alter: Die Gattung stammt schon aus dem Tertiär, wurde durch die Eiszeiten stark dezimiert und konnte sich nur an wenigen Standorten erhalten, dazwischen liegen große Lücken ihres Areals. Allerdings ist es unwahrscheinlich, daß der Kärntner Kuhtritt die Eiszeiten an seinem gegenwärtigen Wuchsort überdauert hat, da dieses Gebiet sicher vergletschert war. Somit ist die Pflanze wohl erst nach Rückgang des Eises zugewandert, wobei noch immer rätselhaft bleibt, von wo?

Die Art stellt hohe Ansprüche an den Niederschlagsreichtum, der im Gebiet bei 3 m liegt. Das wäre der Ansatz zu einer Erklärung, warum sie sich, trotz reichlicher Bildung keimfähiger Samen, überhaupt nicht verbreitet.

Der Name Kuhtritt spielt sowohl auf den Standort (Weide), als vor allem auf die Verbreitung durch Rinder an.

Pyramiden-Günsel

Ajuga pyramidalis

Lippenblütler – *Lamiaceae*

K 10–20 cm hohe, gedrungene, pyramidenförmige Pflanze mit steifem, gelbgrünen, rauhhaarigen Stengel. Untere Laubblätter rosettig, verkehrt-eiförmig, stumpf, behaart, gekerbt. Hochblätter groß, eiförmig, doppelt so lang wie die Blüte, violett überlaufen. Scheinquirle vielfach schon am Grunde beginnend, zu einer Scheinähre vereinigt. ■ Blüten hellblau, mit langer, enger Röhre und sehr kurzer Oberlippe. Nüßchen mit ölhaltigem Anhängsel (Elaiosom). ■ Blütezeit: Juli, August.

S In subalpinen und alpinen Magermatten, Weiden, Hochstaudenfluren und Zwergstrauchheiden; besonders auf kalkarmen, trockenen, mäßig sauren, humosen Böden. 1300–2700 m.

V Alpen: besonders in den Zentral- und Südalpen, seltener in den Nordalpen und Mittelgebirgen. Spanien, Belgien, Frankreich, Böhmen, Polen, Nordbalkan, Kaukasus; England, Skandinavien, Finnland.

Die Hochblätter der Pflanze erfüllen eine doppelte Funktion: Einmal bilden sie wirksame Schutzdächer für die Blüten gegen Regen, zum anderen erhöhen sie durch ihre rotviolette Farbe die Signalwirkung der nur kleinen, hellblauen Blüten.

Die Unterlippe der Blüte ist mit 2 weißen Streifen versehen, die den Weg zum Nektar weisen. Dieser wird von einer kugeligen, gelben Drüse an der Unterseite des Fruchtknotens abgesondert und füllt die bauchige Aussackung der Blumenkronröhre. Blütenbesucher sind meist langrüsselige Bienen und Hummeln. Honigraub durch kurzrüsselige Hummeln ist nicht selten. Gegen kleine, kriechende Insekten ist die Blüte durch die zottig abstehende Behaarung des Kelches geschützt, der Nektar noch extra durch einen steifen, nach oben gerichteten Haarring gesichert.

Die Früchte sind mit fleischigen, ölhaltigen Anhängseln (Elaiosomen) versehen und werden von Ameisen vertragen. Diese Ameisenverbreitung erklärt das ungleichmäßige Auftreten der Art in verschiedenen Gesellschaften. Der Pyramiden-Günsel ist eine alte Heilpflanze, die als Wundmittel und bei Stoffwechselerkrankungen gebraucht wurde.

Berg-Baldrian
Valeriana montana

Baldriangewächse – *Valerianaceae*

K 20–60 cm hohe, kräftige, sattgrüne Pflanze mit walzenförmigem, verzweigtem Wurzelstock. Stengel aufrecht, unten flaumig behaart, oben kahl, mit 3–8 Blattpaaren. Blätter glänzend; die unteren rundlich-eiförmig, gestielt; die oberen eilanzettlich, sitzend, entfernt gezähnt. ■ Blüten in einer endständigen, schirmförmigen, dicht gedrängten Trugdolde. Blumenkrone 4–5 mm lang, hellila bis weiß. ■ Blütezeit: April bis Juli.
S Stellenweise häufig und verbreitet; in steinigen Hochstauden- und Karfluren, an felsigen, schattigen Stellen, im Geröll und in Gebüschen; kalkliebend. 800 bis 2600 m.

Dreischnittiger Baldrian *(V. tripteris)*.

V Die Art ist in 2 Rassen verbreitet. In den nordspanischen Gebirgen, Pyrenäen, Korsika, Apenninen, nördliche Balkanhalbinsel; Jura, Alpen, Karpaten.

Wie alle Baldrian-Arten enthält auch der Berg-Baldrian in seiner Wurzel das ätherische Baldrianöl. Neben dem Gemeinen Baldrian *(Valeriana officinalis)*, von dem er sich durch seine ungeteilten Blätter unterscheidet, wird auch diese Art gelegentlich von Bergbauern als Heilpflanze bei nervösen Störungen, Erschöpfungen, Schlaflosigkeit, Migräne und Wechselbeschwerden gebraucht.

Die Pflanze bildet zweierlei Stöcke aus: Solche mit ausgeprägt vormännigen Zwitterblüten und deutlich größerer Blumenkrone und andere mit rein weiblichen Blüten und kleinerer Blumenkrone.

Eine nahe verwandte Art ist der sehr ähnliche Dreischnittige Baldrian *(Valeriana tripteris)*, der sich durch seine 3schnittigen mittleren und oberen Stengelblätter vom Berg-Baldrian unterscheidet. Er wächst ebenso mit Vorliebe auf Kalkböden in lichten Voralpenwäldern, an Felsen, steinigen, buschigen Stellen und in Schluchten. In der Blütezeit ist er dem Berg-Baldrian um einen vollen Monat voraus. Seine Blütenverhältnisse sind ähnlich wie bei diesem: Er besitzt rein männliche, rein weibliche und zwittrige Blüten auf getrennten Stöcken, wobei aber bei ihm die weiblichen Blüten kleiner als die männlichen und zwittrigen sind.

Alpen-Greisenkraut

Senecio alpinus

Asterngewächse – *Asteraceae*

K 30–100 cm hohe, kräftige Pflanze mit aufrechtem, stark kantigem, fast kahlem, oberwärts ebensträußig verzweigtem, gleichmäßig beblättertem Stengel. Blätter groß, oberseits dunkelgrün, unterseits spinnwebigwollig, gestielt, eiförmig, grob gekerbt. ▪ Blütenköpfe 3–4 cm breit, ziemlich langgestielt, zu wenigen in endständigen Ebensträußen vereinigt. Blüten goldgelb; Hülle spinnwebig-wollig. Giftig. ▪ Blütezeit: Juli bis September.

S Herdenweise auf tiefgründigen, morastigen, frischen bis feuchten Böden; vorwiegend in Hochstaudenlägern, zahlreich um Vieh- und Sennhütten, vereinzelt im Alpenerlengebüsch und an quelligen Orten. 650–2150 m.

V Alpen: von den Westalpen bis Niederösterreich, Steiermark und Krain. Die ursprüngliche Verbreitung der Pflanze läßt sich nicht mehr mit Bestimmtheit feststellen, weil sie durch den Weidebetrieb zweifellos stark verschleppt wurde.

Das Alpen-Greisenkraut ist ein absolutes Weideunkraut, das vom Vieh vollständig gemieden wird. Schweine, die das frische Kraut fressen, werden krank. Getrocknet liefert es immerhin noch ein brauchbares Futter für die stärker giftresistenten Ziegen.

Bergbauern verwenden einen Absud des Krautes zum Reinigen von Wunden. Vermutlich enthält die Pflanze – ebenso wie die beiden offizinellen Arten, das Gemeine Greisenkraut *(Senecio vulgaris)* und das Jakobs-Greisenkraut *(Senecio jacobaea)* – giftige Alkaloide, die zum Zerfall der Leber führen. In der Volksmedizin gebraucht man sie in entsprechen-

der Verdünnung bei Regelstörungen und Nasenbluten. Von einer Selbstbehandlung ist jedoch abzuraten.

Die Gattung der Greisenkräuter umfaßt annähernd 1300 Arten und umspannt fast die ganze Erde. Verschiedene stark giftige Arten aus Mexiko liefern ein sehr volkstümliches Gift, das zum Bekämpfen von Mäusen verwendet wird, Hunde in kurzer Zeit tötet und auch beim Menschen mit strychninähnlichen Vergiftungen zum Tode führt. In den ostafrikanischen Gebirgen wachsen bizarre, baumförmige Greisenkräuter und von den Kanarischen Inseln kommen sehr hübsche Topfpflanzen dieser Gattung zu uns.

Alpen-Kratzdistel

Cirsium spinosissimum

Asterngewächse – *Asteraceae*

K 20–50 cm (120 cm) hohe, kräftige Pflanze mit aufrechtem, nicht oder wenig verzweigtem, stark beblättertem Stengel. Blätter beiderseits gelblichgrün, länglich, wellig fiederspaltig, mit dornig gezähnten Lappen. ■ Blütenköpfe bleichgelb, an der Stengelspitze dicht gehäuft, von zahlreichen, bleichgelben, zugespitzten, dornig gezähnten Hochblättern umgeben. Blüten gelblich-weiß. Haarkrone der Früchte gefiedert. ■ Blütezeit: Juli bis September.

V In Hochstauden- und Karfluren, auf grobem und feinem Gesteinsschutt, auf frischen, tiefgründigen Weiden und Lägern; auf nährstoffreichen Böden. 1400–3000 m.

V Nur in den Alpen: von der Rhône ostwärts über Oberitalien, die Schweiz und Deutschland bis zum Ostabfall in Niederösterreich, Steiermark und Krain.

Die prachtvolle »allerstacheligste« Distel ist geradezu ein Wahrzeichen der Alpen! Ihren bizarren Gestalten begegnen wir im gesamten Alpen-

bereich, sonst aber auf keinem Hochgebirge der Welt. Die bleichen, wunderbar regelmäßig gebauten, wellig gekräuselten, dornigen Blätter sind wahre Meisterwerke der Ornamentik und dienten schon als Vorlage für mittelalterliche Brokatstickereien und gotische Zierate. In der Symbolsprache der Blumen gilt die Distel ganz allgemein als Sinnbild der Wehrhaftigkeit.

Von den nüchternen Bergbauern wird die bewunderte Pflanze allerdings verwünscht und nach Möglichkeit ausgerottet, ist sie doch ein arges Weideunkraut. Ihre jungen Blütenköpfe werden immerhin vom Kleinvieh gerne gefressen, die erwachsene Pflanze ist durch ihre Stacheln jedoch gegen Viehfraß bestens geschützt. Aus den jungen Trieben werden Spinat und Frühlingskräutersuppen bereitet und in manchen Alpentälern wird sie auch als Schweinefutter gekocht.

Blütenbiologisch sind die gelblichweißen Hochblätter an der Schauwirkung beteiligt, die Anhäufung der Blütenköpfe auf dem hohen Stengel ist in der kahlen Hochalpenregion weithin sichtbar. Als Bestäuber fungieren Falter, Käfer und Fliegen.

Alpen-Milchlattich

Cicerbita alpina

Zichoriengewächse – *Cichoriaceae*

K 60–230 cm hohe, stattliche Staude mit einfachem oder in der Mitte traubig verästeltem, hohlem Stengel. Blätter dünn, unterseits bläulichgrün, leierförmig, mit 3eckigen Seitenabschnitten und sehr großen, eirhombischen, zugespitzten Endabschnitten. Blütenköpfe in einer endständigen, einfachen oder zusammengesetzten, drüsig behaarten Traube. ■ Blütenköpfchen 2 cm breit; Hülle lang, drüsig behaart. Alle Blüten zungenförmig, blauviolett. Haarkrone der Früchte weiß. ■ Blütezeit: Juli bis August.

S Meist truppweise in Hochstaudenfluren und Grünerlengebüsch, in Waldschluchten und an Gebirgsbächen; auf frischen, nährstoffreichen und tiefgründigen Böden. Zwischen 1000 und 2200 m.

V Von den Pyrenäen über die Alpen und Mittelgebirge bis zum Balkan; Nordeuropa.

Die prächtige Pflanze mit den – bei Korbblütlern nicht häufigen – blauen Blüten, ist bei den Bergbauern sehr beliebt, weil sie nach ihrer Meinung die Milchleistung der Kühe steigert. Zahlreiche Volksnamen wie Milchkraut, Milchdistel, Schmettenwurz (Schmetten = Rahm), Chalberchernechrut beziehen sich darauf. In manchen Gegenden der Westschweiz wird sie deshalb als »Tzougras« eigens zu Futterzwecken gesammelt. Die Lappen essen die bitter schmeckenden Stengel in Rentiermilch gekocht sogar als Gemüse.

Die blauen Blüten sind sehr vergänglich und verblassen beim Trocknen. In den Blütenköpfchen sind etwa 20 Einzelblüten vereinigt, die sich bei Sonnenschein zu einer 2–3 cm breiten Scheibe ausbreiten, nach Sonnenuntergang aber schließen. Der Insektenbesuch ist sehr rege, als Bestäuber fungieren Käfer und Hummeln, aber auch Schmetterlinge.

Als Schmarotzer finden wir auf der Pflanze gelegentlich Unmengen von grünlich schillernden Blattkäfern, die die Blätter bis auf die Blattrippen kahlfressen. Die attraktive Pflanze läßt sich leicht kultivieren und eignet sich verzüglich zur Bepflanzung von Alpengärten.

Zwergstrauchheiden

Zwergstrauchheiden sind Übergangsgesellschaften, die vom Wald in die gehölzfreien, hochalpinen Rasen führen. Wir finden sie hauptsächlich in der obersten subalpinen Stufe, wo die Waldgrenze menschlich bedingt herabgedrückt wurde, darüber hinaus aber auch auf Standorten, an denen wegen der extremen Bedingungen kein Wald mehr wachsen kann.

Kein Zwergstrauch, sondern ein Strauch mit bis zu meterhohen Stämmen ist die Alpenrose, die noch zwischen dem Bergwald und den Zwergstrauchheiden steht. Aus dem Unterwuchs der Zirben- und Latschenbestände greift sie hinaus und überzieht zur Blütezeit mit ihrem leuchtend roten Blütenflor die Vorfelder des Bergwaldes. Alpenrosen kommen in unseren Alpen in 2 Arten vor: auf Kalkgestein die Wimpern-Alpenrose, auf Silikat die Rost-Alpenrose.

Verzahnt mit dem Alpenrosengebüsch, aber über sie hinausgreifend, ist der Lebensraum der eigentlichen Zwergstrauchheiden. Aus den lichten, trockenen Lärchen-, Zirben- und Latschenwäldern wachsen sie hinaus in das Vorfeld und breiten dort ihre niederliegenden dichten Teppiche aus, als die letzten und zähesten Holzgewächse. In einer früheren, wärmeren Zeit bildeten sie an diesen hochgelegenen und exponierten Stellen den Unterwuchs eines einst höhersteigenden Waldes, aber nun, da der Wald der Klimaverschlechterung und auch dem Menschen weichen mußte, behaupten sie den Platz allein.

Eigentlich gar keine Alpenpflanze, sondern ein auch im Tiefland verbreiteter Magerkeitszeiger ist die Besenheide *(Calluna vulgaris)*, die dennoch im Alpengebiet große, monotone Heiden bildet. Rauhe Nordhänge und sanfte Rücken sind besonders im Urgebirge von dieser ertragsarmen Gesellschaft bedeckt, die im Spätsommer ganze Berghänge lila tönt. Im Gegensatz dazu wächst die Schnee-Heide oder Erika mit Vorliebe auf Kalk, auf Geröll und Felsheiden und färbt im zeitigen Frühjahr steinige Halden und steile Abhänge glühend rot.

Gamsheide, Alpenheide

Loiseleuria procumbens

Heidekrautgewächse – _Ericaceae_

K Niederliegender, reichverzweigter, ausgedehnte Teppiche bildender
Spalierstrauch mit dicht beblätterten,
bis 45 cm langen Zweigen. Blätter
gegenständig, ledrig, immergrün,
ganzrandig, mit umgerollten Rändern. ■ Blütendolden wenigblütig;
Kelch dunkelrot, tief 5spaltig; Krone
glockig, hellrosa. ■ Blütezeit: Juni
bis August.
S Bestandsbildend in Zwergstrauchheiden, auf windexponierten
Kuppen und Graten, an Felsblöcken,
im Schutt und auf Moränen; auf
trockenen, humosen Böden. 1600–
3000 m.

V Mitteleuropäische Hochgebirge;
nördliches und arktisches Eurasien
und Amerika.

Die Alpen- oder Gamsheide ist, wie
die meisten Heidekrautgewächse,
ausgesprochen herdenbildend und
von hohem, gesellschaftsbildenden
Bauwert. Sie ist kalkmeidend, kommt
jedoch auch auf Kalk vor, wenn eine

Humusschicht ihn überdeckt. Sie
selbst bildet Humuslagen, die 35 cm
bis 1 m mächtig werden können und
von dunkler bis fast schwarzer Farbe
und mürber Konsistenz sind. Sie
ist extrem widerstandsfähig gegen
Winddürre und Frost. Windstärken
von 40 m/sec und Temperaturen von
−30 °C erträgt sie, ohne Schaden
zu nehmen, wobei die Blätter an
schneefrei geblasenen Standorten
eine rostrote Färbung annehmen. Oft
findet man auch vom Schneegebläse richtig angesägte Zweige und
Windanrisse in den flächigen Rasen.
Ihre Blüten legt die Gamsheide
schon im Vorjahr an und entfaltet sie
in den ersten Wochen des Bergfrüh-
lings. Obwohl die einzelnen Blüten
nur 5 mm messen, so tönen doch die
abertausenden Glöckchen ganze
Berghänge mit zartem Rosenrot.
Der Blütenbau ist einfach: Der Nektar liegt frei zugänglich am Grunde
der offenen Blüten und wird von Fliegen, Hummeln und Faltern ausgebeutet. Der robuste Zwergstrauch erreicht oft ein beträchtliches Alter,
wobei ein 56jähriges Stämmchen mit
einem Durchmesser von nur 7,6 mm
eine Jahresringbreite von 0,07 mm
aufweist!
Die Gamsheide ist die einzige Art ihrer Gattung ohne nähere Verwandte.
Dies, der einfache Blütenbau und
ihre weite, zirkumpolare Verbreitung
deuten auf ein hohes Alter, das sicher bis ins Tertiär zurückreicht.

Krähenbeere

Empetrum nigrum

Rauschbeergewächse –
Empetraceae

K 30–50 cm hoher, reichverästelter, weitkriechender, teppichbildender Zwergstrauch mit wintergrünen, nadelförmigen, weiß gekielten, glänzenden Blättern. ■ Blüten bei uns meist 1häusig, unauffällig; Kelchblätter blaßgrün, fein bewimpert; Kronblätter blaßrosa bis purpurn. Frucht eine schwarzglänzende, kugelige Steinbeere mit 6–9 Steinkernen. ■ Blütezeit: Mai, Juni.

S Ziemlich häufig und ausgedehnte Herden bildend; in Zwergstrauchheiden; oft auf schneereichen, nordexponierten Hängen. Im Tiefland in Zwischenmooren und Dünensand. In den Alpen zwischen 1700 und 3040 m.

V Zirkumpolar über die ganze nördliche Hemisphäre; in südlicheren Gebieten nur auf den höheren Gebirgen.

Der Name Krähenbeere bezieht sich auf die Verbreitung der glänzend schwarzen Beeren durch Krähen; ebenfalls daran beteiligt sind Schneehühner und Birkhühner, im Norden sogar Möwen. Die Pflanze gehört zu den Frühblühern, die ihre Blüten schon im Spätsommer für das kommende Jahr vorgebildet hat. Die Früchte der alpinen Krähenbeere schmecken säuerlich bitter und wirken wegen ihres Gehaltes an Andrometoxin leicht berauschend und schwindelregend (»Rauschbeere«). Die Beeren der nördlichen Stammart hingegen werden größer, saftiger und schmecken aromatisch. Die Lappen sammeln sie in großen Mengen, lassen sie in Milch einfrieren als Vorrat für den Winter. Die Eskimos essen sie als Delikatesse vermischt mit breiartig zerschlagener Dorschleber. In Island bewahrt man sie in saurer Milch auf oder trinkt den wässrigen Fruchtsaft und auf Grönland verzehrt man sie gar mit Seehundspeck vermengt. In Norwegen schließlich bereitete man im Mittelalter sogar Wein daraus. Die Volksmedizin verwendet die Beeren wegen ihres hohen Gehaltes an Vitamin C gegen Skorbut und dank ihres Gerbstoffgehaltes auch gegen Durchfall. Der Unterschied im Geschmack zwischen der alpinen Krähenbeere und der nordischen Stammart geht wahrscheinlich auf die dauernde Belichtung des Polarsommers zurück, die allgemein eine Zunahme des Aromas und eine Abnahme des Zuckergehaltes mit sich bringt.

Echte Bärentraube
Arctostaphylos uva ursi

Heidekrautgewächse – *Ericaceae*

K Niedriger, dem Boden anliegender, teppichbildender Spalierstrauch mit weit kriechenden Ästen und dicht beblätterten Zweigen. Blätter wintergrün, verkehrt-eiförmig, ganzrandig. ■ Blüten in wenigblütigen, endständig überhängenden Trauben. Kelch 1 mm lang, 5spaltig; Krone krugförmig, weiß bis rötlich mit 5 zurückgeschlagenen Zipfeln. Die Frucht ist eine mehlige Steinfrucht, die sich leuchtend rot färbt. ■ Blütezeit: Je nach Höhenlage von März bis Juli.

S In lichten, trockenen Bergwäldern, in sonnigen Zwergstrauchheiden, in warmen, geschützten Felsnischen; schneeschutzbedürftig. Von der Ebene bis auf 2780 m.

V Fast ganz Europa, nördliches und gemäßigtes Asien und Nordamerika.

Im sterilen Zustand kann die Bärentraube mit der sehr ähnlichen Preiselbeere verwechselt werden. Bei letzterer sind jedoch die Blätter auf der Rückseite hellgrün punktiert.

Die Blätter der Echten Bärentraube sind offizinell. Sie enthalten Arbutin und Metylarbutin, Gerbstoffe, Flavone und Glykoside. Sie wirken bei Infektionen der Harnwege, werden aber auch bei Durchfall, Bettnässen und als Wehenmittel verwendet.

Die leuchtend roten Früchte, die den ganzen Winter an den Sträuchern hängen bleiben, werden durch Schneehühner, Tannenhäher, Wacholderdrosseln oder auch Seidenschwänze verbreitet.

In Nordeuropa mischte man die mehligen Früchte auch unters Brot oder verkochte sie mit Wasser und Zucker zu Sirup. Wegen seines hohen Gerbstoffgehaltes gebrauchte man das Kraut früher auch zum Gerben von Leder. Schließlich ist die Echte Bärentraube auch noch eine altnordische Zauberpflanze, die vor Gespenstern und Erdgeistern schützen sollte.

Alpen-Bärentraube

Artostaphylos alpina

Heidekrautgewächse – _Ericaceae_

K Sommergrüner, weit kriechender, teppichbildender Spalierstrauch mit kurzen, aufstrebenden Endtrieben. Blätter verkehrt-eiförmig, keilig, am Rande fein gesägt und schwach bewimpert, beiderseits netznervig, mit leuchtend roter Herbstfärbung. ■ Blüten in endständiger, wenigblütiger Traube, grünlich-weiß, krugförmig, mit zurückgeschlagenen Kelchzipfeln. Die Frucht ist eine kugelige, kirschgroße Steinfrucht, zuerst grün, später rot, reif blauschwarz und glänzend. ■ Blütezeit: Mai, Juni.

S Zwergstrauchheiden, Bergföhrenbestände, in Gesteinschutt, an Felsen; auf schwach sauren bis neutralen Böden; schneeschutzbedürftig. Zwischen 1900 und 2500 m.

V Pyrenäen, Jura, Alpen, Karpaten, Apenninen, Illyrien; nördliches und arktisches Eurasien und Nordamerika.

Die Alpen-Bärentraube unterscheidet sich von der Echten Bärentraube vor allem an den Blättern: Diese sind sommergrün (bei der Echten Bärentraube wintergrün), am Rande gesägt und langgewimpert (bei der Echten Bärentraube ganzrandig); vor allem aber färben sie sich im Herbst leuchtend rubinrot. Ihre Beeren sind glänzend schwarz. Selbst blütenbiologisch gibt es einen Unterschied: Während die Echte Bärentraube ganz auf Insektenbestäubung eingestellt ist, bestäuben sich die wachsweißen, durchscheinenden Blüten der Alpen-Bärentraube oft sogar schon in Knospenlage selbst. Auch bei geöffneter Blüte bewirkt jede Erschütterung, daß der Pollen auf die empfängnisbereite Narbe fällt. Trotzdem wird am Grunde der glockigen Blüte aus einer Drüsenscheibe noch immer reichlich Nektar abgesondert, den bei günstiger Witterung Hummeln ausbeuten.

Da die Alpen-Bärentraube viel ausgeprägter alpin ist als ihre Gattungsschwester und zudem schattige Nordhänge besiedelt, könnte das als Übergang von der Fremd- zur Selbstbestäubung gedeutet werden, da auf den schattigen, hochgelegenen Standorten Insektenbesuch weniger wahrscheinlich ist.

Die saftigen, schwarzen Beeren werden von Schneehühnern, Birkhühnern, Kolkraben und Wacholderdrosseln gefressen und ihre Samen mit den Exkrementen der Vögel verbreitet.

Der Name »Bären«traube« ist kein Rechtschreibfehler, sondern bezieht sich auf die Vorliebe, die Bären für die Früchte dieser Pflanze hegen.

Nordisches Moosglöckchen

Linnaea borealis

Geißblattgewächse – *Caprifoliaceae*

K Zierliches, kriechendes Zwergsträuchlein mit dünnen, schwach verholzten Stengeln. Blütensproß aufrecht, bis 15 cm hoch; Blätter klein, gegenständig, rund, vorne gesägt, ledrig, unterseits hellgrün. ■ Blüten meist 2, an langen drüsigen Stielchen, nickend. Kelch röhrig, 5zipfelig; Krone zart hellrosa, glockenförmig, 5lappig, 5–7 mm lang, zart nach Vanille duftend. Fruchtknoten unterständig. ■ Blütezeit: Juli, August.

S Auf kalkarmen, etwas feuchten Rohhumusböden. 1270–2200 m.

V Das zarte Pflänzchen ist ein typisch nordisches Element unserer Flora. In den Alpen kommt es vor allem im mittleren und zentralen Teil vor; ferner in den Sudeten, Tatra, Kaukasus; häufiger im nördlichen und arktischen Eurasien und in Nordamerika.

Das anmutige Moosglöckchen überspinnt mit seinen langen, fadenartigen Trieben oft in dichten Girlanden die Felsblöcke oder durchzieht mit dünnen, windenden Ranken die Moospolster. Die ganze Pflanze kann bis zu 6 m lang und 17 Jahre alt werden; die Triebe sterben hinten ab und wachsen dabei vorne weiter. Die glänzenden, runden Blätter sind spärlich an den Langtrieben verteilt, auf den hauchdünnen Blütenschäften schwanken die lieblichen, zartrosa überlaufenen Blütenglöckchen. 5 purpurne Längsstreifen an der Innenseite der Glöckchen weisen den Blütenbesuchern den Weg. Die Bestäubung wird vorwiegend von Fliegen und Faltern durchgeführt, wobei die anfliegenden Insekten zuerst die weit herausragende Narbe berühren und beim weiteren Eindringen sich mit dem Pollen der Staubbeutel behaften. Die 1samige Frucht ist in stark klebrige Vorblättchen eingeschlossen und wird durch Anheften an Tiere verbreitet.

Die kleine Pflanze trägt ihren Gattungsnamen nach dem schwedischen Arzt und Naturforscher Carl von Linné (1707–1778), dem großen Ordner der Tier- und Pflanzenwelt, dem Begründer der noch heute gültigen binären Nomenklatur. Das in Skandinavien sehr häufige Moosglöckchen war die Lieblingsblume dieses Vaters der Botanik, mit der er sich auch abbilden ließ.

Zwerg-Alpenrose
Rhodothamnus chamaecistus

Heidekrautgewächse – *Ericaceae*

K 10–30 cm hohes, zierliches Zwergsträuchlein mit zahlreichen, büschelig aufstrebenden Zweigen. Blätter länglich-lanzettlich, gekerbt gezähnt, am Rande bewimpert, ledrig, wintergrün. Blütenstiel und Kelchzipfel drüsig behaart. ■ Blüten meist zu 2, langgestielt, radförmig ausgebreitet, rosarot, bis 2,5 cm breit. ■ Blütezeit: Mai bis Juli.

S Zerstreut, aber gesellig auf sonnigen, schuttreichen Halden, in Geröll- und Felsheiden, in Latschen- und Alpenrosenbeständen. Zwischen 1600 und 2400 m.

V Nur in den Alpen und innerhalb dieser ausschließlich in den Ostalpen.

Obwohl der Name darauf hinzudeuten scheint, ist die Zwerg-Alpenrose gar nicht mit den Alpenrosen näher verwandt. Kleiner und zierlicher als diese, mit einem Flor duftiger, pfirsichrosa Blüten, gehört sie zu den schönsten Alpenblumen, die zu ihrem Glück nur wenig bekannt ist. Die reifen Narben ragen bei ihr schon aus der halboffenen Blüte heraus, so daß sie von Pollen aus weiter entwickelten Blüten belegt werden können. In der Vollblüte breiten sich die Staubblätter weit auseinander und dienen den nektarsuchenden Insekten als Anflugstangen, wobei sich diese die Bauchseite mit Pollen bepudern. Erst im letzten Stadium werden die Blüten nickend, die Narbe liegt dadurch in der Fallinie des Pollens, und Selbstbestäubung ist möglich. Die Frucht ist eine 5klappige Kapsel, deren winzig kleine, leichte Samen äußerst flugtüchtig sind und durch den Wind verbreitet werden.

Die Zwerg-Alpenrose ist die einzige Art ihrer Gattung, die weder nähere Verwandte besitzt, noch in Unterarten oder Rassen aufspaltet. Beides spricht für ihr entwicklungsgeschichtlich hohes Alter, das sicher bis ins Tertiär reicht.

Steinröserl

Daphne striata

Seidelbastgewächse –
Thymelaeacae

K Niedriger, 5–35 cm hoher, zierlich verästelter Zwergstrauch. Ästchen zuerst niederliegend, dann bogig aufsteigend; Blätter verkehrt-eiförmig bis spatelig, dünnledrig. Blütenstände gebüschelt, endständig, sitzend, 8–12blütig. ■ Blüten hellrot, fein längsgestreift, stark nach Flieder duftend. Beere länglich, tief orangerot, giftig! ■ Blütezeit: Mai bis Juli.

S In Zwergstrauchheiden, steinigen Weiden, oft inselförmig in Bergmähdern, in lichten Nadelwäldern, auf sonnigen Hängen, auf Gesteinsschutt; auf basischen bis sauren Böden, gerne über Kalk. 1500–2870 m.

V Die hübsche Pflanze kommt nur in den Alpen vor, wo sie 2 getrennte Verbreitungsbezirke einnimmt: in den Ostalpen vom Vierwaldstätter See bis zum Inn und Eisack – und in den südlichen Kalkalpen bis in die Karawanken.

Das Steinröserl ist ein naher Verwandter unseres Gemeinen Seidelbastes *(Daphne mezerum)*, der mit seinen hellpurpurnen Blüten im ersten Frühling vor allem die Waldränder des Berg-Buchenwaldes schmückt. Entsprechend seines alpinen Standortes ist das Steinröserl sehr viel kleiner; sein dünnes Stämmchen teilt sich dicht über der Erde, so daß sein gabelig verzweigtes Geäst ein blütenübersätes Polster bildet.

Die langröhrige Blüte besitzt nur eine einzige Hülle ohne Differenzierung in Kelch und Krone. Im Inneren der Röhre stehen die 8 Staubblätter in 2 Etagen, während der Nektar am Grunde der Röhre von einer ringförmig um die Staubblätter liegenden Drüse ausgeschieden wird. Die Blüten verströmen einen betäubend würzigen Duft ähnlich Flieder und Nelken und werden ausschließlich von Faltern mit mindestens 10 mm langem Rüssel bestäubt. Die Blüteneinrichtung funktioniert derart, daß der Schmetterling den Pollen erst beim Herausziehen des Rüssels mitnimmt und ihn dann auf der nächsten Narbe deponiert.

Eine nahe verwandte, sehr ähnliche Art ist das Flaumige Steinröserl *(Daphne cneorum),* das an den außen flaumig behaarten, einfarbig rosa Blüten unterschieden wird und auch in tieferen Lagen in lichten Kiefernwäldern wächst.

Schnee-Heide

Erica carnea

Heidekrautgewächse – *Ericaceae*

K Niederliegender, reichverzweigter Zwergstrauch mit sparrigen, aufsteigenden Ästen. Blätter nadelförmig, spitz, immergrün, in 4gliedrigen Wirteln vereinigt. Blütentraube vielblütig, endständig, meist einseitswendig. ■ Blüten rosa, fleischfarben bis karminrot, selten weiß, hängend, mit dunkelpurpurnen Staubbeuteln. ■ Blütezeit: März bis Juni, oft schon mitten im Winter.

S Verbreitet und häufig in lichten Bergföhrenwäldern, auf sonnigen Geröllhalden; auf flachgründigen, meist basischen Böden; kalkhold. Von den Tälern bis auf 2730 m aufsteigend.

V Alpen, Vorland, Tatra, Apenninen, Illyrien.

Die Gattung *Erica* ist mit 553, teilweise strauchförmigen Arten vorwiegend in Südafrika verbreitet. Bis zum Mittelmeerraum reichen noch 16 Arten, über die Alpen gelangen nur mehr 2, die Glockenheide *(Erica tetralix)* und unsere Frühlings- oder Schnee-Heide *(Erica carnea)*. Letztere gehört zu den allerersten Frühlingsboten. Ihre Blüten sind schon im Herbst völlig ausgebildet und stehen als bleichgrüne Knospen in den Blattachseln der letztjährigen Triebe, um sich beim ersten Sonnenstrahl – oft mitten im Winter – zu öffnen und zu röten.

Die an dunkelroten Stielen hängenden Blüten werden in tieferen Lagen vorwiegend von Bienen, in höheren auch von Faltern besucht, wobei die weit aus der Blüte herausragenden, dunkel kontrastierenden Staubbeutel als Honigmale fungieren. Wegen ihres stellenweise sehr häufigen Vorkommens und der reichen Nektarabsonderung ihrer Blüten ist die Schnee-Heide eine ausgezeichnete Bienenweide.

Häufig mit der Frühlings-Heide verwechselt wird die verwandte Besenheide oder das Heidekraut *(Calluna vulgaris)*. Die beiden Arten unterscheiden sich wie folgt (siehe Zeichnung): An den Blättern: Die Frühlings-Heide besitzt nadelförmige Blätter, das Heidekraut weist schuppenförmige Blätter auf. An den Blüten: Frühlings-Heide mit großen, hellroten Blüten, Heidekraut mit kleinen, lila Blüten. An der Blütezeit: Erika im Frühling, Heidekraut im Spätsommer. Und zuletzt am Standort, wobei Erika vorwiegend auf Kalk, Heidekraut auf Silikatböden wächst. Letztere ist weniger eine Alpenpflanze als ein Magerkeitszeiger, mit Hauptverbreitung in tieferen Regionen.

Schnee-Heide und Besenheide im Vergleich.

Wimpern-Alpenrose
Rhododendron hirsutum

Heidekrautgewächse – *Ericaceae*

K 20–100 cm hoch; immergrüne, ovale Blätter, beiderseits grün, am Rande bewimpert. ■ Blütenglocken weit, rosa bis hellrot, in dichten Doldentrauben. Duftend. ■ Blütezeit: Juni bis August.

S Auf Kalkschutt und Geröll, steinigen Hängen und Felsbändern, in lichten Föhren- und Latschenwäldern.

V Alpen: nur in den östlichen und mittleren Teilen, stellenweise im Vorland. Illyrien.

Beiden Alpenrosen gemeinsam ist ihr strauchiger Wuchs, wobei die Wimpern-Alpenrose niedriger bleibt, dafür aber dichter verzweigt und reicher beblättert ist. Gemeinsam sind ihnen auch noch die immergrünen, ledrigen Blätter mit den Drüsenschuppen, die ein ätherisches Öl abscheiden. Die roten Blüten sind bei beiden Arten durch braune, zapfenartige Knospenschuppen geschützt. Die Bestäubung wird von langrüsseligen Hummeln vollzogen, wobei Fremdbestäubung dadurch erreicht wird, daß die Staubblätter vor den Narben reifen. Gelegentlich kommt es zu Honigraub durch kurzrüsselige Hummeln, die Löcher in die Krone beißen, wobei keine Bestäubung stattfindet.

Die beiden Alpenrosen-Arten kommen in den Alpen zumeist räumlich getrennt vor: Während die seltenere Wimpern-Alpenrose eine Pflanze des Kalkgebirges ist und auf Silikatgestein fehlt, zudem in ihrer Verbreitung auf die Ostalpen beschränkt bleibt, besiedelt die Rostblättrige Alpenrose ein weit größeres Areal und ist überhaupt standortsindifferenter. So kommt sie auch auf Kalk vor, wenn dieser durch eine Humusdecke isoliert ist. Die Bergbauern unterscheiden die beiden Alpenrosen-Arten genau und nennen die Wimpern-Alpenrose Almrausch oder Rauhzetten, die Rostblättrige auch Echte Alpenrose oder Rostzetten.

Rostblättrige Alpenrose

Rhododendron ferrugineum

Heidekrautgewächse – *Ericaceae*

K 20–100 cm hoch; Blätter immergrün, schmal oval, ledrig, unterseits rostbraun, nicht bewimpert. ■ Blütenglocken dunkelrosa bis rot, eng. ■ Blütezeit: Juni bis August.

S Almweiden, lichte Zirben- und Latschenwälder, Zwergstrauchheiden.

V Pyrenäen, Jura, Alpen, Illyrien.

Wo beide Alpenrosen-Arten nebeneinander wachsen, kommt es nicht selten zu einer Kreuzung, wobei der Bastard, *Rhododendron intermedium,* in seinen Merkmalen genau die Mitte zwischen beiden Elternteilen hält. Er erzeugt sogar fruchtbare Samen, wie Untersuchungen über die Keimfähigkeit solchen Bastardsamens ergaben. Neben diesem einfachen Bastard gibt es auch noch Rückkreuzungen mit dem einen oder anderen Elternteil. Diese Bastarde sind dann dem jeweils rückgekreuzten Elternteil ähnlicher.

Von beiden Alpenrosen-Arten tritt sehr selten auch eine weißblühende Varietät (var. *albiflorum*) in einzelnen Stöcken auf, deren Standorte von den Älplern streng geheimgehalten werden, gilt sie doch als eine besonders wirksame Zauberpflanze.

Beide Alpenrosen-Arten sind ausgesprochen höhenvag: Sie beginnen gleich oberhalb des Laubwaldes und gehen weit über die Baumgrenze hinaus. Es gibt jedoch auch ausgesprochene Tiefenstandorte zwischen 200 und 500 m, an denen die Pflanzen dann wesentlich früher, gelegentlich sogar 2mal im Jahr blühen. Andererseits steigen sie manchmal auch noch auf 3000 m. Immer aber brauchen sie eine schützende Schneedecke, sind sie doch – für eine Alpenpflanze geradezu paradox – extrem frostempfindlich. Die Kultur in den Gärten gelingt deshalb auch nur dann, wenn im Tiefland durch eine dicke Laubdecke dieser Schneeschutz ersetzt wird.

Nahe Verwandte unserer beiden Alpenrosen-Arten sind all die vielen großblütigen und farbenprächtigen Rhododendren und Azaleen, wie wir sie aus Glashäusern und Parkanlagen kennen.

Bei den Bergbauern gelten beide Alpenrosen als Weideunkräuter, die trotz Naturschutzbestimmungen immer noch bekämpft werden. Der Wimpern-Alpenrose sagt man auch noch nach, daß sie den Blitz anziehe. Bei den Imkern allerdings sind die Alpenrosen sehr beliebt, die Alpenrosentracht ergibt einen unvergleichlich aromatischen Honig.

Erklärung häufig verwendeter Fachwörter

Alpenschwemmling: Alpenpflanze, die mit Bächen oder Flüssen in tiefere Lagen herabgeschwemmt wurde und dort Fuß gefaßt hat.

Anemonol: giftiges Alkaloid, in Anemonen enthalten.

Aphrodisiacum: Mittel, das den Geschlechtstrieb steigern soll.

ausapern, apern: vom Schnee frei werden, nach der Schneeschmelze.

Assimilation: Aufbau von organischer Substanz aus anorganischen Stoffen durch die grüne Pflanze.

Bachalluvionen: von Bächen abgetragenes Schwemmland.

bastardieren: kreuzen

binäre Nomenklatur: aus 2 Einheiten (Gattungs- und Artname) bestehende Namensgebung.

Blaiken: vegatationslose Abrutschflächen im Gebirge.

Blattscheide: stengelumfassender Blattgrund.

Blattsukkulenten: Pflanzen, die in ihren Blättern Wasser speichern.

Brutknospen: kugelige, auf ungeschlechtlichem Weg entstandene Ableger.

bodenvag: Pflanzen ohne besondere Ansprüche an den Säuregehalt des Bodens.

dealpin: von den Alpen herabgestiegen.

Degradation: meist menschlich bedingte Verschlechterung einer Vegetation.

Disjunktion: lückiges Verbreitungsgebiet einer Art.

Doline: eingebrochene und überwachsene Karsthöhle.

Eiszeitrelikt: Überbleibsel aus der Eiszeit. Pflanzen, die sich seit der Eiszeit an speziellen Standorten erhalten konnten.

Elaiosom: ölhaltige Anhängsel an Samen. Diese werden von Ameisen gefressen und dabei die Samen vertragen.

Endemismus, endemisch: die Beschränkung einer Art auf ein enges Verbreitungsgebiet.

extrafloraler Schauapparat: außerhalb der eigentlichen Blüte sich befindendes, auffallendes Merkmal im Dienste der Anlockung von Bestäubern.

extratropisch: außerhalb der Tropen gelegen.

Fahne: das oberste Blütenblatt in der Schmetterlingsblüte.

Fegebürste: bürstenförmiger Griffel, der den Pollen durch die Staubfadenröhre vor sich her schiebt (z. B. bei den Glockenblumengewächsen).

Flügel: die beiden seitlichen Blütenblätter in der Schmetterlingsblüte.

Habitus: äußere Erscheinung.

herdenbildend: gesellig wachsende Pflanzen.

Heterostylie: Pflanzen mit ungleich langen Griffeln.

Hochblätter: meist unterhalb der Blüte sich befindende Blätter, die in Form oder Farbe abweichen und manchmal die Schauwirkung der Blüte vergrößern.

höhenstufenvag: Pflanzen, die an keine bestimmte Höhenstufe gebunden sind.

Honigmal: auffallende, meist verschieden gefärbte Zeichnung an den Blütenblättern, die zur Nektarquelle weist.

hygroskopisch: durch Aufnahme von Luftfeuchtigkeit bedingte Formveränderung oder Bewegung.

Kampfzone: Höhenzone zwischen dem geschlossenen Wald und der Baumgrenze.

kleistogame Blüten: Blüten, die sich in der geschlossenen Knospe selbst bestäuben.

Klimaxgesellschaft: Endgesellschaft, Endglied einer Entwicklungsreihe unter einem bestimmten Allgemeinklima.

knospenvorweibig: die reifen Narben hängen schon aus der Knospe heraus.

kollin: zur Hügelstufe gehörend.

Korbblütler *(Compositae):* Großfamilie, die in Asterngewächse *(Asteraceae)* und Zichoriengewächse *(Cichoriaceae)* unterteilt wurde.

Lackmus: aus Flechtenarten gewonnener Farbstoff, der in der Chemie zur Schnellreaktion von Säuren und Basen dient: blaues Lackmuspapier färbt sich in Säuren rot, rotes in Basen blau.

Mutante: durch sprunghafte Veränderung der Erbmasse entstandene, abweichende Pflanze.

Nivalflora: Pflanzen, die inmitten des ewigen Eises oberhalb der Schneegrenze leben.

Nunatakker: nach einem Eskimowort aus dem Eis herausragende Felsspitzen und Felswände, die wegen ihrer Steilheit schneefrei bleiben und auch während der Eiszeiten nicht vergletschert waren.

offizinell: als Heilpflanze verwendet.

Petalen: Blumenkronblätter

Pollinien: Gesamtheit des Pollens bei Orchideen.

Polstergast: Pflanze, die inmitten einer artfremden Polsterpflanze keimt und wächst.

Reliktstandorte: kleinflächige, eng begrenzte Standorte, auf denen sich eine Art erhalten konnte, die früher verbreitet war und durch Klimaänderung verdrängt wurde.

Resistenz: Widerstand, Zähebigkeit.

Saftdeckel: Blütenteile, welche die Nektarquelle ganz oder teilweise verschließen.

Saftmal: siehe Honigmal

Saponine: organische Substanzen, die mit Wasser schäumen.

Scheibenblüten: röhrenförmige Innenblüten der Korbblütler.

Schiffchen: die beiden unteren, zu einem Schiffchen zusammengefalteten Blütenblätter in der Schmetterlingsblüte.

Schneegrenze: gedachte Linie, oberhalb welcher der Schnee ganzjährig liegenbleibt.

Sepalen: Kelchblätter

Selektion: Auslese

Spalierstrauch: niedriger, flach dem Boden anliegender Zwergstrauch.

Spaltöffnung: mikroskopisch kleine Öffnung an der Blattunterseite, die dem Gasaustausch dient.

Staminodien: verkümmerte oder umgebildete Staubblätter.

standortsindifferent: ohne bestimmte Ansprüche an den Standort.

Strahlenblüte: zungenförmige Randblüte der Korbblütler.

Substrat: Untergrund, Keimbett.

Symbiose: Zusammenleben von Lebewesen verschiedener Arten zu gegenseitigem Nutzen.

Tertiärrelikt: Arten, die sich seit dem Tertiär auf eng begrenzten Standorten erhalten konnten.

variabel: veränderlich

Varietät: Untereinheit einer Art.

vergeilen: üppiges Wachstum der vegetativen Organe einer Pflanze auf Kosten der Blüten.

vikariierend: stellvertretend

vormännig: in der Blüte reifen die Staubblätter vor den Narben.

vorweibig: in der Blüte reifen die Narben vor den Staubblättern.

Wildheuplanggen: steile Grashänge im Gebirge, die nie gedüngt und nur unregelmäßig gemäht werden.

Wintersteher: Pflanzen, deren Früchte und Samen erst im Winter reifen und vom Wind über die gefrorene Schneedecke vertragen werden.

Wurzelpilz: symbiotischer oder auch schmarotzender Pilz an Pflanzenwurzeln.

Wurzelstock: unterirdischer Stamm mehrjähriger Pflanzen, der als Speicherorgan dient, und von dem die eigentlichen Wurzeln ausgehen.

Wurzeltuch: Feinwurzeln, die sich in Felsspalten in einer Ebene derart verästeln, daß aus ihnen ein stoffartiges Gewebe entsteht.

Register

Lateinische Pflanzennamen

Thlaspi rotundifolium 49
Traunsteinera globosa 68
Trifolium alpinum 159
  badium 133
Trollius europaeus 191

Valeriana celtica 149

montana 202
officinalis 202
saxatilis 39
tripteris 202
Veratrum album 180
Veronica aphylla 125
fruticans 125

fruticulosa 125
Viola alpina 82
biflora 82
calcarata 55
Vitaliana primuliflora 56

Wulfenia carinthiaca 200

Sachwortverzeichnis

Siehe auch die »Erklärung häufig verwendeter Fachwörter« S. 218 und 219

BLV-Bücher – zuverlässige Begleiter durch die Natur

Thomas Schauer/Claus Caspari

Der große BLV Pflanzenführer

Über 1500 Pflanzenarten Deutschlands und der Nachbarländer – gegliedert nach Standorten – mit Angaben zu Merkmalen, Standort, Verbreitung und einem Blütenfarben-Schlüssel.
3. Auflage (Neuausgabe), 463 Seiten, 199 Farbtafeln, 305 Zeichnungen

BLV Bestimmungsbuch 10

Thomas Schauer/Claus Caspari

Pflanzen- und Tierwelt der Alpen

Ein Überblick über mehr als 700 Pflanzen, Tiere, Steine und Mineralien: Stand- und Fundorte, Vorkommen und Lebensweise.
3. Auflage, 252 Seiten, 700 farbige und 30 s/w-Zeichnungen, 1 geologische Karte

BLV Naturführer 130/131

Karl Peter Buttler

Mein Hobby: Pflanzen kennenlernen

Alles über Pflanzenbestimmung, Geländebeobachtungen, floristische Kartierung sowie Hinweise zur Anlage einer Pflanzensammlung oder eines Fotoherbars und zum Naturschutz.
191 Seiten, 76 Farbfotos, 3 s/w-Fotos, 52 Zeichnungen

BLV Naturführer 118

Elfrune Wendelberger

Heilpflanzen

Alles Wissenswerte über die wichtigsten heimischen Heilpflanzen: Merkmale, Vorkommen, Heilwirkung, Regeln zum Erkennen, Sammeln und Anwenden.
3. Auflage, 127 Seiten, 92 Farbfotos

In unserem Verlagsprogramm finden Sie Bücher zu folgenden Sachgebieten:

Garten und Zimmerpflanzen · Natur · Haus- und Heimtiere · Angeln, Jagd, Waffen · Sport und Fitness · Wandern und Alpinismus · Auto und Motorrad · Essen und Trinken, Gesundheit · Basteln, Handarbeiten, Werken.

Wünschen Sie Informationen, so schreiben Sie bitte an:
BLV Verlagsgesellschaft, Postfach 40 03 20, 8000 München 40.

BLV Verlagsgesellschaft München